Bernhard Schaer

Das Jetzt und die Zukunft

Bernhard Schaer

Das Jetzt und die Zukunft

Über Persönlichkeitsentfaltung und Kreativität

Crotona

Deutsche Originalausgabe:
1. Auflage 2022

Kammer 11, D-83123 Amerang
www.crotona.de

Umschlaggestaltung: Annette Wagner

Druck: CPI • Birkach

ISBN 978-3-86191-246-0

Inhalt

Meiner Tochter Jessica gewidmet

Prolog

Lebenskunst und Unternehmer*: Was sich bisher weitgehend ausgeschlossen hat, wird zunehmend deutlicher zur Signatur einer Welt im Umbruch. Erkenntnisse, Potenzialentfaltung, Intelligenz und ein Sinn für Schönheit sind die funkelnden Zutaten, um ein Unternehmer aus eigener Kraft zu werden. Nicht vergessend, dass der Erfolg die sorgsame Vorbereitung verlangt. Wissend, dass es jederzeit methodisch und systematisch auf ein Vorhaben hin zu handeln gilt. Anerkennend, dass Zielsetzungen weder durch Bescheidenheit noch durch Überheblichkeit zu erreichen sind. Der rote Faden hin zu jener Glut, die eine Morgenröte der Erneuerungskräfte ermöglicht, zeigt sich hier in einem erweiterten Bewusstsein für die Gleichzeitigkeit verschiedenster zwischenmenschlicher Dimensionen. In den Erzählungen zur philosophischen, psychologischen, historischen und literarischen Ideengeschichte findet die Vorbereitung ihr Quellwasser. Vielfalt ist notwendig, damit unser berufliches und gesellschaftliches Leben in Resonanz mit dem, was wir vorhaben, in Übereinstimmung gebracht werden kann. Entwicklungsprozesse lassen sich heute nicht mehr einstimmig lesen und verstehen. Ohne Gegenthesen, ohne die Fähigkeit, im Gegenüber die eigene Ich-Identität zu entwickeln, können wir nur Wahrscheinlichkeiten, aber keine neuen, aufheiternden Wirklichkeiten entwickeln. So beginnt dieses Buch mit einem virtuellen Symposium, in dem wegweisende Philosophen, Geisteswissenschaftler, Künstler und Schriftsteller über das Wesen der Seele, der Psyche, des Selbst als Quelle unserer Kreativität befragt werden.

* Aus Gründen der besseren Lesbarkeit wird auf die gleichzeitige Verwendung der Sprachformen männlich, weiblich und divers (m/w/d) verzichtet. Sämtliche Personenbezeichnungen gelten gleichermaßen für alle Geschlechter.

Durch eine Veränderung der Wahrnehmungsperspektive, die unsere erhabensten Gaben entschlüsselt und zugänglich macht, werden Gedankenwelten durch genaues Betrachten dessen, was unser Leben bedeutungsvoll macht, in lebendige Dialoge verwandelt.

Nie in gerader Linie, nicht unverzüglich: Kreativität will, wie das damit einhergehende Selbstvertrauen, stetig wachsend voranschreiten. Des Öfteren auf Umwegen, zeitweilig unschlüssig, hinhaltend, in Abständen auch wieder schwungvoll und zielbewusst. Bis es zur Verbundenheit, zum Einvernehmen mit dem kommt, was auch noch sein könnte. Eine Feier und ein kluges Maß, weil diese Energien nie nur an sich selber interessiert sind. Sobald wir unsere persönliche Situation in einem größeren Bezugsrahmen sehen, sobald unser Selbst wieder mit seiner Bestimmung verbunden ist, geht es um die Förderung des Mitmenschen. Individuelle Entwicklungen gehen fortwährend mit einer tiefen Verbundenheit mit allem Lebendigen einher. Weil der Raum, der uns nährt, nicht vom Raum zu trennen ist, wo unser Ich sich dem identitätsbildenden Du zuwenden kann.

Beschreibungen von Initiierungen finden Sie in allen nachfolgenden Essays. Als Raumpunkte, als Gedankeninseln, die mit dem Notwendigen, Wünschenswerten und Weiterführenden gesättigt sind und nahtlos von der Bewusstwerdung zur Praxis übergehen. Als Hilfestellungen für jene Welt, die sich am Horizont unserer Erwartungen in ersten leuchtenden Umrissen zu zeigen vermag. Als Verheißung, die unser Bewusstsein verändert. Als Glück des Zufalls, sichtbar machend, was unser geistiges Leben, unser Herz von uns verlangt. Um der eigenen Lebenswahrheit zu folgen. Um aus dem eigenen Zentrum heraus zu handeln. Um einmalige Erfolgsaussichten, die jedes Leben bietet, nicht aus Feigheit oder Unentschlossenheit zu verfehlen. Um zu verhindern, sich nur im Rahmen der unpersönlichen Anforderungen des Systems zu entwickeln. Dafür die Heimatlosigkeit des Geistes annehmend.

Das Selbst als ein Projekt, als eine Aufgabe anerkennend. Um Wege in neue Sichtweisen zu finden. In neue Verhältnisse hinein. In eine frische Bindung zur Welt, zum Nächsten, zu sich selbst. In der Haltung des Zulassens seine Stärken anerkennen, seine Schwächen bekennen. Um wohin zu kommen? Dorthin, wo sich etwas ändern lässt. Jene Welt, die kommen wird, wird nicht die sein, die wir bisher gekannt haben. Als kosmopolitische Menschen mit einer dialogischen Perspektive sehen wir in der fortgeschrittenen Globalisierung nunmehr auch Offenbarungen ihrer dunklen Seite, erkennen einen Trend zur Abschottung und Selbsteinschließung. Wir verstehen, dass wir unser Sein neu verankern müssen. Zum Werden einer integrierten Persönlichkeit, zur Übernahme von menschlichen und strategischen Führungsaufgaben, die ökologischer und sozialer Verantwortung gerecht werden. Als Bereiter von Veränderungen, die auch ein Bewusstsein über den eigenen blinden Fleck entwickeln. Quellen des neuen Vorgehens erst ahnend, doch erste leise Winde nutzend, um Segel zu entwickeln, welche einem freiem Selbst die Fahrt ermöglichen – zu einer Reise auf dem Prüfstand. Zweifel, Unsicherheit und Zurücknahme zulassend. In einem stehenden Moment. Noch nicht wissend, wohin der Weg führt.

Aus tiefenpsychologischer Sicht ist es für unsere zukünftige Entwicklung nicht gleichgültig, mit welcher Haltung wir der Welt begegnen. Unterschwellige Gefühle der Angst und Resignation gegenüber dem Kommenden können als selbsterfüllende Prophezeiungen Form und Inhalt bestimmen. Wenn wir jedoch mit Inspiration, Zuversicht und einem fragenden Blick in Kontakt mit den Tiefenschichten unserer Psyche nach vorne schauen, wird die Zukunft schon bald ein Gelingen ankündigen und uns tragen.

Es ist wahrscheinlich mehr als nur Zufall, dass wir jetzt erkennen, dass das Fundament unserer westlichen Kultur in Vergessenheit geraten ist. Aber besseres Wissen gewinnen wir heute nicht, ohne am

Abenteuer teilzuhaben, das bei der Wiederentdeckung der eigenen Seelengeschichte auf uns zukommt. Doch wie können wir Fülle erreichen und fördern? Indem wir zuerst einmal erkennen, dass das Selbst in all seinen Entwicklungsstadien etwas anderes braucht als das soziobiologisch verankerte Ich. Unser Selbst ruht auf einem Wertesystem. Es verlangt nach etwas, was unser Ego überschreitet. Es verlangt danach, Wahrhaftigkeit zu erfahren und kreativ leben zu können.

Um andere zu führen, müssen wir zuerst einmal lernen, uns selber zu führen. Wenn wir uns selbst, unser Innerstes nicht zu nähren verstehen, können wir auch unsere Mitmenschen nicht nähren, weil wir nicht geben können, was wir nicht haben. Deshalb brauchen wir ein zeitentsprechendes Gefühl für das Geheimnisvolle – jenes Grundgefühl aus realer Intuition und intuitivem Realismus, welches an der Wiege wahrer Kunst und genuiner Wissenschaft steht. Wir brauchen Werte, Ideen und Gründe, um einen Kompass zu haben, der es ermöglicht, über uns hinauszuwachsen. Unser Leben bewegt sich fortwährend im Spannungsfeld zwischen individueller Abgrenzung und der Verbundenheit mit allem Lebendigen, zwischen irdischer Begrenztheit und seelisch erahnter Unendlichkeit, zwischen dem Mythischen, welches verständlich wird, und dem Verständlichen, das sich ins Mythische wenden kann. Hier zeigt sich unser Erkennen: Unbewusstes ist immer und überall da, es ist nicht zu suchen. Das, was gesucht wird, ist die Bewusstmachung der unbewussten Inhalte, die in unser Handeln einfließen. Dieser sensible Prozess verlangt danach, die erweckende Kraft des geistreichen, erfinderischen Schaffens aufzugreifen, um so erneut dem Geheimnis des Werdens und Gelingens nahezukommen. Wenn die Hoffnung auf Wunder dem realen Sinn für das Wunderbare Platz macht, entstehen neue Perspektiven für unser Dasein. Was braucht es, um diese Geschenke zu empfangen? Erstaunlich wenig. Ein kleines Schweigen kann da schon viel zum Erwünschten hin bewirken.

Führung und Kreativität haben mehrere Weggefährten, aber sie berühren sich wie Himmel und Erde am Horizont. Deshalb ist es auch kein Anschlag auf den eigenen Stolz, wenn wir uns mit den herausragenden Zeugnissen unseres geistigen Erbes verbinden. Führung braucht Persönlichkeit, und die ist nicht ohne Bildung, ohne Emotionen, ohne ein Training der Intelligenz zu haben. Nichts hilft mehr, als uns vom Geist durchdringen zu lassen, der uns zu einer fortwährenden Reflexion über uns und unser Leben und seine Strukturen herausfordert. Wie jedoch lässt sich eine derartige Begeisterung wecken? Um ein zu sich und über sich schauender Mensch zu werden, braucht es eine stetige Bewusstwerdung in Lebens- und Weltläufe, die durch ihre Mehrschichtigkeit unsere subjektive Wahrnehmung großzügig erweitert und diese in so viele Fragmente der Möglichkeiten auffächert, dass wir über die dabei gewonnenen neuen Freiheiten nur noch staunen können.

Wenn produktive Arbeit zu den bedeutsamsten Anliegen des Menschen gehört, so ist Kreativität dessen Voraussetzung. Unser Erkenntnisvermögen nährt unseren Geist, dieser wiederum unser Denken und dieses, was wir hervorbringen. Im Zustand bewusster Aufmerksamkeit, in der Aufrechterhaltung unserer Gespanntheit und unserer Wahrnehmungsfähigkeit, erschaffen wir all das, was unser Leben einmalig macht. Daraus erwächst unsere Selbstachtung, unsere Würde. Vielleicht gar unsere Seele. Weil wir nie genau wissen können, ob diese etwas Gefundenes oder eine Erfindung, ob sie durch Natur oder Kultur hervorgebracht wird.

Menschen brauchen stets vielfältig ausgestattete Räume, um sich selbst zu deuten und zu denken. Nie lassen wir uns auf nur ein Bild, ein Narrativ begrenzen. Weil wir uns ohne Unterlass durch erstmaliges Erleben, durch Einsichten und Erkenntnisse, durch frisch erworbene Fähigkeiten unentwegt verändern. Wenn sich das Staunen darüber mit einem prüfenden, vergleichenden Nachdenken verbindet, erzielen wir damit ein sich gegenseitig befruchtendes Beziehungsnetz mitsamt ästhetischer Überschüsse, die uns ins Zauberland eines kreativ ausgerichteten Lebens führen.

Hoffend und zweifelnd, suchend und findend gelangen wir zuweilen überraschend zur Quelle unserer Unruhe, wo wir Ur- und Musterbilder entdecken, die unseren rational konzipierten Bewusstseinsinhalten vorausgehen. Diese mythologischen Bilder, wie auch ihre davon abgleitenden Botschaften, haben bis heute kaum etwas von ihrer prägenden Kraft eingebüßt. Darin, dass sie Sinn erschließen, Wege ins Unbekannte erhellen, neue Kontakte ermöglichen, bestehende Beziehungen vertiefen, und uns die Landkarten in und für das Leben auf eine Weise deuten lassen, die uns für neue Wirklichkeiten öffnet.

Was da auch noch mitschwingt: Solche Urbilder, die unsere Weltbilder prägen, ruhen im innersten Kern unserer Persönlichkeit. Wir folgen ihnen intuitiv, übersetzen sie in unsere Lebenserzählung und die wiederum prägt die Art und Weise, wie wir uns und andere führen. Im Gegensatz dazu nähern wir uns den beruflichen Anforderungen auf eine logisch-rationale Weise an. Weil es heute jedoch mehr denn je um alles geht, unternimmt dieses Buch den Versuch, diese Spannung zwischen Intuition und Logik auf alle Felder unseres Lebens zu übertragen. Im Wissen darum, dass es eine objektive Umschreibung und Veranschaulichung der Wirklichkeit nicht geben kann, nie gegeben hat. Weil Wirklichkeit jederzeit einem Prozess unterliegt, ein immerwährendes Werden darstellt, als unendliche Geschichte zu verstehen ist, und wir deshalb dazu aufgerufen sind, unser Weltbild in eine Welt*bildung* zu verwandeln. Um träge Abwägungen, flüchtige Erkennbarkeit und schematische Berechenbarkeit zu überwinden. Damit wir wieder zu einem reinen Subjekt werden, welches die Kraft hat, einen Teil der Unendlichkeit zu ergreifen, um bisher Unbekanntes, Unerschlossenes, Unerprobtes zu sehen.

Wege, die uns mangels finanzieller Ressourcen nicht möglich waren, Wüstenwege der Angst und des Zweifels, lassen wir jetzt hinter uns. Lernend, Vertrauen in gänzlich Unvertrautes zu entwickeln. Hinein ins Offene, in himmelhohe Perspektiven. Kompromisslos an die Kraft der schöpferischen Energie glaubend, die durch jeden von uns fließt. Als Gewebe des Lebens. Als Lockruf zu den Geheimnissen führend, die uns das Neue denken, fühlen und sehen lässt. Wirksam nicht zuletzt durch die Kräfte des Zuspruchs. Genährt durch Bilder und Botschaften aus unserer Innenwelt. Versehen mit einer Sprache, die uns deutlich unterscheiden lässt, welche Anteile der Findung, der Erfindung erklärend oder verführend sind.

Abwechselnd und auf immer wieder überraschenden Wegen werden wir uns den Kernthemen Kreativität und Führung intuitiv und rational, in Bildern wie auch in der Sprache der Wissenschaft, der Lebenserfahrung, der Weitsicht, der List und der erzählenden Dichtung zuwenden. Darauf ausgerichtet, Zukunftsträume in all ihrer Eigenständigkeit und Selbstbestimmung zu suchen. Zugleich helfend, eine Gestimmtheit um sich herum aufzubauen, das Leben in einem Licht zu sehen, das uns vorangeht, ins Gesicht leuchtet, zu mehr An- und Aufnahme führt. Um von der Kreativität, von höheren Aufgaben gefunden zu werden.

Machen Sie sich also bereit, um Barrieren zu überwinden, um gebrochene Linien in Zeit und Raum kunstvoll zusammenzufügen, Funken zur herzhaften Flamme anzufachen, Energie zu vermehren und Hoffnungen zu beleben. So können Sie, als Vorgesetzter, Coach, Therapeut, Lehrer oder in jeder anderer beruflichen oder persönlichen Führungsposition, geistige Konventionen umschiffen und neue Möglichkeiten der Lebensgestaltung erproben.

Teil I

UNTERWEGS SEIN

Kulturgeschichte und das kreative Potenzial

Selbstgewissheit und Unsicherheit

Wir sehen einen Landedelmann in der Bibliothek seines Turmzimmers. Er diktiert seinem Schreiber, weil er seine eigene Schrift kaum lesen kann, bedeutsame, einzigartige Sätze aus Werken von Epikur, Cato, Plutarch, Cicero und Seneca, die dieser danach in die schweren Eichenbalken eingravieren muss, welche die Decke seines Turmzimmers tragen. Gut vorstellbar, dass dieser anmutige Mann auf den ersten Blick ein Skeptiker war oder nicht allzu vorsichtig durch das Leben ging, dass er aber sein Herz am rechten Fleck hatte, ohne langweilig zu sein. Annehmbar, dass er einen Sinn für Dinge hatte, die sich an der Grenze von Erfahrung und Bewusstsein befanden. Dass er freigeistig war, ohne atheistisch zu sein. Wir wollen diesen Mann näher kennenlernen.

Weil er mit seinen Inspirationsquellen verrät, dass er wie wir ein Mensch der Übergangszeit ist. Catos Stoizismus, der nach Seelenruhe und Weisheit durch emotionale Selbstbeherrschung strebt, epikureischer Rückzug von allzu viel gesellschaftlichen und politischen Anmaßungen und ein Skeptizismus, zu dem sich Cicero in seinen Schriften bekannte. Das klassische Programm in Zeiten der Unsicherheit. Er prägt uns ein, dass es ratsam ist, sich nicht allzu weit von sich selbst zu entfernen, bei sich zu bleiben, sich um die eigene Seele zu sorgen, sie zu formen und sich nicht im Delirium der Möglichkeiten zu verlieren und bloß weiter zu beschleunigen.

Als Michel de Montaigne 1571, mit achtunddreißig Jahren, sein Richteramt in Bordeaux aufgab, sich in sein Schloss zurückzog und bald darauf mit dem Schreiben seiner Essays begann, verwüsteten religiöse Bürgerkriege das Land. Die Katholische Kirche, die jedem Menschen Rang und Stand anwies und damit jede Emanzipation verhinderte, verlor zusehends an Macht und Einfluss. Sensible, gebildete Menschen und Künstler standen unerwartet und ungeahnt allein in der Welt. Zwischen ihnen und den Sternen eröffnete sich eine Leere, aber es zeigen sich auch unverhoffte, neue Möglichkeiten. Bereits in der Renaissance schuf das Zusammentreffen von Kunst, Religion und Mythos mit dem befreienden rationalen Geist ein Momentum, welches das Bewusstsein erschütterte, sprengte und weitete.

Ein wichtiger, wenn nicht sogar entscheidender Impuls kam von den Künstlern, welche durch die Entdeckung der perspektivischen Malerei das geometrische Verständnis für den Raum erheblich erweiterten. Das half später nicht nur Kopernikus, eine neue Kosmologie zu entwickeln, sondern führte auch zu einer Revolution des Sehens. Im zweidimensionalen Stil des Mittelalters wurden die geistlichen Hierarchien noch durch die Größe der Figuren vermittelt. Im dreidimensionalen Raum der perspektivischen Malerei dagegen haben Menschen und Heilige die gleiche Größe und rücken dadurch die physischen auf Kosten der metaphysischen Beziehungen in den Vordergrund. Künstler wie Leonardo da Vinci richteten ihre Aufmerksamkeit nun vermehrt auf die Beschaffenheit des menschlichen Körpers. Doch während er Anatomie, Glieder und Muskeln untersuchte, um ihre Tätigkeit besser verstehen zu können, hörten die Dinge dieser Welt auf, symbolische Darstellungen einer höheren Welt zu sein.

Bevor sich das gesellschaftlich auswirkte, schufen er, Raffael und Michelangelo Werke in einer nie zuvor gesehenen Schönheit und Ausdruckskraft, die wir heute als Bilder der abendländischen Seele anerkennen. Weitere Wegbereiter des modernen Subjekts beschäftigten sich mit der Trennung von Vernunft und Religion. Dichter bedienten sich erstmals der Sprache des einfachen Volkes und begannen, sich für dessen Sorgen zu interessieren. Musiker begleiteten rhythmisch und melodiös diesseitige Leidenschaften. Und Montaigne entdeckte tastend, stolpernd und suchend, dass die Frage „Wie soll ich leben" aus dem eigenen Inneren beantwortet werden will. Diese Frage verbindet ihn mit uns.

Die an den Dachbalken seines Turmzimmers notierten Zitate der antiken griechischen und römischen Philosophen dienten Montaigne als Inspirationsquellen für seine Essays. Als Aufbruch und der Sehnsucht geschuldet, zu sich selbst zu kommen, und indem er sich schreibend, selbstreflektierend und von überraschenden Erkenntnissen treiben ließ, machte er die ungeahnte Entdeckung, dass man dabei sich selber neu ausrichtet, hervorbringt und zusammenfügt. Diese selbstbestimmte Aufmerksamkeit bringt die Gedanken dorthin, wo man selbst sein will: Als gewogener Beobachter seiner selbst. Als Erwachender aus dem Schlaf der Gewohnheiten. Als Entdecker einer narrativen Lebenskunst, die ihn zu einer neuen Wertschätzung der Wahrnehmungsbereitschaft leitet und Neugier, Entdeckermut und Wahrhaftigkeit als taufrische Horizonte ins Blickfeld einer erregenden Wert- und Selbstbildung führt.

Daraus lässt sich für uns Nachgeborene lesen, dass unsere Individualität nichts Festes, keine gegebene Substanz ist, sondern etwas Dynamisches, dass sich weder in Sätzen des Seins noch des Sollens vereinnahmen lässt. Sich jedoch aus Unsicherheiten, Trennungen, Zweifeln und Gefahren, aber auch aus Bedeutsamkeit, Entschlossenheit, Inständigkeit, Dringlichkeit und Tiefe ergeben kann. Diese Komplexität ist zugleich eine Einladung zur Prüfung, worauf wir unser Leben bauen. Gehört dieser Grund wirklich uns selbst, haben wir ihn uns erarbeitet oder sind wir lediglich Mieter oder Pächter?

Angeregt sehen wir, dass dieses Finden in sich selbst keine einfache Sache ist, weshalb wir gut daran tun, ein paar Vorbereitungen zu treffen, um uns dort zu empfangen. Es könnte uns nämlich wie Montaigne ergehen: Er findet das Innere zum größten Teil leer, beziehungsweise schlecht ausgestattet mit Gedanken, die sich kaum festhalten lassen oder derart viele Widersprüchlichkeiten aufweisen, dass sie weder Identität noch Integrität verleihen.

Aus all diesen Gründen finden wir in Montaignes Essays keine Erzählungen über das Sein, aber viele über das Unterwegssein. Über Muster, die wir in unseren Beziehungen, in unserem Schaffensdrang, in unseren kreativen Akten selber weben. Wie aber erreichen wir das Ziel, uns selbst zu gehören? Indem wir das kindliche Staunen bewahren, die Entschleunigung unseres Daseins als Schlüssel zur Weisheit schätzen lernen und Mäßigung als Geisteshaltung kultivieren, um uns vor der Sturheit genauso zu schützen wie vor dem Fanatismus.

Was uns gegeben und dereinst genommen wird, ist das Leben selbst. Darüber hinaus ist es auch ein dramatisches Bühnenspiel, ein Opus, eine Studie und im besten Fall ein Kunstwerk, welches durch unser Denken, mehr noch durch unser Handeln bestimmt wird. Form und Inhalt lassen sich nicht trennen. Ebenso wenig Körper und Seele. Womit erkenntlich wird, wieweit Montaigne sich von der mittelalterlichen Theologie entfernt hat. Während das Innere der Seele bei Augustinus ein eigenes Universum darstellt, zusammengesetzt aus rationalen und irrationalen, guten und bösen Impulsen und Neigungen, ist dieses für Montaigne etwas von uns selbst Geschaffenes. So wie das menschliche Leben im fortwährenden Wandel sich entfaltet, so ist auch die Seele etwas Dynamisches, etwas, das wir selbst verantworten, gestalten, verfeinern und würdigen können. Deshalb zählt er Wille und Handlungskraft ebenfalls zur Seele. Wie auch die Fähigkeit, konfliktbehaftete, unvereinbar scheinende Dynamiken zu einer lebensbejahenden Integrität zu befriedigen.

Nach Montaignes Verständnis unterliegt die Seele einem ständigen Resonanzprozess, einer lebenslangen Reifezeit. Leben und Erleben ist individuell, weshalb das Gewahrwerden von Heranbildungen und Entfaltungen wichtiger ist als Vorschläge zu Deutungen oder Lösungen. So ging er auch die letzten Fragen individuell an. Ob die Seele nach dem Tod mit ihrem Körper stirbt oder sich durch Loslösung an etwas Beständiges, Geistiges anbinden kann, hängt davon ab, wie wir gelebt haben. Körper und Seele bilden ein Ganzes, schenken lebensbejahende Gunst und Gönnerschaft. Hinzu kommen Qualitäten des Herzens, die Montaigne mit dem Bewusstsein und dem Gewissen verbindet. Ihnen und der Natur können wir vertrauen. Sie werden uns am Endpunkt wissen lassen, was zu tun ist, und die Führung übernehmen. Alles andere ist offen. Keine Metaphysik des Todes. Dafür eine Transzendenz im Leben. Auf die Frage nach dem tiefsten Grund seiner größten Freundschaft zu Étienne de La Boétie schrieb er: „Weil er es war. Weil ich es bin."

Wie die Trennung von Körper und Geist eine denkende Seele hervorbrachte

Dunkle Wolken, die sich seit dem frühen Abend über das flache Land legten und die entfernten Gegenden verhüllten, begannen durch zuckende Blitze ein Gewitter anzukündigen. Im gelblichen Licht schimmernd ein Haus. In einem der Zimmer sitzend ein Mann vor einer Feuerstelle, worin ein lustiges Feuer knistert. Die Nacht ist inzwischen schon etwas vorgerückt, doch das Antlitz des Mannes verrät höchste Konzentration. Eine Szene, die Maler zum damaligen Zeitpunkt als ihrer würdig betrachtet hätten.

Allerdings waren es nicht romantische, sondern höchst rationale Gedanken, die René Descartes wachhielten. Gedanken darüber, ob es möglich wäre, Gewissheit über die Dinge des Lebens und Denkens zu erhalten, die jeden Zweifel ausschlossen. Er spürte in sich eine große Kraft, die ihn zu einem Neubeginn des Denkens trieb. Weshalb Descartes selbst im Zweifel stets aufrichtig wirkte. Im Zweifel an ein höchstes Wesen zeigt sich eben auch, dass wir nach wie vor mit einer Vorstellung an dieses verhaftet sind. Als Zeichen, dass wir uns täuschen können, dass wir uns einer allseitigen Wahrheit nie sicher sein können. Zweifel offenbaren auch die Beschränktheit unserer Erkenntnisfähigkeit. Nie zu erreichende Wunschlosigkeit weist auf eine Differenz zur Vollkommenheit hin, wie auch darauf, als begrenzte und endliche Wesen nicht Grund und Ursache einer Vorstellung des Unendlichen zu sein.

Mit dreiundzwanzig Jahren erfand Descartes die analytische Geometrie. Dies gelang ihm nach eigenen Aussagen durch die Bestimmung zweier Kriterien echten Denkens: Klarheit und Deutlichkeit. Klarheit als Veranschaulichung, Deutlichkeit als begriffliche Bestimmung mit genauer Abgrenzung. Woher jedoch nahm er die Sicherheit seines Ansatzes? Er beschreibt es in seinen „Meditationen“: „In der Tat ist eines gewiss, während mir alles als ungewiss erscheint, nämlich eben mein Zweifeln und Denken selbst und daher meine Existenz. Indem ich denke, dass ich sei, so beweist eben dieses Denken, dass ich wirklich bin. Der Satz: Ich denke, ich existiere – ist allemal, da ich ihn ausspreche oder denke, notwendigerweise wahr. *Cogito ergo sum*; nur das Denken ist mir gewiss.“

Da nur das Denken als Ausgangspunkt den Begriff des Unendlichen in sich trägt, um das Endliche erfassen zu können, ist dieses Unendliche wirksam. Descartes misst diesem sogar eine größere Realität zu als dem Endlichen. Damit gelangt er zur Vorstellung Gottes als Ursprung allen Seins, mit dem wir Menschen in einem Akt des Denkens eins werden können. Doch musste er damit auch eingestehen, dass Denken und körperliche Ausdehnung zwei verschiedene Dinge sind. Was ihn zu einem folgenschweren Dualismus von Geist und Körper führte. Die Natur als körperliche Welt ist rein mechanisch zu verstehen, der Geist mathematisch, während die Seele ihre Qualität in der Kraft der Vorstellung findet.

Neue Weltbilder erzeugen auch immer neue Geschichten. Sie erzeugen Pfeiler der Erkenntnis über die Fließgewässer der Zeit, worüber sich neue Brücken der Vertrauenswürdigkeit spannen. Mit der Grundlegung des analytischen Denkens begann Descartes nach einer Synthese aus Philosophie, Wissenschaft und Theologie zu suchen. Was nicht gelang. Stattdessen legte er ungewollt einen Grundstein zur Auflösung des christlichen Seelenverständnisses. Seiner Begabung entsprechend, richtete er die Konzentration in vollem Maße auf das innere Leben seiner Gedanken, auf sein Denk- und Erkenntnisvermögen. Damit verlor die Seele ihre Selbstbestimmung, ihren Freiraum und wurde zu einem Informations- und Kommunikationsträger des denkenden Menschen. Dieses Auflösen der Seele und ihre Verbindung mit dem Bewusstsein und der Vernunft trennte sie vom Körper, von der Natur. Indem er der Seele die Fähigkeit des Denkens, Abwägens, Beurteilens, Vorstellens und Erinnerns zuschrieb, bewertete er zugleich den Körper als reine Materie. Als Grundstoff und Ausgangsmaterial, das kausal erklärt werden kann und folglich nach den Gesetzen der Mechanik funktioniert.

Unerschütterlich vertraute Descartes seiner Intelligenz, die es ihm erlaubte, Fenster in die Zukunft zu öffnen, als Vorausschau dessen, was ihm erstrebens- und begehrenswert erschien. Doch diese Zuversicht zeitigte ein zwiespältiges Erbe. Durch seinen brillanten, bahnbrechenden Forschergeist öffnete er eines der Tore, welches uns aus dem Mittelalter in die Neuzeit führte. Seine Methode der Klarheit und Deutlichkeit als Kriterien wahrer Erkenntnis ist bis heute unbestritten. Er fasste sie in vier Grundsätzen zusammen:

„1. Nichts für wahr zu halten, was nicht mit Evidenz – mit Nachvollziehbarkeit – als wahr erkannt wird, indem es sich mit einer jeden Zweifel ausschließenden Klarheit und Bestimmtheit dem Geiste darstellt. 2. Jedes schwierige Problem in seine Teile zu zerlegen. 3. Ordnungsgemäß zu denken, indem vom Einfacheren und Leichteren sukzessive zum Komplizierten fortgegangen wird, und selbst da, wo nicht durch die Natur des Objekts eine bestimmte Ordnung gegeben ist, um des geordneten Fortschritts der Untersuchung eine solche angenommen wird. 4. Durch Vollständigkeit in Aufzählung und Allgemeinheit sich zu vergewissern, dass nichts übersehen wird."

Seine Zwei-Welten-Theorie ist bis in unsere Gegenwart hinein für mancherlei vertrackte Teilungen verantwortlich und erwies sich als angreifbar. Offensichtlich wird dies bei unseren Gefühlen, die seelisch erlebt, empfunden und geduldet, aber am eigenen Leib erfahren werden. Weil Descartes die Seele mit der Fähigkeit des rationalen Denkens verbunden hatte, wollte er konsequenterweise verhindern, dass diese Reinheit durch Gefühle getrübt oder gar geschieden wird, weshalb er Gefühle den körperlichen Leidenschaften und Begierden zuschrieb. Eine weitere Abwertung des Körpers, ein weiterer Bruch, der eine ganzheitliche Wahrnehmung des Menschen, der Natur, der Welt und des Kosmos immer schwerer machte, andererseits aber den technischen Fortschritt ermöglichten sollte. So können wir den Erkenntnissen von Descartes die Hand, aber nicht das Herz reichen, denn sein klares Denken zeigt eben auch, dass es kein ausreichender Navigator für ein gelingendes Leben ist. Weshalb es auch nicht verwunderlich ist, dass genau hier das Drama der Seele des westlichen Menschen seinen Anfang und Ausgangspunkt findet.

Weshalb Ideale nicht wie Kleinode gefunden, sondern wie eine Besonderheit hervorgebracht werden müssen

Kann es überraschen, dass die neue Weltbildung in der Physik entdeckt, dann aber auf Theologie und Ästhetik, auf Politik und Philosophie, kurz, auf all die Gebiete übertragen wurde, wo man sich im Namen voneinander ausschließenden Geisteshaltungen demütigte und trotzdem erwartete, ebenso spektakuläre Resultate zu erzielen? Als Hoffnung berechtigt, als Ideal ebenso ehrbar wie bewundernswert. Trotzdem paradox, dass eben dies zur Aufklärung geführt hat, zu einer Umwälzung des menschlichen Bewusstseins, die sich ebenso spannend, anstrengend und herausfordernd gestaltete wie die Geburt der Wissenschaften.

Doch dies hatte einen Preis: Indem sich Menschen derart stark vom Rationalismus umklammert fühlten, konnten die Künder des Unvernünftigen, des Irrationalen, der Lebenslust und Todessehnsucht ihre großen Auftritte vorbereiten. Sie zielten auf Menschen ab, die sich im Hamsterrad der Bedeutungsfindung abstrampelten und sich fragten, ob das Gute etwas ist, dass sich philosophisch finden lässt, oder eher etwas, das wir je nach Befindlichkeit in einer selbst- oder fremdaufgelegten Gemengelage beliebig, manchmal auch schicksalsmäßig wählen? Wenn dem so wäre, könnten letztgültige Antworten auf die großen Fragen des Lebens ihren Sinn verlieren.

Bezüglich unserer Ideale ließe sich deshalb folgern, dass wir diese nicht mehr durch Kontemplation auf heiligen Bergen finden, aber auch nicht durch wissenschaftliches Denken. Ideale sind keine Entdeckungen großer Forscher oder Forscherinnen, sie werden nicht wie Edelsteine gefunden. Vielmehr ist es angemessen, sie wie Kunstwerke zu betrachten, die hervorgebracht und ausgestaltet werden. So ist es gewiss kein Zufall, dass in dieser Zeit die ersten Romane entstanden. Vom noch jungen Goethe erschien 1774 „Die Leiden des jungen

Werther", welches nicht nur eine Welle sinnlich-melancholischer Leidenschaften verursachte, sondern auch den Beginn einer Empfindsamkeit auslöste, die sich nicht mehr am Rande des Geschehens aufhalten wollte, sondern mitten im Orkan der Ereignisse.

Ideengehalte der Romantik lassen sich ebenso prägnant im Roman „Emile" von Jean-Jacques Rousseau finden, wo Kindheit und Jugend nicht nur eine neue Bedeutung, sondern auch ein Eigenwert zugesprochen wurde. Rousseau erkannte, dass die erste von Kindern entdeckte Wirklichkeit nicht ihre eigene ist, sondern die ihrer Gemeinschaft, ihres Lebensraumes sowie all der Vorkommnisse, die sie erschrecken, mit Sorge und Kummer belasten oder mit Freude und Liebe erfüllen. Auch die zweite Wirklichkeit, die Kleinkinder entdecken, ist noch nicht ihre eigene, als vielmehr die Aneignung der Welt in Form von Geschichten, Märchen und Sagen. Hier zeigt sich Rousseaus Anliegen: Unsere Seele wird von Beginn an geschaffen, genauso wie unser Charakter. Dieser Prozess kommt nie zu einem Ende, sondern es geht darum, die unser Leben bestimmenden Kräfte zu verstehen. Je besser uns dies gelingt, desto eher befreien wir unsere Lebensfunken, unseren Beweggrund und unsere Kraftquelle, die alle Anfänge möglich machen. Diese Ausgangspunkte findet Rousseau im Ursprünglichen, dieses wiederum in der Natur, deren Erschaffung in den Händen des Schöpfers und alles zusammen in der Reinheit der immateriellen Seele. Die Seele mit ihrer inneren Glut wird zum Leitstern des Lebens, und ihre Stimme vernehmen wir durch das Gewissen.

Erstaunlicherweise ist es ein von möglichen Schuldgefühlen befreites Gewissen, fern jeder „Erbsünde". Was nicht folgenlos blieb. Ohne die von Augustinus behauptete Erbsünde liegt die Verantwortung für das Böse ganz allein beim Menschen. Weil Rousseau dieser Gedanke die Ächtung der Kirche einbrachte, wandte er sich von den klerikalen Dogmen ab. Statt von der Reinheit der Seele sprach er fortan von der

Aufrichtigkeit des Herzens. Gewiss ist dies der Abgrenzung des religiösen Dogmas geschuldet, aber auch der Tatsache, dass Rousseau die duale Körper-Seele-Vorstellung von Descartes auf sich wirken ließ. Ging das mit der Vorstellung einher, dass der Weg zum Herzen über den Körper führt und das Herz der Weg zur unsterblichen Seele war? Gesichert kann gelten, dass für Rousseau der Mensch bis zuletzt eine offene Frage blieb. Ebenso können wir mit guten Gründen annehmen, dass wir Menschen, nur durch uns selbst, durch unser Gewissen ins Wissen darüber kommen, was gerecht und wahr ist. Aber ob der Mensch nach seinem Tode in die Erhabenheit einer Ordnung zurückkehrt, die ihn ins Leben führte, diese Frage ließ Rousseau in der Schwebe. Die Grenzen der rationalen Erkenntnis sind eben nicht identisch mit den Grenzen der spirituellen Weisheit.

Die Romantiker waren gleichzeitig eine Reaktion auf die Aufklärung, von der sie ihren Impetus bezogen, und ein Aufbruch in eine neue Suche nach der verlorenen Seele in Mensch und Natur. In ihrer Ambivalenz erscheinen die Romantiker wie siamesische Zwillinge, und doch hat sich keine Periode, die der Romantik folgen sollte, so engagiert mit der Seele auseinandergesetzt. Unübertroffen auch die Natur-Poetik in Dichtung und Malerei. Heinrich Heine kennzeichnete die Romantik als „Passionsblume“, und Percy Shelleys Geist fand aus dem abweisenden Nichts den kühnen, ja geradezu gravitätischen Vers: „Ich bin das Auge, mit welchem das All sich selber schaut und weiß: Es ist göttlich.“ Die Romantik war ein Versuch, dem Geheimnisumwitterten, Zwielichtigen, dem Unantastbaren auf die Spur zu kommen. Um hinter dem Wundersamen andersartige Wirklichkeiten zu entdecken. Kaum verwunderlich, dass die Romantiker ihre Vorbilder in Gestalten fanden, die durch ihre Schwäche sympathisch auf sie wirkten. Faust als argwöhnischer Gelehrter im Verbund mit einer Teufelsgestalt; Robin Hood als gerissener Dieb mit sehr eigenen Moralvorstellungen; der Ewige Jude als Außenseiter zur nie endenden Wanderschaft verflucht; oder Eulenspiegel, der als Narr und Possenreißer die Verlogenheit und Scheinheiligkeit seiner Mitbürger aufdeckt. Hochgefährlich und risikoreich, sich auf solche Weise in der Welt zu offenbaren.

Prägend bis in unsere Gegenwart war auch die erstmalige Ausformulierung von der Unmöglichkeit, dass einzelne Ideale für alle Menschen gelten sollen. Wenn die Entfaltung des Einzelnen, wie sie Herder forderte, dazu führt, dass jeder das sein sollte, was er sein kann, bedeutet dies, dass unser Sein, unsere Existenz nicht etwas ist, was in sich selber gegeben ist, als vielmehr etwas von großer Aussagekraft, energiegeladen, wandlungsfähig, ungezähmt, zur Selbstwerdung drängend.

Die grundlegende Gegebenheit unserer Welt befindet sich so stets in Entwicklungsphasen, Übergängen und Neuorientierungen. All dies ist unvollendbar. Unsere Erfahrungen ergeben sich daraus, wie wir den Anforderungen des Lebens begegnen. Deshalb müssen wir stets unsere Motive, unsere Absichten prüfen. Diese haben wir in der Hand, während die Folgen unserer Handlungen nur ganz selten in unserer Macht, in unserem Einflussbereich liegen. Damit ließe sich sagen, dass die Erkenntnis von Werten zwar eine solide Grundlage für ein gutes Leben bildet, aber erst Neuschöpfungen bringen uns in den Erfahrungsbereich eines flammenden Selbstausdruckes. Daraus entsteht, wie bei Künstlern, eine eigene Vorstellung der Welt. Was wiederum ein Denken fördert, welches als Spiegel, Brücke oder Fenster eine Wirkung entfalten kann, die uns aus alten Verstrickungen befreit, Mut und Entschlusskraft fördert und uns etwas tun lässt, von dem wir gar nicht ahnten, es gekonnt zu haben. Ein Schlüssel dazu ist die Fähigkeit, Dinge aufzugeben, die wir zwar kaum kontrollieren können, die uns aber viel bedeuten: Geltung, Image, Prestige. Was gibt es dabei zu gewinnen? Aufrichtigkeit, Liebenswürdigkeit, Zugänglichkeit, Integrität. Freilich müssen diese Tugenden von Wahrheit erfüllt sein, sonst finden sie in uns keine Aufnahme. Den neuen Wirkungskräften bleibt die Entfaltung verschlossen.

Was lässt sich mitnehmen aus der Epoche der Romantik? Wesentlich die Fähigkeit, Sinn und Seele zu verbinden. Der fremden Stille der Erde gegenüberzustehen. In der Finsternis zuversichtlich die Hand anzubieten. Gefühle als Farben der Seele zu erkennen. Die Ketten der Bevormundung ebenso zu sprengen, wie die Allüren reiner Ichbezogenheit abzulegen. Im Strom der Zeit von den Rätseln des Lebens wachgehalten zu werden. An der Schwelle einer Entdeckung sich ins Beispiellose emporzuschwingen.

Wie ein Meister gefährlicher Versuchungen der Seele irdische Aufstiege zu Hoheit und Energie verschaffte

Beinahe über zwei Jahrtausende konnten sich die Menschen dank Religionen in ihrer Seele zu Hause fühlen. Im Einklang mit ihrem Lebensrhythmus, verbunden mit einer unvergleichlichen Quelle, wähnten sie sich als erwünscht, würdig und geschätzt. Selbst wenn Standort und Stellung der Zugehörigkeit ins Wanken gerieten, blieb es möglich, sich durch eine winzige Selbstdistanzierung mit seinen Schwächen, Unarten und Empfindlichkeiten zu versöhnen. Auch wenn Menschen sich manchmal klein und unbedeutend erlebten, mussten sie sich nicht verloren fühlen, weil sie sich gewiss waren und im festen Glauben wähnten, dass sie nichts und niemand ihrer Innerlichkeit entbinden und absondern konnte.

Mit Nietzsche nähern wir uns nun der Vorvergangenheit, wo Religion wie eine Illusion in sich zusammenfällt oder auf die Nachtseite des Lebens abgeschoben wird. Selbstidentifizierungen anstelle von Gottesfurcht werden zu Ausgangspunkten, die ganz allein von uns selbst abhängen. Der Trost verliert sich bestenfalls in einem mytho-poetischen Niemandsland. Was bleibt, ist ein zurückhaltender Respekt vor der Aufrichtigkeit. Menschen beginnen, die Räume des Heiligen zu verlassen. Doch das Heilige verlässt den Menschen nie abschließend, nie gänzlich.

Nietzsche – als Chronist des Fälligen – erblickte das Licht der Welt paradoxerweise in einem Pfarrhaus. Schon während seiner Schulzeit wurde die Sprache das wesentliche Medium seiner Gestaltung, während die Naturwissenschaften, insbesondere die Mathematik, auf kargem Boden gedeihen musste. Das wirkte sich später dahingehend aus, dass er bald von der reinen Philosophie zu seinem prophetischen Anliegen fand: Der Rehabilitierung der Sinnlichkeit und Lebenskraft und des Willens zur Macht als Ursprung aller geschichtlichen Bestimmung.

Der Ansatz für die Unterscheidung der beiden Ausstrahlungsbereiche als Mächte der Kulturgeschichte fand Nietzsche in der Polarität der griechischen Götterfiguren Dionysos und Apollo. Als herausragende mythologische Gestalten konnten sie darum ein inspirierendes Potenzial entwickeln, weil es aus der Spannung zwischen der orphisch-dionysischen Ekstase und Fruchtbarkeit und der kristallinen, lichtvollen apollinischen Klar- und Heiterkeit getragen wurde. Dionysisches Leben und der Wille zur Macht fanden in der sprachmächtigen Dichtung „Also sprach Zarathustra" ihren Höhepunkt. Belehrungen legte Nietzsche hier ab und verkündete die Ankunft des Übermenschen, der sich aus der Vollkraft des Lebens erhebt und jenseits von Gut und Böse steht.

Schon vor Nietzsche hatte Ludwig Feuerbach eine anthropologische Religionskritik formuliert, welche Gott als Wunschvorstellung all unserer Sehnsüchte und Hoffnungen darstellte. Die Unsterblichkeits- und Wiedergeburtsperspektive der Seele sah er als Trotzreaktion im Umgang mit der Endlichkeit unseres Lebens. Und, als wäre das alles noch nicht genug, vermag Charles Darwin in seiner Wissenschaft der Evolution keine persönliche Seele zu entdecken. Aber dennoch können wir Menschen nie endgültig vom Rätselhaften und Undurchsichtigen in die endgültige Verlässlichkeit gelangen, weil die Neugierde uns immer wieder unausweichlich zum Staunen über das Geheimnis des Daseins, will heißen, zu neuen Fragen führt.

Zwischen all dem nun dieser von Würdigung und Mahnung umwehte Nietzsche, der seine Philosophie „als das freiwillige Leben in Eis und Hochgebirge, als das Aufsuchen alles Fremden und Fragwürdigen im Dasein“ (Ecce Homo) festlegt. Darüber hinaus den Tod Gottes proklamiert. Ergänzt mit der Aussage, die eine Achtung gebietet, die wirklich sehr selten angemessen ist. Nämlich, „dass die Seele eine der ehrwürdigsten Hypothesen der Menschheit ist“. („Jenseits von Gut und Böse.“)

Aber aufgepasst: Nietzsche ist ein Virtuose ebenso riskanter wie tollkühner Gedanken. Bisherige Horizonte von platonischen wie christlichen Seelenvorstellungen geraten unter seiner visionären Gedankenkraft so stark ins Wanken, dass bald von einer antichristlichen Wende gesprochen wird. Für ihn selber gab es außerhalb des Lebens weder eine räumliche noch eine zeitliche Perspektive. Sein Denken richtete sich auf nichts anderes als das Leben selbst und auf eine Psychologie der Zukunft. Gedacht für Menschen, die zu wenig sich selbst gehören. Deren Persönlichkeiten noch viele Stufen der Vollendung zu durchlaufen haben, um sich selbst fortdauernd im Gleichgewicht zu halten, sich noch zu stark mit Mächten identifizieren, um aus ihrem Talent und Charakter ein kunstvolles Meisterwerk, einen Übermenschen zu formen.

Kirchliche Moral, Scham- und Schuldgefühle haben in dieser neuen Seele ebenso wenig Raum wie Vorstellungen einer metaphysischen oder einheitlichen Seelenausrichtung. Für Nietzsche ist die Seele sterblich, weil er sie als Teil einer vielgestaltigen Persönlichkeit sieht, die sich aus Verstand und Bewusstsein, aus Körper, Leidenschaften, Gefühlen und dem Willen ergibt. Der eigentliche Nährboden, aus dem wir zu wachsen glauben, ist der Wille zur Macht, der zusammen mit dem Körper den Kern der neuen Seele bilden sollte. Es waren Gedanken, die als gefährlich galten und nur allzu oft missverstanden wurden, obwohl Nietzsche als großer Psychologe in „Jenseits von Gut und Böse“ vor einem falschen Verständnis warnte: „Wer mit Ungeheuern kämpft, mag zusehen, dass er nicht selbst zum Ungeheuer wird.“ Der Hintergrund dieser Warnung ist klar: Wir Menschen neigen zu einer betrügerischen Selbsteinschätzung. Wie auch dazu, unsere wahren Motive hinter den Fassaden der Anständigkeit, Maskeraden des Mitgefühls oder dem Deckmantel der voraussichtlichen Unschuld zu verbergen. Nietzsche erkannte dies ebenso deutlich wie 1400 Jahre vor ihm Augustinus. Jedoch mit einer völlig entgegengesetzten Konsequenz. Wo Augustinus durch die Erbsünde eine schier unerlösbare Seele sah, gibt sie bei Nietzsche dem Willen Substanz, und umgekehrt erhält der Wille durch die Seele seine Richtung, seinen Vorwärtsdrang.

Dies scheint leicht nachvollziehbar zu sein. Ist es aber nicht. Hat doch schon jeder die Erfahrung gemacht, dass selbst ein minimales Ziel öfter einen maximalen Aufwand oder Einsatz erfordert. Woran das liegt? Womöglich daran, dass wir manchmal ein hoffendes Warten einer zielgerichteten Aktivität vorziehen oder, noch mutloser gesinnt: Indem wir uns in eine wartende Hoffnung verwandeln, wo nur noch ein anonymes Glück eine vorübergehende Linderung bringen kann. Mitunter sind es aber auch Nachwehen eines religiös fundierten Fatalismus, wo argumentiert wird, das Böse hänge mit unserem freien Willen zusammen. Der Zusammenhang ist unklar, das Argument weit verbreitet, und dennoch weiß jeder, dass es im realitätsnahen Leben darum geht, was ich selber vorhabe und mit welcher Art von Geistesgegenwart und Vorsätzlichkeit ich meine Ziele erreichen will. Absicht, Willensstärke und Zielvorstellung, darum geht es Nietzsche, weshalb er nicht von einem freien, sondern von einem starken oder schwachen Willen spricht.

Wo aber liegen die Ressourcen, um diesen Willen zu nähren, um ihm Kraft für jegliches Handeln zu geben? In der Seele! Man hätte bei Nietzsche erwartet, dass er solche Kräfte in körperlichen Leidenschaften vermutet. Aber einmal mehr überrascht der am geistesgeschichtlichen Wendepunkt stehende philosophische Psychologe Freunde und Gegner. Selbstredend ist damit nicht eine von Scham und Gram zerknirschte, augustinisch geprägte Seele, vielmehr eine neue und, wie er in der „Geburt der Tragödie“ so schön sagt, eine „singende Seele“ gemeint. Eine freie, strahlende, erwartungsvolle und lebensbejahende Seele. Wir sind damit aufgefordert, immer wieder die Pfade in die Tiefe unserer Innerlichkeit zu betreten. Besonders diejenigen, die wir mit einer gewissen Absicht vergessen haben. Nachweislich braucht es Mut, solche Wege zu beschreiten. Weil wir unseren Ängsten, Zweifeln und auch vielerlei Sorgen begegnen, die wir allesamt längst überwunden glaubten: Je tiefer wir gehen, desto mehr spüren wir die Glut eines uralten Feuers in uns. Eines Feuers, dessen Hüter wir nur selber sein können.

Immer wieder finden wir in unserer Kultur eine Art Zweikammern-System. In allen denkbaren Variationen. Bei Descartes war der Körper ein Objekt, bei Nietzsche verwandelt er sich in ein Subjekt. Lebensfähigkeit, Ergriffenheit, Begeisterung und Verbundenheit geben Raum für ein inneres übermütiges Feuer, das Hitze hervorbringt und uns Inspiration, Spontanität und Tollkühnheit schenkt, die Grenzüberschreitungen ermöglichen. Zudem erhalten wir durch die Intuition als Botschafter einer tiefgründigen Entwicklungskraft einen Kompass auf unseren Entdeckungsreisen durch das Wunder des Lebens. Hier erkennen wir mühelos die dionysischen Kräfte, welche durch das Apollinische ergänzt werden, das im Dienste des alltäglichen Lebens steht. Als Kammer der Abkühlung, welche den analytischen Diskurs begünstigt, besonnene Reflexionen gestattet, harmonisch Geordnetes hervorbringt. Hinzu kommt, dass Nietzsches Sprache durch Resonanz und ihren selbstverpflichtenden Charakter ebenso glänzt wie durch den Aufbau von Ahnung und Aussicht über die Möglichkeiten des Menschseins. Und – im Gegensatz zu den Romantikern – durch den messerscharfen Gebrauch der Vernunft. Ordnend entwirft er ein Körperbild, das zugleich ein Organ der Erkenntnis ist. Was die aktuelle Hirnforschung bestätigt, ja sogar vermeldet, dass die Weisheit des Körpers dem Bewusstsein zuvorkommt. Analog dazu kämpft er für die Befreiung der Seele, wo ein fernes Ziel allemal einem falschen Erinnerungsbild vorzuziehen ist.

So also will Nietzsche unseren leuchtenden Kern, seine Schönheit, Wahrhaftigkeit und sein schöpferisches Potenzial freilegen. Unser Dasein ruht nicht in sich selber, ist nicht träge oder gar unveränderlich in sich verschlossen. Vielmehr ist es energisch, umtriebig, wandelbar, zeitweise auch unbedacht und unentwegt in einer fortlaufenden, unbegrenzten Offenheit und Neuausrichtung zur krönenden Selbstwerdung unterwegs. Nietzsches Seele ist eine gebildete Seele, die ein neues Sehen, Hören und Spüren ermöglicht, um das wahre Wesen des Menschen erfahren zu können. Die Berührung mit dem Zentrum der eigenen Persönlichkeit befähigt uns zu innerer Freiheit und Selbstständigkeit, wodurch sie eine Existenzmitte aufbaut, die es ermöglicht, sich selbst eine neue Identität zu geben. In diesem Prozess der Verwirklichung unseres wahren Wesens wird die Reifung der Seele zur eigentlichen Lebenskunst, was vor allem durch deren integrierende Kräfte erreichbar wird. Wenn wir in unserer Suche nach Identität und tragenden Lebenswerten nicht mehr von gesellschaftlichen Kräften gestützt werden, bleibt uns nur noch die integrale Kraft unserer Seele, um das Menschlichste in uns selbst zu nähren, es reifen und wachsen zu lassen.

Das uns nichts anderes übrig bleibt als der Durchbruch nach vorn, dachte Nietzsche voraus. Erst im Laufe des Lebens realisieren wir, dass etwas Unaussprechbares in uns innerlicher ist, als wir es uns selbst sind, weil unser Werden auf ein tieferes oder höheres Sein hin geöffnet ist. Ohne ein Bewusstsein solcher Empfindungen droht eine Selbstvergessenheit. Dadurch werden wir zu „letzten Menschen", wie Nietzsche es ausdrückte. Zu Menschen, die nichts mehr mit sich anzufangen wissen, weil sie von ihrer Selbstmotivation und ihrer Selbst-Transzendenz abgeschnitten sind. Sie glauben dann auf eine passive Weise einzigartig zu sein, indem sie ihre Talente guten Gewissens verschwenden, ihre eigene Integrität verletzen, indem sie Verhaltensweisen annehmen, die sie bei andern verurteilen. Dagegen schreibt er in „Jenseits von Gut und Böse“: „Hat die vornehme Seele Ehrfurcht vor sich selbst.“

Integrität fordert von uns aber auch die Ablehnung, uns dort in irgendeinem Seinsmodus zu Hause zu fühlen, wo es für die Gesellschaft gerade am nützlichsten ist. Ein weiteres Tor, das Nietzsche für seine neue, singende Seele öffnet, ist das Tor zum Zufall. Worin sich abermals zeigt, wie weit er seiner Zeit voraus war, denn erst in den letzten Jahren hat sich die Wissenschaft intensiv mit dem Unvorhersehbaren beschäftigt und hat dabei das Innehalten gelernt. Dies, weil wir normalerweise höchst selten, wenn überhaupt, darüber nachdenken, was und wieviel wir diesem Phänomen verdanken, welches nicht wenige erst noch als eine Selbsttäuschung betrachten. Doch Mathematiker und Physiker haben mit der Entdeckung der Quantenphysik bewiesen, dass es Bereiche gibt, wo eine kausale Erklärung unmöglich gefunden werden kann; Evolutionsbiologen weisen darauf hin, mit welcher Systemrelevanz die gesamte Natur und wir Menschen ihr Dasein unerwarteten Umständen verdanken. Psychologische Langzeitstudien belegen eindrucksstark, wie ungeahnt unsere persönliche Entwicklung verlaufen kann. Dennoch fällt es niemandem leicht, sich mit dieser mehrdeutigen, undurchsichtigen Kraft zu versöhnen. Was daran liegt, dass unser Hirn Zufälle in Abrede stellt und uns darüber hinaus mehr Gewissheit und Sicherheit vorgaukelt, als tatsächlich berechtigt wäre. Dem Zufall seinen Platz einzuräumen, bedeutet deshalb, sich von der Wunschvorstellung zu verabschieden, alles Leben sei abschätzbar. Die Beschäftigung mit dem Zufall wird damit zu einer Anleitung, etwas mehr Bescheidenheit in der Ausrichtung unseres Lebens zuzulassen. Zugleich schärft es unsere Wahrnehmung, indem wir lernen, dem Unerwarteten gegenüber offener zu sein und dann daraus das Bestmögliche zu machen. Sich auf das Ungewisse einzulassen, kann auch eine Befreiung von Ängsten einschließen. Diese Befreiung öffnet Räume für neue Gaben, Bereitwilligkeiten und Zuwendungen.

Wenn es uns gelingt, diesen offenen Räumen hin und wieder unsere Aufmerksamkeit zu schenken, können wir sogar Zufälle in Glücksfälle verwandeln. Im Gegensatz zum Volksglauben, Glück basiere auf der Begünstigung höherer Mächte, zeigt sich bei näherer Betrachtung, dass Glück auf der Fähigkeit beruht, einmalige Gelegenheiten zu erkennen. Nur allzu oft gehen, ja rennen wir mit einem Tunnelblick durch unsere Tage. Zufälle zu nutzen, heißt oft nichts anderes, als die Perspektive zu wechseln. Eine allzu einseitige Fokussierung auf unsere Pläne und Ziele bindet so viel Aufmerksamkeit, dass wir Risiken verkennen und neue Wahrscheinlichkeiten gar nicht erst wahrnehmen. Zufälle wecken auf, verbinden uns stärker mit der Wirklichkeit, schärfen unsere Wahrnehmung und verschaffen uns Räume für unerwartete Lebenserfahrungen.

Nietzsches Seele hat keine Angst vor der Freiheit, sie ist weder an den Körper noch an die Vernunft gebunden, weshalb sie das Gewünschte und Gewollte, die Essenz unserer Persönlichkeit ist. Doch die Wendepunkte unserer Selbsterschaffung liegen für ihn nicht in der Seele allein. Auch der Körper, der Verstand und der Geist bilden je eigene Perspektiven, und alle zusammen gestalten den Wirkungskreis des Seins, wo wir das, was später zu den Gegebenheiten unseres Lebens gehört, in seiner Ankündigung, in seiner ersten Sichtbarwerdung erfassen können. Zu Virtuosen des Lebens werden wir dann, wenn es uns gelingt, durch unseren Geist die Seele zu entflammen und durch den Willen dafür sorgen, dass wir dem Vergangenen etwas Neues, noch nie Dagewesenes hinzufügen.

Dieses Welt- und Menschenbild weitet sich vom linearen ins komplexe, wenn er schlussendlich darauf hinweist, dass wir uns nie vollenden, dass unser Geist immer wieder von Neuem Ansprüche der

Wahrheitsfindung stellt. Wodurch unsere Seele leidet, aber nur so kann sie neue Erkenntnisse gewinnen. Trotz alldem lässt Nietzsche keine Zweifel daran, dass die Seele etwas Ausgedachtes, eine Hervorbringung des Menschen ist, die immer wieder neu entworfen werden muss. Als Mögliches ist sie weniger als Wirklichkeit, aber mehr als eine Vorspiegelung. Sie ist eine Bezeugung unseres ganz persönlichen Mythos, dessen Narrativ wir im Laufe unseres Lebens in die Wirklichkeit übersetzten. Dadurch wird sie auch zu einem Labyrinth, dessen Rätsel nur diejenigen lösen können, die mit dem geliehenen Gut ihres Lebens in die Mitte des Seins finden.

Warum wir uns niemals finden können, wenn wir uns nur selber suchen

Martin Bubers Leben vollzog sich in drei Phasen, die sich in den drei Wesenszügen seines Werkes reflektieren. In Galizien, wo er seine Jugendjahre verbrachte, fand er in der chassidischen Tradition seine eigentliche Berufung. Später, in Deutschland, eignete er sich durch das Studium der Philosophie die systematische Grundlage seiner Denk- und Betrachtungsweise an, und ab 1938, in Israel lebend, beschäftigte er sich mit der Nachdichtung chassidischer Schriften sowie mit der Übersetzung der hebräischen Bibel, um die jüdische Überlieferung als Vorbild für die Zukunft des Menschen zu verstehen. Trotz seiner schwierigen Lebensumstände finden bei Martin Buber persönliche Berufung, systematische Begründung seiner Vorstellungswelten und dichterische Darstellung in schicksalshafter Weise zusammen. In Hinsicht seiner spirituellen Berufung gilt es festzuhalten, dass diese nicht als eine Bekehrung nach christlichem Verständnis missverstanden werden darf. Vielmehr entstammt sie dem Erleben, dass die aufgeräumte, aber geistig noch unwirksame Welt durchscheint durch das, was im Alltag erscheint. Eine Erfahrung, die aus dem Herzen lebt und nicht nur das Individuelle, sondern auch das gemeinschaftlich Verbindende umfasst. Bubers Gottesbild weist nicht auf ein numinoses Geheimnis hin, sondern leistet die Tonfolge eines Bewusstseins von dem, was dem Mitmenschen aufgetragen ist. Wenn er eine Vertiefung des alltäglichen Lebens zu Mitmenschlichkeit fordert, hält er eine Sensibilität für das Verbindende von Du zu Du wach.

Es erinnert uns an eine chassidisch inspirierte Erzählung von Franz Kafka, wo ein Wartender beinahe sein ganzes Leben vor einer Tür samt zugehörigem Wächter verbringt. Kurz bevor sich sein Leben dem Ende zuneigt, wird die Tür, welche ins Gesetz führt, verschlossen. Worauf ihn der Hüter des Tores wissen lässt, dass dieses Tor eigentlich nur für ihn bestimmt war. Buber ist überzeugt, dass es für jeden eine Tür gibt, die ihn aus der Bedeutungslosigkeit des Alltags in eine offenherzige, überzeugende und wahrhaftige Welt führt. Einfühlungsvermögen und ein Bewusstsein unserer gegenseitigen Verbundenheit lassen uns frische Perspektiven atmen.

Was individuell gilt, ist ebenso wahr, wenn es um das eigene Volk geht. Tradition bildet ein immenses, Achtung gebietendes Archiv der Erinnerung, Weisheit und Erfahrung. Weshalb es für Buber zu einer zentralen Aufgabe wurde, den Wert jüdischen Denkens für die Menschheit zu erfassen und diesen zur Darstellung zu bringen. So fand er nicht nur seine Aufgabe, sondern auch sein Thema. Beim Absuchen der Horizonte in der abendländischen Philosophie und Soziologie entdeckte er, dass ein Begriffspaar, welches die Grundlage des jüdischen Denkens bildet, vernachlässigt wurde: Das Begriffspaar Ich und Du. Dies im Unterschied zum philosophischen Ich und Es, Subjekt und Objekt. In vielerlei Modulationen und Verwandlungen bestimmte dies als Gegensatz von Gesetz und Freiheit, Essenz und Existenz, von Wesen und Erscheinung die europäische Philosophie.

Diese Art des Denkens, so erkannte Buber zurecht, entwickelte sich zusehends zu einer Objektivierung unseres Daseins. Was davon am Ende übrig blieb, sehen wir heute nur allzu deutlich: Einsamkeit und Hass.

Wenn ich andere Menschen hingegen als Du anspreche, begegne ich ihnen auf Augenhöhe. Mit der gleichen Wertschätzung, mit der ich selber angesprochen werden möchte. Dagegen bedeutet die Ich-Es-Beziehung, dem Mitmenschen eine Anders- und Fremdartigkeit zu unterstellen. Damit macht man Menschen zu Objekten, denen man keine Gutherzigkeit, kein Entgegenkommen, keine Geneigtheit zusprechen muss. Womit es entsprechend leichtfällt, sie zu Feinden zu erklären. Durch diese Abstraktion des Denkens geht nicht nur das Du, sondern auch das Ich verloren.

Ohne Andersdenkende können wir unser eigenes Denken nicht finden, genauso wie wir ohne einen Gegenpol uns selbst nicht entdecken können. Ohne ein Du in allem, würden wir auch nie den Ursprung vom Ich und dem unantastbaren Grund der Menschenwürde erfahren. Wenn wir wirklich Du sagen können, anerkennen wir gleichzeitig das Ich, indem wir uns von der Verhaftung an die Welt der Objekte befreien. Unternehmungsgeist und Tätigkeitsdrang verbunden mit einer behutsamen, geistesgegenwärtigen Beobachtung seiner Mitwelt ist notwendig, um sich selbst zu erkennen. Niemand kann sich finden, wenn er nur sich selber sucht. Wir bringen uns in Gefahr, uns auf eine eindimensionale Lebensweise zusammenzuziehen, statt unsere vieldimensionale Wirklichkeit anzunehmen. Außerdem geraten wir so in die Fänge der Angst, wo wir erst recht nicht uns selbst gehören, sondern im Gegenteil auf der Flucht vor uns selbst sind. Unser Lebensgrund beginnt zwischen Anlehnung und Ablehnung zu schwanken.

Hier schloss Buber eine bemerkenswerte Interpretation des Mythos von der Vertreibung aus dem Paradies an. Als Gott Adam und Eva nach der Erkenntnis von Gut und Böse aus dem Garten der Unschuld verwies, war dies ein Geschenk des Schöpfers! Weshalb? Um den Menschen daran zu hindern, nicht auch noch die Früchte vom Baum des ewigen Lebens zu kosten. Hätten sie dies getan, müssten Menschen ewig gespaltene Wesen bleiben. Um dies zu verhindern, wies

Gott den Menschen über den Umweg der Erde, der Arbeit und des Strebens nach Einheit die Aufgabe zu, herauszufinden, wie die Triebe des Bösen den Kräften des Guten auf höherer Ebene dienen könnten.

Dabei geben die guten Energien die mögliche Richtung vor, die jedoch nicht im Menschen selbst liegen, sondern im Dazwischen, erfahrbar in der Begegnung mit den Mitmenschen. Der böse Trieb, in sich als schuldig empfunden, verleiht Kraft und Leidenschaft, ist aber als solcher moralisch indifferent.

Hier begegnen wir einem Leitgedanken jüdischer Spiritualität, nämlich der Schechina, der in die Welt gelegten Gotteskraft, die nur durch Mitarbeit des Menschen erlöst werden kann, und die so lange in der Welt bleibt, bis das letzte Wesen das personale Sein gefunden hat. So ist es die Aufgabe des Menschen, zwischen zwei Bewusstheitspolen Gottes verortet, den Dialog lebendig zu halten. Um diesen Ansatzpunkt aus christlicher Missdeutung zu lösen, ist es notwendig zu verstehen, dass die Tora nicht als Gesetz, sondern als Weisung begriffen wird. Auch wird Gott nicht als Gesetzgeber wie bei Paulus, sondern als Lehrer verstanden, der durch seine Lehren und Weisungen Menschen den Weg zum Du zeigt.

In diesem Sinn können wir auch seine Antwort auf die Frage verstehen, wie der Mensch zur Unterscheidung der großen moralischen Fragen gelangt, ohne dem Bösen zu verfallen. Die Antwort fand er in der Natur des Menschen: Das Böse können wir nie ungebrochen, nie mit vollem Bewusstsein, nie aus ganzer Seele tun. Weshalb kritisches Gewahrsein im Dialog zu entwickeln ist. Eine vornehme Aufgabe, weil es die Macht über das, was ausschließlich unserem Ego dient, in Schranken weist. Der Weg zur Erlangung dieser Klarheit ist subjektiv in der Verankerung der spirituellen Tradition eines Volkes zu finden und objektiv in der philosophischen Kritik. Diese wurde für Buber mit zunehmendem Alter zu einer großen Inspiration und zum Angelpunkt seines Denkens. An Kant anknüpfend, der die Fragen „was kann ich wissen, was darf ich hoffen und was soll ich tun“ zur Klärung des Bewusstseins stellte, versuchte Buber eine philosophische Anthropologie zu entwickeln. Er war überzeugt, dass klare Erkenntnis, verbunden mit einem entsprechenden Welt- und Menschenbild, die Grundlage einer Gesellschaftsordnung zu bilden vermochte, in der die Konflikte zwischen dem Einzelnen und der Gemeinschaft ebenso wie zwischen verschiedenen Völkern zu einem besseren Verhältnis in Frieden gelangen könnten. Er sah jedoch auch, dass die Ausarbeitung dieses Menschenbildes über das soziologische Denken hinausführt und vorrangig der Glaube ins Wissen, das Ahnen in die Gewissheit überführt werden muss. Die Hoffnungen auf ein Goldenes Zeitalter waren nicht ganz unbegründet. Den Ergebnissen wollen wir uns jetzt zuwenden.

AM WENDEPUNKT INS SÄKULARE ZEITALTER

Es gibt Anzeichen, dass immer mehr Menschen darauf verzichten, hinter dem Wirklichen das Mögliche, hinter den Erscheinungen das Wesentliche zu suchen. Wodurch wir viele Dimensionen dessen, was das Leben reich und tief machen könnte, verlieren. Davon ist auch die Seele betroffen, weil sie im Gegensatz zu unserem Körper und Intellekt, deren Vorhandensein keine Beweisführung benötigen, stets eine offene Frage ist. Ist sie ein Erzeugnis unserer Sehnsucht, ein Abbild unserer tiefsten Wünsche? Das Prunkstück unserer Spiritualität, ein Kleinod unserer Hoffnung? Natur oder Kultur?

Bevor wir nun mit weiteren Erkundigungen über unser komplexes Innenleben ins wissenschaftliche Zeitalter aufbrechen, gönnen wir uns nochmals einen konzentrierten Blick in den Rückspiegel der Entwicklungsgeschichte unserer Seele. Dabei können wir uns vergegenwärtigen, wie sie sich in diesem gewaltigen Strom der Zeit im Bewusstsein des Menschen geformt, entwickelt und verändert hat. Hervorheben lässt sich, dass die Seele bei Homer als Psyche bezeichnet wurde. Zudem ist bei Homer die Psyche auch eine Antwort auf das Mysterium des Todes. Er begreift sie als Schatten des Selbst, eng verbunden mit dem Körper. Also sterblich.

Bei Sokrates und Platon dagegen verwandelt sich die Seelenvorstellung in ihr Gegenteil. Sie wird zu Innerlichkeit, zu unserer authentischen Subjektivität, zum Nährboden unseres Verstandes, zu einem essenziellen Wert, dem einzigen, der Ewigkeit für sich beanspruchen darf. Deshalb werden das Streben und Ringen um die Seele für Sokrates zur wichtigsten Aufgabe des Menschen, weil es uns zu einem beständigen Wachsen und Blühen führt, neue Erfahrungen eröffnet, Geheimnisse offenbart und Hoffnungen nährt, neue Welten zu durchreisen. Ausnahmslos Vorstellungen, die uns noch heute zu inspirieren vermögen.

Die einsichtige, vernunftgemäß denkende Seele der Antike wurde im Christentum zu einem Kernelement des Glaubens: Als Substanz, angeboren und ewig. Weil wir die Sehnsucht nach Unendlichkeit in uns fühlen und tragen. Alle diese Vorstellungen sind ausgestattet und aufgeladen mit dem unüberbietbaren Trostpotenzial, dass wir erwünscht und zum Leben eingeladen sind. Das hatte natürlich, je nach Verdienst und Glaube, entsprechende Konsequenzen für ein jenseitiges Leben. Auch diese Seelenvorstellung ist bis heute für sehr viele Menschen ebenso wahr wie verständlich.

Viele Menschen sind seit jeher davon überzeugt, dass *ihre* Religion die wahre Innerlichkeit, die aufrichtige Seele beherbergt und ihr Heimat gibt. Doch schon früh, erstmals bei Aristoteles, lässt sich feststellen, dass auch eine rein elementare, diesseitige Seele ihre Berechtigung erlangt hat. Sie ist jedoch kein Abbild der Ideen wie bei Platon, kein Geschenk wie im Christentum, sondern ein energetisches Inneres, welches durch Entschiedenheit, mittels Durchdringung und Weisheit, erzeugt, herangebildet und durch die Zeit vollendet wird. Etwas von dieser Glut tragen zahlreiche Menschen immer noch in sich, und diese könnte für unsere Zukunft auf diesem Planeten wiederkehrend wichtig werden. Für Aristoteles war die Seele, abgesehen von den instrumentellen Funktionen der Persönlichkeitsbildung, auch ein universelles Lebensprinzip. Jedes noch so kleine Lebewesen, die ganze Natur fand er beseelt. Hier entdeckte Baruch Spinoza das göttliche Ausstrahlen der Schöpfungskraft; die Romantiker ihre säkulare Quelle der Inspiration.

Im Überblick der Seelenbilder herausragender Philosophen fällt auf, ob der Seele Substanz zugesprochen wird oder ob sie, wie in der Spätantike, beim Neuplatoniker Plotin, als eine subsäkulare Dimension, als ein Oberbegriff zwischen dem Körper und der geistigen Welt steht. Was zur Folge hatte, dass sich Religion und Philosophie, Glaube und Wissen langfristig entzweiten und verschiedene Wege gingen.

Montaigne gehörte in der Renaissance zur Avantgarde derjenigen, die es wagten, sich einzugestehen, dass sie ziemlich allein in der Welt standen. Die Gewissheit einer Transzendenz verflüchtigte sich. Die Erkenntnis der eigenen Ohnmacht reifte heran. Aber auch ein neues Ziel: Schreibende Versuche, sich selbst zu gehören.

Descartes` Seele ist an die Denkfähigkeit, an ein Selbst mit Bewusstsein gebunden. Sie gewann in der Zeit der Aufklärung die ihr zugedachte Aufgabe der Selbstreflexion an die Vernunft, verlor jedoch allmählich ihre Einheit. Auch ihr Platz im Zentrum existenzieller Bedeutung verflüchtigte sich. Kant stellte sie der Vernunft gleich, und Hegel löste sie im „Weltgeist" auf. Betrachtung und Einkehr in das Ewige hatten aufgehört, ein Ziel der Philosophie zu sein. Die Seele wurde von der Erde wie auch vom Himmel befreit. Die Wahrheitsfrage über den Menschen – Generationen übergreifend von Jenseitsvorstellungen her bestimmt – wurde dem Einzelnen überlassen und gleichsam privatisiert. Der Sterbeprozess Gottes in der Seele vieler Menschen nahm seinen Lauf.

Doch es gibt Fragen in der Geschichte, die sich jeder Generation immer wieder von Neuem stellen, die für unser Leben und dessen Qualität einfach zu wichtig sind, um sie dauerhaft zu verdrängen. Eine dieser Fragen, deren Beantwortung unumgänglich ist, besteht darin: Von welchen Mächten und Kräften wollen wir uns bestimmen lassen? Egal, ob wir Gottesgläubige, Atheisten oder Anhänger einer zeitgenössischen spirituellen Ausrichtung sind, die fundamentalen Aussagen der biblischen Bildersprache sind so tief in das europäische Menschenbild eingeschrieben, dass sie unauslöschlich in unserem Denken und erst recht in unserem Unterbewusstsein weiterleben. Dabei ist der Individualismus und der damit verbundene Kerngedanke, dass die Verantwortung über die Lebensgestaltung der Freiheit ganz in den Händen des einzelnen Menschen liegt, wohl die wichtigste, weil prägendste Kraft unserer Kultur. Diese, auf uns bis heute Wirkung ausübende Vorstellung einer individuellen, aktiven, kreativen Seele, die Wahrheit zum Ausdruck bringen kann, hat es ermöglicht, dass der Seelenbegriff jede kulturelle Umformung, Neuordnung und jeden Entwicklungssprung ertragen und überstanden hat. Wir konnten uns stets darauf verlassen, dass unsere Seele die Gegebenheiten unseres Lebens nicht nur kennt, sondern auch die Landschaften der Zukunft lesen konnte. Dass sie der Läuterung und Veredelung, der Aufwärtsentwicklung und dem Genesungsprozess, der Wende und der Vervollkommnung zugewandt ist.

Die im Verlauf ihrer Genese säkularisierte Seele entwickelt sich im Zeitalter der Romantik zur poetischen Ausdrucksform einer individualisierten Innerlichkeit. Sprache erblühte zu einem Instrument des Transzendenzglaubens und führte zu einer neuen Verhältnisbestimmung, die zeigte, dass Spiritualität ohne die Subtilität poetischer Vergegenwärtigung nicht auskommt. Weil wir vieles im Leben nur deshalb tun, weil wir Liebe suchen, entwickelte sich die Erlösung der Seele zur Frage, wie man sich dem Ruf des Herzens anschließen und der Liebe als Einweihung in ein höheres Leben gerecht werden kann. Liebe wird unter den Romantikern zur Nahrung der Seele, sobald ein Entschluss fällt, das zu geben, was wir selber suchen. Damit wird Liebe zu einer Erfahrung eines einheitlichen Bewusstseins und zur Bestätigung, dass wir im innersten Wesen gleich sind und es an uns selber liegt, diesen Energiefluss, der uns die schönsten Momente ermöglicht, durch Schenken und Empfangen am Leben zu erhalten.

Gleichzeitig betreten wir hier eine Brücke, welche uns von der Seele zur Psyche führt, soll besagen, von einer religiös-philosophischen zu einer psychologisch veranschaulichten Seele. Für Nietzsche wurde die Seele zu einem inneren Kraftfeld, durch dessen Schwingungen wir gewahr werden, ob wir uns in Übereinstimmung mit unseren höchsten Idealen befinden. Selbstverständlich weit davon entfernt, die Seele als Zitadelle für passive Rückzüge in die inneren Tiefen als Flucht vor weltlichen Anforderungen zu verstehen. Im Gegenteil, die neue Seele verstand Nietzsche als Energie- und Impulsquelle unserer Absichten und Bestrebungen, unserer höchsten Ambitionen und unseres Willens.

Worauf läuft all das hinaus? Wenn wir in Ruhe darüber Reflexionen anstellen, so ließe sich sagen, dass die Seele wohl ohne einen substanziellen Wesenskern auskommt, dafür aber die zusammenführende und verbindende Quintessenz all dessen darstellt, was uns wirklich wertvoll ist: Bewusstsein, Mitgefühl, Hingabe, Inspirationen, Ahnungen, Ideen und freier Wille. Die Seele, als das Innerste unseres Wesens, ist der erhabene Grund, aus dem man klugerweise jede langfristig angelegte Reise beginnen sollte. Die Vorbereitungen dazu entsprechen der historisch verankerten Anwendung unserer Geisteskraft, um unsere Vorhaben mit unserer Geschichte und Kultur in einen Zusammenhang oder gar Einklang zu bringen.

Mit einem Hauch Vorstellungskraft können wir die Seele auch als ein lebendiges Schrift- und Bildergewölbe der Erinnerungen und Werte sehen. Darüber also, was wirklich wichtig ist in unserem Leben. Festgehalten in den großen anregenden und ermutigenden Werken der Kunst, Philosophie, Religion und Literatur. In den Mythen ist die Seele auch eine universelle Kraft, dazu bestimmt und befähigt, den persönlichen Ein- und Ausgang unseres Lebens in etwas von größerer Bedeutung, etwas Übergeordnetem zu suchen. Die Seele lässt uns unsere Bestimmung selber festlegen, wie auch die Antwort, die wir auf das Mysterium des Todes finden wollen.

Die Gegebenheit, dass die Seele nur uns selber zugehörig ist, macht sie zur Bezeugung unserer eigenen Würde, wie auch unserer Verletzlichkeit. Sie ist unsere Freiheit im Sinne individueller Verantwortung für ein Ganzes. Sie ist die Energie, die uns strahlen und kommunizieren lässt. Sie ist der offene Raum des Dialogs, woraus sich immer wieder neue Begabungen ergeben. Der unbewohnte Ort unserer Erwartungen. Der Horizont in Bewegung. Unsere Heimat, wenn wir die äußeren Orte der Zu- und Angehörigkeit verlieren. Sie fügt zusammen, was getrennt ist. Sie ist Ausdruck unserer Sehnsucht nach Unendlichkeit. Sie ist eine Brücke zur Weisheit und die Werkstätte des Seins. Sie sorgt dafür, dass die Dinge, die uns wichtig sind, uns auch finden. Die Seele besteht so lange, wie sie uns als achtens- und schützenwert erscheint.

Wie die Seele durch die Säkularisierung ihre innere Autonomie verlor und sich zur Psyche wandelte, die öfters einer Therapie bedarf

Durch Säkularisierung und zunehmenden Wohlstand hat die Seele ihre Bedeutung als Kern der inneren Selbst- und Eigenständigkeit eingebüßt. Im wenig inklusiven Hoheitsgebiet der Religion entstand ein Leerraum, in den nun die Psychologie eindrang. Womit das sakral-klerikale Seelen-Verständnis des Mittelalters zuerst durch eine philosophische und danach durch eine analytisch gedeutete Psyche ersetzt wurde. Viele der damaligen resoluten und risikofreudigen

Künstler und Schriftsteller, aber auch angesagte Wissenschaftler fanden diese Umdeutungen angemessen, ja sogar eine gute Sache, weil damit auch reaktionäre, abergläubische, irreale Kuriositäten verschwinden würden. Auch Nietzsches wohl triftigste Erkenntnis, „dass der Wert des Lebens nicht abgeschätzt werden kann, gerade Tatsachen gibt es nicht, nur Interpretationen" – so formuliert in „Ecce Homo" – entfaltete unter Intellektuellen einen großen, nachhaltigen Einfluss. Er sagte damit auch, dass es außerhalb des Lebens keine Perspektive, keine bevorzugte Betrachtungsweise, keine begnadete Position, keinen Kunstgriff für eine Metaphysik geben kann. Wir sind ganz allein auf uns selbst gestellt.

Durch die Evolutionstheorie Darwins sind Stellenwert und Bedeutung der Seele noch massiver gefährdet worden. Und als ob das alles nicht schon genug wäre, erklärt Sigmund Freud, um sich von der Religion abzugrenzen, die Seele als Psyche, als Träger der Träume, Neurosen, Verdrängungen und Komplexe, die des Öfteren einer Therapie bedürfe. Weil deren wichtigstes Merkmal darin besteht, dass Probleme und Krankheiten dem Unbewussten entspringen und entsprechend schwer zugänglich seien. Descartes und Kant erkannten die Seele noch im Bewusstsein, im Geist, im klaren Denken, Freud hingegen weitgehend im Unbewussten. Woraus er ein psychologisches Verfahren entwickelte, dessen Einsichten ebenso groß und einschneidend für die weitere kulturelle Entwicklung war wie wenige denkerische Umbrüche seit der Renaissance.

Nichts geht Freud über den einzelnen Menschen als treibende Kraft. Er macht und ist zugleich Geschichte. Obwohl damals die Psychoanalyse von nicht wenigen als eine Art Kunst betrachtet wurde, bestand Freud darauf, sie als Wissenschaft zu verstehen. Nicht zuletzt deshalb, weil er wissenschaftliche Arbeit als einzigen Weg sah, der zur klärenden Erkenntnis der Wirklichkeit führt. Viele Menschen standen zu seiner Zeit noch unter dem Schock der Evolutionstheorie und ihrer

Folgerungen, dass wir zufällige Schöpfungen blinder Kräfte seien. Gleichzeitig stellten die Naturwissenschaftler Modelle zur Schaffung von Ordnung und Effizienz zur Verfügung, die wir für unser physisches und materielles Wohlergehen nutzen sollten. Daraus schloss Freud, dass wir durch die Psychoanalyse neue Werte und Potenziale des Menschseins entdecken könnten, sobald wir die dunklen Schleier vor den Geheimnissen psychischer Erkrankungen niederreißen würden. Um unser innerstes Selbst zu erforschen, um auf eine neue Ebene kreativer Möglichkeiten zu kommen, sollten wir die Klarheit schaffende Könnerschaft wissenschaftlicher Ernsthaftigkeit zulassen. Damit verlegte sich die Suche nach den Kausalzusammenhängen, nach der Abfolge aufeinander bezogener Ereignisse, ins Innere des Menschen. Zwischen der Kindheitsentwicklung und dem Reifegrad der Erwachsenen bestand ein enger Zusammenhang. Welche Art Herausforderungen wir bestehen müssen, um zu einer beständigen, widerstandsfähigen Persönlichkeit heranzuwachsen, sollte das psychoanalytische Verfahren bewusst machen.

Durch seine analytischen Fähigkeiten geriet Freud die menschliche Identität zu einem aufeinandergelegten System aus dem „Es“, als Sitz der Triebe und Lebensinstinkte, dem „Ich“, als bewusste Identität, und dem „Über-Ich“, welches die Normen der Eltern, gesellschaftlicher Autoritäten und des Gewissens spiegelt. Zu dieser Sicht gelangte Freud, indem er anstelle philosophischer Seelenvorstellungen die tatsächliche Realität des Menschen prüfte. Durch das Studium hysterischer Patienten erfasste er, dass deren Leiden ihre Wurzeln in der Verdrängung der Triebe, vor allem des Lusttriebes haben. Wobei wir heute anmerken können, dass dieser Teil des Menschen äußerst schwer bestimmbar ist. Die Hirnforschung zeigt uns mittlerweile, dass es Tiefenschichten gibt, die ebenso unbekannt wie umfassend sind, so dass wir überhaupt nicht an sie herankommen. Sie bleiben unerschlossen und rätselhaft. Doch aus diesen Tiefen strömt unsere Lebensenergie, verwandelt sich in psychische Kräfte, welche sich in sexuellen Trieben sowie auch in mannigfaltigen Ängsten und Störungen zeigen können.

Jedoch, was schützt eigentlich unser zartes, relativ junges Ich vor diesen manchmal ungehemmten entflammten Ausbrüchen des „Es“ und dem ebenso tief in den Taten- und Erfahrungsschichten wurzelnden „Über-Ich“? Wenig genug. Eigentlich nicht viel mehr als eine zarte, durchscheinende Schicht unseres Bewusstseins. Angesichts dessen kommen wir über das Kulturgut unserer moralischen Freiheit ins philosophische Staunen. Wie ist es möglich, dass aus der körperlich-sinnlichen Natur des Menschen sich ein Ich als Repräsentant unserer bewussten und rationalen Persönlichkeit heranbilden konnte, das nicht nur zwischen den schier übermächtigen Stimmen der Natur und des Gewissens, zwischen den Ansprüchen der Gemeinschaft und den Wünschen des Individuums ein Gleichgewicht findet und dies so stark und konstant aufrechterhalten kann, dass es als stabiles Kulturwesen zukunftsorientierte Handlungsfähigkeit ermöglicht?

Das Über-Ich ist keine einheitliche Kraft, sondern eine, die sich aus der Summe all dessen speist, was unsere Eltern als kulturell vorbildlich und nachahmenswert empfanden. Das Über-Ich manifestiert sich als Gewissen, welches seine Dringlichkeit durch das erhält, was Autoritätspersonen als herzlos, verwerflich, unehrenhaft und verantwortungslos verwerfen. Beide Instanzen sind ihrem Wesen nach konservativ, beide werden durch Auszeichnung und Belohnung, durch Vergeltung und Verbote erschaffen, und beide bestimmen Energie und Bewegungen unserer Psyche und damit unser Selbstwertgefühl. Wie auch, was wir uns später im Leben zutrauen.

Damit zeigt Freud, dass Unreife und Unselbstständigkeit nicht in jedem Fall selbst verschuldet sind. Wenn Eltern die wichtigsten Grundbedürfnisse ihrer Kinder nach Anerkennung, Aufmerksamkeit und zärtlicher Zuneigung nicht geben können oder wollen, führt das manchmal über allerlei Umwege zu einem bruchstückhaften Selbstvertrauen, zu Verschämtheit und vielerlei Formen der Angst und Furchtsamkeit. Gleichzeitig stehen wir immer auch in einer Beziehung sowohl zu den bewussten als auch zu den unbewussten Regionen unseres Lebens. Als Kind ist unser Bewusstsein noch ebenso klein wie wir selber. Umso größer dagegen der Anteil des Unbewussten. Was Angst vor der Dunkelheit ebenso verständlich macht wie das Staunen über die täglichen Neuentdeckungen unserer phänomenalen Welt. Als Jugendliche stellen wir dann fest, wie sich das Bewusstsein ebenso erweitert wie unsere Anmaßungen, Tollkühnheiten und Unverschämtheiten. Doch die Dunkelheit des Unbewussten ist immer noch größer als das Licht des Bewusstseins, weshalb keinem Heranwachsenden Phasen des Zweifels, der Mut- und Aussichtslosigkeit und Verzweiflung erspart bleiben. Erst als Erwachsene ist unser Bewusstsein voll ausgebildet. Getreu dem Leitgedanken Freuds: „Wo Es war, soll Ich werden." Doch im Prozess des Älterwerdens verschieben sich die Verhältnisse des Bewussten zum Unbewussten erneut, bis wir weitere Geheimnisse des Menschseins erfassen.

Einleuchtend wird nun auch, wie das auf den Körper angewiesene Es den grundlegenden und richtungsweisenden Teil der Psyche darstellt. Dort findet sich die hintergründige und folgenschwere Hinterlassenschaft einer langen Ahnenreihe mit all ihren durch das Temperament geformten und aufgeladenen Anlagen, Begabungen und Kennzeichen, mitsamt der Stärke des durch Instinkte geleiteten Willens. Die Grundelemente der Psyche sind angeborene Gegebenheiten, die ihre mehr oder weniger feste Gestalt durch eine Kombination und Verknüpfung zwischen den Zufällen und Wahrscheinlichkeiten des Lebens erhalten. Dadurch bekommt die Seelenlehre Freuds eine energiegeladene, wandlungsfähige und risikoreiche Komponente. Diese Seele kann erwachen, heranreifen und erblühen, sich auch geschlechtlich verwandeln. Sie kann aber auch verfälschen, korrumpieren, heucheln und verbergen. Sie ist weder einstimmig noch übereinstimmend, sondern vielgestaltig, auseinanderstrebend, manchmal gegensätzlich, aber immer unvergleichlich kreativ. Diese ganze, ebenso wunderbar symphonische wie abschreckend dissonante Seelenmusik, zusammengesetzt aus Emotionen, Gedanken, Instinkten sowie körperlichen Bedürfnissen, muss unser Ich mit all der gebotenen Vernunft, die ein Mensch überhaupt aufzubringen vermag, so ordnen und aufeinander abstimmen, dass er selber im Lot bleibt. Nicht zu kurz kommend und die Gemeinschaft nicht vernachlässigend, ist das Ziel der psychoanalytischen Kulturlehre.

Mit diesem Seelenverständnis und durch die Techniken der Psychoanalyse, unbewusste Zwangslagen, Spannungszustände und eine Vielzahl anderer Problemsituationen zu erkennen und zu lösen, bot Freud über die Heilung hinaus auch vielen Menschen, die sich durch die Einbuße ihres Glaubens in einem geistlichen Exil wiederfanden, ein neues Asyl. Das trotz aller sprachlicher und begrifflicher Könnerschaft Freuds immer noch etwas undurchschaubare und abgründige Unbewusste wurde für nicht wenige Menschen zum diesseitigen Ersatz für die einstmals religiös empfundene Seele. Transzendenz wurde nicht mehr im Jenseits, vielmehr in der Kultur der Zukunft vermutet. Was dazu beitrug, dass die Psychoanalyse immer weniger zur Behandlung von Verhaltensstörungen beansprucht wurde und wird, als vorzugsweise zur Anleitung eines gelingenden Lebens. Dagegen hatte Freud wohl kaum viel einzuwenden, vertrat er doch die Ansicht, dass die Religionen ihre Energie und Daseinsberechtigung aus der traditionellen Familie bezogen. In der lang anhaltenden Hilfsbedürftigkeit des Kleinkindes sucht und findet dieses bei der Mutter Liebe, Schutz und Geborgenheit, während es beim Vater dessen Vorstellungen von Selbstbeherrschung, Umsichtigkeit und gesellschaftlichen Wertvorstellungen übernimmt. Deshalb ist es nichts weiter als eine „regressive Erneuerung", wenn es später als erwachsene Person in Zeiten der Not, der Verlassenheit, der Ziellosigkeit auf die jenseitigen Schutzmächte der Religion zurückgreift. Weil aber die Familien als Fundament dieser Ordnungsvorstellung durch die Integration der Mütter in den Arbeitsprozess und die immer längere Abwesenheit der Väter durch weite Arbeitswege sich langsam aufzulösen beginnt, übernimmt das Kind elterliche Wert- und Sozialvorstellungen nicht mehr auf hergebrachte Weise und sucht so auch nicht mehr in einer religiösen Institution nach Heilsgewissheit.

Freuds Psychoanalyse trug damit in hohem Maße dazu bei, religiöse Selbstgefälligkeit und humanistische Vermessenheit etwas zu begrenzen. Obwohl er in Aussicht stellte, die Psyche weitgehend aus der Matrix der gesellschaftlichen Hinterlassenschaft zu befreien, macht er jedoch auch klar, dass es keinen vorbestimmten Weg geben kann, der Menschen zu Befreiung, zur Errettung führen kann. Die einzige Hoffnung liegt in jedem Menschen selbst – in seiner Würde. Und mithilfe seines Mutes einen Weg zu finden oder zu erfinden, der ihn selbstverantwortlich durch sein Leben zu tragen vermag. Durch diese freie Wahl entscheidet er letztlich, wer oder was er sein möchte.

Dank der Psychologie und der Literatur im einsetzenden 20. Jahrhundert wissen wir, dass die meisten Menschen keine Abenteurer ihres eigenen Lebens sein wollen. Sie streben viel eher nach einer vorhersehbaren, wohlgeordneten Begrenztheit. Sobald wir jedoch verstanden haben, dass die Angst vor Kontrollverlust uns in die Enge treibt, wird der Weg frei, derjenige zu werden, der man tatsächlich ist. Jedem Menschen ist eine Berufung und eine Bestimmung mitgegeben, und wir sind dazu eingeladen, diese anzunehmen, uns zu verwandeln, zum wahren Kern unseres Wesens vorzudringen. Dort, in der Tiefe unseres Seins, erkennen wir die bisher ungesehene Notwendigkeit, was uns in dieses Leben gebracht hat, worin unser Auftrag besteht und warum niemand anders als wir selbst diesen erfüllen können. Im Finden dieser ureigenen Gaben erwachen unsere Begabungen und unsere Weisheit um die Angelegenheiten, die wirklich wichtig, entscheidend und von hohem Rang sind.

Wie es trotz größtmöglicher Lebensbedrohung gelingen kann, eine Ego- durch eine Sinnorientierung abzulösen

Bei einer so überragenden Persönlichkeit wie Viktor Frankl ließe sich leicht sagen, dass er genial begabt war. Doch gerade hier greift dies ins Leere, denn die Befähigung ist noch weit entfernt von der Fähigkeit, das Leben auch zu meistern. Potenziale führen nicht notwendigerweise zu einer bestimmten Lebensführung. Besondere Aussichten führen nicht unbedingt zur Meisterschaft.

Wenn man zudem weiß, dass er zuerst Medizin studierte, sich später, von Freud inspiriert, für die Psychiatrie zu interessieren begann, von 1933–1937 in der Psychotherapeutischen Abteilung der Universität Wien selbstmordgefährdete Frauen betreute und durch gefälschte Gutachten jüdische Patienten vor dem Zugriff der Nazis rettete, ein Visum des amerikanischen Konsulats ablehnte, um die Pflege seiner Eltern nicht zu unterbrechen, stellt sich die Frage, welche Kräfte da wirksam waren, um eine solche, schier übermenschliche Ausformung des Charakters zu bewirken?

Doch das Unfassbare geschah erst danach: Sein Vater starb 1943 im Ghetto Theresienstadt, seine Mutter wurde in der Gaskammer von Auschwitz ermordet und seine Frau starb im KZ Bergen-Belsen, ehe er selber 1944 als Jude in ein Außenlager des KZ Dachau überführt wurde und überlebte.

Hier zeigt sich, wie wir Menschen von den Rätseln, die das Leben immer wieder von Neuem an uns stellt, wachgehalten werden. Wir verfügen nur über wenig, aber wir sind nicht ein geistiges Nichts, wir sind Teil von etwas Unfassbarem, das wir in unser Dasein einschließen möchten. Ein Geschenk, welches uns die Möglichkeit gibt, wiederkehrend über die Dinge des Lebens nachsinnen zu können.

Das tat auch Viktor Frankl, kurz nachdem er von der US-Armee befreit wurde. Er schrieb – noch vollkommen unter dem Eindruck seiner jüngsten grauenhaften Erfahrungen – in nur neun Tagen seine Gedanken, Empfindungen und Gefühle dazu nieder. Dieses Buch, welches 1946 unter dem Titel „Ein Psychologe erlebt das Konzentrationslager“ erschien, entwickelte sich im Laufe des 20. Jahrhunderts zu einem der einflussreichsten Bücher überhaupt, weil es durch den Aufruf zur Versöhnung im Umgang mit Leiden und Erlittenem einen Ausweg aus dieser unbegreiflichen Katastrophe wies. Der spätere Titel „Trotzdem ja zum Leben sagen“ könnte man auch als Motto seines Lebens bezeichnen.

So schrieb sich Frankl in die Denklinie der großen Humanisten ein, indem er aufzeigte, dass wir ohnehin nie wählen können, welche Prüfungen uns das Leben auferlegt, wohl aber, wie wir darauf reagieren und was wir geistig daraus machen. Niemand zwingt uns, in einer einmal festgelegten Denkweise oder Geisteshaltung zu verharren, niemand kann uns auffordern, an einer Inszenierung der Identität, die auf Ablehnung, Groll und Selbstmitleid beruht, festzuhalten. Wir haben jederzeit einen Spielraum. Auch wenn dieser gelegentlich sehr gering sein mag.

Damit lässt sich eine goldene Brücke vom Leid zur Freiheit bauen. Mit würdevoller Anerkennung des bedeutungsvollen Rätsels des Leidens, mit Ehrfurcht vor sich selbst, vor der eigenen Wahl, der eigenen Freiheit, dem eigenen Erkenntnisvermögen. All das bedeutet ein Widerstreben gegen jede Art der Verzweiflung, Mutlosigkeit und Heimsuchung. Das Gelingen, sich über die gelegentlichen Trostlosigkeiten zu erheben – das Leid in ein Empor- und Vorwärtskommen zu verwandeln – ist ein Geschenk unseres Geistes, der uns die Einsicht erlaubt, dass wir unser Dasein nicht rückwärts, sondern nur vorwärts leben können. In das, was nur andeutungsweise oder überhaupt nicht absehbar ist.

Bezüglich des Sollens gibt es keine Traditionen mehr, die eine feste und selbstgewisse Richtung vorgeben, auch bezüglich des Wollens ist kein Verlauf, kein Bestimmungsort auszumachen, weil wir eine Zukunft finden müssen, die von unserem Ausgangs- und Ansatzpunkt her nicht mehr festgelegt ist. Wir sind mehr als jede Generation vor uns dazu aufgerufen, nach dem Sinn unserer Existenz zu fragen, denn im Erfüllen von Sinn verwirklichen wir das Menschliche in uns zu seiner höchsten Reife und schönsten Vertrautheit mit dem Wunderbaren.

Dieser Durchbruch nach vorn war für Frankl gleichbedeutend mit der Entdeckung von Sinn, der auf drei verschiedene Arten oder in seinen Worten auf drei verschiedenen „Hauptstraßen" zu finden ist. Da ist die Straße der Tat, deren Motivation in unserer Herkunft eingewurzelt ist und etwas Kreatives, etwas Geist- und Gedankenreiches an sich hat. Dabei soll unser Tun wohlgesinnt, achtsam und umsichtig sein und Werke erschaffen, die das Signum unserer Menschlichkeit tragen.

Der Weg der Seele ist still, denn nur so vernehmen wir die Echos der Liebe. Einer Liebe, die nicht bloß auf Gefühle und Empfindungen gründet, sondern uns die Erfahrung eines einheitlichen Bewusstseins ermöglicht. Liebe ist das erfahrbare Wissen, dass wir im innersten Wesen ohne Unterschiede sind. Wenn wir unser Bestreben vom Geist der Liebe beeinflussen lassen, werden wir weitherzig, wachsam und würdevoll: Anerkennen statt anzuprangern. Wir ermutigen, statt zu veralbern. Wir erteilen Rat, statt Giftpfeile abzuschießen. Wir fördern, statt Menschen in Misskredit zu bringen. Wir zeigen Nachsicht statt Herabwürdigung.

In der dritten Straße, der Straße des Leids, geht es im tiefsten Grunde darum, sich von der Unsicherheit, von der Ungewissheit und von den Tragödien des Lebens nicht entmutigen zu lassen, stattdessen die vertrauenswürdige Bindung an das Leben und dessen Realitäten anzunehmen. Indem wir aufhören, gegen die manchmal elementare Bodenlosigkeit und die anhaltend verändernde Beschaffenheit des Lebens zu kämpfen, hören wir auch auf, unsere Wahrnehmungen an unser Selbstkonzept, an unsere festgebundenen Ideen, an unsere Interpretationen von Ich und Welt zu knüpfen. So im Gleichgewicht zu bleiben, lehrt uns, unsere unmittelbaren Erfahrungen als Zeuge unseres Selbst neu kennenzulernen. Diese mitfühlende Beobachtung erlaubt die Befreiung vom Ego, von der Idee, dass wir das Leben nur zu unseren eigenen Bedingungen akzeptieren können und dadurch verhindern, dass aus einem vorübergehenden Leiden etwas Kostbares entstehen kann.

Wir alle verlieren im Leben Menschen, die uns nahestehen, die wir lieben. Umso notwendiger ist das Finden von etwas, das unsere Augen wieder zum Leuchten bringt. Aber nicht wie in der Kindheit aus Unerfahrenheit, sondern aus einem Wissen um unsere einzigartige Quelle in unserer inneren Welt. Einer Quelle, die uns zwischenzeitlich Abstand zu unserem Alltag verschafft, die uns Selbstüberwindung, Abgeklärtheit und Entfaltung ermöglicht und uns dadurch einen frischen Bezugsrahmen schenkt, der uns die Welt neu sehen lässt.

Wie und warum wir uns an den Wendepunkten unserer Entscheidungen selbst erschaffen

Damit das Mögliche in einer global geordneten kapitalistischen Welt zur Wirklichkeit kommen konnte, hat der moderne Mensch anstelle einer Initiation eine Art Zivilisierungsprozess durchlaufen, wo er lernt oder gegebenenfalls konditioniert wird, seine Meinungen, Ansichten und Gedanken auf das von der Gesellschaft Gewünschte oder Geduldete auszurichten.

Ein lebenswertes Dasein zu finden, wurde damit zu einer Frage, wie sich der Mensch auf dem Markt von Angebot und Nachfrage zu präsentieren weiß, womit die „Natur" des Menschen zu einem Produkt der kulturellen Sozialisation wurde. Gleichzeitig begann mit der letzten Welle der Globalisierung eine weltweite Relativierung und Durchmischung der Werte, die es für den einzelnen, zunehmend isolierten Menschen immer wahrscheinlicher machten, sich in dieser Verabredung mit den modernen Marktkräften zu verlieren.

Erich Fromm hat dazu die Frage aufgeworfen, wie die Natur des Menschen in solchen Verhältnissen beschaffen sei. Er geriet - ohne dass dies für uns allzu überraschend käme - sofort in eine Zwickmühle. Wenn wir nämlich annehmen, dass das wahre Wesen des Menschen im Grunde gut oder böse sei, liegt dieser Vorstellung die Annahme zugrunde, dass da ein bestimmter Kern, eine Quintessenz, das Wesen des Menschen ausmacht. Aber wir wissen durch die entstandenen Sozialwissenschaften auch, wie dieser hochkomplexe Prozess durch die Veränderung der Lebensbedingungen vorangetrieben wurde. Wenn wir uns zudem die Entwicklungsgeschichte der zu Beginn noch werkzeuglosen Menschen über eine Zeitspanne von 2,4 Millionen Jahren vor Augen halten, eingedenk unserer bedächtig erwachenden Fähigkeit, ständig neue Antworten auf die zunehmende Komplexität des Lebens zu finden, tut man sich schwer mit der Annahme, wir Menschen seien mit einem festen, unveränderlichen Kern ausgestattet.

Dass die Evolution kein bestimmtes Ziel anstrebt und es für die Natur gleichwertig ist, in welche Richtung Prozesse verlaufen, ist eine zentrale Erkenntnis der unterschiedlichen Evolutionstheorien seit dem 19. Jahrhundert. Doch uns Menschen kann es ganz und gar nicht egal sein, ob wir uns in eine regressive, archaische Richtung oder zu einer progressiven Auffassung des Menschseins entwickeln. Dabei verharren auch die Fragen rund um die Polaritäten zwischen Gut und Böse, die Jahrtausende das theologische und philosophische Denken grundierten, nach vielerlei Interpretationen und ebenso vielen Bankrotterklärungen jeglicher Moral in der Schwebe. Das Gute immer hoffend, das Böse stets befürchtend, scheint eine Konstante der anthropologischen Religionen zu sein.

Offen indes bleibt, welchen Sinn wir unserem Leben geben. Mögliche Antworten hängen davon ab, wie wir die wichtigsten Aspekte des Menschseins interpretieren, also jene, die nicht mehr direkt mit der Natur verbunden, aber für die Qualität unseres Daseins von ganz entscheidender Bedeutung sind: Sprache, Seele, Bewusstsein, Empfindungen wie Gerechtigkeit und Liebe. Als reine Naturwesen müssten wir uns um all das keine Sorgen machen, doch ein geheimnisvoller Quantensprung in der natürlichen Entwicklungsgeschichte bewirkte eine bis heute ununterbrochene Verfeinerung unserer geistigen Fähigkeiten und ließ in uns die Erkenntnis reifen, dass wir Menschen zwei verschiedenen Welten zugehörig sind, die – wie könnte es anders sein – noch in einem Spannungsverhältnis miteinander liegen. So finden wir in uns keine wie auch immer gelagerte Qualität, sondern – wie es Erich Fromm so treffend formuliert – einen uns stets wachhaltenden Widerspruch. Diese Gegebenheit, ein Geschöpf der Natur zu sein und gleichzeitig über freie Gedanken zu verfügen, die sich sogar gegen die Natur richten können, schuf für uns Menschen eine Disposition in Richtung einer hohen Komplexität, macht es aber auch schwierig, sich von dieser Welt zu entfremden. In diesem Leiden zeigt sich die Wurzel unserer Sehnsucht nach Zusammengehörigkeit, Harmonie und Heimat.

Eine erste Antwort, die sich Menschen auf diese Bedrängnis gegeben haben, sehen wir in primitiven Religionen mit ihrem Ahnenkult. Im Versuch, zum Ursprung zurückzukehren, verwandeln sich die Abbilder einer relativen Vielheit zu einem Urbild der absoluten Einheit. Später wurde die Geschichte des Stammes durch die Geschichte des Individuums abgelöst. Und heute? Wo sich Menschen auf Internetplattformen in Pirouetten um ihr eigenes Ich drehen, wo gesellschaftliche Wandlungsprozesse reihenweise Lebenslügen entlarven, wo Bruchlinien einstiger Hoffnungen in verlebten Gesichtern sichtbar werden, wo sich die Schwierigkeit allerorten offenbart, wie ein richtiges Leben in falschen Zeiten zu führen wäre, in solchen Epochen wird die Anderswelt in extremen Bewegungen gesucht. Im Dauerrausch oder in schweren psychischen Erkrankungen, wenn Entwürdigungen noch tiefere Furchen ins Leben gerissen haben.

Religionen jedoch, das sah Erich Fromm sehr deutlich – können nicht nur archaisch regressive Scheinlösungen anbieten, sie können durch herausragende Boten auch Einsichten in etwas erhalten, was jenseits des vorüberziehenden Flusses des Unmittelbaren liegt. Etwas, das Sinn ergibt und dennoch unser Fassungsvermögen übersteigt. Etwas, das die Einzelseele mit einem kausalen Aspekt verbindet und dadurch eine Lösung initiiert, welche die menschlichen Kräfte zu einer weiteren Entwicklung führt und neue Harmonien in Aussicht stellt.

Wenn nun ein Kern des Menschen in Furcht vor Freiheit liegt, so bestimmt sie unser Handeln an den Wendepunkten unserer Entscheidungen. Genau dort erschaffen wir uns selbst. Indem diese Furcht vor Freiheit überwunden wird und der Widerspruch zur Freiheit ausgehalten wird, stärkt das auch meine Absicht, die Welt ein klein wenig zu verbessern.

Weisheit ist die Kunst zu verstehen, wann wir an einem Scheideweg angekommen sind, wann eine neue Reise in die Fülle der Möglichkeiten beginnen könnte. Manchmal ist es am Anfang erst ein schmaler, mit Worten ausgelegter Weg, manchmal eine Landstraße ohne Warn- und Hinweissignale. Ferner können wir nicht immer das differenzierte Richtmaß von Gut und Böse anwenden, denn es gibt ja auch die Irrungen und Verwirrungen des Herzens, die Zeit benötigen, um sich zu klären. Doch wenn wir darauf achten, ob sich unser Herz öffnet oder verschließt, ob sich unser Geist weitet oder verengt, haben wir zuverlässige Indikatoren, ob es sich lohnt, weiterzugehen oder ob es angezeigt wäre, wieder zur Abzweigung zurückzukehren, um eine neue Richtung einzuschlagen, die es uns erlaubt, die Fesseln des Zweifels abzustreifen. Dieser Entschluss ist ebenso notwendig wie entscheidend, denn je länger wir als wankende Umherziehende im Tal der Ahnungslosigkeit wandern, desto schwieriger fällt uns das Eingeständnis, den falschen Weg eingeschlagen zu haben. Die Angst wird dann zu unserem Begleiter. Sie verhärtet nicht nur unsere Herzen, sondern hindert uns auch daran, miteinander und aneinander zu wachsen. Erst dieses wechselseitige Vertrauen gibt unserer Suche jene Sicherheit, stets neue Wege zu finden und zu erfinden. Sie schenkt die so wichtige Sensitivität, jene Zeitpunkte so früh als möglich zu erkennen, wo uns das Leben die entscheidenden Fragen stellt.

Über psychische Lebensqualität, und wie Sie Bewusstseinsräume erforschen, ermöglichen und gestalten können

Wann haben Sie das letzte Mal gespürt, dass Sie der Mensch sind, der Sie gern sein möchten: Selbstbewusst und selbstbestimmend? Mit einem feinfühligen Verständnis von sich selbst, ohne dass Sie die wertvollsten Anteile Ihrer Persönlichkeit verleugnen müssen? Mit Beziehungen, die auf Transparenz und einer gegenseitigen herzlichen Akzeptanz beruhen?

Falls Ihnen ein Ja zu all diesen Fragen nur schwer über die Lippen kommt, wären Sie in Carl Rogers „Encounter-Gruppen“ gut aufgehoben gewesen; denn hier ließen sich Entfremdung und Einsamkeit in einem kongruenten, ehrlichen und intimen Umgang miteinander bearbeiten und sogar aufheben. In der Blüte des „Human Potential Movement“ fanden sich in solchen Gruppen visionäre Persönlichkeiten mit intelligenten Könnern und engagierten Aktivisten im Wissen zusammen, dass Veränderungen nicht einfach zu initiieren sind. Sie müssen einfallsreich und hartnäckig genug sein, sich nicht nur Entwicklung, Aufstieg und Gelingen, sondern auch Rückschläge, Unterbrechungen und Niedergänge vorstellen zu können. Überschwang, Spannkraft und Ausdrucksfülle können auch verglühen. Das In-Bewegung-Geratene kann plötzlich im Verharren verweilen. Aus all diesen Gründen vertraute Rogers der Gruppen- weit mehr als der Einzeltherapie. Einleuchtend, dass in Gruppen Selbstaktualisierung ein großes Thema war. Womit die Fähigkeit gemeint ist, unsere Persönlichkeit mitsamt ihrer seelischen Lebensqualität bewusst und unaufhörlich auszugestalten und heranzubilden, denn jeder Mensch hat sowohl verhüllte als auch unverstellte, deutlich sichtbare Potenziale und innere Antriebskräfte, um sich auszuweiten, zu reifen und selbstständig zu werden.

Bei Rogers sind wir dazu aufgerufen, uns selbst als eine sich laufend verändernde Verflochtenheit von Gedanken, Gefühlen und Empfindungen wahrzunehmen. Sobald wir aufhören, uns als ein fertiges Erzeugnis zu begreifen, und uns stattdessen als ein Wesen im Prozess des Werdens verstehen, befinden wir uns ebenso unerwartet wie verblüffend im Fluss des wahren Lebens. Raum und Energie sind dort im hohen Maße gegeben, weshalb wir uns zuerst einmal Fragen zu den Grenzen stellen könnten, die wir uns im bisherigen Leben gesetzt haben. Grenzen haben zwar ihre Logik, ihre Vernunft und ihre Notwendigkeit, aber zuweilen auch ihre Enge, ihren Widersinn, ihr Unbewusstes, ihre Dauerhaftigkeit. Aber genau dies macht uns auch zu fragenden und suchenden Menschen, die ihren Horizont zwar nicht überschreiten, doch zeitlebens erweitern können: Misstrauisch, wachsam, zuweilen auch begehrend, versprechend oder träumend. Dieser Prozess der Grenzverschiebungen zeigt uns außerdem, dass wir unser Leben bedeutend kühner ausrichten und gestalten könnten – und noch wichtiger, dass wir die Bewertungskompetenz, Ausgangspunkt aller Entschlüsse, nicht mehr in anderen Menschen, in geistigen und weltlichen Autoritäten zu suchen haben, sondern in uns selbst entdecken können.

In Zeiten, wo uns Algorithmen zunehmend Entscheidungen abnehmen, wird die Frage, wem wir Gehör schenken wollen, immer wichtiger. Selbstbestimmte Aufmerksamkeit achtet darauf, dass die Gedanken dort sind, wo ich selber sein will. Wo mir meine Überzeugungen, für die ich mich engagieren will, bewusst sind, wo mir mein Selbst Identität und Sicherheit gibt. Diese Selbstannahme ist das größte Geschenk, welches wir uns geben können, und zugleich der sicherste Schutzwall gegen Hoffnungslosigkeit und Verzweiflung.

Unseren ersten Entscheidungen mangelt es ja nicht selten an Stichhaltigkeit. Doch sobald wir unfruchtbare Daseins-Zustände aufgeben und anfangen, unser Leben als achtsame Beobachter auszukundschaften, erhalten wir bald unerwartete Geschenke. Als Wertvollstes die Fähigkeit, uns selbst anstelle einer medial aufgeblasenen Welt zuzuhören. Je mehr Sie auf diesem Weg der eigenen Zuhörerschaft sich selbst gegenüber Verantwortung übernehmen, desto mehr öffnen Sie die Tore, die Sie zu ihren Gefühlen der Zärtlichkeit, der Ehrfurcht, des Mutes führen. Sie hören auf, die Erfahrungen Ihres Körpers aus dem Bewusstsein auszuschließen und gelangen dadurch zur Ganzheit Ihres Selbst. Sie erleben, wie wertvoll jeder Augenblick Ihres Daseins tatsächlich ist. Hier angelangt, wechseln wir vom Modus der Zufriedenheit in denjenigen der Aufmerksamkeit, wir wechseln vom erfreulichen zum bedeutungsvollen, vom glücklichen zum anregenden, vom genügsamen zum herausfordernden Zustand des Geistes: Von der Verwaltung des Daseins in den Prozess des Werdens.

Diese vielfältige Spannung, die eine Vorwärtsdimension anzeigt, lässt uns nach den Bedingungen für ein kreatives Leben fragen. Ein Leben, das nicht einfach nur hingenommen wird, sondern zur Überwindung von Grenzen und als Verknüpfungspunkt von Ahnungen und Selbstentfaltung gefunden wird. Wir weiten uns ins Schöpferische, sobald wir uns trauen, unser Bewusstsein für neue Sichtweisen, Perspektiven und Deutungsweisen zu öffnen. Wenn wir zudem einen gewissen offenen, duldsamen Sinn für Rätselhaftes zulassen, uns Erfahrungen öffnen, die uns noch fremd sind, und reflexartige Abwehrhaltungen hinterfragen, kann es geschehen, dass wir mit einem nicht ganz unangenehmen Herzklopfen feststellen, wie sich Festgefügtes ins Gegenteil umkehrt. Wie aus Verzagtheit Lebensbejahung, aus Argwohn Daseinsfreude, aus Unvermögen Handlungsfähigkeit entsteht.

Ebenso entscheidend für jede Art von Kreativität ist die Gewissheit, dass der Anreiz und Anstoß aus meinem Innersten kommen. Nur aus dieser Quelle wird unsere Vorstellungskraft und Empfindungsfähigkeit genährt. Sie erzeugt eine Schönheit, die uns ein emotionales, geistiges und spirituelles Verhältnis zu uns selber schenkt. Sobald wir uns derart über das Alltägliche erheben, spüren wir eine geradezu körperliche Reaktion auf unser Schaffen und wissen jetzt, das wir von etwas berührt werden, das nicht wir gesucht haben, sondern das uns gesucht hat.

Überaus förderlich für unsere Kreativität ist auch die Spielfreude, folgt sie doch mit ihrem sorglosen oder geschickten Einüben, Verknüpfen und Auswählen den gleichen Regeln und Gesetzen, nach denen die Evolution die Wunderwerke der Natur geschaffen hat. Erst durch ein wahlloses und zufälliges Aus- und Durchprobieren konnte sich erweisen, welche Pflanzen und Organismen dem harten Wettbewerb des Lebens und Überlebens standhalten. Der spielende Mensch lehrt uns mit seinen Möglichkeiten eine herausragende Kreativitätstechnik und die Kunst der kleinen Schritte. Nur durch diese können wir heute Probleme wie Unklarheit oder Unentschiedenheit lösen und der Vielschichtigkeit und Rückbezüglichkeit beikommen. Woraus wir nebenbei auch noch die Gabe der Achtsamkeit erwerben.

Wir alle tragen die Glut eines uralten Feuers in uns, jedoch: Dessen erneutes Entzünden lässt sich nicht erzwingen. Wir können es geschehen lassen, indem wir ein psychisches Gleichgewicht zwischen den

Polen der Sicherheit und der Freiheit herstellen. Dies ist die Voraussetzung, dass etwas in uns erwachen kann. Kreatives Wachstum kann immer nur von Innen heraus entstehen und geschieht vorwiegend dann, wenn wir uns der menschlichen Gemeinschaft zugehörig fühlen und von Du zu Du im Dialog sind. Dergestalt entdecken wir in uns selbst einen bisher unbewohnten Ort der Erwartung, einen Ort, der noch keine Bewertung erlebt hat, der noch nie nach einem wie auch immer gearteten Maßstab gemessen wurde, der geborgen inmitten des Offensichtlichen liegt.

VOM AUFBRUCH AUF NAMENLOSE WEGE

Wie das Sein und das Sollen in einem Optimismus des Wollens einander finden können

Seit der Naturforschung ab dem 17. Jahrhundert, den technischen Erfindungen ab dem 18. Jahrhundert und der Kolonisierung der „Neuen Welt" haben wir Menschen eine unermessliche und machtvolle Überwelt an wissenschaftlicher Tauglichkeit errichtet, um die Gegebenheiten der Natur nach unseren Vorstellungen abzuwandeln. Gleichzeitig haben wir aber auch sehr viel Wissen preisgegeben, das Wissen darüber, was es heißt, ein Freund der Erde zu sein und nicht deren Zerstörer. Auch der Stellenwert der Seele ist inzwischen bedroht, und so verbreitet sich ein Gefühl, dass die Seele – oft als ein Labyrinth empfunden – selber durch ein Labyrinth weit größeren Ausmaßes geht. Doch wie Vorboten einer noch ungeklärten Zukunft machte sich eine bemerkenswerte Vielzahl außergewöhnlicher Künstler, Schriftsteller und Geisteswissenschaftler daran, eigene Wege aus dem Irrgarten der Zeit zu finden. Ohne Schrecken durch mögliche Abgründe neuer Gedanken, ohne Schwindelgefühle auf unerwarteten Scheitelpunkten des Geistes.

Viele der kreativen Avantgardisten fanden gute Gründe dafür, dass die Kultur das religiöse Erbe antreten und mit dem Aufbau einer besseren, humaneren Welt beginnen könne. Ohne irrationale Schuldgefühle und mit einem ungetrübten Blick nach vorn können wir uns den großen Fragen hingeben: Über das Warum der Welt, über die Stellung des Menschen in ihr, über den Ursprung allen Seins und über den Sinn dieses allumfassenden Prozesses. Dieser ermöglichte, dass denkende, fühlende und kreative Persönlichkeiten entstehen konnten, die eigentlich in einem anfänglich materiellen Evolutionsprozess so gar nicht vorhersehbar waren.

Es geht also darum, in einer säkularen Kultur eine angemessene und kreative Narration zu finden, die sich nicht aus einem existenziellen Unbehagen, einem Gefühl der persönlichen Fehlerhaftigkeit und Unbestimmtheit nährt, sondern aus einem Optimismus des Wollens. Das zu malende Bild sollte spirituelle Tiefe, richtiges Verhalten und Prinzipien für gemeinschaftliche Lebensformen sowie einen partnerschaftlichen Umgang mit der Natur zeigen und uns selbst als würdige Gesellschaftsmitglieder des 21. Jahrhunderts, die ihre Vorsätze und Anliegen zeitgemäß zu adressieren wissen. Mit einem unverbrauchten Blick für die Dinge, die uns wichtig sind. Risiken eingeschlossen. Weil die uns das Leben spüren lassen.

Wenn wir die Vielfalt der psychologischen Interpretationen betrachten, was es bedeutet, ein Mensch zu sein, ließe sich sagen, dass wir Menschen aus einem sehr langen biologischen und einem relativ kurzen historischen Prozess ins Dasein gebracht wurden, ohne ein genaues Verständnis unserer Aufgabe, ohne eine Gebrauchsanweisung zum Leben, ohne ein Wissen über irgendwelche Regeln, die über einige selbstverständliche Gebote hinausgehen. Was uns dennoch hoffen lässt, nicht gänzlich allein zu sein, ist die Überzeugung, dass unser Leben mehr darstellt, als es auf den ersten Blick scheint, dass ihm, wie auch in der Natur, eine Schönheit innewohnt, die durch ihr Mysterium auf Resonanz angelegt ist. Daraus strömen Sinnangebote, welche unsere ebenso grandiose wie unfassbare Einbildungskraft fortwährend zu einem freien Spiel der Gedanken, Gefühle und Empfindungen anregen.

Das Verlangen, herauszufinden, was in einer Welt ohne religiöse Vorgaben kreativ auf den Weg zu bringen ist, beflügelte ab den 1860er-Jahren mehrere Generationen risikobereiter Künstler mit einer zuvor kaum gesehenen Begeisterung, Heiterkeit und einem Idealismus, den wir zutiefst bewundern. Jedoch müssen wir im gleichen Atemzug festhalten, dass seither etwas Entscheidendes verlorenen gegangen ist, ohne dass wir klar benennen könnten, was es genau ist. Maler, Dichter, Dramatiker hatten damals ein sicheres Gespür, Kunst könne neue Wege in die Zukunft weisen, die uns aus der universellen Bedeutungslosigkeit befreien und unserem Leben einen noch unbekannten spirituellen Wert geben könnte.

Wege bedeutsamer Künstler, und warum wir beim Lesen und Ergründen ihrer Werke davon überzeugt sind, die Seele befinde sich zwischen ihrer Idee und unserer Wahrnehmung

Indem die Formeln und Abstrakta der Wissenschaften die Schleier vor den Naturgeheimnissen immer mehr entfernten, verlor die Naturdarstellung bei der Avantgarde der Kunst ihre Bedeutung. Fortan galt es, hinter den Erscheinungen Welten zu erkunden: In außergewöhnlichen Kausalitäten, in abgründigen Träumen und Fiktionen. Das Ideal der Schönheit blieb zwar erhalten, aber man gehörte nicht mehr dazu. Aus dieser Distanz bildete sich eine Grenze, welche uns ein Dasein im Dazwischen zuwies und unsere Wahrnehmungen in ambivalente, mehrdeutige Sinnfiguren auffächerte. Die noch im 18. Jahrhundert gültige Triade aus dem Wahren, Guten und Schönen verlor ihre Einheit.

Während in Mittelalter und Renaissance Schönheit mit Proportionen, mit einer Symphonie der Grundfarben, mit einem Licht, das von innen her strahlte, identifiziert wurde, verkehrte sich unter den Modernen all dies zunehmend in ein Gegenteil. Zu einem Polytheismus eines Schönheitsideals, welches zuerst die Künstler, später die Massenmedien in immer schnellerem Rhythmus vorgaben.

Dabei ist die Dynamik, kraft derer wir Menschen über uns hinauswachsen können, als Element eine entscheidende Komponente unserer Grundbedingung. Sie wurde selten so lebenskräftig und strahlend ins Bild gesetzt wie bei van Gogh. In der Betrachtung vieler seiner Werke fällt auf, dass wir zwar der Natur zugehörig sind, jedoch mit einem Raumabstand sowie einer Zeitdistanz zu ihr. Indem wir uns nun achtsam sowohl vom Bild als auch von unserem Ich lösen und den Raum dazwischen betreten, ergründen wir, dass wir mit unserem Bewusstsein nicht allein sein wollen, dass in uns eine Sehnsucht besteht, in der Natur auf etwas Ebenbildliches zu stoßen, auf etwas, das uns antwortet. In der Stille, als Zeit, in der wir diese selbst spüren dürfen. In ihrer Dauer, wie auch als Moment, der uns allein gewährt ist. Als geschenkte Zeit, die durch ein neues Werden wieder ins Fließen kommt.

In der „Sternennacht", einem seiner inspirierendsten Werke, sehen wir spiralförmige Wirbel am Nachthimmel, die uns auch an die verzierten Steinblöcke am Eingang zu Newgrange, einer der bedeutendsten Megalith-Anlagen in Irland, erinnern. In diesen Symbolen scheint ein mythisches Bewusstsein am Werk zu sein, welches ein Einströmen von Energien aus dem Kosmos in unsere menschlichen Vorstellungswelten andeutet. Dieselben Energien sehen wir auch in den lodernden Zypressen, in den zum Licht strebenden Schwertlilien, im flammenden „Roten Garten". Allesamt Bilder von Grenzüberschreitungen, von Euphorie, Leidenschaft und Rausch. Zeugnisse des mythischen Bewusstseins, die Naturvorgänge bedeutsam werden lassen.

Wohl dadurch wurde van Gogh zu einem Beobachter und Akteur der Lebenskraft, die überall in der Natur und individuell im Leben jedes Menschen sichtbar wird. So wie seine Bilder eine Freisetzung von Spannkraft, Entschiedenheit, Lichtfülle und Wirkungsstärke sind, so sollte auch unser Leben sein. Für ein gutes, für ein Leben mit einer gewissen Leuchtkraft, müssen wir unser Wissen darüber ausbauen, wie wir angemessen und überlegt unsere Energien choreographieren und einsetzen wollen.

Wassily Kandinsky und Paul Klee waren nicht nur herausragende Wegbreiter der modernen Kunst im vorigen Jahrhundert, sie waren auch reflektierende Menschen, denen es in ihren Werken darum ging, in der Natur die geistigen Formen zu entdecken. Neben dem Gegenständlichen und Abstrakten gibt es eine weitere Ebene, nämlich diejenige des unendlich wirksamen Geistigen. Sie waren sich dabei bewusst, dass diese Suche und Erkundung stets eine Gratwanderung darstellen, wo der Abgrund des Aberglaubens genauso lauert wie ein billiger Reduktionismus. Sie ahnten, dass physikalische Realität und wissenschaftliche Logik nicht alles erklären konnten und näherten sich deshalb dem Numinosen mit der Verwunderung eines Kindes an, das den Grenzbereich des Unbekannten betrifft. Die Hände des Künstlers werden dadurch zu Instrumenten, um ferne, höhere Räume der Sinngebung zu schaffen. Um Symbole zu finden, die auf denkbare Geschenktische einer zukünftigen Spiritualität gelegt werden können. Um mit Witz eine rätselhafte Mehrdeutigkeit in den Seelen zu erwecken, die zugleich die ursprünglichen Elemente der Kunst wieder freilegen könnte.

Diese Künstler waren sich darin einig, dass es unmöglich sei, die Tiefe der Seele mit dem grellen Licht der Analyse zu dimensionieren. Im Gegensatz zum Willen sahen sie in der Vorstellungskraft eine Gabe, die bedeckt, subtil und auf gebotenen Umwegen vorgeht. Dadurch fanden sie treffende und brauchbare Formen der Wahrnehmung, die wir für unsere individuelle Reise benötigen. Diese Kraft richtet sich zuerst auf alle Aspekte unseres Lebens, um in dieser Totalität nach Mustern unserer Erfahrungen zu suchen.

Kandinsky, der in mystisch-meditativer Form- und Farbgebung wirkungsvollste Bilder als Annäherung an den nicht gegenständlichen Fluss des Lichtes schuf, erkannte, dass die materielle Welt keineswegs letzte Wahrheiten für sich beanspruchen konnte und suchte nach Energien, die in der Kunst und im Leben neue Gebote schaffen würden: Wir dürfen nicht einfach nur sein, wie uns die Natur hervorgebracht hat, wir unterliegen auch anderen Ansprüchen, anderen Betrachtungsweisen. In die Ruhe, welche die Bilder dieser Künstler ausstrahlen, können wir uns versenken, bis wir eine noch ganz andere Qualität der Stille erkennen. Jene uralte Stille nämlich, die uns einen klingenden Kosmos hören lässt, der von anderen Wahrheiten zu erzählen weiß. Von Morgenröten des Geistes, von denen wir nicht einmal ahnten, dass sie möglich sein könnten.

Solche Stärkung wäre in den nachfolgenden Zeiten mehr als nur angemessen gewesen, denn die Ereignisse der sich anbahnenden Wirtschaftskrise, des Faschismus, gefolgt vom Zweiten Weltkrieg zwangen nicht nur die Künstler des Surrealismus wie André Breton, Max Ernst, Salvador Dali, René Magritte und Yves Tanguy in Abgründe bisher unbekannten Ausmaßes zu schauen. Die tragisch getrennten Wohnungen der Vernunft und des Glaubens wurden nicht zusammengefügt. Die Vermutung liegt nahe, dass sich alle diese Erschaffer aus dem Würgegriff des mechanischen Denkens zu befreien versuchten, um die Seele nicht gänzlich zu einer Wüste aus Trümmern verkommen zu lassen. Das konnten sie durch das Finden neuartiger und lichtvoller Schönheit leider nicht verhindern.

Schattenreiche des Daseins lassen sich nicht betreten, ohne dass diese auch uns betreten. Um Zuversicht als Voraussetzung von Kreativität nicht zu gefährden, gilt es, sich darüber Gedanken zu machen, wie wir es unterbinden können, nicht von solchen Kräften eingeschränkt, belastet oder untergraben zu werden. Schutz bietet womöglich die Verbundenheit mit unserer innersten Quelle, die auch dann noch strömt, wenn uns die äußeren Orte der Vertrautheit genommen werden.

Den Zugang zum Surrealismus finden wir über die Bildmotive von Giorgio de Chirico, des Dadaismus sowie der Psychoanalyse. Speziell die Beschäftigung und Deutung der Träume übte eine unwiderstehliche Faszination sowohl auf die Schriftsteller als auch auf die Maler aus. Erstere übten sich im nachtwandlerischen Schreiben und erstellten Traumprotokolle, welche es ihnen ermöglichten, ohne die Filter der bürgerlichen Selbstzensur einen direkten Blick in die Nachtseite des Bewusstsein, in die dunkle See des Freudschen Unbewussten zu werfen. Ordnung, so das Resümee, findet sich nur an der Oberfläche der Wirklichkeit, weshalb es hier auch keine neuen Erfahrungen und Erkenntnisse zu gewinnen gibt. Die Geburtsorte des Neuen liegen viel eher im chaotischen Bereich des Noch-Nicht-Bewussten. Man würde jedoch die Surrealisten schlecht verstehen, wenn man das aus den Tiefen Geschöpfte und Gefundene bloß als Phantasieprodukte betrachten würde. Vielmehr sind es ungebundene Möglichkeiten, die ihre Notwendigkeit dadurch beziehen, dass die Wirklichkeit selbst nicht vollständig definiert ist. Zwar leben surrealistische Maler hauptsächlich in Träumen, in Konjunktiven, genauso wie sensible Menschen, aber gerade dadurch entstehen eben auch Weitsichten und Zukunftsperspektiven. Diese schließen eine engagierte Zeitgenossenschaft nicht aus, sondern geben Kraft und Motivation, das noch nicht Erwachte ins Dasein zu bringen.

Mit der Reduktion auf das Wahrnehmbare erfassen wir die Wirklichkeit des Menschen nur in Ansätzen. Wir sehen die wirklichen Möglichkeiten, aber die möglichen Wirklichkeiten entgehen uns. Das Chaotische, Irrationale und Absurde gehört eben auch zu uns, auch dann, wenn dies im ersten Moment der Konfrontation, Fassungslosigkeit und Bestürzung auslöst. Wir leben hier zwischen Anlehnung und Ablehnung und schauen mit der bangen Frage in Abgründe, ob sie auch uns verwandeln könnten. Vielleicht. Weil große Fragen nur noch bedingt an die Religionen ausgelagert werden können. Weil jeder Einzelne aufgerufen ist, die Wahrheit über sich selbst herauszufinden. Indem er lernt, Brücken über die Täler der Angst zu bauen. Hin zur Hochebene der Zuversicht, zum freien Raum all dessen, was noch unsicher, unbekannt, nicht erforscht und durchleuchtet ist. Surrealismus verbindet uns deshalb nicht mit dem Übernatürlichen – wie fälschlicherweise oft angenommen wird – als viel eher mit einem Strang der Traditionen der Weisheit, die der Komplexität der Gegenwart beikommen will.

Warum wir durch die Selbstbeschränkung des Seienden Teilhaber einer kreativen Macht werden

Wer schon einmal vor Rothkos Bildern verweilte und sich von der rhythmischen Abfolge der quergelagerten, mit einem magischen Leuchten versehene Farbbänder verzaubern ließ, spürte unweigerlich, dass es hier nicht um ein ästhetisches Erlebnis geht, sondern um eine Botschaft. Allerdings scheint diese Botschaft sich genauso in einem Schwebezustand zu befinden, wie diese Licht durchscheinen lassenden Farbflächen. Kunstkritiker wollen da Hinweise auf den berühmten Traum Jakobs von der Himmelsleiter entdeckt haben, andere sprechen davon, dass die fließenden Farbschleier Hinweise auf die Vorhänge im alten Tempel von Jerusalem seien, welche das Allerheiligste vom Rest des Gotteshauses trennten. Auch finden sich Interpretationen, die meinten, im Hell-Dunkel-Kontrast den nietzscheanischen Gegensatz zwischen dem Apollonischen und dem Dionysischen zu sehen.

So nachvollziehbar alle diese Auslegungen auch sein mögen: Echos von Rothko selber waren dazu nie zu vernehmen. Er entzog sich der Vereinnahmung, bewahrte die Bedeutungsoffenheit seiner Werke und bewirkte durch sein Schweigen, dass die Betrachter sich der Frage öffnen, was solche Schöpfungsakte ermöglicht? Wir gehen wohl nicht ganz fehl in der Annahme, dass eben diese Frage auch Rothko zeitlebens beschäftigte. Schließlich muss, wer sich auf schöpferische Impulse verlässt, immer auch damit rechnen, zwischenzeitlich von diesen verlassen zu werden. In solchen Momenten mag nicht nur bei Künstlern die Frage aufkommen, wie es sich eigentlich mit der Schöpfung aus dem Nichts verhält, dem großen rätselhaften Thema, welches das Judentum und die Philosophie Plotins aufgeworfen haben. Wie außergewöhnlich diese Vorstellung eines gleichsam autonomen Schöpfungsaktes tatsächlich ist, zeigt sich in den Schöpfungsmythen, in denen immer schon etwas Gegebenes vorhanden ist. Bei den Griechen war es ein Urei, welches durchs Weltall schwebte, bei anderen Völkern finden wir die Vereinigung von Gottheiten oder zumindest ein Chaos, das zur Weltentstehung führte. Die Vorstellung jedoch, dass da ein namenloses Sein, ein von ihm unabhängiges neues Werden hervorrufen kann, und aus einem absolut vorgestellten Nichts Raum, Zeit, Materie und Naturgesetze entstehen lässt, ist bis heute kaum fassbar. Im kulturgeschichtlichen Zusammenhang finden wir in der Lurianischen Kabbala eine in ihrer mytho-poetischen Konkretisierung unübertroffene Schöpfungsgeschichte. Göttliches Sein, gleichbedeutend mit dem Unendlichen, erzeugte aus unerkennbarer Wahl zuerst einmal aus dem Nichts eine Ausdehnung, einen Raum für das, was wir heute als Kosmos wahrnehmen. Dieser Akt geschah in einer Selbstverschränkung, in einer Zurücknahme Gottes, in einem sich Zusammenziehen des Namenlosen. Für diesen Prozess einer wahrhaft göttlichen Souveränität verwendet die Kabbala den Begriff *Zimzum*, was gleichzeitig Ausdehnung und Kontraktion bedeutet, aber letztlich ein viel zu schwaches Wort dafür ist, dass nach diesem unvorstellbaren Ereignis erstmals etwas außerhalb des Unvorstellbaren in ein Werden münden konnte. Dieses Werden sollte alles, auch den Schöpfer selbst, verändern.

Was zeigt uns diese außergewöhnliche Vorstellung? Ein Loslassen, ein Verzicht von absoluter Macht ist notwendig, damit uns ein Sein, ein Leben gewährt werden kann. Dadurch aber verschob sich ein Teil des

Göttlichen auf den Menschen, denn Wirkung ohne Gegenwirkung hebt sich auf, greift ins Leere. Wird nicht Schöpfung. Erst wenn sie wechselseitig wird, kann sie Wirkung entfalten, wird zu einer Kraft, die ein Verhältnis definiert. Freilich, unsere Macht ist gering, zudem ist es bloß eine geliehene Macht. Sie ist gleichwohl nicht unbedeutend, weil nicht ohne Folgen. Mit der Schöpfung werden wir nicht nur Empfänger des Lebens, sondern auch Teilhaber einer kreativen Kraft. Möglich geworden durch die Autonomie unseres Selbst in der Welt. Bedingt durch die Selbstbeschränkung des Seienden. Was ein weiteres Wunderbares zur Folge hat: Die Berührung mit der Zeit führte zum Ende der Unschuld und zum Beginn des Werdens. Für den Schöpfer und den Menschen, für den Künstler wie für den Betrachter seiner Werke.

Was diese Einsicht für uns bedeutet, erfahren wir täglich. Aber was könnte es für den Namenlosen bedeuten? Dass das Ewige durch die Zeit beeinflusst wird? Dass Nietzsches Idee der ewigen Wiederkehr nicht mehr zu halten wäre? Gewiss. Aber, wenn das Ewige in einer Beziehung zu uns steht, gilt das erst recht umgekehrt. Das könnte darauf hinauslaufen, dass wir schon alles empfangen haben, was es von jenseits des Raumes und der Zeit zu empfangen gibt, jetzt vor der Frage stehen, was wir dem Ewigen zu geben haben, zu geben bereit sind. Bezüglich des Erhalts der Schöpfung.

Darüber hinaus ist diese Frage durch die beeindruckende Vielgestaltigkeit der Menschen nur individuell zu beantworten, denn niemand geht restlos in seinem Glauben, seinem Wissen, seiner ethnischen oder religiösen Gewissheit vollständig auf. Sonst wären unsere Unterscheidungsmerkmale nahezu bedeutungslos. Wir alle erleben jedoch unser Selbst sowie unsere Zugehörigkeiten in je eigener Intensität und Ergriffenheit. Genau das macht uns zu einem einzigartigen, unverwechselbaren Wesen.

So andächtig das alles klingen mag, im Verhältnis zum Urgrund, zum Endlosen, Nie-Auszulotenden müssen es Mutmaßungen bleiben. In Hinsicht auf uns Menschen, die wir winzig sind: Lohnenswert für eine vertiefte Meditation.

EINE EINKEHR IN DIE INNERE ZEIT LITERARISCHER WELTEN

Der Werterelativismus ließ auch die Schriftsteller mit dem Gefühl der Ernüchterung, der Melancholie in einem Bedeutungsvakuum zurück. Woran sollte man sich nun orientieren? Genügt die ausschließliche Ausrichtung auf menschliche Werte, um das Gefühl einer inneren Leere zu überwinden? Ist das alleinige Streben nach Glück eine tragfähige Basis in Zeiten, wo sinnstiftende Angebote in Sümpfen der Belanglosigkeit versickern? Wie sollen wir mit dem Widerspruch umgehen, dass wir – in wohlhabenden Länder geboren – sehr oft positive Gefühle und Aussichten in persönlicher Hinsicht, aber wehmütige und leidvolle in Bezug auf unsere kollektive Zukunft verspüren?

Solche Fragen, gepaart mit dem Verlangen, herauszufinden, wie man Sinn und Bedeutung in einer säkularen Welt finden kann, stellten eine bedeutende Herausforderung für neue Schriftstellergenerationen dar. Während Ungewissheit für viele Menschen eine schwer erträgliche Seelenlage erzeugt, blühten viele Autoren regelrecht auf, weil sie sich vom religiösen Glauben befreit fühlten, einem Glauben, der sich im Besitz einer einheitlichen Wahrheit wusste. Ohne Zweifel, ohne Neugierde und weitgehend ohne ein Bewusstsein für Toleranz. André Gide war davon überzeugt, dass unsere vornehmste Aufgabe darin besteht, uns selbst zu übertreffen, indem wir durch poetische Beobachtungen das Besondere erkennen und uns von ihm durchs Leben führen und tragen lassen. Dadurch erkennen wir, wie und warum das Leben den Sinn in sich selber trägt. Wenn wir an dessen Ende sagen können: „Alles in allem habe ich das Spiel gewonnen, das ich mit mir gespielt habe", können wir sicher sein, dass unsere Seele auch auf der Nachtseite ihr geheimes Werk vollenden oder weiterführen wird.

„Ich fürchte nicht, allein zu sein. Und ich habe keine Angst, einen Fehler zu machen, sogar einen großen Fehler, einen lebenslangen Fehler, und vielleicht einen, der so lange dauert wie die Ewigkeit". Diese beherzte, ja geradezu verwegene Verlautbarung lässt James Joyce seinen Helden Stephen Dedalus kundtun. Der irische Dichter schildert in seinem Entwicklungsroman „Ein Porträt des Künstlers als junger Mann" die Loslösung seines Helden aus seinen familiären und gesellschaftlichen Bindungen, damit er nicht einfach einem vorgezeichneten Schicksal unterliegt, sondern fähig wird, seine eigene Bestimmung zu erkennen.

Beinahe gleichzeitig fährt in Thomas Manns „Zauberberg" ebenfalls ein junger Mann mit der Eisenbahn in den Alpenkurort nach Davos, um dort für drei Wochen einen leidenden Freund zu besuchen. Daraus wird, wegen eines anfänglichen Fiebers, eine eigentliche Initiation, die volle sieben Jahre dauern wird, ehe er wieder in seine Heimat zurückkehrt, wo er zur Teilnahme am Ersten Weltkrieg einberufen wird.

Aus vertrauter Umgebung der Aufbruch ins Ungewisse: Unschwer erkennen wir das klassische Muster des Heldenmythos, wo es darum geht, das aufkeimende Bewusstsein für persönliches Wachstum mit den Fährnissen und Wagnissen des Daseins zu versöhnen. Es gilt, Kultur und Natur, Denken und Fühlen, Sollen und Wollen ins Einvernehmen zu bringen. Stephen Dedalus und Hans Castorp sind aufgerufen, eine Zukunft zu finden, die von ihrer Abstammung her nicht gegeben ist.

James Joyce erblickte im katholischen Dublin, Thomas Mann im evangelischen Lübeck das Licht der Welt, und beide wurden in entsprechenden Traditionen erzogen. Doch Heimat konnte der Glaube ihrer Vorfahren auf Dauer keinem bieten. Diese fanden sie – wiederum auf parallelen Wegen – in feinfühligen, verwickelten, zum Teil unergründlichen und psychologisch vieldeutigen Mythen. Joyce wie Mann erkannten, dass es die unmittelbar aufeinanderfolgenden archaischen Erzählungen sind, welche neue Generationen davor bewahren, auf die kulturelle Stufe von Menschen der Frühgeschichte zurückzufallen. Wer also glaubt, er könne Mythen nach eigenem Ermessen annehmen oder ablehnen, hat nicht verstanden, dass diese immer die größere Geschichte zum Ausdruck bringen, welche unsere kleinere, persönliche umgibt. Mythen sind deshalb die Gefäße unseres kollektiven Bewusstseins. Sich außerhalb davon zu stellen, heißt, sich außerhalb der menschlichen Kommunikation zu stellen. Joyce und Mann dagegen arbeiteten an den Mythen, indem sie solche Erzählungen in die Mitte der gesellschaftlichen Kommunikation rückten. Was beide auch hier vereint, ist das Bewusstsein für die Transzendenz, für das Wesentliche hinter den Erscheinungen, für die Gegenwart hinter der Vergangenheit.

Von welchen Mythen aber ist hier die Rede? Selbstredend von denen, die unser Leben bestimmen. Von Liebe und Tod, von Auf- und Abstieg, von der rauschhaften Selbstermächtigung und dem tragischen Erwachen, von Heimat und Exil, von Begeisterung und Klage, von Neubeginn und Aufgabe. Weshalb die großen Werke der Literatur auch nicht in erster Linie als Biographien, sondern eher als Modelle des Suchens und der Versuchungen zu lesen sind. Wie auch als Anordnungen all der möglichen Differenzen, Verlegenheiten und Zweifel auf dem Weg zur Liebe. Zur Gratwanderung auf den Pfaden zum eigenen Selbst, zur Reise der Seele durch die dunklen Seiten unseres Menschseins.

In zahlreichen bedeutenden Dichtungen finden wir die Erkenntnis des Menschlichen in den Echos dieser Leitmotive, wie auch in der

Erlösung von all den Widersprüchen, die unserem Leben seine spezifische Tragik geben. Nie kann es allein darum gehen, diese Tragik ins Über- oder ins Unmenschliche zu transformieren. Vielmehr helfen uns die besten Künstler, diese je eigene Tragik aufzuarbeiten, zu hinterfragen, zu erforschen und zu verwandeln. Um ihr schlussendlich das Schicksalshafte zu nehmen, um den wahren Menschen hinter dem Spiel der Vortäuschungen, der Rollen und Masken zu erkennen, um die einzigartigen Wesensmerkmale aufzuspüren und diese zu ihrer Bestimmung zu führen, oder auch um zu erkennen, dass unser Wollen und Sehnen begrenzt bleiben muss.

Bemerkenswert außerdem, dass am Ende der Heldenreise der irisch-katholische Stephen Dedalus den Ruf zur Rückkehr aus seinem Inneren vernimmt, während der deutsch-protestantische Hans Castorp von außen, von der Geschichte, aus einer mythologischen in eine zeitliche, weltliche Region zurückgerufen wird. Beide Dichtungen sind frei von überkommenen Vorstellungen, nichtssagenden Redewendungen und nachahmendem Rollenverhalten, zeigen einen außergewöhnlichen Erlebnishorizont, ein lebendiges Mythenverständnis über die Gründe und Abgründe, aus denen alles Leben entspringt. Wäre es anders, müssten wir von einem wüsten Land sprechen. Vom Land, dass durch keinen Boden genährt wird, weshalb die immer gleichen Geschichten erzählt, eingetrichtert und so oft wiederholt würden, bis sie im Gedächtnis als Dogma fest verankert sind, losgelöst von jeglicher lebendigen Seelentiefe.

Um zu verhindern, dass wir geistig verhungern, ist es angezeigt, sich hin und wieder eine Einkehr in die „innere Zeit" der literarischen Welten zu schenken. Eine Zeit, wo wir nicht jemandes Wünsche und Erwartungen erfüllen, wo wir nach unserer eigenen Willensstärke, Tatkraft und Bereitwilligkeit leben. Wo wir aus dem Augenblick heraus handeln: echt, einfach und elementar.

Warum wir die auseinanderstrebenden Kräfte bändigen sollen

Klingsor, Demian, Narziss und Goldmund sowie Harry Haller im *Steppenwolf* sind leicht als Deck- und Tarnnamen, welche Hermann Hesse sich selber gab, zu erkennen. Alle diese Werke verstehen sich als dramatische Manifestationen seiner Erkundungsstreifzüge ins Labyrinth seines Selbst. Sie sind Sendboten dessen, was er selber als Gewissheit und Richtschnur würdigte. Seine Protagonisten sind allesamt ruhelose Geister, ohne eine übernommene Geisteshaltung, ohne festen Wohnsitz und erst recht ohne Vermögenswerte. Immer unterwegs zu neuen Wertehorizonten, zu einem spirituellen Sinn. Hesses wichtigstes Anliegen ist die Poesie des freien Seins, des langen Unterwegsseins und des kurzen Einkehrens in behagliche Bürgerhäuser mit dem Duft von Ordnung und Sauberkeit. Was besonders beeindruckt: Alle diese Künstlerseelen waren nicht nur eigenständig, originell und selbstbewusst, sondern hatten auch die Bestimmung, die Kleingeister dieser Welt aus ihrer Gefühls- und Glanzlosigkeit, aus ihrer Geistesabwesenheit und ihrer Interesselosigkeit aufzuschrecken.

Wer sich daran erinnert, wie er im Steppenwolf von seiner hartherzigen, gnadenlos frommen Erziehung erzählte, die ihn beinahe zerbrechen ließ und sein Verlangen nach Wahrheit in Selbsthass verwandelte, kommt nicht darum herum, diesem Wandlungsprozess mit hohem Respekt zu begegnen. Er ging all die Wege, die er literarisch aufzeigte. Das Lächeln Siddharthas ist deshalb auch sein Lächeln darüber, wie er mit sich selber eins wurde. Sein Erkennen darüber, wie unter der Oberfläche der Natur und im Wesen aller Menschen etwas vor sich geht, das seine Ursachen jenseits von Raum und Zeit hat, zeigte ihm, dass wir alle im Sein eines guten Grundes verwurzelt sind. Aus all diesen Prozessen und Erkenntnissen wagt er dann im *Glasperlenspiel* den unbefangenen, heiteren Versuch, die Gegensätze Geist und Welt miteinander zu versöhnen: In einer ebenso geistfernen wie geistfeindlichen Zeit, welche Europa durch faschistische Diktaturen an den Rand des Abgrundes brachte.

Umso mehr wundern wir uns noch heute über die vielstimmigen Lebensmelodien, welche aus diesem Werk erklingen und zeigen, wie aus unzähligen sich widersprechenden Stimmen eine Einheit in der Vielfalt menschlicher Kulturen entwickelt wird. Abgründe des Zweifels, Ansprüche zur Erhöhung des Menschen zum Übermenschen, Zerrissenheit und die verzweifelte Ferne zu jedem Sinnangebot werden hier durch eine freiwillige Einfügung in eine übergeordnete Harmonievorstellung überwunden: Durch einen fortlaufenden Wandlungsprozess zwischen den Polen Morgen- und Abendland, Geist und Natur sowie zwischen dem sich Hingebenden und Schöpferischen als zukünftige Heimat einer planetarischen Zivilisation.

Was oder welche Umstände konnten Hesse zu einer solchen Weltsicht geführt haben? Als Autor von hoher Bildung, der Goethe und Nietzsche als für ihn richtungsweisend bezeichnete, erkannte er zweifellos die Reformation und die nachfolgende Aufklärung als eine notwendige Befreiung und Emanzipation des Verstandes. Die zunehmende Säkularisierung und der Nihilismus der Moderne erweckten in ihm die Einsicht eines Ausgleichs durch einen Gegenpol. Dies, weil ein stetig zunehmender Pessimismus und eine mitleidlose, verachtende Haltung zu den Mitmenschen nicht mehr zu übersehen war. Je mehr er diese Entwicklung, verbunden mit der Selbstaufgabe und geistloser Betriebsamkeit, beobachtete, desto mehr begann er nach Möglichkeiten zu suchen, wo Geist und Leben, Überlieferung und Verbundenheit, Erinnerung und Ausblick in einem maßvollen Zusammenwirken humane Perspektiven eröffneten.

Hesse sucht und findet für sich in der Komposition des „Glasperlenspiels“ eine Synthese aus klassischer Musik und Mathematik, angereichert und vervollständigt durch die fernöstlichen Lehren von Konfuzius, Lao Tse und dem I Ging, dem „Buch der Wandlung".

Als eigentliches Treibelement der Erzählung erweist sich die Musik als vertontes Wissen um die Tragik des Menschen, wie auch um dessen Vermögen, dieses Leben trotz allem zu bejahen. In Angst und Verzweiflung öfters, in Heiterkeit manchmal, in der Gebärde bedachtsamer Sinnlichkeit, in kostbaren Momenten und in ruhevoll gefasster Sterbensbereitschaft am Ende seiner Tage. Musik vermag wie sonst nur die Liebe unsere Seele zu berühren, weil ihre Wurzeln mit dem Sinn der Welt verbunden sind.

Mathematik steht für die Klarheit des Denkens sowie dafür, dass wissenschaftliche Erkenntnisse ins Glasperlenspiel einbezogen werden. Die gelungene Abrundung erhält das Werk durch die Weisheit des alten China, wo Natur und Geist, Spiritualität und alltägliches Leben einander in Harmonie ergänzen. Diese Vertiefung über Raum und Zeit hinweg war freilich nicht nur Hesses persönlichen Interessen geschuldet, sondern ebenso einer weit verbreiteten Stimmung, die damals viele Menschen nach den gewaltigen Erschütterungen des Ersten Weltkrieges erfasste. Die sich stets steigernde und zukunftsgerichtete Entwicklung der westlichen Philosophie mit ihrem sich selbst maßlos überhöhenden Menschenbild sowie die Unterwerfung und Ausbeutung der Natur durch immer effizientere Technologien bestärkten viele der begabtesten Menschen in ihrem Bestreben nach einer Rückbesinnung auf die Werte des Kulturlebens, nach Lebensweisheit und einem Bewusstsein, dass die auseinanderstrebenden Kräfte des Abendlandes zu bändigen wusste.

Wie das Urprinzip der Polarität ein Leben erfahrbar macht und dies in der Kultur und Kunst sichtbar wird

So wenden wir uns mit Hesse nun Konfuzius (532–479 v. Chr.) zu, der in einer Zeit lebte, wo Wahrheit gering geschätzt wurde und die durch einen politischen und kulturellen Zerfall sowie ein Aufkommen von allerlei Irrlehren gekennzeichnet war. Ihm war, als Gleichniserzähler und Moralist, nicht daran gelegen, eine neue Weisheit zu präsentieren, sondern vielmehr durch einen Rückgriff auf die „Goldene Zeit“ deren edle Wahrheiten zum Wohl der Gemeinschaft neu zu beleben. Als Realist setzt er beim Einzelnen an, um so allmählich einen neuen Adel des Geistes zu formen, der sich durch Charakterbildung, durch ein Bewusstsein des Ausgleichs sowie der Nächstenliebe auszeichnet. Um im Wissen um höchste Tugendhaftigkeit und tiefste Menschlichkeit, mit Treue gegen sich selbst und Wohlwollen gegenüber anderen, nach Makellosigkeit zu streben und sie zu lehren.

Das Denken von Konfuzius war auf Gesetz und Norm, auf Sitte und Sprachpflege ausgerichtet. Alles Aspekte, welche das Wohl der Gemeinschaft, der sozialen und in seiner Zeit der politischen Beziehungen förderten und es ermöglichten, einen harmonischen Wandlungsprozess über Jahrhunderte aufrechtzuerhalten. Obendrein waren die jeweiligen Herrscher dem „Wu Wei“-Prinzip verpflichtet: „Tun durch Nichttun.“ Handlungen der Untergebenen werden nicht durch egoistische Anweisungen gefordert oder gar erzwungen, sondern durch die Kraft des eigenen Vorbilds erzeugt. Wer diesen hohen Ansprüchen an das Amt nicht genügte, sollte sich umgehend ersetzen lassen. Die Lehren des Konfuzius beziehen sich also auf den edlen Menschen und das praktische Lieben in der alltäglichen Welt. In diesem Sinne sind sie weder religiös noch philosophisch, sondern im Gefühl der Ehrfurcht vor universaler Harmonie verwurzelt.

Solches fordert indessen einen geistigen Gegenpol heraus, der sich in Lao Tse finden lässt. Konfuzius verglich ihn mit einem Drachen, der auf Wind und Wolken zum Himmel emporsteigt. Zusammen bilden diese Symbole einen vollkommenen Kreis. In seiner unendlichen Entfaltung würde dieser Kreis in die Dimensionen des Universums vorstoßen, in seiner unendlichen Verkleinerung würde er einem Mikropunkt entsprechen, in dem die Seele zu Hause sein könnte. Im Gegensatz zu Konfuzius, dessen Anliegen eine nachhaltige Ordnung für ein gerechtes Staatswesen war, stellt das „Tao Te King" das Werk eines geheimnisumwitterten Mystikers dar. Ein Niederschlag, ein Abschluss und die Quintessenz glutvoller Meditationen in die Tiefen des Seins. Gleichzeitig zeigt es die äußerst feinsinnige innere Verbundenheit mit dem Allumfassenden; getragen von einem Gefühl der Wertschätzung und respektvollen Anerkennung des Individuums. Das Urprinzip der Polarität wird im Leben erfahrbar und in der Ganzheit der Kultur und Kunst sichtbar. Selbsterkenntnis, Mitgefühl, kooperatives, altruistisches und verantwortungsvolles Handeln und Verhalten zeichnen den Edlen aus. Für Hesse stellt eben dies eine Brücke in eine ideale, wünschenswerte Zukunft dar, deren Pfeiler der Weisheit in der Tiefgründigkeit der Jahrhunderte fest verankert waren.

Was der Begriff *Tao* bedeutet, ist eigentlich nicht in Worte zu fassen, und wenn man es versucht, wird es oft missverstanden. Dennoch ließe sich als Annäherung, als leise Ahnung am ehesten noch von einer kosmischen Energie, einer gestaltlosen, jedoch allem Gestalt gebenden Kraft sprechen. Für die Sinne ist das Tao nicht wahrnehmbar, es ist ohne Anfang, ohne Ende, jenseits von Raum und Zeit und all dem, was wir als anwendbar bezeichnen. Wir können nur vom Diesseits des Tao sprechen, und da bildet unsere Geburt die Pforte in die unendliche Vielgestaltigkeit und Differenziertheit des Daseins. Keineswegs darf das Tao mit der westlichen Vorstellung des Nichts verglichen oder gar gleichgestellt werden. Das taoistische Nichtsein ist eine Konstellation der Einheit, aus der die Entwicklung ins Individuelle erst hervorgeht, sie überhaupt erst ermöglicht.

Der Begriff „Te" umschreibt dagegen die Gesamtheit der Formen und alles Leben, welches durch den Prozess der Individuation hervorgebracht wird. Dieser Prozess vom Tao zum Te und wieder zurück in die absolute Einheit wird als ewiger Kreislauf der Natur, als Ursprung der Yin-Yang-Polarität, als dynamische Kraft des Lebens wahrgenommen. Eindrucksvoll und folgerichtig, dass Lao Tse den Tod nicht als die Unmöglichkeit weiterer Möglichkeiten betrachtet, sondern als Eingang und Aufgehen im Tao, während die Geburt als ein Ausatmen des Tao, als Ausgang zur individuellen Existenz verstanden wird. Es ist ein Aufruf, sich der Polarität als ihrem Grundprinzip zuzuwenden. Wollte man aus all dem einen Weg zum Tao skizzieren, ließe sich dieser als Weg zur Anmut bezeichnen, als eine Balance von Begehren und Freiheit. Wer seinem Ich folgt, aber nur sich selbst sucht, wird nicht finden, wessen er bedarf, weil er sich selber im Weg steht. Wahre Bestimmung zeigt sich daher in der Einkehr zur Stille. Hier lässt sich in der Hingabe an Harmonie erst Weisheit finden. Ohne Begrenzung von Sprache und Kultur wird der einzelne Mensch das, war er sein soll: Ein Wesen der Ganzheit im Kleinen. Aufgehoben in der Gelassenheit, welche die Weisheit kennzeichnet.

Woher nahmen die zahlreichen, zum größten Teil anonymen Autoren ihr Wissen, ihre Weisheiten und Anregungen, die wir auch im Orakelbuch des I Ging nachlesen können? Aus der meditativen Betrachtung der Natur und ihren lebendigen, immerwährenden und heilenden Prozessen der Wandlung. Ferner aus der Erkenntnis der alten Weisheitslehrer, die Himmel und Erde sowie die Menschen als Einheit, als eine kosmische An- und Einordnung begriffen. Aufgrund des Befundes, dass Himmel und Erde überall gültigen Naturgesetzen unterworfen sind, kommt dem Mensch durch seine Wahlmöglichkeiten eine herausragende Stellung zu, verbunden mit einer bedeutsamen Verantwortlichkeit. Wenn er demnach Ansätze, Ausgangspunkte einer sich frisch entwickelnden Gegebenheit oder Konstellation entdeckt, diese entsprechend aufnimmt und weiterentwickelt, kann er zum Gestalter seines Lebens werden. Dabei wird er seiner Bestimmung in dem Maße gerecht, wie es ihm gelingt, sich der Selbstherrlichkeit zu entledigen und den Weg im Geiste des Tao zu beschreiten, um im Gleichgewicht zwischen Himmel und Erde sein Werk zu vollenden.

Der maßgebliche Unterschied zum westlichen Denken besteht darin, dass hierzulande die Mehrheit der Menschen davon überzeugt ist, im eindimensionalen Denken das entscheidende Instrument gefunden zu haben, um sich im Leben und in der Welt zurechtzufinden. Noch genauer: Im kausalen Denken, in der Fixierung von Ursache und Wirkung, in der ehernen Abfolge aufeinander bezogener Geschehnisse und Bedingungen. Im I Ging dagegen sehen wir uns sich laufend verändernden Verhältnissen, Umständen und Zusammenhängen ausgesetzt. Außerdem verändern sich auch bei uns selber die Interessen sowie die Gesamtlage und der Sinnzusammenhang. Unsere Entscheidungen sind also in ein weites Feld von Möglichkeiten eingebettet, weshalb das alte chinesische Denken seit Jahrtausenden durch etwas bestimmt war, das bei uns erst in der Moderne durch Mathematik und Forschung Einzug gehalten hat, nämlich das Denken in Wahrscheinlichkeiten. Hinzu kommt der Umstand, dass im I Ging Empfindungsvermögen und Geist, Bewusstes und Unbewusstes noch ungetrennt zusammenwirken. Ebenso besteht eine enge Beziehung zwischen Ethik, Deutung der Natur, alltäglichen Situationen und individuellen Ausgangslagen. Doch Harmonie und Vollendung wird hier nicht durch kämpferisches Verhalten erzwungen, sondern durch Annäherung und Abstimmung, durch Ein- und Zusammenfügung, welche auf eine ebenso lebendige wie zusammengehörige Art und Weise von innen heraus entwickelt wird.

Wollte man das Denken des alten China in einem Satz zum Ausdruck bringen, so ließe sich sagen: Die Welt ist etwas Geistiges. Eine Einsicht, die uns helfen könnte zu verstehen, warum trotz einer grenzenlosen Freiheit des Verstandes immer mehr Menschen in unserer modernen Welt zu Pessimisten, Zynikern oder Nihilisten werden.

Geblieben ist ein Dahinleben ohne Tiefe, ohne Zurückhaltung des Privaten, ohne Achtung vor dem Unverstandenen, Unantastbaren. Was wir dagegen wiederfinden und gestalten wollen, ist das harmonische Zusammenleben von Geist und Leben, vom Geheimnis hinter den Erscheinungen. All dies ist, wie die Seele, scheu, nach innen gekehrt, achtungs- und andeutungsvoll. Es zeigt, dass das, was wirklich wertvoll und einzigartig an uns ist, in verborgenen, unbeobachteten Gefilden schlummert und darauf wartet, gerufen zu werden.

Warum der Zweifel die zivilisatorische Kraft unserer Geschichte ist

Viele herausragende Dichter und Schriftsteller der Moderne wie Stefan George, William Butler Yeats, Stéphane Mallarmé oder Paul Valéry betrachteten ihr jeweiliges Werk auch als Arbeit an einem höheren Selbst. Sie fanden sich nicht mit einem leeren Himmel ab, fühlten sich vielmehr berufen, durch poetische Analogien kleine Momente des Glücks, der Erkenntnis zu schaffen, die dem Leben Anmut und Erhebung schenkten. Dennoch fand einer der bedeutsamen Gegenwartsautoren, trotz aller beachtlichen zweckrationalen Werke und Projekte, dass etwas ganz Entscheidendes fehlt, dass wir Menschen unvollständig, weit entfernt von Ganzheit und Erfüllung sind. Ohne Sinn für ein Übergeordnetes bleiben wir Menschen auf uns selbst beschränkt. Das Streben nach Glück kann das Ideal nach innerem Wachstum, nach Erfüllung immer nur vorübergehend ersetzen. Weshalb vielen Menschen die Übereinstimmung mit sich selbst versagt bleibt.

All dem hat sich Edgar Lawrence „E.L." Doctorow in seinem ebenso ernsthaften wie humorvollen Roman „City of God" gestellt. Vordergründig kämpfen seine Protagonisten um eine halbwegs authentische Existenz. Selbst dann, wenn es ihnen so schwerfällt wie Thomas Pemperton, Pfarrer einer Episkopalkirche an der Lower East Side in Manhattan. Er liebt Frauen, auch verheiratete, mehr als einem Geistlichen, selbst in säkularen Zeiten, zugestanden wird. Dass er mit Gott hadert, insbesondere mit seinem Allmachtsanspruch, versteht sich beinahe von selbst, wie auch, dass ihm die wissenschaftliche Sicht unserer Herkunft, sowohl in physikalischer als auch biologischer Hinsicht, weit nähersteht als die biblische Schöpfungsgeschichte. Außerdem liest er am Abend lieber Kriminalromane als biblische Texte, weil in den Detektivgeschichten die Fragen nach Gut und Böse weit unkomplizierter als im täglichen Leben erscheinen und auch angemessen belohnt beziehungsweise bestraft werden. In Thomas Pemperton erhitzt sich also ein ganzer Weltenraum des wild gewordenen Zweifels.

Aus der Instabilität, Zaghaftigkeit und Ungesichertheit der handelnden Personen scheint allmählich durch, dass es um die entscheidenden, existenziellen Fragen geht. Fragen, die noch nie durch einfache Antworten, durch eindimensionale Lösungsansätze geklärt werden konnten. Wohl aber durch eine Geschichte, die das Leben in einem erträglichen Gleichgewicht halten kann, und wie jede gute Geschichte beginnt auch diese mit dem Unerwarteten, indem aus heiterem Himmel das drei Meter hohe Kreuz aus der Kirche von Thomas Pemperton buchstäblich verschwindet. Was selbst für unseren zweifelnden Pfarrer keine geringe Herausforderung darstellt, versteht er doch sogleich, dass ihm da nicht nur ein schwieriges Symbol, sondern auch sein Glaube abhanden gekommen ist. Doch nur kurze Zeit später erscheint ein Zeichen. Diagonal durch Manhattan, an der Upper West Side, taucht das Kreuz wieder auf. Auf dem Dach einer Synagoge.

Wir verstehen: Das Kreuz weist den Weg. Aber nicht in eine ferne Transzendenz jenseits des Leidens, sondern heilbringend zurück zum Ursprung. In diesem Fall zu Sarah Blumenthal und Joshua Gruen, einem jungen jüdischen Rabbiner-Ehepaar, welches die Synagoge leitet und Gottesdienste im Sinne eines evolutiven Judentums anbietet, um der Selbsterfahrung wie auch der Achtung und Wertschätzung der Lebensgeheimnisse Raum zu geben.

Verbindend wirkt zudem die Sehnsucht nach einem spirituellen Leben, dass an Würde, Visionen und soziale Verantwortung erinnert.

Mag dieses Leben auch so chaotisch sein wie die Wege von Menschen in New York, welche durch alle denkbaren Verkennungen, die eine solch multikulturelle Gesellschaft bereithält, immer wieder den Strahl eines Lichts finden, das sie mit der Idee eines höheren Lebens verbindet und dennoch menschlich bleibt. Doch um solches zu erreichen, muss man sich zuerst einmal dem Schatten stellen, und das macht Doctorow, indem er Sarah die Geschichte ihres Vaters erzählen lässt, der in Ost-Europa den Holocaust als Kind nur knapp überlebte. Erst die Anerkennung dieser schuldbeladenen Vergangenheit gibt den Weg frei, dem seelischen Hungertod zu entfliehen und in eine entgegengesetzte Richtung aufzubrechen, welche dem Leben neue Ausrichtungen schenkt.

Schicksalsschläge sind auch in einem Ideenroman nicht auszuschließen, und so wird Thomas nach dem frühen Dahinscheiden von Joshua zum wichtigsten Gesprächspartner von Sarah. Dabei sieht er ein Gesicht der Liebe, das mit dem Leiden über den Verlust ringt, bis er sich selber in ihr erkennt und mit seinem eigenen Leiden und ihrer Geistlichkeit zusammenkommt, um eine neue Symbiose zu bilden, um einander Fragen von existenzieller Wucht zuzuspielen. Wie diese: „Wenn du um ewiges Leben bittest, was glaubst du, was du da verlangst."

Denkwürdig in ihrer Klarheit auch die Antwort Sarahs, als es um das ethische Fundament geht: „Was dir verhasst ist, das füge nicht deinem Nachbarn zu. Das ist die gesamte Tora. Das Übrige sind Kommentare dazu."

Nachdem diese entscheidende Grundlage des guten Lebens geklärt ist, beginnen Sarah und Thomas einander noch intensiver wahrzunehmen, sie überdenken und wägen das Besprochene tiefer ab und spüren dem Ungesagten nach. Getrieben von einer Urkraft, wollen beide zu neuen Horizonten aufbrechen und lösen sich so allmählich von alten Abhängigkeiten. Sie wollen selbstbestimmt leben, aber mit einer gemeinsamen, auch alle anderen Menschen nicht ausschließenden Perspektive.

Die zu Beginn erst acht Familien umfassende Gemeinde wirkt zunehmend wie ein Magnet und zieht Suchende aus allen gesellschaftlichen Lebenskreisen an. Was vor allem dem Umstand geschuldet ist, dass Sarah zu ahnen beginnt, dass alle die aus kurzen Worten bestehenden Antworten auf die großen Rätsel unseres Daseins, wie das Umfassende, Gott, Gesetz, Geist und Natur, letztlich unergründlich, undurchschaubar, geheimnisumwittert oder überhaupt nicht zu verstehen sind. Im Gegensatz dazu lebt der Anspruch auf Autorität und Wahrheit bloß davon, dass es sich einmal ausbezahlt hat, an sie zu glauben: Wahrheiten als ein gegenseitiges Darlehen.

Sarah will das Verfestigte nicht revitalisieren. Sucht das Empfindliche, das Durchscheinende, das Zerbrechliche. Theologie ist ihr ein Fragment, das als etwas Unvollendetes zu begreifen ist. Doch können wir das Nichtfertige annehmen? Es vielleicht sogar ehren, feierlich begehen? Wahrscheinlich ist das kaum gegeben. Aber wir können lernen. Doch warum sollten wir das? Wir erfahren es aus dem Munde eines Nobelpreisträgers der Physik, dem die Sprachbilder der Alten nicht mehr angemessen erscheinen. Er weiß: Sprache schafft Wirklichkeiten, weshalb diese – nicht nur in der Physik – zwischenzeitlich zu hinterfragen sind. Falls angebracht, sogar mit einer dramatischen Zuspitzung. Als Sarah Betrachtungen über Wert und Bedeutung der Tradition anstellt, erhebt sich der untersetzte Physiker Murray Seligmann und spricht einen Satz aus, der für Strenggläubige eine Anmaßung, eine Grenzüberschreitung oder schlicht eine Respektlosigkeit darstellt: „Orthodoxe Andachtsformen, die das Licht des modernen Wissens nicht zulassen, sind nichts als Ahnenkult."

Zuerst eine anhaltende Stille, gefolgt von fragenden Blicken, signalisiert ihm, dass er diese Provokation nicht im Raume stehen lassen kann.

Also kommentiert er seine Aussage dahingehend, dass die ausschließliche Verehrung der Tradition eben auch bedeutet, dass sich unsere Ahnen in einem größeren Verständnis mit dem Urgrund befanden, dass sie mehr, vielleicht sogar alles Wichtige wussten, bindend und festgelegt für alle Zeiten. Dadurch dringt er zur eigentlichen Frage vor, ob das nicht auch die Aussage beinhaltet, „dass wir etwas oder jemanden verehren, der oder das sich zwischen uns und Gott stellt?“ Er ergänzt: „Das war keine große Welt, die des alten Israel. Die Hebräer stellten sich einen kosmischen Gott des Alls vor, aber natürlich zu ihrem Land passend, mit seinen Ernten und Stammeskriegen; und mitsamt dem Herr-Knecht-Verhältnis zwischen Gott und ihnen. Er war also in hohem Maße ortsgebunden, dieser Schöpfer, und seine Ehrentitel lauteten Herr oder König. Alles sehr verständlich.“ So auf Betriebstemperatur gekommen, erzählt er dann in knappen Sätzen die 14,8 Milliarden alte Entwicklungsgeschichte des Universums, wie es sich unaufhaltsam ausdehnt, wie dadurch Raum zu Zeit und Zeit zu Raum wurde, wie die Gravitation den Raum krümmt; dass wir um eine dunkle Materie wissen, ohne davon etwas zu verstehen; dass unser Sonnensystem 100 Milliarden Sterne umfasst. Ebenso viele wie es im Universum Galaxien gibt. Dazu kommen die Erkenntnisse der Quantenphysik, wo aus unbestimmten, unvorhersehbaren Wellen-Partikel-Prozessen eine feste Realität entsteht, oder zumindest eine, die wir als solche wahrnehmen. Dass die lange Entwicklungsgeschichte Lebewesen hervorbringt, die sich evolutionär verändern und so auch allmählich uns Menschen, die nun zaghaft beginnen, die überwältigende, hinreißende Großartigkeit, ja Herrlichkeit zu erfassen, zu verstehen und zu interpretieren. Am Ende dieser Achtung gebietenden Rede sieht sich unser Physiker dann zur Frage veranlasst: „Ob wir unseren Schöpfer nicht vielleicht unzulänglich preisen, wenn wir ihm die Ehrentitel Herr oder König verleihen, von Vater und Hirte ganz zu schweigen …“

Bei solchen Reflexionen zerfallen die Moleküle einer fixierten Vorstellung in einzelne Atome und setzen eine Strahlung frei, die über eine lange Zeit spürbar bleibt. Gleichzeitig beginnen wir eine Aufforderung zu erkennen, die uns abhanden gekommene Einheit von Denken, Fühlen und Handeln, von Geist, Seele und Körper wieder anzustreben. Tun wir es nicht, besteht die Gefahr, dass wir uns selbst abhanden kommen.

Wie Thomas alsbald richtig erkannte, ist dies keine leichte Aufgabe, denn mit der Neuschaffung seiner selbst geht eben auch eine Neuentdeckung des Schöpfers einher, der uns einen Halt, einen Standort, einen gesicherten Platz im Universum gibt. Allein, auf uns gestellt, bleibt nicht viel: Liebe füreinander, für unsere Kinder ist wohl das Wichtigste, vielleicht sogar das Einzige, was uns davor bewahrt, aus unserer Daseinsmitte herauszufallen.

Sarah setzt den Maßstab dieses Denkens in einer Ansprache auf einer Konferenz der Religionswissenschaften in Washington D.C. Und singt dabei ein Loblied auf den Zweifel. Ob dieses Lied aus der Seele einer Gläubigen oder einer Künstlerin hervorging, sei dahingestellt. Sicher ist, dass es sich bei dieser Rede um große Kunst handelt, denn wie diese vermittelt sie nicht Gegebenheiten, sondern Haltungen, aus denen die Würdigung der Menschen- und Bürgerrechte als Zivilreligion unserer Zeit spricht.

Unabhängig von jeder Interpretation der Schöpfungsgeschichte sind wir Gäste einer unbegreiflichen Grundlegung, und da gebietet es sich schon, ein paar Fragen zu stellen. Fragen darüber, was die wirklich entscheidende zivilisatorische Kraft der jüngsten Vergangenheit gewesen ist, die uns die spirituelle Ungewissheit, die Trauer über die verlorenen Gewissheiten ertragen ließ. Da liegt die Rednerin gewiss nicht falsch, wenn sie den Zweifel als diejenige Kraft identifiziert, die uns in fortwährende Diskussionen verwickelt, was denn nun in einer solchen Zeit wie der unsrigen angemessen ist und welches der nächste Schritt sein könnte. Der Zweifel ließ uns auch erkennen, dass wir das

Mysterium des Seins wohl nie ganz auflösen können, dass uns diesbezüglich eine vollständige Deutlichkeit und ultimative Gewissheit verwehrt bleibt und wir auch in Zukunft auf intelligente Interpretationen über die Welt und unseren Daseinszweck angewiesen sind und die Regeln des Zusammenlebens immer wieder neu finden müssen, weil sie sich im Laufe der Zeit verändern. Damit wird die Gottesidee zu einer evolutionären Entwicklungsgeschichte, die uns dazu motiviert, unsere Selbsterziehung, unseren Wandlungs- und Entfaltungsprozess in Richtung einer kosmologisch bewussten Empfindsamkeit und Feinsinnigkeit weiter voranzutreiben.

Warum aber sollten wir uns auf diese anspruchsvolle Herausforderung einlassen? Weil wir – diesmal ohne jeden Zweifel – in einer moralischen Verantwortung stehen. Uns selbst, den Mitmenschen und der Erde gegenüber. Diese ethische Verpflichtung dehnte Sarah Blumenthal am Ende der Rede auf ein Blickfeld von 360 Grad aus. In eine planetarische Dimension, die nicht nur die eigene Religion umfasst. Als Rabbinerin zeigt sie damit, dass wir einmal mehr die alten spirituellen Vorstellungen sowie das Narrativ der Entzauberung dazu nutzen sollten, um auf unserer Suche nach dem Numinosen zu neuen Sinnstiftungen zu gelangen. Nicht bloß ein neuer Abschnitt, sondern vielmehr eine andere Geschichte. Zu einem freien Menschen gehört eben auch eine angemessene Erzählung über das ewige Geheimnis des Lebens.

Am Ende eines großen Bogens angelangt, der durch die Herabstufung des Menschen im Rahmen der Evolutionstheorie ausgelöst wurde, können wir mit einiger Berechtigung festhalten, dass wir ein Naturwesen sind, welches aus einer Kombination von Bausteinen besteht, wie jedes andere Lebewesen auch. Zugleich sehen wir nach dieser erhellenden Reise durch menschliche Vorstellungswelten aber auch, dass die Sozialdarwinisten ihren Fokus allzu stark auf das Überleben und allzu wenig auf die schöpferischen Kräfte des individuellen Menschen legten. Doch genau das unterscheidet uns grundlegend von allen anderen Geschöpfen: Wir sind fähig, uns eine Seele als unsere wahre Natur, als unsere innerste und tiefste Seite, als Keimzelle unserer Entwicklungsmöglichkeiten, unserer Begabungen und unserer Lebenskraft vorzustellen. Wie auch als Essenz und befruchtende Spannung unseres Bewusstseins, als Gegenwärtigkeit unseres lebendigen Seins und als Brücke zur Transzendenz der Kreativität. Die Wahrnehmung der Künstler erreicht in dieser Anspannung manchmal einen Grad der Vollkommenheit, der es erlaubt, Formen der Beziehungen und Möglichkeiten des Seins zu erkennen, die weit über die Alltäglichkeiten hinausgehen. Zudem gehört zu unseren herausragenden Wesensmerkmalen, dass wir nicht ohne geschriebene, gesprochene, gemalte und gesungene, in Holz geschnitzte, in Marmor gehauene oder aus Metallen gegossene Träume auskommen. In diesem Tun verkörpern wir die geistigen, urteilsfähigen, methodisch wissenden und spirituellen Gaben unserer Wesensart. Was uns darauf schließen lässt, dass auch der tiefste Grund nicht ohne diese Qualitäten auskommt.

Zwar gibt es kaum etwas Schöneres, Zärtlicheres und Unschuldigeres als ein neugeborenes Kind, aber auch kaum etwas, das hilfsbedürftiger und unvollendeter wäre. Eben deshalb ist die größte Auszeichnung, die ein Mensch für sich vermerken kann, derjenige zu werden, zu dem er oder sie nur selber werden kann. Jedem Menschen ist die Gabe der Vorstellungskraft mitgegeben. In ihr und durch sie findet er zur Kraft und Macht des Geistes über die Potenzialität. All das, was in uns als Anlage, Neigung und Möglichkeit angelegt ist, können wir durch die Imagination erwecken. Dadurch finden wir unsere Bestimmung, unseren Auftrag und unseren Lebensinhalt.

Sie haben es also weitgehend selber in der Hand, ob sie sich passiv von ihrer Umgebung, von ihren doch eher zufälligen Umständen formen lassen wollen, oder ob sie aktiv zum Menschen voranschreiten wollen, der sie auch noch sein könnten. In jedem Fall haben sie mit den Folgen ihrer Unterlassungen oder Ihrer Handlungen zu leben. Zugegeben, ohne unsere Komfortzone zu verlassen, werden wir unser wahres Selbst schwerlich finden. Wir alle sind geprägt von Grundbedürfnissen, zu denen unter anderem auch die Anerkennung und Aufmerksamkeit durch andere Menschen gehören. Schnell führt das zu Abhängigkeiten, weshalb wir uns denen gegenüber in einem Spannungsfeld zwischen gewünschten und gerade noch geduldeten Verhaltens- und Gesinnungsformen präsentieren. Angst vor Zurückweisung sowie die Kraft, Widerstände, Enttäuschungen und gelegentliche Loslösungen zu überwinden, sind unabdingbar. Darüber hinaus müssen wir den Mut aufbringen, uns auf die nicht ganz sturmfreie See des Unbewussten hinauszuwagen und das Land zu finden, wo wir für uns selbst sprechen können, wo wir uns vollumfänglich annehmen können, wo wir wichtige Kriterien für ein geglücktes Leben vorfinden, wo das Sichtbarwerden der Seele im Körper stattfinden kann.

Kann man sich all dies überhaupt zu eigen machen? Wir werden im weiteren Verlauf dieses Buches entdecken, dass dem tatsächlich so ist. Natürlich ist dies mit Herausforderungen verbunden, sich selber zu erforschen, nach innen zu schauen, herauszufinden, wer wir, jenseits von ein paar Klischeevorstellungen, tatsächlich sind. Über Jahrtausende besaß die Religion das Vorrecht dieser Deutung. Mit und nach Sigmund Freud übernahm die Psychoanalyse diesen Anspruch. Inzwischen haben wir gelernt, dass deren Techniken viel Verborgenes zutage fördern kann und uns hilft, Blockaden, Traumata, Ängste und Schuldgefühle loszulassen oder zu überwinden. Gleichzeitig wissen wir aber auch, dass die Psychoanalyse lediglich ein Schlüssel, nicht das Allerheiligste selbst ist. Was uns einen Hinweis darauf gibt, dass etwas in uns existiert, dass sich von der reinen Natur, von ihrer Ordnung gelöst hat. Oder vielleicht gar nie deren Bestandteil war. Dass müssen wir offen lassen. Nicht aber die Gegebenheit, dass uns der endgültige Horizont der Natur nie genügt hat. Zu allen Zeiten, in jeder Kultur können wir in den identitätsbildenden Schriften und Geschichten ein Ungenügen an der Endlichkeit des Lebens entdecken und ein entsprechendes Verlangen nach Unendlichkeit.

Es scheint, dass all dies von unserer Betrachtungsweise abhängt. Davon, ob wir unser Leben als eine geschenkte Kostbarkeit betrachten, als eine entgegenkommende Gabe, die uns anvertraut wurde, um durch unser Potenzial, durch unsere Kreativität etwas Einmaliges zu schaffen, etwas, das nur wir ganz allein und niemand anders der Welt schenken können. Diese Sicht gibt uns auch die Kraft, Schritte ins Unbekannte zu wagen, unser Leben auf ein Suchen auszurichten, dass auf dem bereits Gefundenen aufbaut und so neue Möglichkeiten zum Leuchten bringt. Es bedeutet überdies, die Ungewissheit, die unserer Menschlichkeit mitgegeben ist, anzunehmen, fortwährend zu versuchen, wissenschaftliche und spirituelle Herausforderungen zu integrieren und ein Begehren aufrechtzuerhalten, dass uns den höchsten Zielen, die wir uns selber setzen, näherbringt und unvermutete Wege in noch nicht gedachte Freiheiten öffnet. Die Energie dazu gibt uns unsere Menschlichkeit, die kein Attribut, keine einmal gewonnene Daseinsform, sondern einen ständigen Prozess darstellt, der uns nährt und führt. Sofern wir diesem vertrauen.

Teil II

PERSÖNLICHES WERDEN

Wie Sie die Bereitschaft entwickeln, Wandlungsprozesse anzunehmen. Oder: Wie man sein Schicksal zuweilen dort findet, wo man ihm zu entgehen glaubte

Was ist das Tragende, das Wegtragende in Ihrem Leben, wo es um Ihr Sein in der Welt und in die darin oft verwirrenden Wege geht? Was bringt Sie weg von der Opferrolle, vom Selbstmitleid, vom Gefühl, auf der Schattenseite leben zu müssen? Was öffnet stattdessen Bewegungsräume, was schließt Lücken zwischen Ihren Träumen und der Wirklichkeit?

Selbstredend sind solche Fragen durch Zeit und Umstände geprägt. Jedoch abgesehen davon sind es immer auch Fragen nach dem Wollen, der Bereitschaft, der Offenheit. Fragen, die im Unsichtbaren, im schöpferischen Kern unserer Persönlichkeit verwurzelt sind; aber ohne Handeln verschlossen bleiben müssen. Also lassen Sie sich bewegen: Als verletzlicher Risikoträger. Gegen die Logik des möglichen Scheiterns, gegen die Resignation. Vielmehr darauf vertrauend, dass sich unsere Träume auf uns zubewegen, wie wir uns ihnen nähern. Wir verstehen dadurch, was uns die Welt, das Leben zu erzählen haben. Bis das Licht eines neuen Morgens das längst verschüttet Geglaubte zum Strahlen bringt, darin die Signatur eigener Kreativität erkennend. Als eine Verheißung. Als eine Kraft. Unsichtbar. Als Lebenszeichen der Zukunft.

Also verlassen wir in unserer Meditation jetzt die Ebene des Seins, wechseln zum Werden und bereiten uns dadurch allmählich auf das

Tun und das Führen von Menschen vor. Beibehalten wollen wir die Einsicht, dass ohne ein Gefühl für Prozessstrukturen kaum ein gelingendes Leben möglich ist, denn nichts wächst bloß von außen nach innen. Persönliche Wachstumsprozesse sind nur von innen heraus möglich, aus dem Quantenfeld unserer Potenziale.

Der zweite Kerngedanken, den wir auf unserer weiteren Reise als Begleiter auserkoren haben, ist derjenige, dass wir uns auf allen Ebenen unseres Daseins in einem Evolutionsprozess befinden. Was jedoch in der Natur wie ein Zufall aussehen mag, geschieht bei Menschen, die mit ihrem Quellgrund in einer lebendigen Beziehung stehen, aus einer Notwendigkeit heraus. In Form eines Prozesses, der von taufrischen Gedanken zu aufheiternden Entscheidungen führt, welche auch die Emotionen der Menschen verändern können, die uns im Moment gerade nahestehen. Aus diesen Emotionen heraus entstehen dann wiederum überraschende und eben deshalb wertvolle neue Gedanken. All das ist nichts anderes als die Übertragung des Evolutionsgedankens auf das Feld unseres privaten und beruflichen Alltags.

So gelangen wir von der Seele zum Geist in den Körper. Von der Weisheit zum Wissen in die Erfahrung. Von der Philosophie zur Psychologie auf die Ebene, wo wir uns selbst und andere zu neuen Potenzialen und Zielen führen mögen. Gefragt haben wir uns ja bisher, was es mit unserer Seele auf sich hat, die ebenso gern beschworen wie zu einer Illusion erklärt wird. Dabei dürfte aufgefallen sein, dass die Seele frei ist und offen für jede noch so abenteuerliche Interpretation, weshalb wir uns nur selber davon abhalten können, neue Dimensionen zu erfahren und ins Unbekannte vorzudringen. Die Seele will Neues begründen, hervorbringen, aufbauen und uns immer wieder überraschende Welten schenken.

Darüber hinaus lässt sich mit einiger Gewissheit sagen, dass ein Mangel an Persönlichkeit oder ein Zuviel an Narzissmus auf eine seelische Leere hinweist. Darauf, dass sie nicht von uns selber bewohnt wird. Wir leben mit dem Verlust der inneren Welt weit unter unseren tatsächlichen Möglichkeiten. Diese seelische Unbehaustheit hindert uns auch daran, gelegentlich zu unserem Ich Abstand zu gewinnen, was für Selbsterkenntnis und Selbstkorrekturen, für Wachstum und Reife unumgänglich ist. Auch die Erfahrungen der eigenen Widersprüchlichkeit und Unbestimmtheit gehören hier dazu. Selbst wenn das unserem Ego auf den ersten Blick wenig schmeichelhaft erscheint, eröffnet allein dies neue Bezüge zu uns selbst und zur Welt.

Jedoch ist für viele dieses neue Selbst nur eine wartende Hoffnung. Doch von diesen Postulaten des Wartens sollten Sie sich befreien. Machen Sie sich mit dem Gedanken vertraut, dass Sie niemand abholen, niemand retten wird. Das müssen Sie selbst tun. Es gibt keine verbindlichen Lebenswege und Konzeptionen mehr, denen zu folgen wäre. Wir alle fühlen, dass wir aufgerufen sind, unseren Lebensweg nach eigenen Bedingungen, Interessen und Vorlieben zu entwerfen, zu bestimmen und zu befolgen. Das mahnt zur Vorsicht. Weil es auch bedeuten kann, schlussendlich am Rande des Geschehens zu leben, ohne viel Substanz, ohne Gewicht, ohne nachhaltige Präsenz. Weil zudem niemand meine Geschichte bis ins Tiefste hinein kennt, kann mir auch keiner die Frage nach meiner Identität beantworten. Wir sind weitgehend uns selbst überlassen, ohne dass lebenstaugliche Bindungskräfte, die frühere Generationen auf Kurs hielten, durch bedeutungsvolle, tiefgründige Gepflogenheiten oder Übereinkünfte ersetzt wurden.

Kommt hinzu, dass die potenziell mögliche Vielfalt und Pluralität der Individualisierung durch das Phänomen der Massen-Gesellschaft stark relativiert wurde. Dies kündigte sich schon früh an, wie prägende Bücher von Sigmund Freud, „Massenpsychologie und Ich-Analyse“ (1922), José Ortega y Gassets „Aufstand der Massen“ (1929) und Elias Canettis „Masse und Macht“ (1960) bezeugen.

Möglich waren die bis heute relevanten Analysen, weil die Vereinheitlichung und Normierung eine der Voraussetzungen zur Industrialisierung bildeten. Entsprechend erfolgte die Kanonisierung in der Kultur, das Normieren in der Mode, das Takten des Tagesablaufs, das Typisieren des Designs, das Charakterisieren des Aussehens, das Angleichen der Alltagsfluchten und die Konfiguration der Daten. Bis sich alles Besondere im Allgemeinen aufzulösen begann. All dies zeigt, dass wir uns in einem ständigen, nie nachlassenden Wandlungs- und Erneuerungsprozess befinden. Verbunden mit der Frage: Wohin? Bei so viel offenen Horizonten schwer zu beantworten. Es geht um die meist nicht eingestandene Tatsache, dass dies auch bedeutet, nicht die oder der zu sein, die oder der man ist. Dass wir öfters, als uns lieb ist, damit beschäftigt sind, etwas von uns loszulassen, aufzugeben, um etwas Andersartiges, etwas scheinbar Unvergleichliches zu gewinnen. In guten Lebensabschnitten erwächst in uns das Bedürfnis, ein neues Sehen, Hören und Fühlen zu entwickeln, um unserem wahren Selbst näherzukommen. Wir wollen zusätzliche Freiheiten herausschlagen, mehr Selbstständigkeit erreichen und eine neue Existenzmitte aufbauen, welche uns ein neues Selbstverständnis, einen neuen Selbstwert schenken mag.

Freilich sind solche Momente keine Selbstverständlichkeit. Eher gleichen sie einer Gratwanderung. Friedrich Nietzsche, später Sigmund Freud zeigten, dass solche Aufbrüche auch nur gefühlte sein können, dass sie sich nicht selten als Illusionen entpuppen, die ihre Quellen in unseren Trieben, in unserer Gier nach Bedeutung haben. Also Produkte unserer Egozentrik sind. Nicht mehr wissend, was wir sollen, was wir wollen, was wir müssen, werden wir zu dem, der viel zu verlieren und wenig zu gewinnen hat: Zu einem Konformisten.

Eben diese Egozentrik zeigt außerdem, dass Ich-Vorstellungen keine von Philosophen, Psychologen oder Hirnforschern abgesicherte Theorien benötigen, um als real empfunden zu werden. Das Problem liegt dabei nicht darin, dass unser Ich als bedeutsame ein- und umsichtige Instanz sozusagen demissioniert hat, sondern darin, dass viele immer noch glauben, sie hätten die Folgen ihrer Handlungen unter Kontrolle. Wäre dem tatsächlich so, wüssten wir ziemlich genau, wie die Dinge dieser Welt sich verhalten werden. Damit kämen wir der Allwissenheit zwar sehr nahe, müssten diese aber mit unserer Freiheit bezahlen. Nicht zu wissen, wie sich unsere Handlungen entwickeln, ist die Bedingung dafür, dass wir dieses wertvolle Geschenk unseres Menschseins überhaupt haben. Beschränkung als Voraussetzung unserer Freiheit. Verbunden mit der Gewissheit, dass wir nur unsere Absichten in den eigenen Händen haben.

Aufrichtigkeit erfordert von uns aber auch, dass wir die Dissonanzen des anderen Extrems erkennen und offen angehen: Die Quacksalbereien rund um unsere Selbstdarstellung. Dabei sollen wir keineswegs die Wichtigkeit unserer Außendarstellung im Zeitalter der Selbstvermarktung verkennen, aber wir sollten uns nicht mit diesen Inszenierungen identifizieren. Durch das weitgehende Fehlen kultureller Verbindlichkeiten müssen wir das Selbst nicht nur selber finden, sondern auch verwirklichen. Dabei haben wir gemerkt, dass kaum eine Aufgabe anspruchsvoller sein könnte. Weil sich die Frage immer wieder von Neuem stellt, ob das Leben, welches wir führen und gewählt haben, immer noch das Unsrige ist?

Klar gibt es in jedem Leben Umstände und Begleiterscheinungen, auf die wir kaum oder nur bedingt Einfluss haben. Doch ungeachtet all dessen kommt irgendwann der Moment, wo dies aus allerlei medial angehauchten Versatzstücken zusammengebastelte Leben zu unserem eigenen wird. Weshalb wahre Lebenskunst in der fortwährenden Einübung besteht, die in uns selbst angelegten Potenziale zur Entfaltung zu bringen und daraus ein einmaliges, nicht nur für uns gewinnbringendes Leben zu gestalten.

Was wir dazu benötigen? Bestandteile dieser Lebenskunst finden sich in den verborgenen Oasen der Natur, wo sich unsere Vorstellungskraft entfalten kann, wo wir spüren, dass wir nicht nur in einer Welt zu Hause sind. In den Gärten der Intimität, wo neues Licht in unsere Seele fallen kann. In den Asylen der Weitsicht, wo der Traum der Schönheit ein neues Erwachen in unserem Selbst feiern kann. In den Unterständen der Zuversicht, wo das Denken wieder zu einem Spiegel, einem Fenster, einer Brücke werden kann, um uns mit neuen Einsichten zu erfüllen. In den Sphären der Stille, wo uns neues Werden durch die Beschützer der Phantasie geschenkt wird.

Doch dieser Eros des entdeckenden Lernens ist im Schwinden begriffen. Nietzsche erkannte das Ich noch als ein offenes, übergangsloses Tor. Ohne Eingang. Ohne Ausgang. Getragen vom Rhythmus der Zeit und der Unendlichkeit des Raumes streifte es in seinen besten Momenten das Erhabene. Jetzt aber – im noch jungen Zeitalter der Digitalen Revolution – erleben wir einen Schwund von Raum und Zeit, leben beinahe ganz auf den Moment bezogen, verlernen Bedachtsamkeit und Besinnlichkeit, suchen die Erneuerung nicht mehr im inneren Bestreben, sondern in einer genetisch-digitalen Optimierung. Das Ich wird zum Erzeugnis von Inszenierungsstrategien: Flexibel, bis zur Unkenntlichkeit formbar und hochgradig vermarktbar.

Auf den spiegelglatten, bunten Oberflächen der Smartphones geriet die Aufführung dieses neuen Ichs zu einer Galavorstellung der Selbstversicherung. Die Rückkoppelungen in den Netzwerken der digitalen Globalisierung zeigen jedem Einzelnen, dass er in der neuen Welt angekommen ist. Also scheinbar wichtig ist. Aber als was oder wer? Als mehr oder weniger begabter Schauspieler der eigenen Bedeutsamkeit? Als Nomade in der Erstaufführung der eigenen Verfügbarkeit auf dem Jahrmarkt der Belanglosigkeiten? Als Teilnehmer symbolischer Interaktionen? Damit auf der Rückseite der Displays unsere Neigungen durch Algorithmen in Verhaltensformen der Zukunft verwandelt werden? Zu wissen, dass Algorithmen zu den wertvollsten Geheimnissen der großen Silicon-Valley-Konzerne gehören, ist gleichzeitig unsere Ohnmacht, nicht zu wissen, wie die Beurteilung der Daten vorgenommen wird, welche Einsichten sie in unsere Vorzüge, Neigungen und Schwächen gewähren, in welche Sammelwerke sie übergehen und welche Voraussagen sich damit machen lassen. Was wir aber immer noch wissen, ist, dass es zu den Voraussetzungen eines freien, selbstbestimmten Lebens gehört, Ausgangspunkte, Leitlinien, Hintergründe, Kausalzusammenhänge und Legitimationen zu kennen. Als Voraussetzung unserer Würde, Integrität und Wahrhaftigkeit.

Unsere Selbstbestimmung ist im personalisierten Internet aber noch zusätzlich in Gefahr, weil der letztendliche Empfänger der allermeisten Botschaften nicht mehr ein Du im Sinne von Martin Buber, sondern ein mittlerweile unechtes, verfälschtes Ich ist. Die technikbasierte Kommunikation kennt kein eigentliches Ich mehr, nur noch Schattierungen, Updates. Als beinahe autistische Version desselben unterliegt es der ständigen Überprüfung und Optimierung und bleibt in deren Echokammern gefangen. Die sozialen Medien geben und nehmen eben alles zu ihren je eigenen Bedingungen. Das merken wir spätestens dann, wenn wir deren Kommunikationsformen übernommen haben und im Netz nur noch eilig, knapp, provisorisch, maliziös, nicht selten schadenfroh oder polemisch kommunizieren. Aufmerksamkeit und Achtsamkeit werden dadurch zu knappen Ressourcen, Authentizität zu einer romantischen Vorstellung, Originales, Nonkonformistisches, Unverfälschtes verwandelt sich in bloße Ich-Spiegelungen, bis auch diese in grenzenlosen Netzverbindungen verloren gehen.

Es zeigt sich: Nichts wirkt auf uns so einladend und verlockend wie der Blick auf das, was man darstellt oder darstellen könnte. Wir lieben das Spiel mit vielerlei Identitäten und werden zu Möglichkeitsmenschen mit mannigfaltigen Tagträumen und Konjunktiven. Dieser ausgeprägte Sinn für mögliche Wirklichkeiten lässt unsere Orientierungen und Ausrichtungen zuweilen im Wochenrhythmus schwanken. Man fühlt sich zudem überall zu Hause, glaubt, an jedem Ort eine andere, ein anderer zu sein, aber bleibt letztlich doch immer die- oder derselbe. Damit machen wir unser Ich im besten Fall zu einer Komposition. Im weniger guten Fall: Zu etwas Ausgedachtem. Im schlechteren: Zur Zusammenstellung einer uneinheitlichen Vielfältigkeit. Zu einer Mannigfaltigkeit, die von Heilsversprechungen und Anziehungskräften des Andersseins lebt.

Identitätsbildung durch Netzwerke kann dazu führen, dass von unserem Ich-Bewusstsein nur noch das übrig bleibt, was in der geforderten Transparenz der Profile sichtbar ist. Damit machen wir uns selbst zum Objekt, verlieren unsere Rolle als Mitspieler und degradieren uns zum bloßen Zuschauer im unbeständigen Schauspiel des Lebens. Jede Originalität löst sich in dieser Heimatlosigkeit des Geistes auf. Verwandelt uns in eine Nachbildung, schlussendlich in eine Fälschung unserer selbst. Ausformung und Ausbeutung übernehmen andere. Weil wir es unterlassen haben, rechtzeitig Grenzen zu markieren.

Ein nicht unwesentlicher Klärungsbedarf besteht noch bezüglich der vielverwendeten Begriffe Selbstbestätigung, Selbstverwirklichung und Selbstoptimierung, die auf jeder Traktandenliste des gegenwartsnahen Individualismus vermerkt sind. In diesem Punkt geht es jedoch nicht um das Selbst, sondern um das Zentrum des modernen Selbstverständnisses, um das Ich. Genauer: Um dessen Willen als Träger all dessen, was uns noch aussichtsreicher, zielführender, vorteilhafter und wirkungsvoller machen könnte. Dies ist aber eine bedeutungsvolle Fehlinterpretation, denn das Selbst gehört zum Kostbarsten des Menschen. Es ist jener Teil, dem wir in der Stille unsere Aufmerksamkeit schenken sollen, denn das Selbst ist weit umfassender als das Ich und verhält sich zu diesem wie der Regentropfen zum Meer, wie die Schneeflocke zum Gebirgsmassiv. Das Ich zeigt sich in der Begrenzung, das Selbst im Umfassenden. Das Ich ist der Blickwinkel, das Selbst das Panorama. Im Ich zeigen sich Textstellen, im Selbst das ganze Buch. Wenn das Ich Skizzen entwirft, vollendet das Selbst ein Meisterwerk. So wie Tautropfen in der tiefsten Nacht auf Gräser fallen, senken sich zuweilen Bilder aus unserem Selbst ins Ich-Bewusstsein. Bilder, die unserem Werden vorangehen, die unser Leben umrahmen und unser Hervorgehen in die Reife des erwachsenen Menschen ermöglichen.

In empfundenen Schlusszeiten, in einer Epoche, wo sich nicht wenige in Parkanlagen des Abendlandes der Betrachtung von Sonnenuntergängen hingeben, wollen wir uns an einen Leitgedanken Platons erinnern, wonach es unter allen natürlichen und menschlichen Ereignissen nichts Vorzüglicheres gebe als die Anfänge. Doch solche Paradies-Erzählungen sind immer auch Verkündigungen eines Verlustes, die jedoch mit einem Wunder beginnen, welches darin besteht, dass wir unsere ersten Jahre als ein leuchtendes Wesen verbringen. Annähernd so unschuldig wie die jüngste Tochter im Märchen „Der Froschkönig“, „die so schön ist, dass die Sonne selber, die doch so vieles gesehen hat, sich verwunderte, sooft sie ihr ins Gesicht schien“. Des Königstochter bevorzugtes Spielzeug war – in Analogie zur Sonne – ein goldener Ball. Doch eines herrlichen Morgens entglitt ihr diese Kugel aus den spielenden Händen und verschwand in den Tiefen eines Ziehbrunnens. Was wir alle während unser Kindheit mit dem goldenen Ball verlieren, ist unsere einheitliche Persönlichkeit, und der Gegensatz zwischen der strahlenden Lebensfreude von Kindern und den oft leeren Blicken vieler Erwachsener zeigt, wie viel dazwischen unwiderlegbar verloren ging. Nur die Wenigsten geben sich mit dem Verlust zufrieden, und so beginnen wir irgendwann mit der Suche nach dem verlorenen Ball. Wir suchen ihn in der Liebe, im Beruf, im Sport, in der Kultur, in den Religionen oder in einem sozialen Engagement – in einer Überhöhung des Lebens. Alles ehrbar, alles auch zu unserer Entfaltung notwendig. Doch das Märchen, dessen Metaphern in mythologischem Grund wurzeln, weist darauf hin, dass der Königstochter nur ein Frosch helfen kann. Ein Wesen aus der Nässe, der Tiefe, der Dunkelheit.

Bemerkenswert an dieser Szene ist darüber hinaus: Die wichtigsten Übergänge in unserem Leben ereignen sich oft in aller Stille. Ohne Ankündigungen. Ohne Zeugen. Freud hat darauf hingewiesen, dass Ungeschicklichkeiten weit mehr sind als bloße Zufälle, dass sich hinter solchen Fehlgriffen Spannungen in Form verdrängter Bestrebungen, aber auch Auflehnungen und Zwistigkeiten verstecken können. Sogar Ungewolltes kann zur Schicksalsbestimmung werden. Dinge, die wir aus einem Versehen heraus unternehmen, können uns in ein Spiel herausfordernder Mächte verwickeln, hinter denen sich die eigentliche Berufung offenbart. Unausweichlich stellt das Überschreiten von Schwellen eine Neuausrichtung unseres Lebens dar und ist stets mit einer Umwandlung und Neuordnung des bisherigen Daseins verbunden. Gesinnungen, Handlungs- und Verhaltensmuster, bewährte Blickfelder und Gedankenwelten verlieren ihre Inspirationskraft, beginnen einengend zu wirken.

In Mythen und Märchen ist es nicht ungewöhnlich, wenn als Schicksalsbote ein Tier erscheint. Unschwer lässt sich in diesem Frosch ein Symbol unserer Instinkte erkennen, die ja auch im Dunkeln ruhen, uns zu flimmernden Toren der Nacht führen, die Wege ins Unbekannte öffnen. Womit jedoch lassen sich diese Tore öffnen? Kinder wissen es instinktiv: Durch Fragen. Der Neurologe Prof. Joachim Bauer erzählte einmal in einem Seminar, dass Kinder, welche das Glück liebender und engagierter Eltern genießen, täglich gut und gerne zwanzig Fragen stellen. Also sechshundert monatlich, und weil diese fröhliche Fragerei im Schnitt vier Jahre dauert, kommen wir dann auf sagenhafte 28.800 Fragen. Dabei wirken unsere Kleinen immer wohlig und zufrieden, ganz bei sich selber. Das Lockende und Verlockende liegt einerseits natürlich im Gewinn von Aufmerksamkeit, andererseits im Verlassen von Sicherheiten und Gewohnheiten.

In Mythen zeigen sich unsere Anfänge. All die Betrachtungsweisen, die unser Dasein abbilden, bestimmen und zwischen deren Extremen es gilt, Standort und Standpunkt unseres Lebens zu finden. Aber auch, weil Mythen System, Maßstab und Ordnung unserer Werte sehr viel deutlicher, lebendiger und nachdrücklicher zur Anschauung bringen, als die Geisteswissenschaften dies bisher zu tun vermochten.

Zu erfassen sind Mythen als Leit- und Vorbilder, als Musterbeispiele einer erwägenswerten Suche oder Versuchung, als Abgleichung in Zuständen schwankender Gesinnung, als Führer bei schicksalsschweren Gratwanderungen, als Wegweiser durch Felstrümmer emotionaler Komplexität, als Leitfaden zur Erkundung neuer Ausrichtungen der Selbstermächtigung und als Anweisung zum Aufbruch einer Heldenreise ins Unbekannte. In all dem sehen wir erste Aufgaben der Mythen, die darin bestehen, unser Selbst-Bewusstsein mit dem großen Rätsel unseres Daseins zu versöhnen. Dessen tragische Aspekte anzunehmen, ohne diese ins Furchtlose zu überhöhen oder ins Endlose zu psychologisieren. Sie fordern uns auf, Einsicht in die Dynamik des Lebens zu nehmen, um uns dadurch von der Bevormundung des Schicksalhaften zu befreien. Nichts Fremdartiges oder am Rande Befindliches ist zu erkundigen, wohl aber dasjenige, welches, über den Zeiten stehend, das Echte, Ausschlaggebende, Zuständige und Richtungsweisende ist.

Aus Mythen lassen sich Hausmittel extrahieren, sobald wir uns von deren Symbolen berühren und erregen lassen und Wege gehen, die zuvor noch niemand unter die Füße genommen hat. Wege, die wir als beherzte Menschen zwischen Achtung und Verachtung, zwischen Schutz und Hinterhältigkeit, zwischen Selbst- und Gewissenlosigkeit, zwischen verbindlich und artlistig, zwischen Ein- und Niederträchtigkeit immer wieder neu unter Bewahrung des inneren Gleichgewichts finden müssen.

Fraglos, Mythen stammen aus archaischen Zeiten, sind jedoch keineswegs abgeblüht oder unzeitgemäß. Ihre Glut tragen wir immer noch in uns, und was diese bis zum heutigen Tag davor bewahrte zu verlöschen, ist die dauernde und unveränderliche Aktualität ihrer Fragen: Worin liegen die Gründe unseres Daseins? Haben wir hier Aufgaben zu erfüllen? Und wenn ja, worin könnten diese bestehen? Damit verbunden sind weitere Fragestellungen wie die nach dem Sinn unseres Lebens. Sobald wir innehalten und über diese Rätsel nachsinnen, wird geradezu greifbar, dass alle diese Vergewisserugen nichts von ihrer Aktualität verloren haben.

Außerdem lässt sich unschwer belegen, dass aufstrebende Kulturen wie auch sich selbst vertrauende Jugendbewegungen stets mythologisch beflügelt und motiviert gewesen sind und es wohl auch zukünftig sein werden. Ohne uns dessen bewusst zu sein, sind wir immer noch Hüter einer Glut in unserem Inneren, und es braucht nicht viel mehr als einen guten Gefährten mit etwas Übersicht, um dieser Glut die Leuchtkraft und Wärme eines Feuers zu geben. „Philosophie dürfte man eigentlich nur dichten“, hält Ludwig Wittgenstein in seinen „Vermischten Bemerkungen“ fest. Und genau das sind Mythen: Eine herrlich geistreiche, geradezu zauberhafte Form erzählender Philosophie.

Ohnehin ist es eine Gefährdung unserer komplexen Veranlagung, dass wir immer mehr bestrebt sind, unser Dasein auf eine eindimensionale Deutung zu reduzieren, statt sich auf eine vieldimensionale Wirklichkeit einzulassen. Wir können nämlich – wie Arthur Schopenhauer vorgeschlagen hat – die Dinge unseres Lebens von außen betrachten und feststellen, dass diese durch die Gesetzmäßigkeit von Ursache und Wirkung festgelegt werden. Unerbittlich. Ohne jede Freiheit ist alles in diesen engen Grenzen besiegelt und vorausbestimmt. Betrachten wir dagegen das Wesentliche aus unserem Inneren, können wir rein subjektiv behaupten, dass wir in jedem Fall die Freiheit der Wahl haben. Beide Methoden unserer Sehnsucht nach Wahrheit liefern jedoch immer nur bedingte Erkenntnisse, wenn es um die Begründung nach den ganz großen Fragen unseres Seins geht. Immer, wenn wir glauben, dem letzten Geheimnis auf der Spur zu sein, bekommen wir anstelle einer Antwort eine Metapher oder einen Widerspruch. Wie den zwischen Teilchen und Welle in der Quantenphysik.

Zeitlebens braucht es viel Mut, um Spielräume zu entdecken, wo ein frisches Werden in den Bereich des Möglichen rücken kann. Fortdauernd geht es darum, sich zu bewähren, ganz gleich wie unvorhersehbar das Abenteuer, wie groß die zu überwindenden Schwierigkeiten sein werden. Wie sehr ich mich dabei zu verändern habe.

Wenden wir uns daher einer Erzählung zu, die alle Zutaten eines Mythos hat, ohne selber einer zu sein. Erhellend, aussagekräftig und inspirierend beschrieben in der Geschichte „The Knights of the Silver Shield“ von Raymond MacDonald Alden. Diese Geschichte ist vor allem auch deshalb passend, weil es ja nach wie vor in unserer Natur liegt, Dinge, die uns wichtig sind, zuerst einmal aus einer romantischen Perspektive zu betrachten, bevor wir diese in die Wirklichkeit überführen. Mögliche Zwischenräume lassen sich so mühelos durch unsere Phantasie, Unbekanntes durch die Kraft mythischer Vorstellungen überbrücken – bis erste Kausalitäten zu entdecken sind.

Gleich zu Beginn lässt uns der Autor der Geschichte wissen, dass die größte Wertschätzung und Anerkennung, die ein Ritter jemals erreichen kann, ein goldener Stern ist, der auf geheimnisvolle Weise auf seinem silbernen Schutzschild aufleuchten wird. Umstandslos verstehen wir, dass sich auch unser Held die höchstmögliche Würdigung herbeisehnt. Entsprechend begeistert und leidenschaftlich nimmt er die Herausforderung an und scheut keine körperliche Belastungsprobe, um sich kampf- und kriegstauglich zu machen. Bis ihn die Weisung erreicht, dass er für den Fronteinsatz gar nicht vorgesehen ist. Stattdessen muss er sich mit dem wenig verheißungsvollen Auftrag vertraut machen, das Eingangstor zur Schlossanlage zu bewachen. Wächter statt Krieger. Befehlsempfänger statt Held. Werden da Mächte des Schicksals sichtbar?

Auch wir legten seinerzeit all unsere Energie in eine Ausbildung, von der wir hofften, dass dereinst unser Stern für alle Welt sichtbar wird. Doch die Notwendigkeiten des Lebens wiesen uns dann eine Position zu, wo nicht eine Heldentat, sondern einfache Zuverlässigkeit gefragt war. Hier angelangt, könnten wir uns mit den sogenannten Realitäten des Lebens abfinden, unser Träume begraben. Oder wir könnten die Energie, die wir für unsere Karriere eingesetzt haben, dazu verwenden, um neue Ebenen des Erkennens zu erschließen. Weil wir ohnehin nie wissen können, was das Leben noch mit uns vorhat, ist Letzteres zu empfehlen.

Außerdem: Heldenstatus erreicht man nur durch die Fähigkeit, aus der eigenen emotionalen Betroffenheit herauszutreten und im Vertrauen darauf, dass sich Rückschläge zuweilen in Vorschläge für herannahende Zeiten verwandeln können. Es zeigt sich, dass die Moral, das Engagement und die persönliche Energie des gebrochenen Ritters ziemlich schnell zurückkehrt, sobald er sich wieder hinter das gemeinsame Anliegen stellt und die Aufgabe als Torwächter annimmt. Obwohl unser Protagonist die eigentlichen Prüfungen noch vor sich hatte, wird schon jetzt nachvollziehbar, dass ein scheinbares Mindestmaß an Herausforderung öfters ein Höchstmaß an Teilnahme und Engagement erfordert.

Wenn die Heldenreise von uns eine Transformation verlangt, wenn wir also klüger, zielorientierter und ausgereifter werden sollen, müssen wir die Bereitschaft entwickeln, den Wandlungsprozess auch anzunehmen. Sonst könnte es sein, dass es uns wie Hamlet ergeht, der an seiner eigenen Schwäche scheiterte und das Gegenteil dessen erreichte, was er beabsichtigte. Jeder einzelne Abschnitt des Weges stellt eine je eigene Undurchschaubarkeit dar, und die einzige Zuversichtlichkeit, die uns gegeben ist, besteht in der Treue zu den eigenen inneren und äußeren Leitbildern und Zielsetzungen.

Echte Lebensprüfungen sind in ihren Anfängen nur sehr selten als solche zu erkennen. So erscheint in unserer Geschichte zuerst ein verwundeter Ritter, der dem Torwächter vorschlägt, seine Aufgabe zu übernehmen, damit er sich im Wettkampf, in der Konfrontation mit dem langjährigen Feind bewähren kann. Weil er jedoch dieser nicht geringen Versuchung widersteht, wird er alsbald von einer alten Frau als feiger Schwächling verspottet, der allen gefährlichen Vorhaben und Bedrohungen ausweicht. Schlussendlich folgt ein in die Jahre gekommener, würdevoller Ritter, der ihm ein magisches Schwert anbietet, welches ihm Erfolg, Ruhm und Ehre in Aussicht stellt. Wir alle müssen im Leben zahlreiche Prüfungen verschiedener Art bestehen. Auf der alltäglichen Ebene ist dies eine persönliche Herausforderung. Da es jedoch auf der essenziellen Ebene immer auch darum geht, eine Schwelle zu überschreiten, ist es gleichzeitig etwas Archetypisches, und genau hier zeigen sich die mythologischen Motive.

Erschwerend für zeitgenössische Leser mag sein, dass Mythen nie psychologisieren, stattdessen wird alles in Vorkommnissen und Handlungsabläufen geschildert, die in den allermeisten Fällen auch ein Spiegelbild dessen sind, was bei den Schlüsselfiguren innerlich vonstattengeht. Damit stehen wir wiederum vor einem Tor, nur ist diesmal kein Wächter, vielmehr ein Erklärer und Ausleger gefragt. Was im wirklichen Leben nachweisbar vielschichtig und verschlüsselt erscheint, wird im Mythos äußerst karg und allein mit dichterischen Mitteln bewältigt. Ganz so, als sei Sprache von kostbarer Wesensart.

Anschaulich wird das schon bei der ersten Begegnung unseres Helden mit dem fremden Ritter. Beide sind verletzt: Ersterer in seinem Selbstwertgefühl, vom Kampf auf dem Feld der Ehre ausgeschlossen zu sein, Letzterer körperlich durch kriegerische Handlungen auf demselben Feld. Beide hätten demnach gute Gründe zur Vorsicht. Insofern wäre es für unseren Torwächter nicht ratsam gewesen, den Fremden gleich als Feind zu behandeln, aber es hätte für ihn lebensgefährlich werden können, wenn er in ihm nur einen Fremden gesehen hätte, denn Täuschung geht beständig tiefer als der Verdacht. Zudem waren beide Männer durch ihre Wunden nicht ganz bei der Sache. Wir beginnen zu ahnen, dass sich hinter diesen Verletzungen Geschichten verbergen, die uns einiges über die dunklen Aspekte ihrer Befindlichkeit zu erzählen wissen.

Thomas Mann lässt uns im „Zauberberg" wissen, dass die Hauptakteure durch Erkrankungen in das wirkmächtige Gebiet des Geistes eingeführt werden. Also wollen wir die weitere Geschichte so erzählen, dass sie sich öffnet, weil sie uns unmittelbar betreffen könnte. Denken Sie dabei zuerst einmal an ihre einstmals zugefügten körperlichen und psychischen Wunden. Bedingt durch ein Missgeschick, einen Unfall oder eine Krankheit. Verursacht durch Ungerührtheit, Herabsetzung oder Nichtanerkennung der Eltern. Zu den ebenso schwer heilenden Wunden gehört auch physische Gewalt, sexueller Missbrauch, Suggestionen über moralische Schuldgefühle und – in späteren Lebensabschnitten – überraschende Kündigungen im Beruf, der Zerfall einer Freundschaft oder gar eine Scheidung.

Wir alle wissen um den körperlichen Schmerz, um emotionale Erschütterungen, die uns solche Entwürdigungen, Überschreitungen oder Schicksalsschläge zugefügt haben. Paradoxerweise sind es jedoch genau diese Wunden, welche das Eindringen dessen ermöglichen, was uns dereinst den goldenen Ball zurückbringen kann. Ermöglicht durch einen nie nachlassenden Wandlungsprozess. Vertiefend illustriert in der zweiten Begegnung unseres Ritters mit der alten Frau, die ihn als Feigling beschämt. Warum? Weil sie selber einmal beschämt wurde. Zu Beginn unseres Erdendaseins lebten wir fest verwurzelt mit einem nonkonformistischen kindlichen Selbstwertgefühl in unserem seelischen Schlösschen. Aber wenn Eltern keine Bedachtsamkeit aufbringen können oder wollen, wenn sie ohne „anzuklopfen" die Innenräume der kindlichen Seele betreten, empfinden Kinder dies als Geringschätzung ihrer Würde. Sie glauben zu spüren, dass sie nicht wertvoll sind. Ihr Gefühl, sich selbst zu gehören, wird beeinträchtigt. Bei fortgesetzten Verletzungen ihrer Souveränität wird das Ich-Verständnis geschwächt, das innere Gleichgewicht kommt ihnen zunehmend abhanden, bis sie sich mit etwas zu identifizieren beginnen, das – freudianisch gesprochen – im Über-Ich oder im Es angesiedelt ist. Hier beginnt der Weg der Scham, der die inneren Krieger und Kriegerinnen infolge Grenzüberschreitungen zum Rückzug zwingt oder die Abwehrkräfte gleich so zusammenbrechen lässt, dass sich ein Kind in die Angeberei, in seine eigene Großartigkeit flüchtet oder in die bleierne Schwere einer Depression gerät.

Etwas Überheblichkeit, eine vorübergehende Identifikation mit dem kleinen Prinzen, mit Peter Pan oder mit Pipi Langstrumpf, kann im Moment darüber hinweghelfen, wenn Eltern ihren Kindern Dinge antun, die sie in ihrer strahlenden Zuversicht nicht für möglich gehalten haben. Wenn die Verletzungen jedoch andauern, verfestigt sich die Scham und führt zu Mut- und Freudlosigkeit. Später zur Verweigerung jeder Übernahme von Verantwortung, was die Beschämung erst recht nie enden lässt, weil die Betroffenen Verursacher ihrer eigenen Erniedrigung werden. Vielen Menschen sind sogar beide Wege vertraut. Je nach Stimmung und je nachdem, in welcher Lebensphase sie gerade stehen.

Was sagen Menschen über jemanden, der so entschlossen und zielbewusst Prioritäten setzen kann, wie das Überflieger tun können? Möglich, dass sie abwiegeln, dass sie von der Dynamik seiner Freiheit, von der Begabung, Menschen auf vorher kaum begangene Wege zu bringen, fasziniert sind. Sich aber auch fragen, wie sie oder er sich verhält, wenn eine alte Scham, eine nicht verheilte Wunde an die Oberfläche drängt?

Was sagen Sie über Menschen, die nicht ganz in ihrer Arbeit aufgehen, die immer wieder an neuen Konzepten herumbasteln, endlos über Strukturen diskutieren wollen, sich ständig über irgendetwas streiten und im Hintergrund all dessen Ängste vermuten, nicht nur von der Arbeit, sondern gar vom Leben entlassen zu werden? Fühlen Sie sich näher bei denen, deren Füße am Boden zu kleben scheinen, oder bei denjenigen, deren Schritte mutig in die Zukunft führen? Unerwartet wird unsere Rittergeschichte als eine Geschichte der Identifikation durchsichtig. Die Bühne weitet sich, und wir können uns eingeladen fühlen, uns in dieser Geschichte wiederzufinden, uns herausfordern lassen, wie wir alte Wunden einer Heilung zuführen können. Im Kontext mythischer Erzählungen bedeutet Heilung das Eintreten in einen Verwandlungsprozess, der in letzter Folgerung und Auswirkung einem Verlauf gleichkommt, wo etwas zum Abschluss gebracht wird, sterben muss, um später das sich frisch Herausbildende umso freudiger begrüßen zu dürfen. Dahinschwinden und enden muss die Naivität beim Überflieger, das Selbstmitleid beim passiven Menschen. In beiden Fällen ist ein Grenzland zu überschreiten, wo wir aufgefordert sind, alte Klugheiten, Handlungs- und Verhaltensweisen, Aktions- und Reaktionsmuster zu hinterfragen oder aufzugeben. Wenn das Erwachen des Selbst gelingen, wenn sich ein neues Licht zeigen soll, muss Unpassendes, Einengendes überwunden und abgelegt werden.

Hier angelangt, geht es zuerst einmal darum, innezuhalten, zur Ruhe zu kommen, um danach einen Ort zu finden, der uns einen gewissen Schutz vor weiteren Herausforderungen und Zumutungen bietet. In einigen Mythen ist dies ein ummauerter Garten, heute vielleicht ein temporärer Aufenthalt in einem Kloster. Jedenfalls ein Ort, wo innere Einkehr möglich ist, wo man die bisherigen Wege nochmals zurückgehen kann, sich auch an diejenigen Pfade erinnert, die man vergessen hat. Möglicherweise mit Absicht. Diese Rückreise dient allerdings nicht einer Erkundung, sondern einer Wiedererkundung, nicht einer Enthüllung, sondern einer Wiederenthüllung, nicht einer Findung, wohl aber einer Wiederfindung dessen, was wir in der Unschuld der jungen Jahre im Verborgenen ahnten, was jetzt erkannt, in unser Leben zurückgerufen werden soll. Dabei zeigt sich der Bote häufig in Träumen, welche aus den tiefen und unruhigen Gewässern unserer Seele aufsteigt. Von dort, wo auch der goldene Ball der Königstochter verschwunden ist. Tritt dieser Überbringer als Tier in Erscheinung, kann uns dies – wie oben schon angedeutet – als Hinweis dienen, vermehrt der richtungsweisenden Originalität unserer Instinkte zu vertrauen. Taucht hingegen in den verschleierten Bildern der Nacht ein vieldeutiges Wesen mit einem kaum erkennbaren oder gar verhüllten Gesicht auf, können wir dies als Aufforderung verstehen, uns in bisher unbedachte, unerprobte Wege vorzuwagen. Was bedeutet, den schmalen Pfad zu finden, der zwischen den machtvollen Kräften Furcht und Hoffnung, Belohnung und Strafe, Mut und Angst hindurchführt. In Anbetracht all dieser Gegensätze, die im wirklichen Leben nicht selten zusammenprallen, kann der Ausgang eines Heldenabenteuers nur offen sein. Garantien hat das Schicksal ohnehin nicht zu vergeben. Weshalb wir hier zu einer Kernbotschaft von Mythen vorstoßen, die darin besteht, zu lernen, Ausgänge von Begebenheiten, Umständen und persönlichen Konstellationen als offen wahrzunehmen. Nicht in jedem Fall von Sachzwängen auszugehen. Die Ressourcen, solche Spannungen auszuhalten, erlangen wir durch den Prozess der Reinigung sowie durch eine Hinwendung an bisher unbedachte Wertvorstellungen.

Wenn Sie beherztes Handeln nicht abschreckt, wenn sie Liebe empfinden, wenn Sie sich ein Gefühl für die unergründliche Einzigartigkeit

Ihres Lebens bewahrt haben und sich nicht davor fürchten, über Ihre Belastungen, Unsicherheiten sowie über Ihre gelegentliche Trauer mit nahestehenden Menschen zu sprechen, wenn Sie also den einnehmenden vor den harten Eigenschaften den Vorzug geben, sind Sie der Wiedererlangung des goldenen Balles schon sehr nahegekommen.

Darüber hinaus können wir vom Torwächter lernen, dass er selbstständig handelt, ohne Gewissheit über die Auswirkungen. Er lernt dabei und wir mit ihm, dass sich Mut üben und ausbauen lässt, dass Wagnisse klein beginnen, aber sich steigern lassen, dass der Kampf gegen die Ohnmacht der geschmeidigen Anpassung, gegen die Angst des Versagens jederzeit beginnen kann. Die Freiheit dazu haben wir. Dass Bedenken sich klären lassen, Verkrampfungen aufzulösen und Situationsängste zu überwinden sind, wissen wir ebenfalls. Die Kraft, nicht nachzulassen, erhalten wir aus der Sehnsucht nach dem Möglichen.

Wenn wir jetzt abermals zu unserer Geschichte zurückkehren, sehen wir nochmals den schon etwas gesetzten Ritter, wie er sich dem Schloss nähert. Er scheint alles im Griff zu haben. Wir würden sagen: Ein Planer, ein kalkulierender Mann. Verantwortungsbewusst, offenbar immer für eine Überraschung gut, bietet er doch unserem Torwächter ein magisches Schwert an, das ihm Erfolg, Ehre und Ruhm uneingeschränkt zusichert. Eine Gabe, ein Versprechen, das so gar nicht zum vertrauenerweckenden Erscheinungsbild des angereisten Ritters passt.

Unser Erstaunen hält sich deshalb in Grenzen, als der kluge Wächter in diesem Schwert sogleich ein Symbol geistiger Inflation erkennt und diese verführerische Gabe ablehnt. Die Geschichte endet danach mit der Enthüllung, dass die beiden Ritter wie auch die alte Frau vom feindlichen König auserkoren wurden, um durch Arglist, Beschämung und Versuchung den Wachmann von seiner Aufgabe abzubringen, damit die nachfolgende Truppe ungehindert ins Schloss einfallen kann. Damit wurde der zum Torwächter zurückversetzte Ritter zum eigentlichen Helden, und niemand wunderte sich, dass bei der großen Siegesfeier am königlichen Hof der goldene Stern auf seinem silbernen Schild aufleuchtet.

Anregend zu sehen, wie das Gegenteil dessen, was unser Held ursprünglich in Planung hatte, auch zum Ziel führen kann. Weil er letztlich einer Stimme folgte, die nicht aus seinem Ego kam, entdeckte er einen Bereich der Wirklichkeit, der ihm bisher verschlossen war. Es zeigt sich außerdem, das er – wie auch wir selber – jeweils genau in die Art Abenteuer hineingezogen werden, für die wir bereit sind. Die Heldenreise wird dadurch zur Manifestation des eigenen Charakters.

Wie durch die Tugend der Kühnheit Zutritt zum Paradies der Möglichkeiten erreicht werden kann, zeigen solche Dichtungen durch die Verbindung des Unbewussten mit nicht ganz alltäglichen, aber in jedem Fall praktischen Herausforderungen. Empfindungen und Gedanken sind da nicht nur Fingerzeige des individuellen Unbewussten, sondern Befund geistiger Prozesse und deren Neigungen als Ertrag generationsübergreifender Beobachtungen. Die im Übrigen ebenso konstant sind wie unsere körperliche Beschaffenheit mitsamt der ganzen neurobiologischen Komplexität. Nicht ohne Bedauern werden wir ja immer wieder an die Beschränkungen unseres Bewusstseins erinnert, welche dem Umstand geschuldet ist, dass wir nie direkte, sondern immer nur reflektierende Erscheinungsformen der Wirklichkeit wahrnehmen. Im Garten unseres Bewusstseins lassen sich die Pforten der Verheißung nicht leicht öffnen. Was, mythologisch gesprochen, bedeutet, dass heute keine goldenen Sterne mehr zu vergeben sind, kein goldener Ball erwartet werden kann und natürlich auch, dass solche Erwartungen auf einer Hintergrundstrahlung beruhen, wo das Heilige und das Geheimnissvolle, wo die Mythen und die Mystik noch verschwistert waren. Äonen bevor sich der geistige Fortschritt vom Mythos zum Logos entwickelte.

Dabei wird aber leicht übersehen, dass wir den Mythen nicht Wissen, sondern vielmehr Weisheit verdanken. Diese jedoch wird nicht vererbt, sondern im Laufe eines erfahrungsreichen Lebens erworben. Indem man die Ausnahmen in allem erkennt, was durch Regeln und Gesetze gesteuert und erhalten wird. Indem man dort, wo nichts Vorgegebenes weiterhilft, die Kunst der Improvisation erlernt. Selbstverständlich mit der Bereitschaft, für die daraus entstehenden Konsequenzen die Verantwortung zu übernehmen.

Zeit also, diesem Drang, sich einspurig, kleinredend und engherzig zu definieren oder sich entrückt nur auf eine Aufgabe zu konzentrieren, eine Absage zu erteilen. Dagegen gilt es, alle Aspekte unseres Lebens zur Einheit zu führen. Schließlich sind wir nicht nur Individuen, wir sind auch soziale und metaphysische Wesen. Nicht nur in Zeiten erhöhter Risiken ist es ratsam, sich daran zu erinnern, was es heißt, ein Mensch zu sein, der sich nach Würde und Geist sehnt, genauso wie sich Geist und Würde nach uns sehnen.

Erkenntnis steht immer am Anfang eines neuen Werdens. Vielleicht auch an dessen Ende, wenn die Geschichte der verlorenen Unschuld, des tragischen Erwachens, der Verwicklung in die Widersprüche der Daseinsmächte, uns einen Schlüssel in die Hand gibt, um das Tor zu unserem wahren Selbst zu öffnen.

Nicht immer, aber hin und wieder kommt es vor, dass uns Wege in fern- und fremdliegende Örtlichkeiten führen. Wenn wir Glück haben, wenn auf abgelegenen Pfaden kein Empfang für unser Smartphone möglich ist, wenn es also plötzlich keine Ablenkungsmöglichkeiten mehr gibt, kann es sein, dass man unvermittelt sich selbst bemerkt. Dabei zur Einsicht gelangt, dass dieser unbekannte Weg, dieses Unterwegssein zu einem erstmaligen Ziel, auf die Gegebenheit des Lebens verweist, wie heimatlos wir tatsächlich sind. Wenn ich diesen Weg zudem nicht im Auftrag, sondern aus eigenem Beweggrund begehe, könnte es sein, dass mir ein Geschenk zuteil wird. Es könnte in der Einsicht bestehen, dass – im übertragenen Sinne – solche Wege immer ein äußeres und ein inneres Ziel haben. Was wäre also, wenn ich beiden Zielen meine uneingeschränkte Aufmerksamkeit und Treue schenken würde, wenn sich diese bisher vorwiegend getrennten Ziele verweben würden?

Unabhängig davon, ob jemand zu wenig sich selber gehört, unter einem Mangel an Persönlichkeit leidet oder unter einem überladenen, prunkenden Ego: All dies verweist darauf, dass das innere Gleichgewicht noch nicht gefunden wurde, dass die Identifikation noch nicht mit dem Selbst, sondern mit dem Über-Ich oder dem Es erfolgt. In beiden Fällen sind die innersten Welten immer noch erhoffte, aber keine wirklichen. Wachstums- und Reifeprozesse gedeihen auf der Grundlage einer inneren Welt. Nur diese verleiht die Fähigkeit, auf Distanz zu sich selber zu gehen – als Voraussetzung für Selbstkorrekturen. Wie auch als Vollzug der Freiheit unbestimmbar zu bleiben.

Wie kommen wir also zu innerer Fülle? Durch eine möglichst bunte und vielseitige Variationsbreite von Erfahrungen. Erfahrungen darüber, wie wir uns selbst kultivieren können, indem wir unser einseitiges und mitunter unvollständiges Selbstbild hinterfragen: Im Spiegel unserer Mitmenschen. Ihre Reaktionen zeigen uns ausreichend genau, wer wir noch nicht sind, und manchmal auch, wofür wir Verantwortung übernehmen sollten. Jede einzelne Begegnung schenkt uns Möglichkeiten, neue Sichtweisen zu entdecken, Lebensabschnitte zu erforschen, Abgründe der Psyche zu analysieren, Wahrnehmung und Fingerspitzengefühl zu schärfen, Grenzen zu sichten, tiefere Formen der Anteilnahme und Herzlichkeit auszuprobieren und neue Ebenen geistiger Klarheit zu erschließen.

Von unserer Beschaffenheit und Besonderheit her sind und bleiben wir stets Charaktergestalten des Möglichen. Niemand ist von Geburt an auf irgendetwas festgelegt. Wir können weitgehend werden, was wir uns wünschen. Aber wir müssen es selber erzeugen. Sinn und Motivation wird nicht durch Zufall gefunden. Sinn entsteht durch die Geschichten, die wir durch unseren Lebenswandel selber schreiben. Durch Werte und Bedeutungen, die wir in diesen Geschichten ausfindig machen; und die Bedeutungen bringen wir zum Leuchten durch das, was wir zulassen, fördern oder fordern. Durch das, was uns wichtig erscheint. Dies macht uns offen für eine nahezu uneingeschränkte Fülle von Lebensgestaltungen. Wenn da nur nicht die Versuchung zur narzisstischen Totalität wäre. Die dadurch entsteht, dass wir all die an uns unerwünschten Persönlichkeitsanteile auf andere Menschen, vorzugsweise Fremde, aber auch auf unsere Partner, Freunde und Arbeitskollegen übertragen. Niemand steht jenseits eines solchen Geschehens, denn wir können das eine nicht ohne das andere, das Licht nicht ohne den Schatten haben. Was uns ein schwankendes Bewusstsein zwischen Nicht-Ich und Ich-Nicht verleiht. Je weniger Aufmerksamkeit wir zudem diesem Prozess schenken, desto radikaler wächst im Hinterhof unserer Persönlichkeit eine Art Maßlosigkeit heran, welche die Menschen im antiken Griechenland als Hybris bezeichneten.

Die alten Griechen erkannten schon in vorsokratischen Zeiten, dass Menschen auf erbarmungslose, bestürzende Art und Weise scheitern, dass sie sich folgenschwer verirren können, dass sie allzu oft und sorglos Grenzen überschreiten. Durch Apollon und Dionysos, zwei herausragende und einander ergänzende Gestalten der antiken Mythologie, wird gezeigt, dass es ohne solch grundverschiedene Kräfte gar keine lebendige Welt geben kann. Es braucht Denkkraft, Auffassungs- und Urteilsvermögen, Erkenntnisfähigkeit und einen geistigen Horizont. Aber damit alles nicht zu verspannt, zu streng wird, braucht es zuweilen auch etwas Leichtsinn, Narretei, Unüberlegtheit und hin und wieder ein paar Zufalls- und Überraschungseffekte. Es braucht Erregung und Ruhe, Spannung und Entspannung, Ungeduld und Gelassenheit, Chaos und Ordnung, Veränderung und Stabilität, um in den Gang und Fortgang der Geschichte eintreten zu können. Um die Vielfalt des Lebens zu ermöglichen.

Was es aber nicht braucht – und daran lassen die Schöpfer der Weisheitslehren nicht den geringsten Zweifel – ist die Hybris. Damit ist weit mehr als Hochmut gemeint, damit wird jene Unersättlichkeit bezeichnet, die uns daran hindert, uns mit den Begebenheiten des Lebens zu versöhnen. Dieser nie ganz zu unterdrückende Hang zur Maßlosigkeit führt dazu, dass Menschen sich für jemanden halten, der sie nicht sind, nicht sein können. Ein Prozess, der letztlich ihre Identität verlieren lässt.

Da wir nun in die Tiefen unseres Erbes vorgedrungen sind, können wir uns auch der bedeutungsvollen und richtungsweisenden Verkündigungen auf der Frontseite des Tempels von Delphi erinnern: „Erkenne dich selbst“ und „Nichts im Übermaß“. In beiden Fällen sind wir aufgefordert, uns selbst ohne Ungeduld und einseitige Fixierung verstehen zu lernen. Wie können wir das Notwendige erkennen, ohne der Eitelkeit, der Enthemmung, der Unersättlichkeit zu verfallen?

Wir leben mit der Gewissheit, dass trotz aller Klar- und Richtigstellungen, trotz aller Neu- und Umgestaltungen etwas ebenso Beständiges wie Verbindliches in uns existiert. Die Zeit – sonst selten auf unserer Seite – kann dem nichts anhaben, denn es zeigt sich, dass dieses Tiefste in uns auch ein Beobachter ist. Dieser steht am Begegnungsort von Weltmeer und Ufer. Dort, wo wir Menschen denken, aber nicht identisch mit dem Gedanken sind, dort, wo wir fühlen, aber nicht das Gefühl selbst sind. Dort, wo eine Vorwärtsdimension, eine Spannung, eine Zuspitzung und Vorfreude entsteht, die neue Horizonte der Wahrhaftigkeit entstehen lässt. Der Beobachter scheint ein Einzelner zu sein, aber in ihm ist das Ganze enthalten. Nicht nur Menschen, die aus dem Herzen leben, haben diese an keine Zeit, an kein Alter gebundene Vorstellung, dass eine Entsprechung zu ihrem Ich-Bewusstsein auch in jedem anderen Menschen vorhanden ist.

Gleichermaßen weist auch unsere Sprache darauf hin, lässt sich doch das Wort Bewusstsein nur in der Einzahl denken und sagen. Deshalb ist der Königsweg von der Einseitigkeit und Begrenzung des alleinstehenden Ich zum Ganzen des Selbst eine fortwährende Grenzüberschreitung. Sie erklärt zudem, weshalb unser Selbstgefühl eben auch davon abhängt, wie oft wir unsere Kleinmütigkeit überwinden und uns getrauen, eine Herausforderung anzunehmen. Wenn wir Unsicherheiten oder Gefährdungen in eine behebbare Aufgabe kehren, Furchtsamkeit in Zuversichtlichkeit verwandeln und Einflusslosigkeit und Unvermögen durch unseren Willen besiegen, verwandeln wir die beschwerlichsten Herausforderungen am Ende in die einträglichsten.

Die Vermutung, wir seien nicht mehr als einzeln stehende, unverbundene Menschen, ist eine Verschleierung unserer tatsächlichen Lage. Das Trugbild besteht in der Empfindung, dass wir unsere Ich-Fixierung nur für uns selber in Anspruch nehmen und nicht sehen wollen, dass diese Ich-Verkrampfung die meisten Menschen genau so in ihrem Banne hält. Wohl nicht zuletzt deshalb versuchen so viele Menschen, ihr Leben auf einen einzigen Sinn und Zweck zu reduzieren. Misslingt dies, geben sie ihre Suche auf, betrachten ihr Leben als wertlos, als verfehlt und lassen sich vom freudianischen Es in ein gesellschaftliches Restrisiko verwandeln. Dabei ist die Sinnfrage ohnehin nicht etwas, dass sich sachlich oder gar programmatisch suchen lässt. Sinn kann nicht staubtrocken mit dem Verstand erfasst werden. Sinn wird erlebt, wie alles, was für uns von existenzieller Wichtigkeit ist. Zudem besteht nicht die geringste Notwendigkeit, sich zwischen einer einzigen sinngebenden Lebensbedeutung oder gar keiner Sinndimension zu entscheiden.

In jedem Lebensabschnitt, in jedem mitmenschlichen Bezugsrahmen, können wir uns in einen größeren Zusammenhang einbinden, der über die Begrenzungen des eigenen Lebens hinausführt, diese transzendiert. Sei es, indem wir eigenes Wissen und Können an die nächste Generation weitergeben, uns für Klimaschutz und Umwelt engagieren, neue kulturelle und soziale Gemeinschaften in unserer Wohngegend gründen, respektive bestehende durch neue Impulse bereichern. Auch indem wir die alltäglichen Sinnmöglichkeiten wie Freundlichkeit, Achtsamkeit, Anerkennung und Herzlichkeit bewusster nutzen, um unsere Lebenskreise zu bereichern und Bekanntschaft mit der nährenden Erfahrung zu machen, dass unsere Präsenz den Mitmenschen nicht bedeutungslos erscheint.

Die moderne Welt geht auf in ihrem Werk. Doch der einzelne Mensch verschwindet zunehmend in ihr. Anders gewendet: Während unsere Gesellschaft als Ganzes in eine immer wohlhabendere und komplexere Totalität hineinwächst, bleibt im Leben von Erwachsenen kaum noch Raum und Zeit zur Entfaltung und Ausformung individueller Anlagen. Klugheit, Konstanz und Zielstrebigkeit werden geschätzt. Spontanität, Fantastereien und Überspanntheiten verachtet. Doch das eine ist nicht ohne das andere zu haben.

Wie man sich von der periodischen Wiederkehr des Wartens entbindet und die Neugier aus dem Schatten der Vergangenheit befreit

Auf das innere Feuer – genährt durch das Unbewusste und Leidenschaften aller Art – können wir nicht verzichten, wenn es darum geht, Grenzen zu überschreiten, die uns neue Inspirationen und Erkenntnisse schenken. Ebenso notwendig ist etwas später allerdings auch die Löschung der Flammen, weil wir nur in hinuntergekühlten Räumen die analytische Erörterung, den wissenschaftlichen Austausch zur Entfaltung bringen können. In der Folge wollen wir nun erste Wege zur Kreativität aufzeigen, welche Erkenntnisse der Mythologie, Philosophie, Psychologie und der Neurowissenschaften nutzt. Diese mit dem freien Spiel der Vorstellungskraft verbindet und so auf eine erfrischende Art Möglichkeiten aufzeigt, wie wir in einem Meer des Wandels, inmitten wirbelnder Strömungen, wie Helden handeln, aber uns zugleich wie vertrauenswürdige Menschen benehmen können.

Durch Neugier verwandelt sich demnach Notwendigkeit in Freiheit, Selbstverständlichkeit in Möglichkeit. Antriebskräfte zur Förderung der Kreativität und zur Verhinderung von Alternativlosigkeit werden erfahrbar. Soziale Neugier lässt Freundschaften entstehen, um menschliche Potenziale durchzuspielen. Ohne Neugier könnten Kinder ihre Aufmerksamkeit immer nur für kurze Zeit aufrechterhalten. Ihr Interesse an der Welt würde sich in ängstliche Ignoranz verwandeln. Risiken würden sie verwerfen, herausfordernden Situationen aus dem Weg gehen. Orte der Neugier, wie Bibliotheken, Natur-, Technik- und Kunstmuseen, würden ohne diese schnell ihre Anziehungskraft verlieren.

Wir wissen darum. Trotzdem geraten wir ab dem dreißigsten Lebensjahr in eine Art Gesinnungskorridor, der unsere Selbstgenügsamkeit wachsen und unsere Neugier abklingen lässt. Unsere Fragen werden seltener, wir glauben zunehmend, alles über unseren Partner, unsere Freunde und Arbeitskollegen zu wissen. Das Staunen, die bewundernde Anschauung der Dinge unserer Welt kommt uns abhanden. Wie kommt es zu dieser Fehleinschätzung? Nun, Status und Wertschätzung der Neugier waren nie hoch, hielten sich über alle Zeiten in engen Grenzen. Wir erinnern uns an Pandora, die vom Göttervater Zeus eine mysteriöse Büchse unter der Bedingung erhielt, diese an alle Menschen weiterzureichen; aber sie auf gar keinen Fall zu öffnen. Was erwartungsgemäß die Zuwiderhandlung erst recht herausforderte, die Pandora dann gleich selber vornahm. Worauf sich alle Begierden, Untugenden, Unzulänglichkeiten, Abscheulichkeiten und Entsetzlichkeiten über die Welt ergossen.

Wenig verwunderlich, dass auch der Kirchenvater Augustinus der Neugier nichts abgewinnen konnte, sie als „gottlose Lust", als eine „Zerstreuung im Diesseits" bezeichnete. Wie lebendig solche Urteile noch heute sind, zeigt die erstaunliche Tatsache, dass siebzig Prozent aller Veränderungsinitiativen in unseren Firmen von den Mitarbeitern auf Desinteresse oder kalte Ignoranz stoßen.

Warum so wenig Neugier? Auf so etwas Existenzielles wie den Erhalt unserer Arbeitsplätze? Könnte es sein, dass viele die Neugier für etwas bestrafen, was sie gar nicht ist? So wie manche den Überbringer für das Überbrachte, den Nachrichtenträger für die Nachricht bestrafen? Wäre es möglich, dass sich hinter der Geringschätzung der Neugier ein Aufstand gegen ein Medium verbirgt? Falls ja, warum reicht dieser so tief in die Vergangenheit? Vielleicht, weil unsere Neugier die Antwort auf ein uraltes Rätsel ist? Eine Antwort, auf der wir nicht ausruhen können, sondern eine, die uns dazu drängt herauszufinden, welche Art Zukunft nach uns ruft: Wer wir sein werden, was wir sein wollen?

Weil uns die Neugier im Sinne von Wissbegier immer auch Erkenntnisse schenkt, erinnert sie daran, dass wir mit unserem Leben in einer moralischen Verantwortung stehen, dass es Dinge gibt, die man tun könnte, aber nicht tun sollte, dass es einen Riss zwischen Natur und Kultur gibt, den die jüdisch-christliche Religion als Sündenfall bezeichnete, der jedoch die Voraussetzung dazu schuf, dass der Mensch sich als Mensch erkannte. Uns bewusst machte, dass wir plötzlich aus einer unfassbar langen Evolutionsgeschichte herausbrachen, dass mit uns etwas ganz Eigenes, ganz Wunderbares heranwachsen sollte, wo sich Wissen und Unwissenheit begegnen, sich verbinden können, um etwas vorher nie Dagewesenes zu erschaffen.

Was es dabei auszuhalten gilt, sind Zeiten der Spannung, der Ruhelosigkeit, die sich daraus ergeben, dass die Neugier immer auch Unbekanntes aufdeckt und zum Vorschein bringt. Was nie ohne die Überwindung von Ängsten möglich ist. Uns dadurch in eine Ungewissheit stürzt, weil wir durch neue Entdeckungen auch zu Handlungen eingeladen werden, deren Folgen und Konsequenzen wir nie uneingeschränkt abschätzen können.

Dagegen können wir sicher sein, dass hinter der Neugier unsere Willensfreiheit zum Vorschein kommt. Weshalb wir als Nächstes prüfen wollen, ob sich hinter dieser Freiheit noch eine andere Idee verstecken könnte, nämlich diejenige nach Entlastung durch unser Handeln. Insofern, als wir uns dadurch auch neue Räume der Potenzialität erschaffen. Nicht zu wissen, was uns erwartet, speist unsere Neugier mit Energie, was wiederum förderlich ist für die Entwicklung unserer Intelligenz sowie der Bereitschaft, uns auf Experimente, gewagte Unternehmungen und Abenteuer einzulassen oder Beziehungen einzugehen und moralisches Verhalten zu entwickeln. Hätten wir allumfassendes Wissen, wären wir nichts weiter als fügsame Diener, Marionetten dieses Wissens. Wir würden uns selbst nicht mehr erkennen, wären ohne jede Bedeutung, ohne Ansehen, ohne Durchsetzungskraft. Vor allem ohne Würde.

Neugier schafft immer auch Zeugenschaft, macht uns zu Mitwissern neuer Ideen und verhindert durch das Aufdecken von Alternativen, dass wir uns passiv der Überzeugung hingeben, wir hätten keine andere Wahl. Obendrein fördert Neugier unseren Mut zur Ergreifung von Möglichkeiten und bringt uns damit in Übereinstimmung mit dem Innersten der materiellen Welt, denn dort finden wir keine Gegebenheiten, sondern nur Potenziale und Wahrscheinlichkeiten. Auch hier, im Innersten der Materie, stoßen wir auf das Geheimnisvolle, Mehrdeutige und Wundersame, genauso wie in unserem eigenen Innersten. Vielleicht sind diese Rätsel zu unfassbar, um sie je zu lösen, aber bis wir das annähernd wissen, können wir die Neugier als Navigationsinstrument benutzen. Neugierige Menschen lassen sich nur schwer einschätzen, bleiben unberechenbar und erfreuen sich daran, dass ihnen langweilige Tage weitgehend fremd bleiben. Weil sie durch ein fortwährendes Interesse an erhofften, vorstellbaren und zufälligen Momenten lebendig und geistig in Bewegung bleiben. Weil Neugier wie mit Bedeutung aufgeladene Magnetfelder wirken kann und uns zu einem Spiel von Differenzierung und Resonanz, zwischen Erschaffung und Erfindung einlädt.

Neugier verhindert, dass wir allzu vorsichtig durch das Leben gehen, dass wir immer nur am Rande der Ereignisse stehen. Stattdessen lockt sie Feinheiten aus uns heraus, von denen wir nicht einmal eine Ahnung hatten, dass diese in uns schlummern und als Potenzial ihrer Verwirklichung entgegenschauen.

Als eine der wohl wichtigsten psychologischen Stärken hält die Neugier Fragen zur Erhaltung der Liebe wach: Sind wir fähig und bereit, das zu geben, was wir suchen: Anerkennung, Aufmerksamkeit und zärtliche Zuwendung? Allesamt unvergleichliche Geschenke des zweiten Herzschlages. Wer zudem gelegentlich vom Herzen aus die Welt betrachtet, entwickelt ein tiefgründiges Einfühlungsvermögen sowie ein Bewusstsein unserer wechselseitigen Verbundenheit. Dadurch fördert Neugier unsere Erfahrungslust, schreibt neue Entdeckungsgeschichten, hilft, die zwar aufregende, aber eben auch etwas einsam machende Individuation gelegentlich zugunsten einer Suche nach gemeinsamen Werten zu unterbrechen. Was umso wichtiger ist, weil wir heute so zersplittert sind wie noch keine Generation vor uns. Da mag der Hinweis willkommen sein, dass unsere größte Freiheit in der Selbstaufrichtung besteht, im Werden und Wirken auf Werte, Ziele und Lebensgründe, die wir der drohenden inneren Leere entgegensetzen können.

Wir benötigen frische Erzählungen darüber, was es bedeutet, ein Mensch der neuen Zeit zu sein, denn wir sind weit mehr als nur ein Produkt, das ausgedacht, entworfen, sozialisiert und ausgebildet wird, um in einer global ausgerichteten Wirtschaftsordnung als kleines Rädchen zu funktionieren. Einmal mehr sind wir gefordert herauszufinden, was Liebe, emotionale Intelligenz und Beziehungen zu anderen Menschen bedeuten. Dazu brauchen wir auch eine andere Sprache. Eine Sprache, die uns mit Wirklichkeiten verbindet, die wir sonst nicht entdeckt hätten, denn nur die Sprache lässt uns Gewünschtes und Gewolltes ausdifferenzieren. Mit und durch sie gestalten wir all das, was für uns entscheidend ist. Sprache gestattet uns die Artikulation, wer wir sind und wie wir unsere Mitmenschen sehen. Jedoch nie vollständig. Nie lückenlos. Immer auch Zwischenräume offenhaltend. Wo durch Gesten, Kopf- und Handbewegungen, durch Gesichtsausdruck und Körperhaltungen Resonanzen erzeugt werden, die das Gemeinschaftliche und Übereinstimmende zum Ausdruck bringen. Wo sich tiefste Berührungen ereignen können und dazu führen, dass aus einem Monolog ein Dialog entsteht. Dann hören wir auf, zu unseren Mitmenschen zu sprechen, und beginnen mit ihnen zu kommunizieren. Durch eine Sprache, die unserer Verletzlichkeit genauso Raum gibt wie unserer Sehnsucht nach einer poetischen Ausformung unserer Suche nach Sinn. Eine Sprache, die nicht nur benennt, veranschlagt, abschätzt und nummeriert, sondern Worte und Gründe entwickelt, die uns auch innerlich wachsen lassen. Worte, die wir voller Zuversicht, lebensbejahend und zukunftsfroh aus der Hand geben, damit andere sie weiter ausmalen und voranbringen können. Eine Sprache, deren Echo uns daran erinnert, dass sie ihren Ursprung in einem spirituell-transzendenten Dialog hat. Weil wir um Antworten auf das Geschenk unseres Daseins ersucht werden. Durch ein Erbe, das uns nicht gehört.

Nur wir Menschen leben mit dem unergründlichen Privileg, bisher nicht offenkundige Entwicklungen, Leitmotive, Neuordnungen sowohl individuell als auch in gemeinschaftlicher Verbundenheit ins Aufblühen zu bringen. Weshalb das Umhören, Umfragen und Erforschen nach dem noch nie Dagewesenen auf ebenso große Freude und

Anteilnahme stößt und genauso viel Energie freisetzt wie die Zusammengehörigkeit und Vertrautheit, die wir als Geschenk von einem anderen Menschen empfangen dürfen.

Diese Verbundenheit von Intelligenz und starken Gefühlen würden wir so gerne vorbehaltlos umarmen, wäre da nicht das ebenso große Bedürfnis nach Sicherheit. Immer in Begleitung mit der bangen Frage, welcher Schritt als Nächstes zu tun wäre? Ob der mich weiterbringt oder langfristig ins Verderben führt? Verdanken tun wir dies unserem Gehirn. Es funktioniert einfach so: Unterschätzt die Möglichkeiten, überschätzt die Gefahren. Ein Erbe der Evolution. Wenn wir allerdings unserem Bedürfnis nach Sicherheit zu viel Raum gewähren, landen wir in einem geschlossenen System, wo weder Gedanken noch Energien mit Außenstehenden ausgetauscht werden. Auswege aus dieser selbstgenügsamen Sackgasse in neue Erkenntnis gewinnende Prozesse schenkt uns wiederum die Neugier.

Das Streben nach Sicherheit gleicht einer anwaltschaftlichen Aufgabe, wo es darum geht, Recht zu haben, wo Ausrufe anstelle von Fragezeichen gesetzt werden, wo Leidenschaft der Vernunft untergeordnet wird. Der Neugier zu folgen, bedeutet dem gegenüber die Bewahrung einer intellektuellen Schutzzone gegen eine frühzeitige Selbstaufgabe. Zugleich schenkt sie uns die Ermächtigung zu Kompetenz und Meisterschaft, die unser Wissen wie auch unser energetisches Leistungsniveau ansteigen lässt. Richten wir unsere Neugier zusätzlich auf das Potenzial anderer Menschen aus, die mitdenken und mitgestalten, erreichen wir – auf Unternehmensniveau – genau die Komplexität an Wissen, Können und strategischer Ausrichtung, welche uns Lösungen für die anspruchsvollen Anforderungen der Zukunft finden lässt. Die uns gemeinsam mit anderen die Möglichkeit bieten, über uns hinauszuwachsen.

Verbundenheit und Nähe, Eigenverantwortlichkeit sowie innere und äußere Bewegungsfreiheit bilden die Elemente, die uns zu jenem

Miteinander von Rationalität und Emotionalität zurückführen, die effektive Handlungsmöglichkeiten schenkt. Weder unsere Begeisterungsfähigkeit, noch unser kreatives Potenzial, noch die mögliche Bereitschaft, das Geschehen unseres Lebens und unseres Berufes zu hinterfragen, zu bespiegeln, sind festgelegte Teile unserer Persönlichkeit. Dafür sorgt der sich selbst voranbringende, manchmal sogar drängende und aufschreckende innere Anreiz zur Neugier, der sich nie mit Beschränkung und Stillstand zufriedengibt.

Bedeutsam ist indessen auch, dass die Neugier im Sinne von Sympathie und Wissensdurst, im Gegensatz zum Willen, ein Vermögen darstellt, dass sich zu Beginn unterschwellig oder verschleiert entwickelt. Worauf wir neugierig sind, unterliegt nicht immer gänzlich unserer Kontrolle, ist aber auch nicht allein dem Zufall geschuldet, denn hinter dieser Neigung verbirgt sich unsere ganze Persönlichkeit. Wissbegierde und Wahrnehmung werden dadurch auf diejenigen Möglichkeiten gelenkt, die wir für unsere Entfaltung sowie auch zur Bewältigung unseres einzigartigen Lebensweges benötigen. Was wir demnach zum Aufblühen und zur Ausgestaltung unserer kreativen Begabungen überwinden müssen, sind Ängste, die auf Unsicherheit, Verlegenheit, Zweifel und auf der Sorge nach Nichtanerkennung beruhen. Wie kann das gelingen? Indem wir zuerst einmal in all unseren Beziehungen das wechselseitige Vertrauen stärken sowie uns klarmachen, welche Anteile die Neugier an unserer Vernunft und Unvernunft hatten, wie sich dies auf unser Bewusstes und Unbewusstes, auf unsere kurz- und langfristigen Ziele ausrichten könnte.

Neugier ist sichtbar: An der Vergrößerung der Pupillen. Ferner verändert sie die Wahrnehmung der Zeit. Sobald wir unserer Fragelust folgen, beschleunigt sich die Zeit. Dies scheint so, weil sich unser Denken beschleunigt, wodurch wir uns wiederum schneller ändern und uns für Anziehungskräfte öffnen, die ohne spürbaren Übergang größer, stärker und verheißungsvoller werden als die Gravitationskräfte des Vergangenen. Der Horizont der Erwartung wird verlockender als die Sicherheit bisheriger Erfahrungen. Offensichtlich wächst ebenso mit dem Wachstum unserer Interessen auch unser Mut, etwas mit uns anzufangen. Wir erfahren die Zeit dadurch nicht mehr als etwas, das schwindet, sondern als ein Versprechen, von dem wir nicht einmal mehr sicher sein können, ob wir es als Geschenk erhalten oder ob wir es uns selber in die Hand gegeben haben.

Wenn wir jetzt das schier unerschöpfliche Resonanz-Potenzial der Neugier betrachten, stellt sich unvermeidbar die Frage, wie es kommt, in dieser so verheißungsvollen Gabe nichts weiter als eine Sensationslust, eine Anmaßung oder eine Indiskretion zu sehen? Kinder, die ohne viel Liebe und Wertschätzung aufgewachsen sind, konnten ihre Wissbegierde kaum zur Blüte bringen, weil ihre Fragen zu selten beantwortet oder, noch schlimmer, als Ausdruck allzu großer Neugierde beanstandet wurden. Andere mögen ihr Wissen überschätzen und finden es dadurch unter ihrer Würde, überhaupt noch Fragen zu stellen.

Entscheidend aber dürfte sein, wie wir jetzt – als erwachsene Menschen – dem Leben begegnen. Ob wir uns getragen oder in die Welt geworfen fühlen, ob wir unser Dasein als eine belebende, erregende Herausforderung oder als eine Zumutung voller Unsicherheiten und Gefahren erleben. Sehen wir die verlockenden Möglichkeiten, lassen wir geschehen, was sich aus und durch uns verwirklichen möchte. Eignen wir uns die notwendigen Kenntnisse an, um neue geistsprühende Sichtweisen auszuformen. Diejenigen aber, die ihre inneren Potenziale – aus welchen Gründen auch immer – ruhen lassen, beginnen ihre lange Wanderung durch die Niederungen des Opportunismus. Weil sie freilich auch dort verletzlich bleiben, hüten sie sich davor, in unsichere Umstände und Verhältnisse zu geraten. Stattdessen folgen sie Regeln, die andere aufgestellt haben, leihen ihr Ohr verführerischen Erklärungen statt befreienden Aufklärungen. Hören auf, Fragen zu stellen, weil man sich dadurch dumm und unwissend vorkommt. Indem man sich weigert, die Welt aus verschiedenen Perspektiven zu betrachten, Mehrdeutigkeiten zu akzeptieren sowie Unterschiede und Gegensätze willkommen zu heißen, wird man zu einem Weltfremdling. Ohne zu verstehen, dass wir nur nach vorne, ins Unbekannte wirklich aufblühen können. Als letzter Schlüssel möge Ihnen deshalb die Voraussetzung aller Neugier dienlich sein: Kindliches Staunen. Über Verträge, die wir mit dem Morgen abschließen können.

Warum sich Besuche auf der anderen Seite bisheriger Überlegungen beinahe immer lohnen

Sobald ein Ansinnen, ein Verlangen in unser Bewusstsein vordringt, stellt sich die Frage, ob wir diesem Bedürfnis stattgeben, uns diesen Wunsch erfüllen sollen? Dabei erhalten wir für gewöhnlich drei Antworten. Der unzugängliche Teil unserer Persönlichkeit, den Freud als „Es“ bezeichnete, sagt vorbehaltlos: Ja! Unser kritischer, mit dem Realitätsprinzip verbundener Verstand sagt: Unter Umständen, vielleicht. Selten ja, öfters nein. Während unsere moralische Instanz – das „Über-Ich“ – ganz klar nein sagt. Wo also sollen wir angesichts unserer psychischen Komplexität die Grenzen ziehen? Dies in einer Zeit, wo wir im privaten Leben gerne übers Ziel hinausschießen, Grenzen lustvoll missachten oder ihnen überhaupt keine Aufmerksamkeit schenken. Zugleich sehen wir aber auch immer mehr Zeitgenossen, die in wirtschaftlichen und politischen Hoheitsgebieten immer engere Grenzen ziehen wollen.

Wenn wir das ganze Spektrum des Wünschbaren betrachten, beginnend beim Sein, dann erweiternd bis zum Können und Haben, stellen sich uns auf allen Ebenen Fragen darüber, wann, wo und warum Grenzen gezogen werden sollen. Wie auch darüber, unter welchen Umständen wir diese zugunsten der Stärkung unserer Persönlichkeit erweitern, vielleicht sogar aufheben können. Manchmal – denken wir an unsere Familie - kann es auch um Fragen darüber gehen, welche Grenzen unsere kleine Gemeinschaft schützen können? Nicht zuletzt mögen wir uns auch immer wieder von Neuem fragen lassen, welche Grenzen habe ich mir selber auferlegt? Habe ich diese aus Sorge und Angst oder aus anderen Gründen errichtet? Warum glaube ich, diese nicht überschreiten zu dürfen? Was versäume ich, wenn ich in diesen Beschränkungen verharre? Oder was wäre bei einer Auflösung derselben allenfalls zu gewinnen?

Um Grenzen ganz anderer Dimensionen geht es dagegen, wenn Sie sich an die legendäre erste Mondlandung erinnern. Als Neil Armstrong und Buzz Aldrin aus ihrer Raumkapsel stiegen und zurückblickten, sahen sie die aufgehende Erde am Himmel! Dieses Bild hat alles verändert. Religion und Philosophie bauten sich auf einem grundsätzlichen Unterschied zwischen Himmel und Erde auf, doch die aufgehende Erde über dem Horizont des Mondes zeigt, dass dem nicht so ist, dass es vielmehr eine universelle Einheit sowie eine Einheit unserer Erfahrung gibt. Die bisherige Erforschung des Weltalls enthüllt unendliche Räume der Verlassenheit, unvorstellbare Gewalten bei der Formung von Galaxien, Planeten und Sternen. Dennoch bringt sie als größtmöglichen Gegensatz auf unserer Erde Menschenwesen hervor, welche zu Mitgefühl, nicht nur zu ihresgleichen, sondern zu jedem noch so kleinen Lebewesen fähig sind. Ein Mysterium sondergleichen.

Was aber könnte es bedeuten, auf diese Weise auf der Welt zu sein?

Wie wir schon sahen, zeigen uns Mythen, dass Grenzen nicht nur Absperrungen, sondern auch Schwellen sein können, wo eine Wandlung erwartet wird. Indem wir diese Herausforderung annehmen, treten wir innerlich in einen rituellen Raum ein, wo wir uns der eigenen Kreativität bewusst werden, diese von der Idee, von der Imagination in die Realität überführen und dabei lernen, die Grenzen unter einem neuen, weniger eingeschränkten Aspekt zu betrachten. Diesen rituellen Raum grenzen wir sowohl von unserer öffentlichen als auch von unserer privaten Identität ab. In ihm findet sich unser geheimes Selbst, ein unergründlicher, kryptischer Kosmos aus leerem Raum und Gravitation als eigentliche Mitte unserer Persönlichkeit, dessen wir uns wieder vermehrt innewerden sollten: Im Wiederentdecken sowie im Bergen von bildhaften Kostbarkeiten.

Warum zuerst in allegorischer Form? Was hat es überhaupt mit Bildern auf sich, dass wir nie genug von ihnen bekommen? Bilder schlafen nie. Bei Tag und in nächtlichen Träumen sind Bilder stets gegenwärtig als die eine – verschwiegene – Hälfte unseres Bewusstseins. Es ist die laut- und wortlose Hälfte, die uns trotz der allgegenwärtigen visuellen Überflutung undurchsichtig und geheimnisvoll geblieben ist. Ihr Reiz, ihr Zauber und ihre Anziehungskraft reicht tiefer als die Anfänge der Kunst. Spuren dieser Urerfahrung mit Bildern lassen sich etwa bei den Aborigines finden, welche in Gesteins- und Landschaftsformationen zeitlose Botschaften ihrer Ahnen erkannten. Topografie als Bilder, als Träger von Botschaften? Es mag uns als reine Projektion erscheinen, aber hier zeigt sich eben auch, wie sich Geheimnisse in ein Bild, in eine Art Sinn vor jedem beschreibbaren Sinn verwandeln. Als ein Zusammenfließen, als ein Verdichten von Sinnlichem und Sinn, welches die damaligen Menschen zu einem Handeln führte, dass sie noch nicht rational erklären konnten, das erst viel später zur Sprache kam.

Wie die ersten Bilder entstanden sind, wissen wir nicht. Womöglich mit einer zärtlichen Scheu, hingetupft an den Rändern des Nichts. Sicher können wir dagegen sein, dass Bilder der ursprünglichste Zugang zur Welt waren. Lange bevor unsere Urahnen Worte für ihre Empfindungen, für ihre Gefühle fanden, konnten sie durch Bilder zum Ausdruck bringen, was sie noch nicht in Sprache fassen konnten.

Die ersten Höhlenzeichnungen sind deshalb genauso wie die ersten Mythen einer bildhaften Sinngebung unseres Daseins geschuldet. Ihre schöpferische Potenz entstand durch die Herausforderung, in einer Welt zu leben, wo durch das Erkennen der nur allzu verständliche Wunsch entstand, auch verstanden zu werden. Eines übergeordneten Sinns teilhaftig zu sein. Weshalb Bilder die eine Hälfte, Worte die andere Hälfte unseres Gehirns einnehmen. Als zwei Schlüssel, um die Tore zu einem mit Sinn aufgeladenen Universum zu öffnen. Einerseits.

Anderseits ist es auch der Grund dafür, dass zwischen Wort und Bild nie ein stabiles Gleichgewicht zustande kommt. Weil genau diese Instabilität, diese schwingende, vielmals auch schlingernde Spannung und Ruhelosigkeit uns zum schöpferischen Tun, zu immer neuen Erfindungen und Freilegungen anregt. Damit ist das freie, nahezu uneingeschränkte Verfügenkönnen über unser Leben sichergestellt. Für diese Freiheit, wie auch für die damit einhergehende Einbildungskraft, bezahlen wir jedoch einen bedeutsamen Preis, welcher in der grundlegenden Unsicherheit bezüglich aller entscheidenden Lebensfragen besteht. Hier entgleitet uns jede philosophische Sicherheit, wie auch alle Gewissheiten über die Konsequenzen unserer Handlungen. Weil alle bildhaften Vorstellungen sich nie restlos in Worte übersetzen lassen, genauso wenig wie Worte, welche sich auf Abstraktionen beziehen, sich in Bilder übertragen lassen.

Hier, im Bereich der Morgenröte aller Möglichkeiten, wo sich das labile Gleichgewicht zwischen Wort und Bild dauernd verändert, findet sich ein offenes, durchlässiges Grenzland. Kein Halt lässt sich an diesem ebenso faszinierenden wie heiklen Ort finden, stattdessen ein dauerndes Wechselspiel zwischen Freiheit und Notwendigkeit, Natur und Kultur, Endlichkeit und Unendlichkeit. Verbunden mit der Gefahr, dass wir uns von einem fragenden zu einem fraglichen Individuum verwandeln können.

Etwas Außergewöhnliches, was uns das Verhältnis zwischen Wort und Bild in einem noch ganz anderen Licht erscheinen lässt, finden wir in der Besonderheit, dass wir die wertvollsten Erinnerungen unseres Lebens nicht in Worte, sondern in der Stille der Bilder bewahren. Weil das Herz Erinnerungen sehr viel besser als der Kopf bewahrt. Später, wenn wir uns gegebenenfalls schreibend in die Tiefen unseres Erbes vorwagen, stellen wir erstaunt fest, dass diese Annäherungen nur indirekt, nur auf Umwegen gelingen können. Es scheint, dass nicht nur wir uns von vielen Erinnerungen fernhalten, sondern diese auch von uns. Was wohl eine Bekräftigung dafür ist, wie nahe Bilder dem Unbewussten sind. Noch bedeutungsvoller: Bilder – als Sprache des Unbewussten – kennen keine Verneinung. In unserem Sprachgebrauch, im alltäglichen Leben ist die Verneinung so selbstverständlich, dass wir gar nicht darüber nachdenken mögen. Doch unser Unbewusstes versteht sie nicht, kann sie weder annehmen noch integrieren. Selbstbezogene Veränderungswünsche müssen deshalb durchgehend positiv formuliert werden.

Mit dem Gedanken, dass uns das Wort die auf Verstehen angelegte Sprache schenkt, während wir durch das Bild eine schöpferische Unsicherheit samt der damit einhergehenden Stille erhalten, wollen wir uns nun dem geheimen Garten in der Tiefe unseres Selbst nähern. Dieser Ort, wo sich irdische Stille mit dem Feuer der Seele vermählt, wo wir uns der Poetik des Wachstums hingeben können, wo wir in Gedanken mit allen uns wertvollen Menschen verbunden sind, ist der Raum, wo wir unseren Charakter schmieden, unsere Integrität und Authentizität prüfen, wo wir unsere tiefsten Motive und Wünsche hinterfragen und wieder neu ausrichten.

Unbestritten hat all dies in einer an Tatsachen orientierten Welt nicht oberste Priorität, nicht zuletzt deshalb, weil Änderungen des Charakters kein leichtes Vorhaben sind. Dennoch ist Veränderung möglich, weil uns die Freiheit dazu gegeben ist. Wir alle haben schon im abschließenden Tun das herrliche Gefühl genießen dürfen, es auch gekonnt zu haben. Dies verweist auf einen freien Akt unseres Willens, der uns ins Zentrum unserer Welt, ins Selbst, führt, das wiederum Träger unserer ethischen Ausrichtung ist. Mut und Entschlossenheit ist für diese Ausrichtung unverzichtbar.

Wenn uns zu Bewusstsein kommt, dass wir dieses Orientierungswissen selbst erschaffen können, dass in uns auch eine ethische Schöpferkraft wirken kann, gewinnen wir eine erstaunliche Souveränität, die uns ein vorher kaum gekanntes Maß an Würde verleiht. Die uns zu berühren vermag und möglich macht, dass wir uns dauerhaft und nachhaltig verändern können. Aber nur durch eine Verbindung von Intelligenz und Gefühlen, nur durch die Kraft der Empfindung ändert sich unser Gehirn dergestalt, dass die Verfeinerung unserer Charakterzüge auch im alltäglichen Leben zum Tragen kommt.

Vorgezeichnete Wege zur Erfüllung sind heute ohnehin, wo wir uns unentwegt neu erfinden müssen, kaum mehr zu haben. Anstelle derer werden sehr oft Krisen zu entscheidenden Wegmarken. Weil sie uns an unsere Grenzen führen. Indem wir diese verschieben, übersteigen oder zeitlich verlegen, erfahren wir durch die Konsequenzen Maßgebliches über uns selber. Entlang dieser Grenzerfahrungen erleben wir Reifezeiten, erfahren unseren Charakter und unsere Bedeutung. Wer sich nie an seine Grenzen heranwagt, wird folgerichtig auch nie zu sich selber finden.

Wenn wir beginnen, uns gelegentliche Rückzüge hinter die letzte Grenze unserer Persönlichkeit zu gewähren, führt uns die innere Zwiesprache schon bald zu Entdeckungen, die umfassende Freude in uns auslösen kann, denn in unerwarteten Sichtbarmachungen unseres Innenlebens stecken auch bedeutsame Energien. Wenig zu unterscheiden von denen, die wir durch Nähe und Geborgenheit von geliebten Menschen erhalten. Dieser Seinsmodus zieht uns in eine einzigartige Dynamik. Zuallererst weg von jeglicher Selbstsicherung. Wir lösen uns von unfruchtbaren Umklammerungen, beginnen mit neuen Bewegungen, neuen Wagnissen und fügen damit unserem Charakterpanzer erste Risse zu. Wenn wir uns danach fragen, wie es um unser Mitgefühl und unser Vertrauen, um unsere Hilfsbereitschaft und Feinfühligkeit, um unsere Offenheit und Phantasie sowie um unsere geistige Brillanz steht, geht es auch immer darum, sich dies in Wortbildern aus unserem Leben vorzustellen. Mit der Unruhe, welche diese Bilder in uns erzeugen, haben wir gute Aussichten, dass uns all diese Imaginationen in eine Art Sinn vor jedem beschreibbaren Sinn verwickeln. Einzelne Bilder können sich dann zu einem Fund entwickeln, der später zur Sprache bringt, was im Moment der Andacht, der Suche noch im Verborgenen liegt.

Die Erforschung unseres Charakters erfordert Mut, weil wir das gewohnte Identitätsgefühl durchbrechen müssen. Dies gilt umso mehr, wenn es um negative Ausprägungen geht. Zu nennen wären da vielleicht die Gleichgültigkeit gegenüber unseren Mitmenschen. Möglicherweise auch der Grad unserer Unfreundlichkeit, Undankbarkeit und Hartherzigkeit. Nicht ausschließen wollen wir auch, wie oft wir launisch, furchtsam und mutlos auf die Forderungen des Alltags reagieren. Wie herrisch wir durch die Straßen unseres Lebens stolzieren, wie viele Male wir verbale Keulen austeilen, statt Hände zu reichen.

Durch unseren Charakter begegnen wir der realen Welt äußerst direkt. Wie auch uns selbst, unseren Möglichkeiten, ohnehin auch unseren Grenzen. Teile unserer weiteren Selbstbegegnung sind zudem Rückmeldungen, die wir zu unserer personalen Identität erhalten. Das positive Vermögen, welches sich aus der Begegnung unseres Charakters mit der privaten und beruflichen Sphäre ergibt, wird erkennbar im Maß der Wertschätzung, in der Anerkennung und Zugehörigkeit, die wir im Alltag erfahren. Offenkundig, dass sich diese Aufwertungen im sozialen Bereich auch in zunehmender Motivation zur Eigenförderung des kreativen Potenzials und dies wiederum im Zuwachs der Kompetenzbereiche niederschlägt. Wenn wir dagegen den destruktiven Charaktereigenschaften keine oder nur im Falle von Anschuldigungen eine kurze Beachtung schenken und dann weitermachen wie bisher, sind zunehmende Arbeits- und Lebensunlust bis hin zu Depressionen wahrscheinlich. Wie auch ein vergeblicher Kampf um Erkenntlichkeit, Auszeichnung und Aufstieg.

Unsere Selbstwahrnehmung, welche sich aus Denken und Fühlen, aus Impulsen von Geist, Seele und Körper zusammensetzt, befähigt uns, Ausrichtungen des Gemüts und Grundüberzeugungen zu erkennen, weltanschauliche Konzeptionen bewusst zu machen, bis zum Verstehen, wie wir unsere Ansichten konstruieren und wie dadurch eine ganz bestimmte Perspektive auf das entsteht, was wir als unsere Realität erkennen. Dieser Welt- und Wirklichkeitsbezug erlaubt es uns, unseren Charakter stets neu zu hinterfragen. Was unsere Ausgangspunkte, Ziele und Wertigkeiten sind, die unserem jeweiligen Weltbild zugrunde liegen und wie die Bausteine lösungsorientiert und im Rückgriff auf die eigenen Stärken verbessert werden können. Hier, in den Gefilden unserer Verantwortung, gilt es, Widersprüche auszuhalten. Besonders diejenigen zwischen einem gesunden Ehrgeiz, dem Willen zum Erfolg und einer gewissen Selbstbescheidung, einer angemessenen Zurücknahme der eigenen Wichtigkeit. Keine leichte Sache, aber wenn wir lernen wollen, was für uns wirklich wichtig ist, sollten wir uns selbst nicht in den Mittelpunkt stellen, sondern unser Ziel, unsere Aufgabe und als alles entscheidende Grundvoraussetzung die Frage, aus welchem Grund wir gerade das und nichts anderes tun wollen.

Diese Frage um die Essenz unseres Wollens ist nicht einer bloßen Rationalität geschuldet, also der Tatsache, dass wir ja alle Geld verdienen müssen, auch nicht alleine dem Denken als Werkzeug, sich in der Berufswelt zurechtzufinden. Das echte, tragende Weswegen unserer Tätigkeit findet sich im Geist, in unserer ganz persönlichen Einstellung und Motivation zur Arbeit. In diesem Idealbild ist all das enthalten, was uns wichtig ist, was unsere Persönlichkeit in all ihren Farben und Formen prägt, was uns einzigartig macht, was nicht nachgemacht, imitiert und reproduziert werden kann. Was heute auf eine außerordentliche Weise attraktiv ist. Weil es so selten geworden ist, und weil wir, so ausgerichtet, nicht das Rätsel des Erfolges lösen wollen, sondern vielmehr nach dem Wunder des Gelingens fragen. Eine nicht ganz unerhebliche Verschiebung der Relevanz, bedeutet es doch, dass wir uns nicht mehr allein auf all das verlassen, was wir in der Vergangenheit gelernt haben, sondern uns um eine Liebeserklärung an die Zukunft bemühen, indem wir uns ganz der Tiefe und Bedeutsamkeit unserer Vorstellungskraft hingeben. Unser Gedächtnis ist ja allein schon durch seinen Bezug auf Vergangenes endlich und daher auch beschränkt, während unsere Vorstellungskraft auf Künftiges, Höchstwahrscheinliches und maßgeblich auf das Unendliche ausgerichtet ist. In unserer Vorstellung sind alle Wege, Perspektiven und Ausgänge offen. Hier liegt unsere größte und schönste Charakterstärke, weil wir mit der Gegenwart verantwortungsvoll verbunden, jedoch durch die Zukunftsorientierung frei sind.

In dieser verbundenen Freiheit oder freiheitlichen Verbundenheit erfüllen sich wichtige Grundbedürfnisse, welche sich wiederum förderlich auf unsere Gehirnentwicklung auswirken. Hirnforscher gelangen die Nachweise, dass sich unser Gehirn genau in der Richtung weiterentwickelt, wie wir es am häufigsten benutzen. Gleichzeitig stellt unser Hirn immer komplexere Vernetzungsangebote zur Verfügung, welche uns dienlich sind, um in einer immer anspruchsvolleren Welt entsprechend agieren zu können. Als treibende Kraft ist der Wille allein beschränkt, aber in der Paarung mit der Neugier und unserer Vorstellungskraft wird daraus eine nie zu erschöpfende Quelle der Erneuerung.

Immer offenkundiger wird jetzt, wie unser geheimes Leben zur anregenden, vertiefenden und vorantreibenden Kraft wird. Hier entdecken wir die entscheidende Richtigkeit, erarbeiten uns die Voraussetzungen für die Meilensteine und Bravourleistungen unseres Lebens. Hier lernen wir auch, durch fortlaufende Verfeinerungen des Denkens die Vielfalt menschlicher Daseinsformen zu begrüßen. Wer diese Vielfalt zu würdigen weiß, ist auch fähig, die unterschiedlichen Stärken der Menschen zu schätzen, wodurch nicht nur persönliches und berufliches Nachlassen oder sogar Stillstand vermieden, sondern auch die Fähigkeit ausgebaut wird, den Kern und die Tiefe anderer Menschen ausgereifter wahrzunehmen. Ihnen Verständnis und Wertschätzung zu schenken und sie in ihrer Bedeutung, in ihrer Eigenart zu bestärken. Gelingt dies, lösen wir unsere Freunde und Mitarbeiter vom Banne der Vergangenheit, schaffen eine Abgrenzung und zugleich Möglichkeiten, Unerwartetes zu beginnen, oder frisch zu definieren, wie wir die Potenziale unserer Mitmenschen fördern können. In dieser Differenz schaffen wir Wahrscheinlichkeiten, über uns hinauszuwachsen, indem wir andere Menschen ins warme Licht der Begeisterung begleiten.

Indem wir also unseren ebenso fragilen wie auch vielschichtigen Charakter hinterfragen, verändern und zu einem ethischen Kunstwerk formen, gewinnen wir nicht nur auf je eigene Weise inneres Glück und Beständigkeit, sondern auch das Vertrauen, die Achtung und Würdigung unserer Mitmenschen. Verbinden unsere eigenen Stärken mit denen der Mitmenschen und erwirken dadurch Leitbilder, Lösungsansätze und strategische Partnerschaften, die uns aus dem Treibsand des Zufälligen befreien und auf festen Grund führen.

Wenn wir schon das Privileg genießen, eine freie, unabhängige Antwort auf das Geschenk des Lebens zu geben, sollte es gewiss eine sein, die unsere Persönlichkeit – unser Denken, Fühlen und Handeln – als Ganzes reflektiert. Unser Selbst befähigt uns dazu und unser Wille gibt uns jenseits von Genen und Umgebung die Kraft, ein Mensch zu sein, der durch die Überwindung seiner Charakterschwächen, durch den Gebrauch seiner Vorstellungskraft, durch Begegnungen mit anderen Menschen die Grenzen seiner lokal und historisch bedingten Selbst- und Weltbilder überwinden und dadurch zu einer einzigartigen Würde und Authentizität gelangen kann.

Sich zu bemühen, authentisch zu sein, heißt, auf dem Weg zu sich selbst zu sein. Wo wir ankommen werden, sollten wir nie allzu früh festlegen, weil hier – wie im Zen-Buddhismus – der Weg das Ziel ist. Aber diese Offenheit gibt uns eben auch den Mut zu allen Möglichkeiten. Dies, weil wir als authentische Menschen Zuverlässigkeit, Originalität und Echtheit durch die Übereinstimmung von Sein und Sollen aus uns selbst beziehen.

Zugleich gelangen wir nun in Bereiche, die sich direkten Zugängen entziehen. Wenn sich Authentizität wie Arithmetik, Weisheit wie Grammatik vermitteln ließe, wären sie nicht, was sie sind. Kaum in der Tiefe unserer Individualität verankert, sondern etwas Übernommenes, etwas, das wir auch bald wieder vergessen würden. Dagegen lässt sich sagen, dass Weisheit als Frucht der Authentizität all die gewonnenen Erkenntnisse über uns und unser Dasein in der Welt auf eine Weise so zusammenfasst, dass sie uns als bestmögliche Orientierungshilfe dienlich sein kann. Zusätzlich vor einem vereinfachten, kaum differenzierten Denken bewahrt und uns dadurch hilft, Anschluss an die Komplexität der Gegenwart zu finden.

Im Kontrast zu anderen Sinnangeboten geht es bei der Weisheit darum, sich vom Einfluss gängiger Paradigmen zu lösen, sich von Drehbüchern, die andere für uns geschrieben haben, zu befreien und herauszufinden, wie wir uns selber in Anbetracht unserer vielschichtigen, verwickelten und selten geschlossenen Natur überhaupt sehen. Weisheit zeigt sich folgerichtig in der Selbsterkenntnis, fragt danach, wie wir dahin gekommen sind, wo wir jetzt stehen, und spürt den Ressourcen nach, die möglicherweise auf den zukünftigen Pfaden unserer Entwicklung zu bergen wären. Passend dazu: Kein Bezugsrahmen, keine vorgefassten Denkmuster, keine Haltung und schon gar keine Erlasse sind da zu finden. Erst durch die Synergie, welche sich aus der gemeinsamen Suche nach besseren Ideen für neue Sinnzusammenhänge ergibt, werden neue Positionierungen, Strukturierungen und Einordnungen sichtbar.

Obwohl wir Weisheitstraditionen normalerweise in den Tiefen antiker Zeiten verorten, zeigt sich hier eine recht moderne Betrachtungsweise, die bisherige Fragestellungen in ihr Gegenteil verkehrt. Zeigt, was es bedeutet, ein authentisches Leben zu führen. Ein Leben mit Zielvorstellungen, die weit über Ego-Ansprüche hinausgehen, ein Leben, das einer Bestimmung dient und zu ergründen sucht, was ich den Menschen in meiner unmittelbaren Umgebung zu ihrem Wohl und Wachstum zu geben habe, und wie Mitgefühl sich zu einem Ansatzpunkt entwickeln könnte, wo wir das, was wir zu geben bereit sind, und das, was unser Lebenskreis braucht, miteinander verknüpfen können.

Authentizität ermöglicht als zusätzliche Draufgabe, dass wir uns nach außen so geben können, wie wir uns nach innen fühlen. Auf diese Weise erschaffen wir uns das Ideal vertrauenswürdiger Beziehungen nicht bloß als abstrakte Möglichkeit, sondern als etwas Konkretes, als etwas, wofür wir uns verbürgen können. Das im Idealfall auf komplementären Voraussetzungen aufgebaut ist und in der Fülle der Zeit neue Räume für Projekte anbietet, die sich zuerst einmal in einem Zwischenstadium des Seins aufhalten können. In einem Zustand der Rätselhaftigkeit, durch die alles, was später Wirklichkeit werden will, hindurch muss.

Genauso verhält es sich auch mit der Weisheit. Auch diese wagt sich in die Lücken zwischen den Polen von Planung und Leichtsinnigkeit, Tiefgründigkeit und Banalität, Bescheidenheit und Eitelkeit, Phantasie und

Reizlosigkeit, Intelligenz und Zerstreutheit. Weisheit lässt uns die Mitte zwischen den Gegensätzen finden, den Ort, wo wir uns vertrauenswürdig auf gemeinsame Projekte mit unseren Freunden oder Mitarbeitern treffen und einlassen können. Weil wir hier ohne Befangenheit, Verwirrung und Aufruhr leben und langsam lernen können, wie wir mit den Widersprüchen umgehen sollen, ohne diesen zu verfallen.

Weisheit zeigt sich nicht zuletzt auch in unserer Sprache selbst. Wir alle sind ja in eine Sprachgemeinschaft hineingeboren und haben dadurch auch Auffassungen und Gedankensysteme samt ihren Auslegungen übernommen. Doch im Umgang mit uns selbst, mit anderen Menschen sowie mit unserer Welt, ihrer Zerbrechlichkeit und ihren begrenzten Ressourcen sind wir an Grenzen gestoßen, die zu überschreiten ein weiteres Werden verhindern könnte. Wie aber können wir unsere Vorstellungen, nach denen wir unsere Welt gestaltet haben, mit der Begrenztheit des eigenen Lebensentwurfes ins Bewusstsein bringen? In solchen Fragen zeigt sich eine vorläufig letzte Grenzlinie zwischen dem, was einmal war, und dem, was dereinst sein könnte. So wie wir bisher in unseren Philosophien, Religionen und Wertvorstellungen ausgerichtet waren, sind wir von Zukunftsfähigkeit immer noch weit entfernt.

Wir wissen, dass viele psychische Leiden dadurch entstehen, dass Menschen wichtige existenzielle Fragen gar nicht an sich heranlassen wollen. Das geschieht aber nicht. Irgendwann und irgendwie, ohne dass wir das selber entscheiden können, drängen sich solche Fragen unabwendbar in unser Bewusstsein. Die ganze Vielseitigkeit dieser Fragen lässt sich letztlich darauf reduzieren, ob wir unser Leben von den Kräften der Liebe oder der Angst bestimmen lassen. Beide haben ihre je eigene emotionale Dringlichkeit und lösen im Vorfeld der Entscheidung die nicht gerade angenehme Erfahrung einer kognitiven Dissonanz aus. Dieser Missklang, diese Zerrissenheit ist deshalb so schwer zu ertragen, weil beide Kräfte Teil der eigenen Identität sind, weil sie als biographische Erinnerung wichtige Momente und Weichenstellungen unseres Lebens offenlegen. Also bildet die Auseinandersetzung und der Zusammenstoß von Liebe und Angst Anlass genug, um im Modus der Selbstbeobachtung darüber nachzudenken, warum wir uns weder kulturell noch individuell, weder emotional noch kognitiv von diesen Kräften lösen können. Als Vorschlag: Vielleicht deshalb, weil die Vitalität dieser Kräfte uns zu einer Entscheidung drängt. Die Liebe, weil es schließlich die Kraft ist, die das zutiefst Menschliche samt unserer Würde zum Ausdruck bringt. Die Angst, weil sie uns im Grunde genommen zu einer Mittäterschaft mit den Kräften der Hybris, der eigenen Überhöhung verleitet. So liegt es an unserem Bewusstsein, ob wir zum Akteur einer Grenzziehung werden wollen, die uns vom Suchen zum Finden, vom Festhalten zum Loslassen, vom Ankommen zum Aufbruch führen wird.

Teil III

BERUFLICHES WERDEN

Wie Sie persönliche und berufliche Strategien ins Momentum des Gelingens überführen

Strategien sind vieles zugleich: Wegbeschreibungen zu einem Ziel, eine wirtschaftliche Notwendigkeit. Gelegentlich auch eine Versuchung, eine Spieltheorie und ein Kompendium der Möglichkeiten. Was strategisches Denken zusätzlich so vielschichtig und schwierig macht, ist dem Umstand geschuldet, dass sich weder Menschen noch Organisationen in einem Vakuum befinden. Wir alle haben konkrete Ziele, zumindest Vorstellungen davon, und sollten deshalb darauf vorbereitet sein, dass wir diese nie ohne unvorhergesehene Widerstände erreichen können. Wir dürfen uns nie allein auf unsere Position, auf unsere strategische Ausrichtung verlassen, weshalb wir auch die Fähigkeit entwickeln sollten, uns in die Vorstellungswelt anderer, ebenso zielstrebiger Menschen wie wir selbst, zu versetzen. Tun wir es nicht, werden wir unbeweglich, wo geistige Geschmeidigkeit angebracht wäre. Wir beginnen, uns auf uns selbst zurückzuziehen, wo wir uns öffnen sollten. Erlauben uns Manipulationen, wo Aufrichtigkeit gefragt wäre, und erweisen uns damit als unfähig, die eigene Strategie unseren Mitarbeitern zu vermitteln, weil wir deren Vertrauen verspielt haben.

Wir alle haben uns schon mehr oder weniger gute Wege ausgedacht, wie wir durch ein zusätzliches Studium überdurchschnittliche Fähigkeiten erwerben können, wie wir unser Unternehmen in eine vorteilhaftere Positionen führen können, wir wir mehr kreative Lebensqualität gewinnen, oder umfassender: Wie wir unsere wertvolle Lebenszeit ausgereifter nutzen können. Mussten dann aber zur Kenntnis nehmen, dass dies komplexer als vermutet ist. Was daran liegt, dass sich alles während unserer Planung verändert: Wir selber, unsere Mitmenschen, die Zeit und die Welt. In immer schnellerem Tempo. Also wollen wir hier Ansätze erkunden, wie die Kurz- mit der Langfristigkeit zu verbinden wäre. Wie mithilfe Ihrer individuellen Stärken sowie Ihres Willens zur Selbstbestimmung, Strategien auf den Weg zu bringen sind, die Ihre private und berufliche Reise in die Zukunft zu einem Weg des Gelingens machen können.

Weil wir inzwischen gelernt haben, dass die Welt wie auch wir selber nie so sind, wie diese oder wir erscheinen, sind wir eingeladen, unsere Aufmerksamkeit auf ein paar Fragen auszurichten, die uns persönlich betreffen. Wenn wir nämlich zuerst eine kluge und lösungsförderliche Strategie zur Gestaltung unseres Lebens finden, fällt es uns danach umso leichter, solcherart strategisches Denken auf unsere Vorhaben zu übertragen. Die Fragen dienen der erhellenden Beleuchtung Ihrer Persönlichkeit, und Ihre Antworten geben Ihnen wertvolle Hinweise, zu wem Sie im Begriff sind zu werden und was für Sie als Initiator und Architekt Ihres Lebens gestaltbar ist.

- Wie würden Sie sich selber beschreiben? Wie einen Menschen, zu dem Sie Vertrauen haben?
- Was glauben Sie, wie nahe Sie sich selber mit solchen Beschreibungen gekommen sind?
- Wenn Sie innerlich mit sich selbst darüber reden, worin Ihre Selbstwirksamkeit besteht, worin Ihr Tun sogar Ihnen gefällt, was hören Sie da? Wie fühlt es sich an? Unerwartet oder repräsentativ für Ihren gesellschaftlichen und beruflichen Status? Bedenklich oder Bemerkenswert? Eingeschränkt oder überhöht?
- Welche Erwartungen stellen Sie an sich selber? Wie könnten die sich allenfalls verändern, wenn Sie Ihren Gesichtskreis, Ihren Horizont verändern würden, indem Sie aus zweiter Hand erwor-

bene Muster und Vorgehensweisen hinterfragen? Sind vormalige Lösungsansätze hilfreich und zielführend oder möglicherweise selbst geschmiedete Ketten?

Selbstveränderung ist nicht nur eine Forderung unserer Zeit, es ist auch eine evolutionäre Treibkraft, ein Ansporn, unserem Leben einen übergeordneten Sinn, eine Zukunftsdimension zu geben, die es erforderlich macht, bestehende und selbst gezogene Grenzen zu überwinden. Um jedoch auf diesem Weg der Selbstentwicklung erfolgreich navigieren zu können, müssen Sie sich darüber im Klaren sein, worin Ihre Talente bestehen, was Sie wissen und können, was Ihnen Genugtuung und Freude bereitet und worauf Sie Ihre Weiterentwicklung ausrichten wollen.

Je bedeutsamer Sie all diese Fragen in sich werden lassen, desto deutlicher wird sich zeigen, dass Sie Ihre vielen, sich wiederholenden Träume zugunsten eines weitreichenderen Traumes aufgeben könnten. Ist das nicht vermessen? Nicht, wenn Sie geschickte und gewitzte Strategien anwenden, Ihre frisch erkannten und definierten individuellen Stärken fördern, Ihre Reaktionsketten der Motivation aktivieren. All das mit dem ausdrücklichen Willen zur Selbstbestimmung.

In Ihren Antworten können Sie außerdem auch Ihre Grundmotive und Leitgedanken aufspüren, und die wiederum erlauben eine lohnende Hinwendung zu den Erfahrungen, die ehemals einen Wandel bewirkten und Ihnen – im besten aller Fälle – eine Erweiterung, eine Bereicherung in die schönsten menschlichen Fähigkeiten ermöglichten: Ins Zuhören, in die Empathie, Phantasie und in die Intuition. Alles Qualitäten, die in der rechten Gehirnhälfte zu finden sind.

In einer Welt, die in unendlichen Datenströmen zu versinken droht, die durch unüberschaubare Angebots- und Auswahlmöglichkeiten geprägt ist, genügen rein intellektuelle Anlagen nicht mehr. Um im unglaublich komplexen Räderwerk der Weltwirtschaft bestehen zu können, sollten wir für die persönliche und berufliche strategische Ausrichtung lernen, in visuell-räumlichen Zusammenhängen zu denken, sollten uns verlorene Kompetenzen wieder aneignen, wie die, sich in andere Menschen einzufühlen, Zartheit und Differenziertheit menschlicher Annäherung zu erfassen, um auf der Suche nach dem, was in Zukunft wesentlich sein könnte, fündig zu werden. Die Mobilisierung unserer Energien bleibt wichtig, Intelligenz sowieso, Neugier wird aber entscheidender sein. Neugier auf anregende Geschichten mit nie zuvor wahrgenommenen Herausforderungen. Neugier, wodurch wir unsere Welt durch inspirierende Werke der Technik und Kunst bereichern könnten. Neugier darauf, welche Paradiese der Gelegenheiten wir mit unserer Vorstellungskraft noch schaffen könnten.

Eine empfehlenswerte Lebensstrategie berücksichtigt unsere Voraussetzungen, unsere Leistungsfähigkeit sowie unsere Entwicklungsmöglichkeiten, denn je persönlicher und einzigartiger unsere Motivation ist, desto leichter können wir uns gegen äußere Um- und Widerstände durchsetzen oder diese überwinden. Je mehr Sie sich selbst vertrauen, desto größeres Vertrauen werden Sie in anderen Menschen hervorrufen. Weil Menschen es zu schätzen wissen, Teil einer frischen Einsicht, eines Zukunftstraumes zu sein, die sie aus trüben Zyklen der Gewohnheiten herausführen. Eben deshalb lohnt es sich auch umgekehrt, hin und wieder zu überprüfen, wie sich Persönlichkeit, Charakter und Gedanken unserer Mitmenschen auf uns selber auswirken. Was ihr Tun bei uns auslöst, was es in Bewegung setzt, ob es uns nährt, inspiriert, weiterbringt, ob uns deren Gefühlsäußerungen mehr bedrohen als erfreuen, ob ihre Zweifel, ihr Erstaunen, ihre Herzenswünsche auch den unseren entsprechen. Ob sie uns berühren, ob uns bei Gesprächen hin und wieder ein Licht aufgeht, nicht nur das Tageslicht am Ende einer langen nächtlichen Feier. Ob mit ihnen ein Sich-Vorwagen, ein Vorstoßen in das, was noch unmöglich erscheint, denkbar ist.

Daneben dürfte es aber auch Menschen in unserem Umfeld geben, welche nie ein gekonntes Auftreten von Nachdruck und Subtilität, von Energie und Zurückhaltung zustande brachten, nie zu einer wie auch immer gelagerten Meisterschaft gelangten. Die uns durch ihre innere Leere Energie rauben, weder sich noch andere fördern, uns auf nichts Komplexes aufmerksam machen, stattdessen alle mit ihrem einfachen, mechanischen, linearen Weltbild langweilen. Natürlich gibt es in allen Beziehungen Fehl- und Kurzschlüsse sowie Missverständnisse. Aber weil uns Beziehungen mehr als alle anderen äußeren Einflüsse definieren, ist es angezeigt, diese hin und wieder ins Blickfeld zu nehmen, zu prüfen, mit wem wir ein Dazwischensein von Kreativität und Lebensfreude feiern können oder wer es nur auf sein eigenes Ansehen, auf seine eigenen Bedürfnisse abgesehen hat. Wer blind geworden ist für das, was sich in oder an uns ereignet. Wer kein Mitgefühl zeigt. Dann sollten wir entsprechende Konsequenzen ziehen, uns von solchen Menschen abwenden und uns vorzugsweise wieder Charakteren zuwenden, mit denen persönliche Fortschritte realisierbar sind. Menschen, die unsere inneren Potenziale ahnen oder gar erkennen, die uns Herausforderungen und Entwicklungsmöglichkeiten bieten. Menschen, die sehen, was auch andere sehen, aber danach Denkprozesse anstoßen, die vorher unbedacht waren und brach lagen, denn darin liegt das Momentum, von dem sich der Weg ins Gelingen beschreiten lässt.

Mit einiger Sicherheit lässt sich sagen, dass es unserem Wesen zur Ehre gereicht, dass wir den Mitmenschen im Allgemeinen mehr zugetan sind, dass wir sie mehr mögen, achten, ja manchmal sogar bewundern und verehren, als dass wir auf sie hinabschauen, sie verachten oder gar für wertlos halten. Dennoch: Beim Nachdenken über unsere Ziele, wie auch bei den damit verbundenen Wünschen, brauchen wir einen klaren Blick, ein aufgeräumtes Bewusstsein. Sowohl für die förderlichen, aufbauenden, schöpferischen und dankbaren Mitarbeiter als auch für die beleidigenden, intriganten, zersetzenden und aussichtslosen Zeitgenossen. Erst recht gilt das für all diejenigen, deren Einschätzung eine größere Differenzierung verlangt. Für Mitarbeitende, deren Einfluss und Bedeutung erheblich, ihre Zuwendung und Hilfestellung gering und unwesentlich ist. Oder umgekehrt: Menschen, deren direkte Einwirkung auf uns bescheiden, ihr Engagement für die Organisation jedoch umso größer ist.

Weil uns nicht ganz unbekannt sein dürfte, dass wir sowohl uns selbst als auch andere zu schnell bewerten, wollen wir an dieser Stelle kurz innehalten und uns fragen, ob wir nicht auch schon Erfahrungen mit der eigenen Ambivalenz und Unbestimmtheit gemacht haben, ein Mangel an Persönlichkeit oder ein selbstbezogenes Zuviel an uns wahrgenommen haben? Ob es in unserem Umfeld Menschen gibt, denen wir nicht immer gerecht wurden, denen gegenüber wir möglicherweise Unrecht taten? Denen wir unsere Teilnahme und Dankbarkeit vorenthalten haben? Mit denen wir nie ein klärendes Gespräch führten. Folglich wissen wir auch nicht, welche Motivation sie antreibt, welche Einflüsse ein kräftigeres Engagement verhindert, welche Formen der Entlastung und Mitwirkung wir als Selbstverständlichkeit betrachtet haben. Ohne entsprechende Wertschätzung.

Doch Werte, verbunden mit dazugehörigen Konzepten, sind für sich allein noch keine geeigneten Instrumente, um gemeinsame Ziele zu erreichen, um Motivation und Kräfte der Mitarbeiter zu entfesseln, um Außergewöhnliches zu erreichen. Werte allein sind gegenstandslos, unsinnlich, abstrakt und erwachen erst im Bezugsrahmen einer Geschichte zum Leben. Die materielle Welt mag aus Atomen zusammengesetzt sein, doch die menschliche Welt setzt sich aus Geschichten zusammen, die zu einem bildhaften Ausdruck werden, wie individuelle Stärken ins Gefüge einer Gemeinschaft übertragen und eingegliedert werden können. In solchen Gleichnissen werden normale Menschen zu Helden, indem sie durch die Wirkstoffe der Geschichte ihren je eigenen Weg ins Gelingen finden.

Menschen im modernen Geschäftsleben können als Führungskräfte, Erneuerer und Lösungslieferanten weitgehend nur noch den Rahmen abstecken, innerhalb dessen sich die Mitarbeitenden entfalten können. Was wiederum nicht ohne entsprechende Würdigung und Wertschätzung aller Beteiligten möglich ist, jedoch nicht durch ein paar Worte an Firmenjubiläen glaubwürdig wird, sondern dadurch, dass man sich Menschen zuwendet, sie pflegt und stärkt. Anerkennt, dass sie in ihrem Denken, Handeln, in ihren Einstellungen und Begabungen bunt und vielgestaltig sind und eben auch mit unterschiedlichen Aufgaben und Zielsetzungen betreut werden möchten. Damit gehört auch das Erkennen von Talenten sowie die Einstellung der richtigen Leute zur entsprechenden Aufgabe.

Doch, wie ich in meiner langjährigen Tätigkeit als Dozent an einer Fachhochschule feststellen konnte, wird all dies in mittleren und kleinen Firmen vielfach übersehen, vernachlässigt oder durch die diffuse Hoffnung ersetzt, dass sich das Gewünschte schon irgendwie ergeben wird. Dieses „wird schon gut gehen“ ist immer noch weit verbreitet und mag uns als hilfreiche Selbstentlastung im Alltag davor bewahren, immer alles bis in die letzten Einzelheiten zu planen, mehr zu tun, als der Angelegenheit angemessen wäre. Gleichzeitig bringt diese Haltung eben auch zum Ausdruck, dass andere Dinge Vorrang genießen, dass die Wichtigkeit des Gelingens zwar nicht zu unterschätzen sei, allerdings auch keine Welt untergehen würde, wenn es nicht den Erwartungen entsprechend verliefe. Wenn wir jedoch strategische Ausrichtungen unbedingt verwirklichen wollen, dürfen keine gedanklichen Entlastungen im Vordergrund stehen. In solchen Momenten zukunftsbestimmender Entscheidungen ist es angebracht, sich nicht zu entlasten, stattdessen sich die Zeit zu geben, um weitere entscheidende Elemente und Feinheiten aufzuspüren, um das Ersehnte von einem „es wird schon gut“ zu einem Gegenstand von grundsätzlicher Wichtigkeit zu machen. Als Ausdruck der Wertschätzung für mein eigenes Vorhaben, mein Wollen und meine Zielsetzung.

Die Möglichkeit, dass trotz ausgeklügelter „Strategien" alles auch ganz anders kommen könnte, muss einbezogen werden. Die Zukunft ist immer offen. Wir alle sind den Trugschlüssen und Fehldeutungen des Lebens unterworfen und unterschätzen gelegentlich die Fliehkräfte unserer Projekte. Dennoch brauchen wir privat und beruflich eine Perspektive. Einer der Gründe, warum sich Klugheit als unteilbar zeigt.

Die Teile der Welt, die uns am nächsten liegen, sind die Wendepunkte, wo wir uns durch unsere Handlungen selbst erschaffen. Der Nährboden, worauf wir beruflich die Werkstätte unseres Werdens aufbauen, besteht in der Frage, die schon unsere kindliche Neugier angetrieben hat: „Warum? Warum arbeite ich?" „Um den Lebensunterhalt zu verdienen." Schon klar, aber mit dieser Antwort werden Sie niemals irgendwelche Spuren hinterlassen. „Um an einem Gemeinschaftsprojekt, welches die Lage vieler Menschen verbessern wird, kooperativ mitzuwirken." Schon viel besser, weil es auch Ihr Vertrauen in andere Menschen stärkt. „Um sich selbst zu verwirklichen, um einen individuellen Abdruck auf dieser Welt zu zeichnen, um dem Vergangenen etwas beizufügen, dass bisher nicht vorhanden war." Wunderbar, so wird sich das Künftige öffnen.

Für die Frage nach dem *Warum* ist es nie zu spät, weil in ihr auch die Frage enthalten ist, welches Tun, welches Engagement und welche Herausforderung selbst lohnend sein könnte. Es ist also nicht etwas Gegebenes, wie die Welt, das Leben, die Zeit und das Sein gestaltet sind, sondern etwas, dass sich uns – in leisen Tönen – offenbart. Etwas, das sich uns in Träumen ankündigen mag, im Hauch einer Intuition wahrgenommen werden kann. Viele pochen heute beinahe vorbehaltlos auf ihren Anspruch auf Selbstbestimmung, Freiheit und Glück, und dennoch fällt es ihnen wesentlich leichter, Probleme anstelle von Möglichkeiten oder einmaligen Gelegenheiten zu erkennen. Was darauf hinweist, dass wir zu sehr in der Echokammer unserer

Biographie, unserem Gedächtnis, und viel zu wenig aus unserer Vorstellungskraft heraus leben. Es ist, als würden wir im Rückspiegel auf das schauen, was bereits hinter uns liegt, statt uns auf das zu konzentrieren, was vor uns liegt, was schon bald sein könnte. Stetiges Leben in der Rückschau stört zudem unsere innere Kongruenz, führt zur Intellektualisierung des Daseins, lässt uns eigene Motive auf andere Menschen projizieren, statt uns darauf konzentrieren, Klarheit über unser Warum, also über das zu gewinnen, was größer ist als wir selbst.

Was aber, wenn es an guten Gelegenheiten, das Warum zu entdecken, mangelt? Dann ist es angemessen, sich selbst als Chance zu begreifen. Wie wir schon in den Essays über die Seele, über das Selbst entdecken konnten, haben wir alle einen auf das Wesentliche konzentrierten Ort in uns, wo wir Einsicht und Erkenntnis, Antrieb und Energie, Frische und Fülle finden. Aber solange wir defensiv eingestellt sind, bleibt uns der Zugang zum kreativen Potenzial verschlossen. Finden lässt sich dieser Ort, indem wir unsere Kräfte zur Selbsttranszendenz stärken; was weder durch den Verstand noch durch die Dialektik uneingeschränkt möglich ist. Allein die Intuition verschafft uns Zugänge, weil nur sie Verbindungen zu unserem innersten Wesen schaffen kann. Es lässt sich ja kaum leugnen, dass nicht wenige schon zahlreiche rationale Möglichkeiten abgetastet haben, ohne ihr Warum gefunden zu haben. Folglich braucht es die Erschließung anderer Dimensionen, um einen Durchbruch nach vorn greifbar zu machen. Gelingen kann dies durch unsere Entschlossenheit, Teil einer Lösung zu werden, denn Taten, die aufs Geben ausgerichtet sind, die aus Freiheit entstehen, sind mit dem schöpferischen Urgrund verbunden. Hinzu kommt, dass ein solches Engagement mit einer stetigen Beobachtung und Begutachtung dieses Prozesses einhergeht, was wiederum die vorzeitige Resignation verhindert und uns im Endeffekt noch größere Herausforderungen annehmen lässt, weil es erlaubt, unsere Kräfte und Widerstandsfähigkeit auszuweiten, fortzuentwickeln.

Auch wenn sich Ihr Warum noch versteckt hält, lassen Sie sich nicht entmutigen, geben Sie nicht auf. Beginnen Sie vielmehr damit, das Warum als einen Horizont zu betrachten, der Ihre Grenzen des Wachstums ständig verschiebt und mehr weitet, als im Moment sichtbar scheint. Zudem hilft Ihnen dieser Prozess, die Sehnsucht wachzuhalten. Es lohnt sich unbedingt, weil dies Ihre Hoffnung nach dem Kommenden am Brennen hält, weil Sie auf ein Ideal zusteuern, das Ihre bisherigen Bestrebungen übertreffen wird und Ihnen dazu verhilft, Ihre Präsenz und Ihre berufliche Kompetenz auszubauen. Wenn Sie und Ihr Unternehmen zum Ausdruck bringen, wovon Sie überzeugt sind, was Sie immer wieder überprüft haben und für bedeutungsvoll empfinden, erzeugt das für Ihre Mitarbeiter und Kunden eine einzigartige Anziehungskraft.

Ihr gefundenes Warum schenkt Ihnen dann Zuversichtlichkeit, Feingefühl, Fürsorge und Ehrlichkeit, und diese Zeugenschaft macht Ihre Mitmenschen zu einem Teil des Geschehens, was wiederum zur Folge hat, dass sich Ihre Freunde, Kollegen und Mitarbeitenden sicher und Ihre Kunden und Partner verbunden fühlen. Ihnen wächst Vertrauen zu, weil Sie den Menschen die Empfindung vermitteln, zu einem auserlesenen Kreis zu gehören. Nichts könnte attraktiver sein.

Für kleine und mittlere Betriebe eröffnen sich damit, wo die Hierarchien flach und die Wege kurz sind, viel Spielraum für weiterführende Ansätze in der Führungskultur. Sinnvoll ist es, dass Sie sich nicht allzu oft darauf konzentrieren, Konflikte zu lösen oder Probleme aus dem Weg zu räumen, sondern Ihre Aufmerksamkeit auf Innovationen, auf die Zukunft ausrichten. All dies funkelt im farbigen Regenbogen, wenn Mitarbeitende nicht nur durch Aufrichtigkeit und Offenheit motiviert werden, sondern auch Lernfelder und Herausforderung annehmen und sich auf neue Zielbilder einlassen. Vorgesetzte aber, die sich selber und nicht die Aufgabe in den Vordergrund stellen, werden das Vertrauen ihrer Mitarbeitenden niemals gewinnen, weil es an Integrität mangelt.

Ein gedeihliches Arbeitsklima ermöglicht es, aus emotionalen Verstrickungen herauszutreten. Wer diesem Anspruch gerecht wird, erhält durch das Wegfallen der psychischen Last, sich ständig etwas beweisen zu müssen, genügend Energie für sein Engagement. Jene aber, die ihre Selbstgefälligkeit und Arroganz nicht überwinden können, bleiben in der festen Überzeugung gefangen, dass sie ihre psychische Ausgangssituation nicht verändern können. Weiterentwicklung ist dann kaum möglich, über sich selbst hinauswachsen zu können noch weniger. Es ist ein tragischer Irrtum, sich von der ständigen Beurteilung anderer Menschen abhängig zu machen und sich anstelle von inneren Werten mit den materiellen Kennzeichen erfolgsverwöhnter Menschen zu begnügen.

Genauso wie unsere Ergriffenheit und Bestrebungen nie zur Ruhe kommen, ist auch unser persönliches Selbstbild mitsamt seinem Warum in stetiger Schwingung begriffen. Dies gibt uns als prägende Gestalt in unserem Unternehmen die nötige Energie, um auf die immer schneller ablaufenden Veränderungen reagieren zu können; und erlaubt uns Neuorientierungen, weit entfernt von Konformität. Wir sind vielmehr erfüllt von Feuer und Mut, anders zu denken und zu handeln als unsere Mitbewerber.

Statt bloß auf das Materielle zu starren, konzentrieren wir uns auf die Menschen, geben der Pflege von Beziehungen gegenüber von sturen Zeitplänen den Vorrang, messen dem Sinnvollen einen gleichen Wert zu wie dem Wirksamen, geben der Weisheit Raum als Balance gegenüber dem Sammeln von Informationen. Warum – höre ich jetzt die bange Frage – sollte das zum Gelingen führen? Weil in einer Zeit, wo alle Arten von Informationen immer leichter, schneller und zu tieferen Preisen erhältlich sind, bald alle Mitbewerber im Besitz des gleichen Wissens sind. Weshalb Quellen und Ausgangspunkte zu erschließen sind, die Sie zu Ihrem Warum, Ihrer Einzigartigkeit führen. Wenn Sie fündig geworden sind, können Sie sich auf all jene Kollegen und Kolleginnen stützen, die Ihnen durch Ihr klar kommuniziertes Warum vertrauen und an Ihrer Integrität teilhaben möchten. Mit diesen Menschen können Sie neues geistiges und materielles Eigentum in Form exemplarischer Produkte oder ausgesuchter Dienstleistungen entwickeln.

Wir alle wissen, dass jeder Erfolg eine durchdachte Vorbereitung benötigt, und die beginnt mit einer Geschichte darüber, wie man trotz zahlreicher Konkurrenten erfolgreich selbst gesteckte Ziele erreicht. Gleichzeitig ist kein Instrument in der Betriebsführung derart umstritten wie die Strategiebildung. Jeder findet sie wichtig, doch nur wenige wissen, wo beginnen. Sicher ist nur, dass die Zukunft zu wertvoll ist, als dass man sich nicht Gedanken über Innovationen machen sollte. Das Problem besteht allerdings darin, dass am Eingangsportal zur Allee des Triumphes zwei Trugbilder die Wahl entscheidend erschweren: Angst und Gier. Nichts verzerrt unsere Risikoanalyse sowie unsere Erwartungshaltung mehr als diese Zwillingskräfte.

Verluste beschäftigen uns länger und stärker, als uns Gewinne erfreuen. Weshalb wir Risiken, wann immer möglich, zu vermeiden suchen. Zugleich können wir der Verlockung schneller Gewinne kaum widerstehen, und wenn die Gier einmal geweckt ist, neigen wir zur Unterschätzung der Risiken. Dennoch, wenn Sie eine Führungsposition anstreben oder bereits eine innehaben, auch wenn Sie tragendes Mitglied in einem guten Team sind, können Sie es sich nicht erlauben, keine Zukunftspläne zu entwickeln und diesen zum Durchbruch zu verhelfen. Jede derartige Unterlassung würde nur dazu führen, dass Ihre Firma – falls sie sich erfolgreich am Markt behauptet – bald von anderen Unternehmen übernommen wird, deren Führung entsprechende Szenarien lange vor Ihnen ausgearbeitet hat.

Affekte sind für Veränderungen im persönlichen Bereich sehr oft der eigentliche Beweggrund. Das gilt jedoch nur bedingt für Firmen und

Organisationen. Dort beginnt alles mit einem mehr oder weniger klaren Geschäftsmodell. Niedergeschrieben als Aussicht, wie ein Unternehmen neue Werte für alle Beteiligten schaffen will. Ohne Konjunktive. Dafür, wie jede gute Geschichte, mit tätigen Menschen und plausiblen Gründen für deren Motivation. Mit einem Handlungskern, einer Idee, wie man als Unternehmen Geld verdienen will. Gute Erzählungen darüber entfesseln die Kraft der Erwartung, und im hyperschnell gewordenen Wettbewerb ist eine überzeugende Geschichte ein nicht zu unterschätzender Wettbewerbsvorteil.

Auch wenn heute die meisten Geschäftsmodelle Variationen des Bekannten darstellen, können wir nie wissen, was genau um uns herum wirklich vorgeht, wie sich die anderen, zu einem guten Teil noch unbekannten Markteilnehmer, verhalten werden, welche kurz- und langfristigen Pläne sie verfolgen. Aber trotz all der Unsicherheiten sind wir für unser Tun und Lassen verantwortlich. Genau an diesem Punkt setzt strategisches Denken ein, um letztlich die großen Unsicherheiten tolerierbar zu machen. Hilfreich ist da die Einsicht, dass wir in den meisten Fällen die Herausforderer sind, denn in allen Märkten finden sich längst etablierte Unternehmen, die sehr viel Arbeit, Wissen und Kapital investierten, um die lukrativsten Positionen zu besetzen. Was nichts anderes bedeutet, als dass wir innovativer, wendiger, findiger, aber auch arbeitsamer sein müssen. Ohne Ausreden. Zudem gilt es, die Fähigkeit zu entwickeln, sich in die Mitbewerber einzufühlen. Abzuschätzen, ob diese als Mitbewerber oder künftige Partner zu betrachten wären.

Phasen, in denen strategische Entscheidungen zu treffen sind, setzen uns großen Belastungen aus. Aber das kennen wir ja auch aus unserem privaten Leben: Entscheidungen über das, was uns wirklich wichtig ist, treffen wir aus Motiven, die wir selten ganz durchschauen. Über allem Zukünftigen hängt ein Schleier der Ungewissheit. Was würde sonst unsere Phantasie anregen? Andererseits: Allzu viel Unbekanntes könnte uns schnell in in die Stumpfsinnigkeit treiben. Also sind wir aufgefordert, alle verfügbaren Informationen auf ihre Qualitäten hin zu überprüfen. Welche entsprechen realen Gegebenheiten? Welche könnten sich als bloße Annahmen oder als schlichte Behauptungen herausstellen? Herauszufinden ist außerdem, ob weitere Informationen durch Umfragen, Studien oder Feldversuche zu gewinnen sind? Nicht zu vergessen die Möglichkeiten des Anschließenden: Was könnte sich nicht wie gewünscht entwickeln? Was könnte hingegen gelingen? Mit welcher Wahrscheinlichkeit? Wie groß sind die Teilinformationen aus der Vergangenheit, welche wir in die Zukunftsaussichten eingeschlossen haben? Und natürlich: Welche Ressourcen können wir einsetzen? Welchen Zeithorizont dürfen oder wollen wir uns geben?

All dies erlaubt die Entwicklung einer Strategie, die – zumindest auf Sichtweite – ganz gut funktionieren könnte. Zu bedenken ist jedoch: Sobald diese am Markt ihre Wirkung entfaltet, erhalten wir umgehend Antworten. In Form entsprechender Gegenmaßnahmen unserer Konkurrenten. Diese erfolgen heute schneller als jemals zuvor. Was nicht daran liegt, dass die Leistungserfüllung eines Konkurrenzproduktes ihrem eigenen durch überraschende Innovationen unerwartet überlegen wäre oder weil einer ihrer Rivalen mit einem cleveren Marketingkonzept zusätzliche Märkte erschließen konnte. So etwas gab und gibt es seit den Anfängen der industriellen Revolution. Doch heute steht durch die Digitalisierung und das Internet ein geradezu revolutionäres Paket an konzeptionellen Möglichkeiten zur Verfügung, das jedes Unternehmen vor mannigfaltige Herausforderungen stellt.

Dieser schnelle Wandel wird jedoch nur von ganz wenigen Menschen als ansprechend empfunden. Das Selbstverständnis vieler Mitarbeiter gerät ins Wanken, wenn die Säulen ihrer beruflichen und materiellen Sicherheit dauernd auf den Prüfstand gestellt werden. Weshalb verantwortungsvollen Führungskräften eine doppelte Aufgabe zufällt: Geschäftsmodelle können nicht mehr alle paar Schaltjahre ergänzt oder abgeglichen, sondern müssen immer schneller verändert werden. Stets fordernder stellen sich Unternehmer Fragen darüber, wie sie sich künftig ausrichten und organisieren sollen: Sind wir gehalten, uns zu vergrößern oder zu verkleinern? Mehr selber herstellen oder Teile der Produktion auslagern? Know-how dazukaufen oder Mitarbeitende entsprechend ausbilden lassen? Kurz und anstrengend: Ständige Grenz- und Kompetenzverschiebungen sind allgegenwärtig und dem Kampf um Selbstbehauptung am Markt und der Abgrenzung gegenüber der Konkurrenz geschuldet. Dies fordert Führungskräfte dazu auf, Geschäftsmodell, Organisation und Strategie immer wieder neu, präziser und überzeugender zu kommunizieren. Was leider nur in wenigen Fällen für alle Beteiligten nachvollziehbar gelingt. Weitere Gründe für diese unerfreuliche Bilanz liegen in mangelnder Umsetzungskraft sowie in einer oberflächlichen, eingefahrenen Selbstwahrnehmung vieler Unternehmensführungen. Allzu oft verstecken sich Geschäftsführer hinter wohlklingenden Floskeln: „Unser Potenzial ist unbegrenzt." „Wir können alles erreichen." Bei näherem Hinsehen wird dann schnell klar, dass Begeisterung nur vorgetäuscht wird, um aussichtslose Zielsetzungen zu verbergen, um sich nicht festlegen zu müssen oder, noch bedenklicher: Um sich der Verantwortung zu entziehen.

Wenn Sie jetzt den Geschäftsbericht samt der strategischen Pläne Ihres Unternehmens einmal etwas genauer untersuchen und dann nur annäherungsweise Hinweise über die Kernkompetenzen, über die Struktur und die Ressourcen Ihrer Firma finden, wie auch darüber, was da eigentlich genau vermarket werden soll, wie es um die Konkurrenz bestellt ist, wo die Abgrenzungen Ihres Marktumfeldes liegen und wie Sie Ihre Kundensegmente ansprechen wollen, dann sollten Sie den Mut aufbringen, die kollektive Aufmerksamkeit des Führungsteams auf diese unergiebigen Grundsatzerklärungen zu lenken, um die Selbstwahrnehmung und Verantwortung jedes einzelnen Mitgliedes wieder zu schärfen. Zukunftsfähig zu machen. Zu wünschen ist hier auch, dass die Zielsetzungen ihres Unternehmens mit Präzision und Qualität, mit Agilität und Selbstbewusstsein, mit einer mutigen Risikokultur angereichert werden.

In einer vielschichtigen Welt können wir, um wirklich erfolgreich zu werden, nur vielschichtig agieren. Weshalb schon im Geschäftsmodell geklärt werden sollte, welches Kundensegment wir mit unseren Produkten, mit unseren Dienstleistungen ansprechen wollen. Welche künftigen Märkte wir zu erschließen gedenken und welche Elemente der Wertschöpfungskette wir selber herstellen und welche wir in ein Netzwerk geeigneter Partner auslagern wollen. Gerade der letzte Aspekt zeigt, dass heute Unternehmen die Grenze nie endgültig festzulegen brauchen, dass dies vielmehr davon abhängt, auf welche Strategie sie sich festlegen. Die Vorteile, welche diese fließenden Übergänge in einer international ausgerichteten Wirtschaft bieten, liegen vor allem darin, dass wir uns voll und ganz darauf konzentrieren können, worin wir wirklich einzigartig sind. Die Lehrmeinung, ein Unternehmen habe alle Tätigkeiten von der Produktentwicklung bis zur Herstellung und Vermarktung in den eigenen Händen zu halten, ist längst überholt, weil jeder aufgeschlossene Unternehmer gelernt haben sollte, die ganze Abfolge von Aktivitäten auch aus der Sicht der Kunden zu betrachten. Weil die heute die entscheidenden Informationen darüber liefern, was für sie von Wert ist.

Zum Kern jedes exzellenten Geschäftsberichtes gehört uneingeschränkt auch die Differenzierung der eigenen Leistungen: Wie wollen und können wir uns von bisherigen Produkten und Dienstleistungen unterscheiden? Eine weitere anspruchsvolle Herausforderung in einer Zeit, wo durch ein paar Klicks dutzendfache Vergleichsmöglichkeiten bereitstehen, in all ihren vielschichtigen Faktoren wie Verfügbarkeit, Design, Preis und Markenimage. Der Kernpunkt jeder wirksamen Strategie ist demnach, dass wir die Welt nie objektiv, sondern immer nur als eigene Vorstellung wahrnehmen. Was heute durch die Hirnforschung bestätigt wird: Die Welt, wie wir sie erfassen, ist zwar eine Wirklichkeit, allerdings eine subjektive, weshalb wir auch nie genau wissen können, ob diese mit derjenigen unserer Geschäftspartner und Kunden übereinstimmt. Klugerweise sollten wir also davon ausgehen, dass unsere persönliche Sicht der Dinge eher eine Konstruktion unserer Sinne als eine objektiv gegebene Realität ist. Doch trotz dieses Wissens ist es für uns keineswegs einfach, uns darüber eine notwendige Skepsis zu bewahren, denn wir reden viel lieber, als anderen unser Ohr zu leihen. Um jedoch eine erfolgreiche Strategie zu entwickeln, ist es von Vorteil, wenn wir unsere eigene Gesinnung, unser Erfassen und unsere Denkweise für eine Weile beiseiteschieben und stattdessen beginnen, das Verhalten anderer Menschen zu beobachten. Neugier entwickeln als Gegenmittel zu Vorurteilen und althergebrachten Geschäftsweisheiten.

Neugier beginnt mit Fragen. Fragen darüber, wer eigentlich unser Produkt, unsere Dienstleistung benötigt? Welchen Mehrwert dies für unsere Kunden darstellt? Hat dieser mit der Qualität, der Verfügbarkeit, dem Design oder dem Image der Marke zu tun? Ist es der Aktualität oder dem hohen Niveau unserer Dienstleistung geschuldet? Welche Rolle spielt dabei die Erreichbarkeit, die Freundlichkeit und das Engagement des Personals unserer Firma? Die Schnelligkeit und Zuverlässigkeit im Service? Welche Bedeutung kommt dem Preis unserer Angebote zu? Aber auch: Wo könnten in all dem Defizite bestehen? Potenziale, um uns gegenüber anderen Wettbewerbern zu verbessern oder sich auch ganz anders zu positionieren? Alle diese Fragen verdienen unsere Aufmerksamkeit auf verschiedene Art und Weise. Manchmal kommen wir Antworten näher, indem wir unseren Ahnungen folgen, denn nicht selten sind dies Versuche der schöpferischen Kräfte, uns etwas wissen zu lassen. Gelegentlich helfen uns Umfragen weiter, zuweilen auch Berechnungen darüber, welche Ressourcen einzusetzen wären, um den gewünschten Erfolg zu erzielen. Besonders hilfreich im Zeit- und Strategiemanagement ist die 80-zu-20-Regel, welche der italienische Ökonom Vilfredo Parento Anfang des 20. Jahrhunderts entdeckte. Zwar ist es nicht angemessen, dieses Prinzip buchstabengetreu zu übernehmen, aber um effizient herauszufinden, in welchem Verhältnis Ursuche und Effekt zueinanderstehen, taugt es allemal. So können Unternehmen leicht feststellen, dass 20% ihrer Produkte 80% des Umsatzes erzeugen. Autohersteller wissen, dass 20% ihrer reichsten Kunden 60% der Neuwagen kaufen. Selbst Fehler und Ausschussquoten folgen diesem Gesetz: Eine geringe Anzahl Schwierigkeiten erzeugt einen Großteil unbrauchbarer Erzeugnisse. Wenn Sie also das Gefühl überkommt, der letzte Rest Zukunft sei verbraucht, ist Parentos Prinzip die ersehnte Lösung, weil es unser Interesse auf jene 20% der Ursachen, Zahlen und Dinge lenkt, welche die Differenz ausmachen, und zeigt, wie wir mit relativ bescheidenem Aufwand eine bedeutsame Wirkung erzielen.

Mehr als jemals zuvor ist heute ein Unternehmen auch eine Lerngemeinschaft, aufgebaut auf weitgehende Freiwilligkeit und Selbstbestimmung. Aber auch mit Beschränkungen, denn wir können nicht überall anders und besser sein. Preisgünstigkeit und Hochwertigkeit schließen sich aus. Woraus sich die strategische Fragestellung ergibt, mit welcher Differenzierung wir unser Profil schärfen wollen? In der Erweiterung unserer Produkte oder Dienstleistungen? Im Finden neuer Vertriebswege, um zusätzliche Kundensegmente zu erschließen? In der Optimierung und Effizienzsteigerung der Wertschöpfungskette? In einem zielgenauen Marketing? Und falls ja, über welche Medien? In jedem Fall sind die Suchfelder für innovativ strategische Lösungen anspruchsvoll und benötigen für die Resonanzerzeugung bei den Mitarbeitern einleuchtende sowie erreichbare Ziele. Veränderungen sollen dabei deutlich zum Ausdruck kommen. Ebenso müssen alle Zweifel bezüglich der Umsetzungskraft bereits im Vorfeld ausgeräumt werden.

Bevor Sie sich nun auf eine Strategie festlegen, ist es angebracht, Ihr Unternehmen und dessen Angebot mit einer ähnlich gelagerten Organisation zu vergleichen. In der Übereinstimmung und den Unterscheidungsmerkmalen finden Sie dann die richtigen Ansätze, um die konzeptionelle Stärke und Funktionslogik ihrer Organisation derart zu verändern, dass die Bandbreite Ihres Angebotes ein Alleinstellungsmerkmal erreicht. Danach gilt es, alle diese Parameter in ein folgerichtiges Zielsystem einzubringen, damit ein logisch zusammenhängendes Vorgehen möglich wird. So verwandeln Sie die Strategiebildung in eine Willenserklärung, die Ihre Mitarbeiter motiviert und Ihre Kräfte auf ein klar definiertes Ziel hin bündelt.

Eine Organisation zielgenau auszurichten, ist keine geringe Kunst, aber lohnenswert: Je präziser strategische Ziele formuliert werden, desto effizienter erfolgt die Umsetzung. Darüber hinaus wissen wir aus eigener Erfahrung, dass wir nur lernen, was uns wichtig erscheint, und uns durch Partizipation an Entscheidungsprozessen nicht nur bedeutsam, sondern auch verantwortlich fühlen. Weil in Zukunft mehr denn je jedes Unternehmen auf allen Ebenen Mitarbeiter benötigt, die mitdenken, mitgestalten und sich einbringen, bietet sich hier vor der Veröffentlichung der Strategie ein Rollenspiel an, wo die Mitarbeiter Positionen von Gutachtern übernehmen und in der Rolle als potenzieller Kunde, Konkurrent, Journalist, Kommunikations- und PR-Berater auf die entsprechende Ankündigung reagieren.

Aus Sicht der Unternehmensführung kann man allemal darüber diskutieren, ob die Einbindung der Mitarbeitenden in die Willenserklärung der Führung zu solchen Beschlüssen angemessen ist. Wie auch darüber, ob die Identifikation mit dem Unternehmen entscheidend zunimmt. Folglich auch darüber, ob die Motivation für zukünftige Herausforderungen auch dann noch gegeben ist, wenn es der Firma einmal nicht mehr so gut gehen sollte. Aus Sicht der Mitarbeitenden hingegen ist klar, dass es die Freude und den Stolz, einer solchen Organisation anzugehören, entscheidend erhöht. Gleichzeitig ist damit auch die Zukunftsorientierung des Unternehmens elegant beantwortet, was den Mitarbeitenden Sicherheit in unsicheren Zeiten vermittelt und von ihnen mit Loyalität und Tatendrang vergolten wird.

Weitere entscheidende Merkmale der Mitarbeitenden werden sich ebenso verändern. Sie werden pünktlicher. Ihre Frische und Freundlichkeit werden zunehmen. Ihr Engagement gegenüber Kunden wird flexibler, schneller und zuverlässiger werden. Qualitäten, die sich nicht per Erlass verordnen lassen, weil sie Bestandteil von etwas Größerem sind, weil sie ein Erkennungszeichen des Verlangens sind, gemeinsam mit anderen über sich selbst hinauszuwachsen. In diesem Prozess des wechselseitigen Vertrauens können wir zudem unsere individuellen Ängste überwinden und schaffen damit beste Voraussetzungen zur Entfaltung unseres kreativen Potenzials. Nichts ist in der Strategieentwicklung wichtiger als die Frage, was in Zukunft bedeutsam sein könnte. Wir alle wünschen uns diesbezüglich Orientierung. Dies umso mehr, je schwieriger es fällt, sich eine zukünftige Welt vorzustellen.

Für eine transnational ausgerichtete Wirtschaft ist es von substanzieller Wichtigkeit, bereits im Anfangsstadium zu erkennen, welchen Produkten, welchen Dienstleistungen die Kunden übermorgen den Vorzug geben könnten. Eine ungemein schwierige Ausgangslage, denn über die plurale Beschaffenheit und Befindlichkeit zukünftiger Welten können wir uns trotz Big Data nie sicher sein. Wenn sich Entwicklungen innerhalb des Spektrums unserer Erwartungen einstellen, haben wir dennoch entscheidende Vorleistungen geschaffen, was uns bei der Umsetzung unserer Vorstellungen zusätzliches Feuer und Entschlossenheit vermitteln wird. Für kaum etwas lassen sich Menschen mehr begeistern als für Visionen, die sie zu Jüngern eines neuen Morgens machen. Kaum etwas verändert unser Leben so zum Besseren, als wenn wir uns von einem selbstgenügsamen, selbsterhaltenden Dasein verabschieden und in einen Prozess einsteigen, der uns frische Erkenntnisse, unentdecktes Können und ein neues Bewusstsein schenkt.

Dabei sollten wir noch einem Phänomen Beachtung schenken, mit dem wir alle schon einmal in Berührung gekommen sind, nämlich unseren „Vorahnungen“ über künftige Entwicklungen. Diese Vermutungen – in Verdachtsmomenten erfasst – wurzeln in Ereignissen aus unserem frühen Lebensweg und haben noch immer die Kraft, unsere gegenwärtige Gemütsverfassung sowie unsere Erwartungen an die Zukunft zu beeinflussen. Dergestalt, dass nicht so sehr das damalige Ereignis selber, als vielmehr die Art und Weise, wie wir jetzt darüber denken, uns bestimmt.

In solchen Momenten hilft die Erinnerung an vergangene Erfolge und wie diese zustande kamen: Durch Vorbereitung. Durch eine charakterstarke Haltung der Aufnahmebereitschaft schufen wir mit feiner Geste eine Symphonie des Gelingens. Genauso geraten auch anschauliche Vorstellungen darüber, wie wir einen Traum in einen Stern verwandeln, der unserem Tun die notwendige Orientierung gibt. Was uns in instabilen Zeiten die Initiative ergreifen lässt, statt die Dinge hinauszuzögern, bis Sie der Zustand eines Projekts oder gar Unternehmens zu Reaktionen zwingt, die zwar notwendig, aber kaum wünschenswert sind.

Zu berücksichtigen ist außerdem, dass sich Strategieentwürfe heute nicht mehr allein daran orientieren können, was in vergangenen Zeiten bedeutsam war. Bedenkt man, dass überall auf der Welt jedes Jahr Millionen junge, erfolgshungrige Menschen Universitäten und technische Hochschulen verlassen, wird klar, dass wir jetzt nur noch auf wachem Niveau konkurrenzfähig bleiben können. Der Wettbewerb wird fluider, die Anforderungsprofile schärfer, Fähigkeiten und Kompetenzen müssen stetig verbessert werden, und angesichts der ungezählten Menschen, die nun zusätzlich in die weltumspannende Wirtschafts- und Verbraucherkultur eintreten, ist ein ökologisches und nachhaltiges Bewusstsein für unsere Produkte unumgänglich. Hinzu kommt, dass wir dank der Digitalisierung praktisch jedes noch so komplexe Produkt am Computer entwickeln, testen und veredeln und so die Kadenz der Erneuerung erheblich verkürzen und individualisieren können. Soweit die Grundlagen, die heute in jeder strategische Überlegung enthalten sein müssen.

Klärungsbedarf herrscht darüber, welche Fähigkeiten die Stakeholder zur optimalen Verwirklichung von Zukunftsstrategien mitbringen sollten. Aus mehreren Gründen: Die Komplexität unserer Vorstellungen über die Zukunft und die Entwicklung erfolgversprechender Produkte und Dienstleistungen verlangen nach Menschen mit einer Begabung, auch die Folgen von Innovationen gedanklich und emotional vorwegzunehmen. Die Konsequenzen unseres Tun und Lassens zu erkennen, spart viel intellektuellen, emotionalen und materiellen Aufwand und zeigt darüber hinaus, auf welche Werte als Bausteine zukünftiger Erfolge wir uns einstimmen müssen. Leistungswerte wie Fachwissen, Freude an Neugestaltungen, intellektuelle Wendigkeit, Begeisterung und Zielorientierung sind unverändert gefordert. Ebenso Kooperationswerte wie die Fähigkeit, Widersprüche auszuhalten und Konflikte gütlich zu bereinigen. Dazu gehören Vertrauenswürdigkeit, Aufrichtigkeit, Zusammenhalt und Diskretion.

Großer Veränderungsbedarf ist auch in den Kommunikationsweisen angezeigt, denn je ineinandergreifender und multidimensionaler industrielle Erzeugnisse und Serviceleistungen werden, desto mehr braucht es Menschen, welche die erkannten Zusammenhänge allgemein verständlich erklären können. Dies erfordert nicht nur ein exzellentes Erfassen technischer Funktionsfähigkeit, sondern auch einen aufmerksamen, geduldigen, engagierten und achtsamen Umgang mit Kollegen, Mitarbeitenden, Lieferanten und Kunden. Diese im bisherigen Wirtschaftsleben kaum groß geförderten humanen Eigenschaften haben noch eine weitere, für viele wohl unerwartete Konsequenz: Mitarbeitende, die Funktionsweisen, Zusammenhänge und Kausalitäten leicht, aber hochwertig erläutern können, erkennen auch viel schneller, welche Möglichkeiten – außer den bereits bekannten – sich noch bieten würden.

Strategische Konzepte zu entwickeln, gleicht einem Spiel aus Intensität und Subtilität, aus Autorität und Wertschätzung. Die Dynamik dieser Darbietung in aller Öffentlichkeit erfordert ein hohes Maß an Umsetzungskompetenz, und die wiederum ist ohne geistige Flexibilität und ohne die Fähigkeit zur Empathie kaum zu haben. Was nicht nur darauf hinweist, dass die geistige Einstellung ebenso bedeutsam ist wie die intellektuellen Fähigkeiten. Dies umfasst auch, die Leitplanken künftiger Karriereplanungen einzuziehen und sich darüber auszutauschen. Durch die Verschärfung des Wettbewerbs sind die Lohn- und Honorarsätze kleiner geworden, die Personalplanungen weniger großzügig. Was darauf hinausläuft, dass zukünftig Menschen mit Multitasking gefragt sein werden. Wie aber entgeht man der Gefahr, stattdessen ein Multi-Dilettant zu werden? Was sind die Voraussetzungen, fundierte Kenntnisse in einem kleinen, aber entscheidenden Wissensbereich mit einem breiten Beteiligungsfeld zu verbinden? Wie kann diese Art des Im-Beruf-Seins gelingen? Mit dem Vertrauen und dem Glauben an sich selbst, dass sich die zusätzlichen Fähigkeiten durch die Berufspraxis schon noch entwickeln werden? Oder umgekehrt: Dass diese sich als Folge meiner Zuversicht rechtzeitig einstellen werden? Das wäre die logische Erklärung. Die kreative dagegen hätte etwas mit dem Unverfügbaren zu tun. Als Schlüssel für eine durch Möglichkeiten, Gelegenheiten und durch das Offene getragene Welthaltung. Das Entscheidende ist immer das Förderliche im Prozess unserer Kreativität, als eine sich fortwährend verändernde und suchende Ergriffenheit. Darauf vertrauend, ins Finden einzumünden.

Unsere Handlungsfähigkeit ist nicht nur durch unser Bewusstsein, sondern auch durch unser Unterbewusstsein gegeben. Hier – in der Weihestätte der Erinnerung – sind auch unsere Gefühle sowie geistige und körperliche Entwicklungsprozesse aufgehoben. Was uns Handlungen ermöglicht, die wir bisher gar nicht unserem Können zugerechnet haben. Da wir in der Strategiebildung ohnehin nie alle Informationen bekommen, die wir tatsächlich benötigen, sind unsere

Wett- und Gewinnaussichten immer im Bereich der Wahrscheinlichkeiten angesiedelt. Was nicht nur als Nachteil betrachtet werden darf, hält es uns doch wach, flexibel und innovativ. Er schenkt uns darüber hinaus den nötigen Raum zur Nachbesserung. Überdies befreit uns dieser Umstand auch davon, überall den anderen Marktteilnehmern überlegen sein zu wollen. Was ein Ding der Unmöglichkeit ist, weil dies nebst unseren Kräften in den meisten Fällen auch unsere Ressourcen überfordern würde. Erfolgsversprechender ist dagegen die Festlegung auf einige wenige Bereiche, wo wir uns verbessern und womit wir ein strategisches Zielsystem errichten können. In dieser Prozessphase geben wir dann dem Unterbewusstsein die nötige Zeit zur Reifung intuitiver Beweggründe, die zu Entscheidungen führen, welche zeigen, dass Optimismus öfters angezeigt ist, als wir uns die Erlaubnis dazu geben.

Von der Kunst, Aktualität und Potenzialität durch Kommunikation in Übereinstimmung zu bringen

Jeder Unternehmer, jede Unternehmerin weiß, dass er oder sie dazu aufgerufen ist, die Welt ein klein wenig zu verändern, ihr etwas beizufügen, was bisher nicht in ihr enthalten war. Aber unabhängig davon, ob wir mit unserer Strategie durch eine weitere Spezialisierung Spitzenleistungen erzielen wollen, ob es um Maßnahmen zur Kundengewinnung, einer grundsätzlichen Produkte-Erneuerung oder um eine Erweiterung der Digitalisierung geht, sollten wir selbst in der ersten Begeisterung nicht vergessen, dass wir nicht für alle Beteiligten Bilder einer besseren Zukunft malen. Für manche Mitarbeiter bedeutet Wandel manchmal auch Gefahr, Instabilität und Ungewissheit darüber, dass ihr Weltbild – einst als himmelhohe Perspektive wahrgenommen – sie nicht mehr allzu weit in die Zukunft tragen wird. Weil aber die Motivation unserer Mitarbeitenden zu den entscheidenden Werten gehört, kommt der Kommunikation über Strategien größte Bedeutung zu.

Wie wir schon bei der Betrachtung von Werten gesehen haben, sind auch Strategien zunächst einmal relativ abstrakte Absichtserklärungen, die nur dann ihre volle Wirkung entfalten, wenn wir als Beteiligte emotional uns begeistern und praktisch mitgehen können. Dazu gibt es nichts Wirksameres, als eine Geschichte zu erzählen, in der Atmosphäre, Emotionen und Verlangen eine unwiderstehliche Mischung erzeugen, die uns zu einem einzigen schlagenden Herzen vereinigt, welches über uns hinaus zu vernehmen sein sollte. Was keine Übertreibung, sondern vielmehr eine Voraussetzung zum Gelingen ist.

Auch der Sprache, und zwar einer sorgsam gepflegten, präzisen und verständlichen Ausdrucksweise, kommt große Bedeutung zu. Metaphern übertragen abstrakte Konzepte in ansprechende Bilder. Mit ihrem Ausgangspunkt, dem Weg, der Taktik, der Überwindung der Hindernisse und ihrer Rückkehr zum Finale eines glücklichen Endes, bilden alle diese Elemente ein ideales Instrumentarium zur Erklärung von strategischen Absichten. Hier bietet sich begabter Führung die Möglichkeit, wie ein Schamane zwar nicht eine andere Wirklichkeit zu beschwören, aber immerhin durch eine sprachlich mitreißende Überzeugungsarbeit den Mitarbeitern einen Weg zum Erfolg zu zeigen. Kein Exkurs ins Überrissene ist hier vonnöten, sehr wohl aber eine alte irdische Tugend: Leidenschaft. Am besten in ihrer heißesten Art – rau, stürmisch und herzlich.

Bildlich gesprochen: Aus übergeordneter Sicht ist es für die Implementierung einer Strategie nicht entscheidend, wer im Unternehmen das Leadinstrument zelebriert, den Soundteppich auslegt oder den Rhythmus vorgibt. Wichtig allein sind die Partitur und die Noten, die jeder zu kennen hat, der die Belegschaft als Ganzes verstehen muss, um die Umsetzung erfolgreich zu gestalten. Tatsächlich geht es hier nie nur um Taktik und Philosophie, sondern auch immer um Emotionen. Strategische Pläne sollten daher überraschen, so sehr, dass Ihre Mitarbeiter kaum für möglich gehaltene Handlungsstränge initiieren und eine Brillanz hervorbringen, die weit über Logik hinausgeht. Solches ist nicht durch trocken formulierte Vorgaben zu erreichen, sondern durch eine Erzählung, deren Kernelemente Transformationsprozesse darstellen. Strategien sind ja nie kompromisslos steife Prozesse, sondern schmiegsame und wandelbare Pfade auf dem Weg zum Ziel. Verändern sich die ursprünglichen Gegebenheiten, verändert sich aus die Ausrichtung der Bestrebungen.

Am Anfang solcher Geschichten steht immer ein Befund. Dieser kann in einer relativ guten Phase des Geschäftsganges darin bestehen, dass Sie mit der gegenwärtigen Lage zwar nicht unzufrieden sind, aber doch langsam Bedenken aufkommen, ob man sich auch in Zukunft auf diese Weise zu behaupten vermag. Klingt vernünftig und angemessen, aber Aufmerksamkeit erzeugen Sie damit wohl nur beim Buchhalter. Ausgereifter ist da schon eine dramatische Eröffnung mit dem Satz: „In unserer Organisation geht es um nichts weniger als um alles. Es geht um unser Ansehen, um unsere Zukunftsfähigkeit, um unseren Stolz." Spätestens jetzt ist sogar der verschlafenste Mitarbeitende hellwach. Sie können danach die Frage aufwerfen, von welchen Mächten wir uns bestimmen lassen wollen? Was Ihnen die Gelegenheit verschafft, die verschiedenen Handlungsgerüste als episch-dramatische Zukunftsszenarios durchzuspielen. „Soll von hier aus ein weiterer Grundstein zum Aufstieg gelegt werden, oder ist dies der Wendepunkt zum Niedergang, weil wir schon bald auf das Vermögen der Firma zurückgreifen müssen, um die Löhne zu bezahlen." Möglicherweise können Sie die Geschichte auch so drehen, dass die Selbstzufriedenheit durch eine lange Erfolgswelle alle etwas hochmütig gemacht habe, sie deshalb in ein Loch gestürzt seien, aber jetzt ein Charaktertest gefragt sei, um wieder auf die Seite der Gewinner zurückzukehren. Doch auch der Fall in die Bedeutungslosigkeit kann drohen und durchgespielt werden. Sei es nur darum, dass sich niemand irgendwelchen Illusionen hingibt, dass man heutzutage mit einem halbherzigen Engagement überleben kann. Wir alle wissen, wie gnadenlos wirtschaftliche Versäumnisse bestraft werden.

Aber ist es wirklich notwendig, so viel Leidenschaft zu entwickeln? Sollten wir uns nicht vielmehr auf die Fakten konzentrieren? Schon, doch das müssen wir vorher tun. Zur Kommunikation taugen Fakten wenig. Weil sie abstrakte Werte und von der Belegschaft kaum zu überprüfen sind. Dadurch entsteht schnell ein Vakuum, welches dann von den Mitarbeitenden mit je eigenen Geschichten und Interpretationen gefüllt wird. Womit wir nie zu den regenerativen Kräften, den Ressourcen gelangen, die Erneuerung bringen. Warum? Weil jede Aufforderung, sich den technischen und wirtschaftlichen Veränderungen zu stellen, stets vom Bedürfnis nach Stabilität und Sicherheit begleitet wird. Solange dieser Veränderungsdruck von den Mitarbeitenden als eine bloße Erweiterung ihres fachlichen Wissens und Könnens verstanden wird, solange also der Druck in einem systemkonformen Rahmen bleibt, fallen Veränderungsprozesse leicht, werden womöglich begrüßt, weil sie auch als Vertrauensvorschuss wahrgenommen werden können. Wenn jedoch bei den Mitarbeitern auch nur die kleinste Ahnung hochkommt, dass die neue Ausrichtung des Unternehmens bestehende Überzeugungen und Selbstdefinitionen antastet, verändert sich die allgemeine Zuversicht in Angst und Zweifel.

Nach dem Befund, der auch durch die Eröffnung neuer Geschäftsfelder oder Produktinnovationen als Ruf zu einem neuen Aufbruch wahrgenommen werden kann, folgt oft anstelle von Begeisterung Widerstand. Bis hin zur Ablehnung. Hier gilt es, den Mitarbeitenden klarzumachen, dass wir eine besondere Gelegenheit wahrnehmen können. Gelegenheiten sind nichts und niemanden bevorzugende Kräfte. Ihnen ist es gleichgültig, wer sie ergreift. Wenn wir es nicht tun, findet sich immer jemand anderer. Solange der Leidensdruck erträglich und der Weitblick uns die Dinge im angenehmen Licht erscheinen lässt, trösten wir uns damit, dass viel wünschenswert, aber zurzeit eben nicht umsetzbar ist. Bis eine Krise heftig an die Türe klopft, alle Ausreden hinwegfegt, uns mit dem Rücken zur Wand stellt und nach einer Gebrauchsanweisung suchen lässt, um das drohende Unheil abzuwenden. Das kann durchaus gelingen, arbeiten doch viele Menschen unter Druck besonders effizient. Aber der richtungsweisende Einfluss herausragenderer Mitarbeiter ist nicht immer garantiert, die Wechselwirkung von Geist und Notwendigkeit ungeklärt. Also ist die fortwährende Suche nach Innovationen einer krisenbedingten Beschleunigung derselben vorzuziehen.

In solch angespannten Situationen wird leicht vergessen, dass jeder neue Anfang die Beseitigung erschöpfter und unzeitgemäßer Denkgewohnheiten voraussetzt. Hier müssen wir der Geschichte eine neue Dynamik verleihen. Mit dem Bruch bisheriger Gepflogenheiten überschreiten wir eine Schwelle, hören auf, uns zu beklagen, und nutzen die Krise als Katalysator einer unausweichlichen Veränderung. Jetzt wird der Prozess dichter, drängender und verlangt zunehmend nach einem taktischen Gespür. Vorausschauend handelt, wer in einem Team Signale vermittelt, dass wir auf sicherem Boden sind. Doch allein mit gut klingenden Lösungskonzepten erwecken Sie keine Begeisterungsstürme. Erst mit der Einführung eines „Feindes“ erzeugen Sie Aufmerksamkeit. Ohne einen fiesen Übeltäter fehlt dem Handlungsantrieb seine notwendige Dringlichkeit, fehlt den Mitarbeitenden etwas, das es zu bekämpfen, zu überwinden gilt. Ein lohnenden Ziel, woran man sich messen kann, woran man über sich hinauswachsen kann und am Ende reich belohnt wird.

Wer aber sind diese Barbaren, diese Unholde? Generell lassen sich alle ediejenigen nennen, bei denen unsere Erzeugnisse kein Interesse wecken. Aber auch solche, die wir trotz aller Marketing-Anstrengungen nicht von unseren Dienstleistungen überzeugen konnten: Gleichgültige Nicht-Kunden, bessere oder billigere Konkurrenten, Banken, die auf ganzen Kornspeichern billigen Geldes sitzen, ohne großzügige

Kredite zu gewähren, und Bürokraten, deren Regulierungswut einen die Wände hochtreibt. Als Feindbilder, welche für eine überschaubare Zeit den Betriebszusammenhalt halbwegs sichern, haben diese Beispiele ihre Tauglichkeit hinreichend unter Beweis gestellt. Ebenso ihre Gefahr, denn solch oberflächliche Feindbilder führen selten zu einem neuen Frühling, eher verführen sie zu einer spätsommerlichen Fata Morgana der eigenen Überheblichkeit. Strategieverläufe haben ihre je eigene Logik, ihr Bewusstes und Unbewusstes und auch ihre Langfristigkeit, die nicht ohne Schaden abgekürzt werden kann. Große Geschichten verlaufen nie linear, sind ohne erschwerende, manchmal sogar erfolglose Phasen nicht zu haben. Der Wendepunkt wird durchgehend durch viele einzelne Schritte erreicht, von denen im Voraus niemand sagen kann, ob es auch zielführende sind, ob damit der entscheidende Dreh herausgefunden wird, um aus der bedrohlichen Situation zu finden. Wir spüren, die Geschichte geht langsam in die Tiefe, und wir beginnen zu akzeptieren, dass der eigentliche Bösewicht noch gar nicht gefunden wurde, noch nicht identifiziert ist. Er ist auch selten genug auf direktem Weg zu finden, auch nicht, indem wir uns noch stärker auf unsere Probleme konzentrieren. Sondern nur, indem wir uns auf eine andere Geschichte einlassen: Erzählt von unseren Kunden.

Es braucht gerade bei bisher erfolgreichen Menschen einiges an Mut, um nicht nur die eigenen Vorurteile zu bedienen. Ebenso braucht es eine gewisse Stärke, um Einfühlungsvermögen für potenzielle Kunden zu entwickeln, sowie ein klein wenig Weisheit, um bescheiden genug zu bleiben, sich darauf einzulassen, welche Bedürfnisse Menschen wirklich umtreiben. Sich zu fragen, ob und welchen Mehrwert wir unseren Mitmenschen mit unseren Produkten tatsächlich bieten, und Fragen nicht zu verdrängen, worin Kunden mögliche Verhängnisse unserer Erzeugnisse sehen könnten. Dies könnte Ihnen eine Antwort darauf geben, was selbst Ihre schärfsten Konkurrenten bisher übersehen haben, und zu einem Ausgangspunkt neuer Überlegungen führen. Vielleicht zu einer ungewohnten Allianz von Produkt und Dienstleistung, die Menschen ein Erlebnis vermitteln, welches sie zu Traumkunden machen könnte.

Was haben Sie also bisher unternommen, um Ihren Kunden das bestmögliche Erzeugnis, die anregendste Dienstleistung anzubieten? Was es auch gewesen sein mag, es hätte mehr sein können. Wäre es anders, so hätte sich im Gehirn der Kunden, wo alles beurteilt wird, die Information festgeschrieben, dass ihr Angebot ebenso gut wie hilfreich ist. Findet sich aber nur eine Leerstelle, ist klar, dass Ihre Organisation für diese Menschen kaum bedeutsam und eben deshalb auch nicht empfehlenswert ist. Alle Informationen, die uns nicht dienlich sind, uns vom wirklich Wichtigen abhalten, werden vom Gehirn relativ schnell und gnadenlos herausgefiltert, um Platz für Besseres zu schaffen.

Unvermittelt findet sich der Übeltäter plötzlich nicht mehr außerhalb unserer Firma, sondern innerhalb der eigenen vier Wände. Noch präziser: Im eigenen Kopf, in der eigenen Ignoranz. Statt ein klares Feindbild zu erfassen, dass es fortan zu bekämpfen gilt, greift gänzlich unerwartet das Unvollendete nach uns, um zu frischer Gestalt und Ausdruckskraft zu gelangen. Unerwartet leuchtet das Mögliche als ein ebenso verwirrendes wie erstaunliches Mehr an Lebenspotenz auf, aus dem das Wirkliche seit jeher herauswächst. Zwar wissen wir, dass die schönsten und fruchtbarsten Orte in der Natur durch Wechselwirkung und Vielfalt entstehen, und trotzdem schaffen wir alle diese wunderbaren Oasen des Seins durch unsere – auf einseitigen Profit ausgerichtete – Wirtschaft ab. Außer in Start-ups finden sich in der Firmenwelt immer weniger Orte, wo das Unvollendete als Einladung an unsere Vorstellungskraft begriffen wird. Wo das Mögliche keine Gegenwelt, sondern unser zukünftiges Leben ist. Wo die Heimatlosigkeit der Erfinder zugunsten solidarischer Klimazonen aufgehoben wird. Wo einzigartige und ausdrucksvolle Ideen zum Aufblühen gebracht werden. In Zukunftsräumen, wo innere und äußere Abhängigkeiten zeitweise abgelegt werden können. Wo ein Abstreifen von Besorgnissen und Ängsten eine kathartische Wirkung erzeugen kann, um dadurch nie zuvor gesehene Zusammenhänge zu verstehen.

Hier jedenfalls geht es nicht mehr darum, den einen großen Entwurf, der angeblich alle Probleme löst, zu kommunizieren, als vielmehr darum, vielgestaltige Konzepte und Modelle, viele neue Morgen zu moderieren und zu koordinieren. Um kommende Sterne zu gebären, braucht es Menschen mit Sehnsucht und Phantasie, wie auch intelligente Könner und Praktiker mit viel Geduld, um das anspruchsvolle Vorhaben der Erneuerung ins Gelingen zu bringen. Gleichzeitig wissen wir aus der Sozialpsychologie, wie zerbrechlich solche Innovationsteams sein können, wie schnell leidenschaftliche Begeisterung durch Rechthaberei, interne Verstimmungen und Zerwürfnisse abgelöst werden können.

Ohne dass am Anfang etwas darauf hingedeutet hätte, erleben wir hier eine phänomenale Rollenverschiebung, indem der Erzähler einer Heldengeschichte durch spezielle Umstände schwindelerregend schnell selber in die Heldenrolle gerät und unverhofft seine Gestaltungskompetenz beweisen muss, indem er dem Team dazu verhelfen soll, innere und äußere Hindernisse aus dem Weg zu räumen, die jede Veränderungsinitiative begleiten. Hier wird der Kommunikator zum Förderer, der Selbstorganisation ermöglicht und zugleich Katalysator wird. Genauso denkbar, wie sich der bisherige Spezialist zum Arrangeur und Kommunikator verwandelt, der durch Offenheit, Integrität, Reife und der Fähigkeit des Loslassens glänzt. Damit herausragende junge Talente sich optimal und im Gleichschritt mit der Firma entfalten können.

Anhand dieser Anleitungen sollte es Ihnen jetzt nicht mehr allzu schwerfallen, eine mitreißende Geschichte samt dramatischer Wendungen zu entwerfen. Anlaufschwierigkeiten brauchen Sie keineswegs abzuschrecken, können diese doch elegant überwunden werden, indem Sie sich Ihre eigene Geschichte des beruflichen Werdens als Vorbild in Erinnerung rufen. Auch diese Geschichte wirft ja ein Licht auf einen höchst individuellen Prozess des Werdens. Auf zwischenzeitlich existenzielle – zuweilen auch auf aussichtslos scheinende Fußwege. Doch die Rückbesinnung macht öfters deutlich: Das manchmal stark, dann wiederum schwach scheinende Licht auf ihren beruflichen Wegen zeigt sich vorwiegend in Bildern. Intensiver noch in Sprachbildern. Jeweils verbunden mit der Frage: Was habe ich auf meinen bisherigen Wegen verstanden? Waren es vorwiegend Wege des Kampfes? Oder solche des Zufliegens? Wege, die mich zu Höhenflügen ermunterten, aber mir zwischendurch auch Sinkflüge abverlangten?

Strategie-Erzählungen brauchen Bilder. Bildhafte Erzählungen, welche unsere Vorstellungskraft beleben und beflügeln, unser Erinnerungsvermögen verstärken und intensivieren und uns vergessene Geschichten ins Gedächtnis zurückbringen. Der Rückblick kann unter diesen Umständen zum Ausblick werden. Daneben bedarf es auch der Gestaltungen und der Fremdheit eines immer wieder neuen Werdens. Nicht zu vergessen ist das Staunen. Wie auch das Erschrecken, zu einer Lösung berufen zu sein, von der das Schicksal einer Firma abhängen kann. Doch jetzt zu einem Leuchten angefacht, welches das Erzählen als einen Versuch in eine neue Blickrichtung zelebriert. Hier ist die Wahrscheinlichkeit gegeben, dass Sie dereinst in der Erinnerung Ihrer Mitarbeiter als eine Ikone haften bleiben, die wegen der beherzten Art Dinge anzugehen, nachhaltige Spuren hinterlassen hat. Ein ideeller Vermögenswert erster Güte, den Sie sich in Zeiten größter Herausforderung als ein Ideengeber erwerben können. Verbunden mit Vertrauen, der höchsten Anerkennung, die Mitarbeiter heute zu vergeben haben. Vertrauen für Ihre Fähigkeit, etwas Eigenständiges aufzubauen. Vertrauen für das Gelingen, sich und die Mitarbeitenden in einen Prozess der Weiterentwicklung einzubinden und allen dadurch die Sicherheit zu vermitteln, letztlich zu den Gewinnern zu gehören. Warum? Weil ein Geist des Aufbruchs wahrnehmbar, ein Warum zu erkennen ist. Weil Sie als Übermittler von Bedeutungen aufgetreten sind. Weil Sie das Äußere, das Materielle überwunden und stattdessen das Innere, die Welt der Gefühle und Ideale, anzusprechen vermochten. Sie konnten dies, weil es gelang, in der Strategiekommunikation das einzubringen und zu vermitteln, wovon Sie wirklich überzeugt sind. Kein Mitarbeiter hat jetzt noch das Gefühl, allein zu sein. Ganz im Gegenteil weckt die Tatsache, von einer Persönlichkeit als Persönlichkeit angesprochen zu werden, Freude und Begeisterung und lässt Mitarbeiter über Möglichkeiten nachdenken, die auf den ersten Blick unerreichbar erscheinen, aber sich sinnvoll und passend anfühlen.

Wie aber soll ich dabei mit meinem Ehrgeiz umgehen? Ungefilterter Ehrgeiz entfremdet uns in einem selbstbestimmten Unternehmen von unseren Mitarbeitern. Dagegen wirkt ein dynamischer Wille zum Erfolg ansteckend. Die Ausrichtung auf ein klar definiertes Ziel befreit uns zusätzlich aus den Fesseln alter Geschichten, unheilvoller Schicksalsergebenheit und schenkt uns stattdessen die Freiheit für ein Leben, das uns autonom entscheiden lässt. Hier findet sich die Schenkung einer weitgehenden Selbstbestimmung, einer Möglichkeit, sich selbst zur ökonomischen Welt zu bringen. Verbunden mit der Offenheit, auch als Initiator eines selbstbewussten Aufbruchs immer wieder Neues zu lernen. Mit einer gelassenen Bescheidenheit, welche uns unerwartete Vorteile und Gelegenheiten wahrnehmen lässt. Mit einer Besinnung auf die unmittelbare Gegenwart, was einen davor bewahrt, dass sich Gedanken ins unproduktive Abseits bewegen. Wenn Sie also Bäume der Hoffnung pflanzen wollen, verbinden Sie ein ehrgeiziges Engagement mit Bescheidenheit. Eine unschlagbare Kombination, denn reiner Ehrgeiz macht Sie nur allzu leicht zu einem gefühlsarmen Selbstdarsteller, während bloße Bescheidenheit ins Exil der Durchschnittlichkeit führt.

Zweifellos werden Sie bemerkt haben, dass bisher noch gar nie über die meist verlangte Zielvorgabe eines Unternehmens, nämlich über die Gewinnoptimierung, gesprochen wurde. Aus gutem Grund, denn nachhaltige Erfolge bilden sich auf der Grundlage von immateriellen Wertvorstellungen. Die ethische und kreative Ausrichtung Ihrer Mitarbeiter wird eine entsprechende Ausrichtung auf die Kundenbedürfnisse nach sich ziehen, die wiederum überdurchschnittliche Gewinne ermöglicht. Wahrnehmung und Ausrichtung des Denkens lassen die wahren Bedürfnisse der Zielgruppen erkennen, lassen Produkte und Dienstleistungen mit einem überzeugenden Nutzen entstehen, lassen uns passende Kooperationspartner finden. Wer sich stattdessen auf einseitige Gewinnoptimierung konzentriert, zeigt damit nur, dass er nicht ganz verstanden hat, dass satte Gewinne nicht die Ursache, sondern die Wirkung überzeugender Teamarbeit sind.

Zu Beginn einer Strategie-Implementierung können wir mit einer gut gebauten Geschichte, welche die zu überwindenden Probleme ebenso klar wie die Lösung benennt, ein fettes Ausrufezeichen setzen. Doch schon bald kehrt alles wieder auf die Allgemeinplätze der Wirklichkeit zurück, und da gilt es jetzt unter allen Umständen zu vermeiden, dass ihre Beobachter bald nur noch Fragezeichen wahrnehmen. Allzu oft schenken wir dem Betriebsalltag bloß ein mürrisches Gesicht, weil er sich nur selten als gefällig oder entgegenkommend erweist und selbst die spannungsreichste Geschichte mit der Zeit ihre Strahl- und Motivationskraft verliert. Eben deshalb müssen wir diese Kräfte mit kurzen und zielgenauen Botschaften am Leben erhalten. Nicht als Besserwisser, sondern als verlässlicher Begleiter, der es versteht, in angemessenen Zeitabständen weitere Ausrufezeichen zu setzen.

Umfragen zeigen aber auch, dass Führungskräfte nicht selten bis zu 80% ihrer Arbeitszeit mit Kommunizieren verbringen, sich aber trotzdem darüber beklagen, dass ihnen das Verständnis wie eine flüchtige Besucherin erscheint, während Missverständnisse geradezu sesshaft geworden sind. Woran unschwer zu erkennen ist, dass die Botschaft zwar weiterhin den Kern jeder Kommunikation darstellt, aber diese muss – wie köstliche Pralinen – auch entsprechend verpackt werden. Diese Erkenntnis aus der Neurolinguistik gilt in der Kurzzeittherapie ebenso wie in der modernen Wirtschaftswelt. Wir wollen sie uns deshalb nutzbar machen und klären, in welchem Maße sie das Denken formen und das Handeln stärken kann.

Das Verpacken, das Rahmen oder fachsprachlich ausgedrückt, der Rahmungseffekt einer Botschaft, zielt darauf ab, direkt ins Gehirn vorzudringen, wo Informationen als relevant erkannt werden oder als überflüssige Erwähnung, die, ohne Konsequenzen zu befürchten, ins Reich des Vergessens abgeschoben werden können. Niemand, der heute in wichtige Entscheidungsprozesse eingebunden ist, wird den Überfluss an Mitteilungen und Kommentaren bestreiten. Zugleich sind wir aber nur allzu gut mit der Tatsache vertraut, dass eine vielschichtige, beziehungsreiche Arbeitswelt eine entsprechend präzise und komplexe Kommunikation verlangt.

Was sich zu wollen lohnt, was Ihnen für ihre Mitarbeiter als wünschenswert erscheint, müssen wir demnach in einer Art und Weise kommunizieren, welche die Empfänger nicht durch allzu kurz getaktete Tweets überflutet, aber auch nicht komplizierte Inhalte derart vereinfacht, dass sie mit der Wirklichkeit kaum mehr etwas zu tun haben. In diesen Niederungen der Anforderungspraxis angelangt, wird der gesunde Menschenverstand der Mitarbeiter Ihnen schon bald das Gehör verweigern, das Ihnen die Neugier noch kurz zuvor geliehen hat. Langfristig nützt es gar nichts, wenn wir uns farbenfroh modische Rhetorik-Gleitschirme zulegen und dabei die tiefen Abgründe vergessen, die es zu überqueren gilt.

Vielmehr sind wir aufgefordert, das Ineinandergreifen von klarer Verantwortung mit dem Vertrauen auf das, was von der Zukunft kommen soll, so zu vermitteln, dass die Botschaft vom Kompass der Aufmerksamkeit Ihrer Mitarbeiter unfehlbar angezogen wird, denn ohne Erfolgsvision gibt es kein Projekt und ohne Projekt keine Möglichkeit, die eigene Selbstbegeisterung auf andere zu übertragen. Was darauf hinausläuft, dass die eigene Selbstbestimmung idealerweise dadurch gefunden wird, indem man sie auf andere – in unserem Fall auf die Mitarbeitenden – überträgt. Gewiss, wo in diesem Energiefeld Uneigennützigkeit und Zuvorkommen in Selbstbereicherung übergeht, ist schwer festzuhalten, aber im Gegensatz zu Leidenschaften führen uns Interessen fast immer zu einem Zuwachs an Klugheit. Weil wir uns erklären müssen, weil wir eine Sprache finden müssen, die unsere Zielgruppe versteht, inspiriert und motiviert, weil wir uns als einen berechenbaren Partner präsentieren müssen, der durch überzeugende Argumente gemeinsame Realitäten im Bewusstsein aller Beteiligten zum Schwingen bringt.

Wie dies zu schaffen ist? Indem wir uns zuerst einmal über die maßgeblichen Eigenschaften unserer Ansprechpartner vertraut machen. Sind es introvertierte Denker oder temperamentvolle Aktivisten? Sind sie eher kühn, entschlossen und risikobereit oder vielmehr zögerlich, genügsam, kleingläubig oder gar argwöhnisch? Wovon lassen sie sich leiten? Ist es ein eng begrenztes Ziel, wie die Sicherheit des Arbeitsplatzes? Oder ist das Potenzial für weitreichendere Ziele noch gar nie richtig angesprochen, geschweige den ausgeschöpft worden? Wie wäre Zugang zu diesen Menschen und ihrem Potenzial zu erreichen? Finde ich die notwendige Nähe, um nicht nur gehört, sondern auch verstanden zu werden, durch Argumente oder indem ich durch meine Beziehungsfähigkeit zuerst einmal ein Vertrauensverhältnis aufbaue? Oder verhilft eine Kombination aus diesen Elementen dazu, dass alle Anzusprechenden sowohl Beobachter als auch Akteure eines gemeinsames Prozesses werden?

Hierdurch nähern wir uns der Arbeitsweise von Künstlern an, welche ganz in ihrer Welt der Ideen aufgehen. Das tun sie ganz sicher nicht, indem sie sich über Excel-Tabellen beugen, als vielmehr dadurch, dass sie sich von inneren und äußeren Bildern inspirieren lassen, die symbolisch zeigen, worin das Ziel des Aufbruchs besteht. Zudem ist es zur Stärkung des Selbstbewusstseins Ihrer Mitarbeiter förderlich, eine Sprache zu verwenden, in der die Standpunkte und Sichtweisen Ihrer Leute miteinbezogen werden. Dabei müssen wir infolge ihrer sozialen und bildungsmäßigen Verschiedenheit hin und wieder auf die Kunst gehobener Diplomatie zurückgreifen, indem Aussagen so formuliert werden, dass sie in ihrer Ausprägung und Bestimmtheit von allen verstanden, aber zugleich so allgemein und andeutungsweise ausgesprochen werden, dass sie später auch andere Schlussfolgerungen ermöglichen.

Diese Vorgehensweise ist zu Beginn einer Neuausrichtung auch deshalb angebracht, weil wir die zentralen Versprechen nie ohne eine gewisse Spannung, Beklemmung und innere Unruhe abgeben können. Wäre es anders, wären es auch keine richtigen Innovationen. Erst wenn die Belastung, die Bürde sich als lenkbar erweist, kehren sich die Dinge um. Sorgen und Befürchtungen verwandeln sich dann in eine mitreißende Herausforderung. Furcht und Argwohn weichen einer Zuversichtlichkeit, und zwischenzeitliche Ohnmachtsgefühle transformieren sich in einen beherzten Willen. Diese erstaunliche Nachhaltigkeit bewirken Sie, indem Sie genügend Räume der Verwirklichung offen lassen, damit Ihre Mitarbeiter spüren, dass sie aufgerufen sind, etwas Eigenständiges zu bewirken.

Es zeigt sich mit zunehmender Klarheit, dass in der Strategie-Kommunikation auch Weisheit in Form einer Art holographischen Sehens gefragt ist. Es geht darum, immer auch das Ganze zu sehen. Eben deshalb ist es entscheidend, dass Sie an den Werten festhalten, die Ihnen persönlich und auch im Hinblick auf die Unternehmensziele wichtig sind. Das erfordert ein gewisses Maß an innerer Stärke, gibt es doch Situationen, wo wir trotz unangenehmer Gefühle, die mit Uneinigkeit über das weitere Vorgehen zusammenfallen, nicht von unseren eigenen Vorgaben abweichen dürfen. Nur allzu leicht kann es passieren, dass wir die Ausrichtung aufgeben, damit mögliche Konflikte nicht ausgetragen werden müssen. Dahinter steckt oft mehr als eine ungesunde Konfliktvermeidung, um niemandem unangenehme Gefühle zu bereiten. Hinter dieser sanftmütigen, scheinbar wohlwollenden Fassade versteckt sich nicht selten ein Menschenbild, welches davon ausgeht, dass unser Einfluss auf unsere Fähigkeiten, Gaben und Talente beschränkt ist, dass wir kaum dazu fähig sind, etwas zu lernen, was uns nicht durch unsere Veranlagung mitgegeben wurde, und dass wir Niederlagen als Zeichen unserer Grenzen anerkennen sollten.

Alles Vorstellungen, die heute im Bereich des Aberglaubens anzusiedeln sind. Die Hirnforschung legt eindrückliche Studien vor, dass die Potenziale des Gelingens in unserem Mut, in der Ausdauer und Leidenschaft, aber auch in unserer Authentizität, Verlässlichkeit, im Vertrauen, in der Achtsamkeit und Gewogenheit zu finden sind. Wenn wir uns dagegen die gegenteiligen Fähigkeiten zuschreiben und auch noch fest daran glauben, lernen wir nur eines: Uns als hilflose Wesen zu betrachten. Chronisch überfordert, dennoch haftbar für alle Aus- und Zwischenfälle verlieren wir stetig unsere Selbstachtung. Doch genau diese, nicht unser Selbstbewusstsein, bildet die Grundlage unseres Entwicklungsvermögens.

Strategie-Kommunikation ist eine äußerst sensible Angelegenheit, gerade weil Mitarbeiter in Zeiten der Veränderung besonders hellhörig und hellsichtig sind. Hellhörig werden diese, wenn ihnen Zumutungen als Fortschritt vermittelt werden, und hellsichtig nehmen sie in Ihrer Gesichtsmimik wahr, wenn diese nicht mit dem Inhalt der Botschaft übereinstimmt. Dank der Spiegelneuronen funktioniert die nonverbale Kommunikation umstandslos, weshalb Sie nicht überrascht sein sollten, wenn Ihre Leute fair auf Fairness, jedoch auch trickreich auf Hinterlist reagieren.

In Zeiten, wo Vertrauen ein seltenes Gut geworden ist, kann ein Unternehmen eine herausragende Bedeutung erlangen, wenn sich herumspricht, dass die Geschichten, die wir von diesem erzählen, ebenso wahr, wie ihre Produkte gut sind. Alles andere – besonders wenn eine minderwertige Dienstleistung mit einer bedeutungsvollen Geschichte verbunden wird – ist schlechte Propaganda oder gar Betrug. Wenn wir uns vergegenwärtigen, dass Kundenbegeisterung mit den Mitarbeitern beginnt, wird einsichtig, dass kein Team je kreativ, konstant und übereinstimmend agieren wird, wenn ihr Tun auf Halbwahrheiten oder gar auf Lügen aufgebaut ist.

Angemessen ist vielmehr, dass Sie Ihre Aufmerksamkeit auf Ihr Ausdrucksvermögen, Ihr Sprachgefühl und Ihr Textverständnis richten. Fassen Sie Ihre fortlaufenden Kommunikationseinheiten kurz und prägnant. Sätze und Wörter, welche die Ganzheit und Zusammengehörigkeit beeinträchtigen, sind zu streichen. Um das größtmögliche Interesse und eine gesunde Neugier beim Empfänger zu wecken, ist eine Zuspitzung der Botschaften unumgänglich. Ebenso klare und kräftige, möglichst kurze Sätze. Keine Wiederholungen, Floskeln und Gemeinplätze. Keine Wortfügungen, Metaphern und Redensarten aus den Medien. Keine Verallgemeinerungen, keine Passivsätze, weil die nur Unzulänglichkeiten signalisieren und Verantwortlichkeiten verhüllen. Fremdwörter sind ebenso zu vermeiden wie Kommentare zum Geschriebenen oder Gesagten. Es liegt ganz allein beim Empfänger, die Botschaft zu kommentieren. Mit dem Verzicht auf alles Überflüssige, auf alle rhetorischen Eitelkeiten, schaffen Sie nicht nur eine ansprechende Eleganz, sondern auch die notwendigen Leerstellen, welche erst einen Dialog zwischen Absender und Empfänger ermöglichen. Über all dem steckt selbstverständlich der Zweck Ihrer Botschaft. Verpackt mit Logik und Struktur. Umschnürt mit einer passenden persönlichen Motivationsgeschichte.

Die Implementierung einer neuen Strategie ist in jedem Fall eine verwickelte, komplizierte Herausforderung, weshalb wir uns die notwendige Zeit nehmen sollten, um alle Aspekte in einer bilderreichen Sprache so zu beschreiben, dass die Adressaten mitempfinden können, was zu deren Umsetzung notwendig ist, denn erst dadurch entsteht eine Gewogenheit, die ein kreatives Mitdenken nach sich zieht. Schwierigkeiten, Hindernisse, Ausdifferenzierungen dürfen unter keinen Umständen unter den Teppich gekehrt, Probleme und Beschränkungen müssen klar kommuniziert werden. So weiß jeder Beteiligte, wo man sich befindet. Dieses Wissen macht allen den bisherigen Bezugsrahmen bewusst. Was wiederum die Möglichkeit erschafft, noch bessere Lösungen außerhalb der bisherigen Umrahmung zu suchen und zu finden. Neue Richtungen lassen uns bisher Verborgenes entdecken, ein neues Zusammenspiel aller Komponenten, eine neue Gesamtlage begründen. Hilfreich in diesem Prozessstadium ist die Visualisierung der Gedanken: In Zeichendarstellungen, Illustrationen, Plänen und Konzeptionen als Mindmaps. So werden zuerst Muster, dann blinde Flecken und schlussendlich sogar erstmals die Ganzheit der zu bewältigenden Aufgabe sichtbar. Wie Sie das hinbekommen? Indem Sie die Beschränkungen, welche sich durch die Produktionsanlagen, die Vertriebswege, das Geschäftsmodell und das Gesamtbudget ergeben, nicht als einen Passionsweg, sondern als eine einmalige Möglichkeit für Ihre Mitarbeiter erscheinen lassen, kreative Selbstbestimmung als das hochwertigste Vermögen in einer Welt des scharfen Wettbewerbs zu erleben. In der Gewissheit, dass ohne dieses keine nachhaltigen Innovationen möglich sind.

Wie sich im Dialog von Ich und Du zeigt, dass Kreativität nicht nur ein individuelles Talent ist, sondern zwischen den Menschen entsteht

Das Vorstellbare und Potenzielle ist keine ablehnende Gegenmacht des Tatsächlichen, sondern der eigentliche Kern, woraus sich unser

Leben herausbildet, entwickelt und gestaltet. Schon im Talmud können wir nachlesen, wie aus Gedanken Worte, aus diesen Taten, daraus Gewohnheiten hervorgehen, bevor aus all dem Schicksale gewoben werden. Gedanken, Verhalten und Gefühle sind so eng miteinander verbunden, dass wir dies niemals in verschiedenen Buchhaltungen bilanzieren können. Vielmehr entsteht daraus eine Spirale, die ebenso schnell in Abgründe wie auch in unwahrscheinliche Höhenflüge münden kann. Woraus scheinbar schlüssig hervorgeht, positives Denken sei das sicherste Mittel, um immer öfters vom Erfolg besucht zu werden. Reicht unreflektierter Optimismus aber aus, um die eigenen Möglichkeiten zu erkennen und zu verwirklichen?

Können wir uns auf die Hoffnung verlassen? Darauf, dass sie mehr ist als ein wohliger, zusagender Begleiter auf unserer Lebensreise? Schaut man sich um, lässt sich feststellen, dass ein Leben in Konjunktiven manchmal auch in eine falsche Richtung führen kann. Die hoffende Erwartungshaltung findet sich auffällig oft bei Menschen, die sich in selbstverschuldete Sackgassen manövriert haben oder sich davor fürchten, ihr eigenes Leben zu führen. Dazu wirken auf einer tieferen Ebene unseres Seins Sehnsüchte, die Hoffnungen weit stärker beeinflussen, als uns bewusst ist. Sie bewirken, dass wir den wahren Grund unserer Hoffnungen erst dann entdecken, wenn diese sich erfüllt haben. Weshalb bezüglich unserer Wünsche eine gewisse Vorsicht durchaus angebracht ist.

Der mehrdeutige Charakter unserer Hoffnungen, die sich stets aus Wünschen und Erwartungen zusammensetzen, zeigt sich auch darin, dass es sehr wohl hilfreich sein kann, auf eine heitere Zukunft zu vertrauen. Auch diejenigen, welche von ihren Schwächen und Beeinträchtigungen überzeugt sind, werden durch die sich einstellenden Ergebnisse in ihren Überzeugungen bestätigt. Woraus sich die Frage ergibt, was eigentlich zuerst vorhanden sein muss: Ein selbstbejahendes Ich, welches gelernt hat, Verstand und Weitsicht zu gebrauchen als

Folge seiner Anlagen und Begabungen, oder hat es diese Auffassungsgaben als Konsequenz seines Glaubens an diese gewonnen? Wenn Sie Biographien inspirierender Künstler oder verdienstvoller Wissenschaftler gelesen haben oder sich der Betrachtung hingeben, wie sich Menschen aus Ihrem jugendlichen Freundeskreis entwickelt haben, kommen Sie unschwer zum Schluss, dass die Geisteshaltung und Überzeugungskraft, zu außerordentlichen Leistungen fähig zu sein, weit wichtiger ist als entsprechende Begabungen. Was auch damit zu tun hat, dass wir alle im Unterbewusstsein über ein Reservoir verfügen, wo während unseres ganzen Lebens sämtliche Erfahrungen, Kenntnisse, Gefühle, Empfindungen sowie alles einmal erworbene Wissen gespeichert wird. Darauf können wir durch unsere Intuition jederzeit zurückgreifen. Dadurch sind wir nicht nur zur Selbstbestimmung fähig, sondern auch zum Handeln, ohne direktes Wissen, wohin uns dies führen wird. Das Leben in uns ist weit größer, als wir es selbst in den besten Momenten wahrnehmen können. Weshalb wir auch nicht allein auf die passiven Aspekte unserer Hoffnungen angewiesen sind.

Wie alles, ist auch Hoffnung und Optimismus eine komplexe Angelegenheit. Ihr Ausdruck zu verleihen, kann bedeuten, dass wir uns eingestehen dürfen, nicht alles unter Kontrolle zu haben, dass wir zu einer gewissen Demut bereit sind. Einer Demut, die sich daraus ergibt, dass wir selbst bei der in vielen Bereichen möglichen Vorausberechnung aller künftigen Verläufe nie über das dann eintreffende Ergebnis sicher sein können. Andererseits stehen zukünftige Erfolge nie gänzlich außerhalb unserer Bestrebungen, weshalb Ziele tatsächlich äußerst wichtig sind.

So also hat Hoffnung durchaus seine Berechtigung, aber als Fundament unserer künftigen Zeit ist ihre Tauglichkeit begrenzt, ja sogar verführerisch. Außerdem unterliegt sie auch nicht unserer Kontrolle, ist deshalb kein Zustand, zu dem Vertraulichkeit zu entwickeln wäre.

Weit klüger ist dagegen die Hinwendung zur Entwicklung von Selbstachtung und Selbstvertrauen, denn da gibt es viele Möglichkeiten und Pfade, wie diese kostbaren Gaben zu fördern sind.

Im Gegensatz zur Hoffnung, die wir uns selber geben, ist Selbstvertrauen etwas, dass uns zunächst einmal gegeben wird. In den besten und allermeisten Fällen als Geschenk von unseren Eltern. Ohne deren Liebe, Mitgefühl, Kooperation und altruistisches Verhalten hätten wir nie all das gelernt, was uns zum Menschen macht. Stellen Sie sich vor, wie Sie Schwimmen lernten. Wie Ihre Mutter oder Ihr Vater Ihnen erste Anleitungen dazu gaben. Wie Sie Ihnen in diesem Lernprozess Vertrauen schenkten, bevor Sie durch die ersten selbstständigen Schwimmzüge Selbstvertrauen entwickelten, etwas später – nach einer kurzen Besinnung über das Wunder, vom Wasser getragen zu werden – auch einen weiteren Vertrauenszuwachs zum Leben fanden.

Als wir noch Teil einer vorgegebenen Ordnung waren, als unser Platz in der Gesellschaft durch die Geburt festgelegt wurde, als wir noch nicht unter der Entzauberung der Welt litten und das Gefühl der Sinnleere in einer Welt ohne Geist und Seele kaum vorstellbar war, brauchte es nur ein geringes Quantum an Selbstvertrauen, um ein ehrenwertes Leben zu führen. Das Selbstvertrauen erhielt seinen notwendigen Zuspruch aus dem jeweiligen Stand des gesellschaftlichen Seins, wogegen es heute vermehrt aus dem eigenen Inneren zu gewinnen ist und uns in guten Momenten zuflüstert, dass da eine Aufgabe auf uns wartet, die niemand anders als wir selbst erfüllen können. Eine Aufgabe, die in unserer Persönlichkeitsstruktur angelegt ist und die es zu entschlüsseln gilt. Im selben Maß, wie uns die Entschlüsselung gelingt, erwachen auch unsere Talente zum Leben. Zeigen einen Weg, erfüllen uns zunehmend mit Selbstachtung, die nicht von außen zu empfangen ist, sondern nur selbst gegeben werden kann: Nur durch Findung und Erfindung des eigenen Lebens. Was dadurch möglich wird, indem wir beginnen, unsere irrationalen Gedanken zu erkennen und diese durch begründete, einleuchtende Überlegungen und Konzepte zu ersetzen. Auch indem wir unser Verhalten gelegentlich hinterfragen und dies gegebenenfalls durch eine zustimmende, zuverlässige und für sich und andere vorteilhafte Lebensführung erneuern. Was einhergeht mit der Wahrnehmung unserer Gefühle, damit wir nicht von diesen dominiert werden. Dieses Ausbalancieren von Kopf und Hand, von Verstand, Gefühl und Tat ist zur Förderung unseres Selbstvertrauens unentbehrlich.

Zu fragen, wie wir es geschafft haben, zu der Persönlichkeit zu werden, die wir heute sind, welche Inspirationen und Handlungen uns weitergebracht haben, wem wir es letztlich verdanken, dass wir unsere Ideen als Projekte in die Wirklichkeit überführen konnten, heißt auch zu fragen, in wessen Augen wir die Zustimmung erblickten, die uns anfängliche Zweifel überwinden ließen und uns den Mut schenkten, in einer labyrinthischen Welt Hand an das zu legen, was uns aufgetragen wurde. In den Augen der anderen nehmen wir das Wechselspiel von Vertrauen und Verletzlichkeit, von Verantwortung und Aufforderung zur Weiterentwicklung wahr. In jeder Lebensphase. Unsere Selbstsicherheit verdanken wir der Aufmerksamkeit und Zuwendung unserer Mitmenschen. Erweisen wir uns dieser Gabe als würdig, wenn wir sie weitergeben, durch ermutigende Worte an Freunde in Zeiten persönlicher Notsituationen. Als Übertragung einer anspruchsvollen Aufgabe an Mitarbeitende und Kollegen, um ihnen damit zu zeigen, welch hohes Maß an Vertrauen wir ihnen angedeihen lassen. Wir Menschen sind von Geburt an als Beziehungswesen angelegt. Aber erst in den Augen anderer eröffnen sich die Wege von der Kenntnis zur Erkenntnis.

Vertrauen anzunehmen, Vertrauen zu schenken, Menschen zu unterstützen und von Menschen Hilfe anzunehmen, ist nicht nur die natürlichste und schönste Art und Weise, unseren Erfahrungshorizont zu erweitern, sondern zugleich ein höchst wirksamer Schutzfaktor gegen

Unmut, Überbeanspruchung und Lebensverdruss. Überdies befreit es uns aus der Dualität von Funktionieren und Versagen, indem uns diese Verbundenheit mit anderen Menschen hilft, manchmal auf Umwegen, den eigentlichen Weg zu erkennen.

Menschen, die uns Vertrauen schenken, machen uns souveräner, bedeutender und leistungsfähiger. In ihrem Umkreis fühlen wir uns wie zu Hause, werden klüger, empfänglicher und öffnen uns für Sichtweisen, die uns bisher verschlossen waren. Als einzelner Mensch sind wir zwar nur ein winziger Teil des Seins, verfügen jedoch über etwas Einmaliges – über Geist. Was uns das nahezu Unmögliche immer wieder neu versuchen lässt: Uns als ein Wesen zu begreifen, welches durch seinen Einflussbereich und sein Wirkungsfeld stark limitiert ist und sich dennoch so verhalten kann, als lägen selbst die größten Ziele nicht außerhalb des Vorstellbaren. Wie kann das gelingen? Wiederum durch einen Umweg: Indem wir andere auszeichnen und stärken, stärken wir uns selbst. Aber auch, indem wir eine wichtige Grenze erkennen und respektieren. Wenn Sie wissen, wie gut Sie auf andere eingehen, sie inspirieren und führen können, sollten Sie es tunlichst vermeiden, in den darauffolgenden Handlungsprozess einzugreifen. Dadurch untergraben Sie alles, was Sie vorher so schön aufgebaut haben. Das bezaubernde Gefühl, sich etwas alleine und selbstständig erarbeitet zu haben, ist für Kinder ebenso wichtig wie für Erwachsene, denn irgendwo im Laufe dieses Arbeitsprozesses überschreiten wir eine weitere geheimnisvolle Grenze, diejenige nämlich, wo sich Können in Selbstvertrauen verwandelt.

Wir schulden es uns heute, herauszufinden, wie das Selbstwertgefühl entsteht und wie wir es erhalten können. Es ist ein komplexer, wechselseitiger Prozess, bei dem wir anerkennen müssen, dass dessen Gelingen eben auch vom bestätigenden Blick unserer Mitmenschen abhängt, die uns damit anerkennen, wertschätzen und auszeichnen. Keine leichte Sache, wenn man bedenkt, dass wir in einem Zeitalter leben, wo eine narzisstische Vereinzelung vorherrscht, wo es bald selbstverständlich erscheint, andere für sich zu benutzen, wo das Konkurrenzdenken die Anerkennung anderer zu einem seltenen Gut machen.

Was aber ist uns selber in die Hand gegeben, um für unsere Mitmenschen als wichtig und wertvoll wahrgenommen zu werden? Entscheidend dürfte sein, dass wir uns stets in Übereinstimmung mit unseren Wertvorstellungen verhalten, dass wir unsere Gefühle - seien es nun Freude oder Empörung, Trauer oder Scham - auch zeigen, und wenn es angemessen erscheint - etwa in Feedback-Gesprächen - auch darüber sprechen, wie diese unsere Gedanken und unsere Verhalten beeinflussen und in welchem Maß wir dies allenfalls geschehen und zulassen wollen.

Wichtig ist ergänzend, dass wir die Fähigkeit entwickeln, andere um Hilfe zu bitten. Anzuerkennen, dass wir auch als Vorgesetzte nicht immer auf alles eine weiterführende Antwort haben und dies auch eingestehen. Wenig jedoch verhindert Anerkennung mehr als Selbstmitleid. Nicht nur verunmöglicht dies jeden Wandlungsprozess und jedes fröhliche Lebensgefühl. Selbstmitleid trägt auch nichts dazu bei, was unsere momentane Situation verbessern könnte, hält einen jedoch davon ab, Alternativen zu erkennen, sich auf andere einzulassen und bewirkt dadurch all das, was wir insgeheim befürchten.

Wir alle streben nach einem mehrheitlich freudigen, aussichtsreichen und anregenden Leben, stets auf vertrautem Fuss mit dem Gefühl, dass unser Tun nicht nur für uns selber Sinn ergibt, dass wir unsere Wertvorstellungen weitergeben können, dass sich unsere Beziehungen sowohl herausfordernd als auch nährend gestalten und wir uns in einem stetigen Wandlungsprozess befinden, der sich in Richtung einer Erweiterung, einer geistigen Bereicherung und Vervollständigung entfaltet.

Indessen wissen wir jedoch auch, dass wahres Leben kaum all unsere Hoffnungen zu erfüllen vermag. Doch solange wir spüren, wie unser Engagement, unsere Arbeit uns Genugtuung, Kurzweil, Erfüllung und mitunter sogar eine Glut der Begeisterung vermittelt, können wir gewiss sein, dass wir der Sicherheit die Überraschung vorziehen, dass wir weiterhin an einem Lebensmuster arbeiten, dessen Verknüpfungen wir weitgehend selber bestimmen, und dass wir an unvermeidlichen Gefährdungen, Notsituationen und Wendepunkten nicht verzweifeln, sondern reifer, gefestigter und konzentrierter daraus hervorgehen. Darüber hinaus können uns Schicksalsschläge von allzu arglosen Vorstellungen befreien. Noch wertvoller: Wir können an unseren Reaktionen erkennen, wie wir die Verbannung aus der kindlichen Unschuld bewältigt haben und in welchem Maße wir nun fähig sind, die wahren Gegebenheiten des Lebens anzunehmen, fähig sind, immer wieder neue innere und äußere Wachstumspotenziale in einer unvollendeten Welt anzunehmen.

Hohe Ansprüche, gewiss. Indem wir dennoch eine Sensibilität für Versagtes wachhalten, verhindern wir eine einseitige Wahrnehmung, weil wir beispielsweise für die Mehrheit unserer Entscheidungen immer nur auf die Stimme des Verstandes hören. Doch für die Wendepunkte, wo wir uns selbst erschaffen, wo wir unsere wahre Stärke gewinnen, sind die Impulse, welche wir durch unsere Gefühle, durch das Bewusstsein sowie durch das Unbewusste erhalten, ebenso wichtig und entscheidend. Im Grunde sind wir ein Gemeinschaftsprojekt aus all diesen Anteilen. Wollen wir daraus als ein Mensch hervorgehen, der vor allem das tut, was nur er selber kann, braucht es die Bereitschaft, Widersprüche auszuhalten, welche sich aus den verschiedenen Teilen unseres Selbst ergeben. Einseitig ausgerichtet, erkennen wir solche Möglichkeiten kaum– und dann bleibt vieles ungetan.

Die Befähigung, unserer Urteilskraft voll zu vertrauen, die eigenen Intentionen wertzuschätzen und auf sie zu bauen, finden wir, indem wir auf all unsere Anteile gleichermaßen vertrauen. Um diese Symphonie zum Klingen zu bringen, um den Sternenglanz unserer verborgenen Absichten zu entdecken, brauchen wir Momente der Endlosigkeit, Augenblicke ohne jede Dringlichkeit, Zeiträume der Hingabe, wo unser Wesen zum authentischen Selbstausdruck gelangen kann. Nicht als Einheit, die kann es angesichts der Vielfalt unserer Persönlichkeit gar nicht geben, sondern der Vielheit. Ebenso dualistisch wie paradox, durch Veränderung geprägt, mehrdeutig und abwechslungsreich, öffnet sich so ein frischer Horizont unserer Freiheit. Mit einem Ausmaß an Eleganz und Schönheit, welches zugleich unser allseitiges Potenzial reflektiert.

Es kommt noch besser: Während wir bei Entscheidungen alle Anteile unseres Selbst befragen und berücksichtigen, erschließen wir uns nicht nur eine verlässliche Orientierungshilfe, sondern erschaffen uns dadurch auch ein psychisches Immunsystem der Absicherung, um in Zeiten der Verunsicherung nicht das Gleichgewicht zu verlieren. In Zeiten der Bedrängnis, die uns mit Leichtigkeit auf die abgewandte Seite unseres Selbst geraten lassen, bildet dieses Immunsystem die Wurzel unserer Zukunft. Schwierige Zeiten voller Herausforderungen bleiben niemandem erspart. Sie gehören zu den Notwendigkeiten des Lebens. Manchmal, um gering geschätzte Tage wieder zu würdigen, manchmal als Erfordernis und Ausgangspunkt zur Erneuerung unseres Selbstverständnisses.

Tatsächlich sind es in den allermeisten Fällen nicht einzelne Heimsuchungen oder Dramen, die unser Leben in eine bestimmte Richtung lenken, sondern unsere Haltung, mit der wir diesen Ereignissen begegnen. Die Anlegestelle zu dieser Haltung müssen wir indessen auf unsere je eigene Art und Weise finden. Wie aber gelangen wir dahin, wie spüren wir die Notwendigkeit, unser Lebensboot auf einem nur uns vorbehaltenen Weg zu steuern? Nicht zuletzt dadurch, dass wir zuerst einmal prüfen, wohin unsere Aufmerksamkeit gerichtet ist.

Zielt sie immer noch auf die Erlangung eines wie auch immer geordneten Leitbildes ab, dessen Anordnungen zu beherzigen und zu befolgen sind? Also auf eine Botschaft, die aus unserer Umgebung kommt, von Stimmen, die uns eigentlich wesensfremd sind. Wenn das so ist, wäre es angebracht zu prüfen, ob es vielleicht nicht umgekehrt sein könnte; dass es unser Verhalten ist, welches Tore zu neuen Bestimmungen und Mustern des Seins sichtbar macht, dadurch Maßstäbe und Leitlinien herstellt, die wir uns selber verdanken und die deshalb uns ganz allein gehören. Dennoch uns nicht in die Einsamkeit führen, weil wir durch diese Erfahrung mit einer Art Lebensklugheit verbunden werden, die wie Fließgewässer unterhalb bestehender Traditionen seit jeher miteinander verbunden sind. Was wir damit anstreben, ist weit mehr, als nur irgendwie mit den Anforderungen des Lebens zurechtzukommen. Auch mehr, als nur auf sein Glück zu hoffen. Es bedeutet, immer wieder von Neuem Hindernisse zu überwinden, um in den Tiefen des Alltags verborgene Kostbarkeiten wie Vitalität, Lebensfreude, Zustimmung und eine Intensität zu erreichen, die uns über das Mittelmaß herausragen lässt.

Es ist durchsichtig, dass wir uns als Wesen der Zeit in dieser Welt wahrnehmen, nicht aber, mit welcher Gesinnung und weltanschaulicher Konzeption wir auf unsere Umgebung schauen. Wir halten an eigentlich längst erschöpften Vorstellungen wie der fatalen Illusion fest, wir seien von allen anderen Lebensformen unserer Erde getrennt. Da wir zudem aus jeder Begebenheit die uns gerade passenden Aspekte herausfiltern, unterliegen wir allzu häufig der Versuchung, die Dinge des Lebens in ihrer Ausschließlichkeit statt in ihrer Verbundenheit wahrzunehmen. Somit wäre es angebracht, unsere Vorurteile gelegentlich zu ergründen. In einer gesamtheitlich geöffneten Grundhaltung, wo dem Geben und Nehmen, den weiblichen und männlichen Energien, der Natur und der Kultur oder allen Energieformen des Lebens gleichviel Raum und Aufmerksamkeit gegeben wird. Wir haben ja bereits gesehen, dass uns stets Vertrauen entgegengebracht werden muss, bevor wir selber ins Vertrauen gesetzt werden, dass es auch immer ein Du braucht, bevor wir unser eigenes Ich erkennen. Welches dann wiederum die Bedingung bildet, zum Du eines anderen Menschen zu werden. Mit dieser Einsicht kann es glücken, alte Gewohnheiten zu überwinden, statt nur immer das zu sehen und zu hören, was wir erwarten. Zusammen mit der bereits geklärten Frage nach unserem Warum können wir jetzt eine dynamische Umsetzung unserer Impulse vornehmen, die uns im Einklang mit der inneren Haltung zur Manifestation unserer Vorhaben führt. Indem wir alle unsere Sinne so weit öffnen, dass uns neue Stimmen, neue Bilder und neue Eingebungen zufließen. Erst in der Stille finden unsere Gedanken zur notwendigen Klarheit, um ein frisches Vorgehen zu ermöglichen. Erst in der gelassenen Hingabe finden wir die Motivation, die ein eigenes Warum bewirkt und uns die Kraft der Umsetzung schenkt. Erst das Vertrauen nährt die feurige Kraft, die uns mitten in Wirkungsgeschichten dieser Welt führt.

Uns Menschen ist die eindrucksvolle Fähigkeit gegeben, gemeinschaftlich nach einem einleuchtenden Plan und einer geschickten Strategie zu handeln. Doch das Leben hat uns auch gelehrt, dass sich jede menschliche Vorbildlichkeit, Virtuosität und Beschaffenheit in ihr Gegenteil wenden kann. Wo Geduld endet und Zaghaftigkeit beginnt, ist mitten im Geschehen manchmal schwer festzustellen. Ebenso verhält es sich mit den Übergängen von der Leidenschaftlichkeit zur Entschlossenheit, und in Liebesdingen dürfte vielen die nahtlose Verwandlung von Zärtlichkeit in Umklammerung nicht gänzlich unbekannt sein.

Nur selten wird die innerste Substanz unseres Selbstwertgefühls durch die Wechselfälle eines normalen Lebens so tief erschüttert, dass wir aus dem Gleichgewicht geraten. Doch wenn lebhafter Fleiß in farblosen Ehrgeiz, wenn erwartungsfrohes Engagement in misslaunige Rivalität, wenn Selbstbewusstsein in eine Besessenheit nach ständiger Anerkennung mündet, sollten wir nachdenklich werden, vielleicht sogar nach Hilfe fragen. Die Gefahr, unsere Mitte zu verlieren, plötzlich keine Ahnung mehr zu haben, was wir wollen, oder wie das, was wir noch wollen würden, zu verwirklichen wäre, ist unmittelbar gegeben. Womit dann auch die Einsicht verhindert wird, in den Wechselfällen des Lebens eine Herausforderung zu erkennen, die uns jedoch auch wachsen lassen kann. Solche Verhaltensmuster sind heimtückisch, weil wir im Schwinden ursprünglicher Begeisterung nicht eine Aufforderung sehen, nach zuvor unbedachten Lösungsstrategien zu suchen. Dafür im Austausch nur noch Risiken und Hindernisse herausstellen, um letztlich alles so sein zu lassen, wie es schon immer war. Um zu verhindern, in solch zwiespältigen, gar mehrdeutigen Situationen nicht innerlich zerrissen zu werden, sollten wir darauf achten, weder unser Gleichgewicht noch unsere Perspektive zu verlieren. Falsche oder idealisierte Erinnerungsbilder helfen uns jedenfalls nie weiter, viel eher schon ein fernes Ziel, welches unser Zutrauen, unsere Risikofreudigkeit und unseren Unternehmergeist fördert.

Vielschichtigkeit und Mehrdeutigkeit sind Phänomene einer komplexen Gegenwart, die uns mitunter an den Rand des Erträglichen treiben. Sie lassen uns in der Ungewissheit schweben, verlangen Besonnenheit, Standfestigkeit und Selbstbeherrschung, weil uns in solchen Zeiträumen die Kette des Fragens statt in die Gewissheit immer nur zu weiteren Fragen führt. In unmittelbarer Betroffenheit können wir da verständlicherweise an die Ränder der Erschöpfung geraten. Jedoch, aus einer gewissen Distanz betrachtet, erweisen sich solche Perioden als Reifezeiten, in denen wir Weisheit gewinnen. Hier sind die Ausnahmen von den Regeln zu lernen, wie auch die hohe Kunst der Improvisation. Alles Voraussetzungen zur Erlangung von überraschenden Inspirationen. Wer – in welchem Gebiet auch immer – Meisterschaft erlangen will, muss eben lernen, wie ein Meister zu handeln: Souverän, auf seine akzeptierende, lebensbejahende Grundhaltung vertrauend, überwindet man hier die Gewohnheit, die Welt aus einer einengenden Entweder-oder-Optik zu betrachten. Findet stattdessen konstruktive Lösungsmöglichkeiten, um mit ungewollten Realitäten zurechtzukommen, indem wir in der Geduld eine Kraft schätzen lernen, die uns nahelegt, wach zu bleiben, abzufragen, abzuwägen. Zuversicht aufzubauen, die Dinge neu zu ordnen, bis wir genau jene Grundbestandteile oder Wesensmerkmale finden, die sich solange im Verborgenen gehalten haben.

Geduld ist kein Narrativ für Gleichgültigkeit und sollte in uns auch nicht das Gefühl aufkommen lassen, nicht zu wissen, was zu tun ist. Vielmehr ist Geduld eine innere Notwendigkeit, um unserem kreativen Geist den notwendigen Raum zu geben, mit den Möglichkeiten zu spielen, um dem Reifungsprozess Zeit einzuräumen. Innovationen können als Variationen des bereits Bekannten und Bestehenden durch den Intellekt entstehen. Wirklich Neues dagegen setzt Zuversicht voraus, die darauf vertraut, dass in Menschen sowie in Umständen und im Bezugsrahmen immer mehr Potenziale zu finden sind, als wir im Moment ausmachen und begreifen können.

In solchen Perioden geht es nicht darum, bisherigen Normen, Leitlinien und Bewertungsmaßstäben nachzufolgen, sondern diese durch die Kraft unserer Fantasie zu erneuern, zu überhöhen. Das dafür angemessene Klima sollte ermöglichen, dass uns Fehler nicht peinlich sind, dass wir Mitarbeitende darum nicht zurückversetzen oder gar bestrafen. Besser ist es, sie und auch uns zu ermutigen, berufliche Ernsthaftigkeit vorübergehend in spielerische Begehrlichkeiten, Gebote in Abenteuerlust, Zahlen in Poesie, Geld in Freude und Anerkennung zu verwandeln. Ist dies nicht allzu sehr einer Rhetorik der Zuspitzung geschuldet? Ja, schon. Aber die heute notwendigen komplexen Prozesse für unerlässliche Erneuerungen erfordern nun einmal bisher wenig erprobte Lernquellen.

Sicher, die Realität des Lebens ergibt sich durch unser Vorgehen, Gestalten und aus dem, was wir zu einem guten Ende bringen. Weshalb immer wieder zu überprüfen ist, in welchem Modus wir unterwegs sind: Suchend oder findend, loslassend oder festhaltend, aufbrechend oder ankommend. Durch das gleiche Fenster, welches Licht einströmen lässt, können eben auch Zweifel eintreten, und dann konzentrieren wir uns nicht mehr auf vorstellbare Lösungen, erdenkliche Schlussfolgerungen und darum, wie wir entsprechende Energien, Fähigkeiten und Produktionsmittel wecken und aufbieten können, sondern agieren problemorientiert und uns im Kreis drehend. Wir verkennen, wie sehr es Menschen zu würdigen wissen, andersartige Ideen durchzuspielen, eigenständige Auswege aus verfahrenen Situationen zu finden, außergewöhnliche Betrachtungsweisen anzunehmen und herauszufinden, was letztlich ohne große Komplikationen gutgehen könnte. Diese Haltung zulassend, fördert noch ein anderes Wunder zutage: Es lässt das Ego der Mitarbeitenden in den Hintergrund treten. Eben dieses sucht nämlich ständig nach Fehlern, nach Schuldigen und konzentriert sich darauf, recht zu haben, statt sich auf Maßnahmen zu konzentrieren, die funktionieren könnten. Dabei geht die Angst vor dem Scheitern einher mit der Weigerung, sich selbst durch die Ergebnisse überprüfen zu lassen. Entscheiden heißt eben auch, immer eine Wahl zu treffen, eine Grenzlinie zu überschreiten, die uns sogar verletzen könnte. Aber ohne diese Bereitschaft zur Hingabe verweigern wir uns dem Abenteuer des Lebens und schließen die Tore zum Zauberland offener Perspektiven.

Um diese Tore offen zu halten, genügt nicht allein das Vermögen, Selbstvertrauen zum Leitstern unseres Lebens zu erheben. Nein, wir sollten auch anerkennen, dass wir nie voll und ganz über unser Leben und über die uns umgebende Welt verfügen können. Vitalität, Schaffens- und Lebenskraft entstehen immer auch aus der Spannung mit dem, was namentlich noch nicht genannt werden kann, mit dem, was noch nicht ausgemacht ist. In diesen offenen Räumen der Möglichkeiten zeigt sich eine ebenso bedeutsame wie folgenreiche Grundthematik unseres Lebens. An diesem einsamen Ort unserer Vorfreude und Vorwegnahme, inmitten des Ersichtlichen, aber noch nicht Greifbaren, ist unsere Freiheit angesiedelt. Hier gilt es, sich damit einverstanden zu erklären, dass bei all unseren Vorhaben immer ein Rest Undurchsichtigkeit, ein Zwiespalt und damit auch eine gewisse Angst übrig bleibt. Zu überwinden ist diese nur durch die Einsicht, dass Freiheit nicht wie ein normales Gut durch einen Entschluss erworben werden kann. Sie ist nur im Tausch zu erlangen. Mit unseren je eigenen Erfahrungen.

Ehren wir also unsere Entschlusskraft als eine offensive Leidenschaft, die uns nicht nur hilft, Unwägbarkeiten auszuhalten, sondern auch verhindert, dass uns das Leben im bloßen Fließen der Zeit abhanden kommt und wir im grellen Neonlicht unserer Arbeitsstätten das Selbstvertrauen verlieren. Feiern wir den Aufbruch, befreien wir uns aus der Geiselhaft bisheriger Horizonte und fügen unserer Burg der Großtaten einen weiteren Turm hinzu, der neue Ausblicke in noch unbearbeitete Felder der Nicht-Entscheidungen ermöglicht.

Weil oberhalb unserer Entscheidungsfähigkeit alles vakant ist, müssen wir handeln, bevor wir Wissen können. Viel Freiheit, wenig Sicherheit. Warum? Weil die Zukunft derart kostbar ist, dass sie immer wieder neue Annäherungen, neue Ideen, Vorstellungen, Konzepte, Strukturen und Ziele verdient. Zukunft verlangt nach Erweiterung, weshalb es auch nicht förderlich ist, nur nach der einen fehlerlosen Lösung zu suchen, weil wir dadurch die Aufgabenstellung immer nur mit der gleichen Einstellung und aus dem gleichen Zusammenhang betrachten, und natürlich auch in der gleichen Problematik stecken bleiben. Wenn wir also schon viel Freiheit und wenig Gewissheit haben, sollten wir unsere Befreiung nutzen, indem wir die Räume unseres Denkens, Empfindens und Fühlens öfter wechseln, ins Praktische weiten, Wahrscheinlichkeiten und Gegenmodelle durchspielen, um uns dadurch möglichst viele Alternativen zu erarbeiten. Hier sind wir aufgefordert, aus unserer intellektuellen und emotionalen Geschichte herauszutreten. Wodurch wir es hinbekommen, nie zuvor erweckte Gedankenketten samt ihren Spiegelungen und Rückstrahlungen zu entdecken. Mit der Rückkehr des würdevollen Gefühls der Selbstbestimmung geht auch die Kraft einher, Hürden und Blockaden zu überwinden und selbst im vielgestaltigen Prozess des Werdens die notwendige Übersicht zu bewahren. Ob diese Art des Unterwegsseins kurz oder lang dauert, ist nicht entscheidend, solange wir uns stets von Demut und Entschlossenheit zugleich tragen lassen. Sie ist der optimale Reiseführer, in ihr verbirgt sich unser Verlangen nach unerfahrenen Wirklichkeiten.

Die wertvollsten Impulse zur Entscheidungsfindung zeigen sich meistens nicht in den rationalen Aspekten der Gedankenketten, als vielmehr zwischen den einzelnen Intervallen. Da findet sich für alle diejenigen, welche der Sicherheit die Verwunderung, dem Absehbaren das Besondere vorziehen, etwas, das sich schwer erklären lässt, was jedoch viele sensible Menschen schon erfahren haben. Es scheint jenseits des eigenen Selbst zu liegen. In den Regionen, wo wir Geheimnisse vermuten. Auf jeden Fall lässt sich nicht sagen, ob diese Impulse aus bisher unbewohnten Gegenden unserer Persönlichkeit stammen, ob wir sie träumten oder träumen ließen. Ob sie der Intuition oder der Erinnerung, die sich auf eine schier unendliche Ahnenreihe stützen kann, geschuldet ist. Feststehend ist nur, dass sich derartige Anregungen und Einfälle mit der Kraft einer Erlösung zeigen, dass sie einen Entwicklungsprozess anstoßen, der uns wie eine Aufklärung erscheint, wo in jedem Gedanken auch gleich sein Widerspruch, seine Antithese erkennbar wird.

Um also vom Problemdenken wegzukommen, um vor der Ungewissheit nicht gelähmt zu werden, um das vorschnelle Urteil, dass Kreativität nur großen Künstler vorbehalten sei, zu überwinden, zeigt sich hier in der tiefsten inneren Öffnung ein Weg, der ohne Beschränkung allen offen steht. Allzu lange haben Menschen Suchprozesse allein mit ihrem Verstand vorangetrieben und dabei in sich selbst so viel Druck aufgebaut, dass sich dadurch alle Wege zu neuen Ideen verschlossen.

Dann verloren sie auch das Gefühl für ihre Einzigartigkeit, begannen, sich zu vergleichen, definierten sich über andere Menschen, bis sich ihre Triebkräfte des Seins so weit abgeschwächt hatten, dass sie ihr Selbstwertgefühl verloren. Unbestritten ist die ererbte aristotelische Logik ein wunderbares Instrument, aber das Leben ist weit mehr als nur eine rationale Prüfung. Also fassen Sie Mut und reichen der Ungewissheit die Hand. Es spricht doch vieles dafür, dass Sokrates und Platon genau durch die anfängliche Undurchsichtigkeit der Dinge den offenen, fragenden Dialog als die aufmerksamste und kultivierteste Form der Kommunikation entdeckten.

Im Dialog werden die unterschiedlichsten Lösungsansätze erwogen. Skepsis und unparteiische Gerechtigkeit, ohne die jedes Denken über Fortschritte in Anmaßungen aller Art mündet, bekommen Raum. Wodurch nicht zuletzt auch altgediente Glaubenssätze und starre Anschauungen überwunden und ersetzt werden. Dialoge lassen sich zudem verzweigen, auf immer mehr Menschen ausdehnen, was uns nicht nur die Kunst der Berücksichtigung lehrt, sondern darüber hinaus die nötige Geduld vermittelt, um auf die richtige Inspiration, auf die Enthüllung des Lösungsansatzes zu warten und vielleicht zu entdecken, dass die eigene Argumentationskette eben auch ihre Schwächen, ihre Widersprüche hat. Es gilt, zuweilen auch anzunehmen, dass der andere etwas Bedeutendes und ich selber nur etwas Gewöhnliches vorzuweisen hat. Dann, ja dann sind Sie auf dem Weg zur Weisheit und sich selber so weit voraus, dass Sie dereinst zu einem wahren Meister Ihres Lebens werden können.

Teil IV

FÜHREN

Wie wir methodisch auf Zielstrukturen und Zielzustände hinführen

Führung setzt eine starke Eigenmotivation voraus. Ebenso ein hohes Maß an Achtsamkeit, um Wahrgenommenes in seiner Einmaligkeit und Individualität zu würdigen. Womit sich zeigt, dass Arbeit den Ausgangspunkt unserer Originalität, unserer Geistesstärke und Schöpferkraft darstellt. In ihr finden wir die Fülle persönlicher und sozialer Erkenntlichkeit und Zugehörigkeit, entdecken uns selbst, unsere Potenziale und Grenzen sowie unsere Mitmenschen und die Welt. Deshalb wollen wir dieses Kapitel der Führungskompetenz im Spiegel der Globalisierung betrachten.

Es wird sich zeigen, dass die hier zur Diskussion gestellten Führungsstile unter historischen Rahmenbedingungen entstanden und zum Tragen gekommen sind. Weshalb es ratsam ist, insbesondere gegenüber dominierenden Führungsstilen eine gewisse Zurückhaltung einzunehmen. Diese vorsichtige Haltung erlaubt es aber auch, die vielfältigen, kontrastreichen Bestandteile jedes Stils auf ihre jeweils situationsbedingte Nützlichkeit hin zu prüfen und sie entsprechend anzuwenden. Selbstverständlich kann dies nur als zeitlich gebundene Übereinkunft zwischen führenden und geführten Mitarbeitenden gelten. Dieser menschliche, gesellschaftliche und historische Bezugsrahmen verlangt also nach einer differenzierten Betrachtungsweise und setzt ein Wertebekenntnis voraus, dessen Grundlagen wir in den vorangehenden Teilen dieses Buches kennengelernt haben.

Also brechen wir auf, genauso wie 1492 Kolumbus auf die große Fahrt über den glitzernden Ozean aufgebrochen ist und den Beginn der heute ebenso gepriesenen wie verfluchten Globalisierung eingeläutet hat. Die Seefahrer dürften wohl in den uferlosen Weiten die Wege der weißen Wolken beobachtet haben. Ahnungen der Unendlichkeit könnten sich am Ende der Tage, als das Blaue tiefer und dunkler wurde, eingestellt haben. Eingehüllt von einer mehrdeutigen Stille öffnete sich das nächtliche Himmelsgewölbe mit der unergründlichen Anziehung des Mondes und den Myriaden von Sternen, die in ihrer Zusammenfügung von Horizont und Transzendenz einen letzten Trost in einer Zeit der fortwährenden Ungewissheit spendete.

Wenn jedoch schwarz-graue Wolken heraufzogen, wenn wuchtige Stürme letzte erträumte Lebenswege fraglich erscheinen ließen, wenn danach in durcheinanderwirbelnden Wolkenfetzen Erinnerungen auftauchten, wie leicht es einem noch vor kurzer Zeit erschien, sich aus einem wenig verheißungsvollen Leben zu verabschieden, alle Sorgen hinter sich zu lassen – wenn all dies zum Aufbruch ins Unbekannte gehörte – dann konnte ganz unerwartet das warme Licht im Spitzbogen einer Abteikirche zu einem Symbol für alles werden, was man zurückgelassen hatte. Ebenso könnten die Säulen des vertrauten Gotteshauses, die durch die übereinanderliegenden zeitlichen und räumlichen Ebenen zu einer Aufforderung werden, die Hoffnungen nicht sinken zu lassen, das Vielversprechende in sich zu beschützen, das Bestreben nach schöpferischer Ermächtigung nicht erlahmen zu lassen und die Wege der leichten Versprechungen zu meiden. Wenn sich dann die Erinnerungen allmählich auflösten, wenn Berge und Wellen zu einer einzigen Linie verschmolzen, wurden die Seefahrer Wächter eines Horizontes, hinter dem sich ihr noch ungeschriebenes Schicksal zu entfalten schien.

So wie die Seefahrer die Orte ihrer Geburt verließen, um in der Weite der Meere das Neue zu Suchen, so verlassen wir heute unseren kulturellen Himmel, die schützende wie auch tröstende Überdachung unserer Dichtungen, Malerei und Musik, um an äußersten Orten unsere Projekte der Digitalisierung, der künstlichen Intelligenz, der Bio- und Nanotechnologie weiterzuentwickeln. Der Anfang der Globalisierung erscheint uns wie dessen Ende als ein Morgen, wo noch und wiederum alles möglich und denkbar ist, wo die Dinge der Zeit sich im Aufbau befinden, wo im Werden größere Kräfte als im Vergehen zu finden sind. Die Spuren samt ihren Erschütterungen dieser ersten Welle der Globalisierung sind nicht nur überall auf unserer Erde zu besichtigen, sondern auch in uns selber. Jeder einzelne Mensch ist zu einem Prüfstein für all die großen Fragen geworden, die in alten Zeiten der Religion und Philosophie vorbehalten waren! Dies will und darf jedoch nicht heißen, dass damit eine Auflösung von Ethik und Verantwortung einherginge. Es kann vielleicht eine Öffnung neuer Räume bedeuten, um das Bevorstehende zu empfangen, willkommen zu heißen und ethisch zu wägen.

BEOBACHTUNGEN VON DER KOMMANDOBRÜCKE

Beinahe schicksalshaft scheint es zu sein, sich immer wieder von der Poesie alter Vertrautheiten zu verabschieden, um in neue Asyle aufzubrechen. Als Möglichkeit, über sich selbst hinauszuwachsen oder um dem Drang nach äußerer Expansion gegenüber der inneren Entwicklung eine höhere Dringlichkeit einzuräumen. Seit Kolumbus hat Europa in zunehmenden Maße aufgehört, sich metaphysisch auf den Orient zu beziehen. Die Reise zum vermeintlich bekannten Ursprung im Osten ist durch den Aufbruch zu den unbekannten Gestaden im Westen ersetzt worden. Selbstlosigkeit verwandelte sich in Selbstbegeisterung, kirchliche Fremdbestimmung in ökonomisch erfolgsorientierte Selbstbestimmung.

Worin aber sind die Momente der Enthemmung zu finden, die es dem wagemutigen Seefahrer erlaubten, all die Ungewissheiten über so lange Zeit zu ertragen und unentwegt an einen Wendepunkt zum Glück zu glauben? Vermuten lässt sich, dass die reflexive Neigung der Philosophie nur die Melancholie der Verlorenheit gestärkt hätte. Als Entgegnung war eine Führung vonnöten, die ganz auf Offensive ausgerichtet war, die es verstand, die Mannschaft auf ein ausschließliches Vorwärts, auf die Triebkraft des dringlichen Begehrens einzuschwören, um sich in die Reichweite neuer Welten zu bringen.

Was sich damals beim ständigen Überschreiten horizontaler Grenzlinien als existenziell notwendig und richtig erwies, hat noch heute – wenn auch meistens auf metaphorische Weise – seine Gültigkeit. Sobald wir uns auf das Unbekannte vorwagen, unterliegen wir dem Wechselspiel von dem, was planbar ist, was kalkuliert werden kann, und dem, was sich den Berechnungen entzieht. Natürlich lassen sich Steigerungsperspektiven durch Wahrscheinlichkeitsrechnungen ermitteln. Aber nie ohne Restrisiko. Wäre es anders, wären wir am Ende einer lebendigen Welt angelangt. Doch schon damals wurde in Wahrscheinlichkeiten gedacht. Jedoch in Form von allfälligen Verlusten, die ein Hochrisiko-Unternehmen wie die globale Seefahrt zwangsläufig mit sich brachte, und die Idee der Versicherung gebar, welche die Gefahren als statistische Mittelwerte einzustufen wusste, um der Ungewissheit eine Vernünftigkeit zu verleihen. Konsequenterweise begann sich auch die Philosophie von metaphysischen Betrachtungen abzuwenden, wodurch – erstmals mit Descartes – die rein rationalistische Ausrichtung überhandnahm und in die Philosophie der Aufklärung mündete.

Zunehmend setzte sich – zumindest bei einer kleinen gebildeten Elite – eine pragmatische Sicht der Dinge durch, welche die Wahrheit nicht mehr in Offenbarungen und numinosen Erzählungen suchte, sondern in einer wissenschaftlichen Durchdringung weltlicher Gegebenheiten und dem Management von Ressourcen. Doch die erste wissenschaftliche Revolution durch Kopernikus und Kepler erschütterte nicht niedrige Realitäten, sondern hohe Idealvorstellungen: Durch deren Berechnungen mussten wir die Idee der vollkommen kreisrunden Planetenbahnen genauso aufgeben wie unseren Platz in der Mitte des Universums.

Die entscheidenden Katalysatoren der Veränderung auf Erden betrafen die Beherrschung der Windenergie, die später durch die Dampfkraft ergänzt wurde. Angetrieben wurde dieser effiziente Zugriff auf technische Alternativen durch den Erfindergeist der Ingenieure, aber auch durch die Regierungen der europäischen Nationen, die sich rechtzeitig überall auf der Welt strategische Positionen sichern wollten, um in einem global ausgerichteten Wettbewerb bestehen zu können. Von der Reibungshitze, welche diese Positionskämpfe in außereuropäischen Handlungsräumen erzeugte, spürten die zu Hause geblieben Bewohner des alten Kontinents bis zum Ausbruch des ersten Weltkrieges wenig bis gar nichts. Hätten sie sich jedoch gefragt, woher der stetig wachsende Reichtum kommt, hätten sie feststellen können, dass dieser vor allem auf der Kluft beruhte, welche sich aus dem rücksichtslosen Handeln der sich selbst bedienenden Abenteurer und dem Fehlen einer internationalen Gesetzgebung ergab. Parallelen zum Geschäftsgebaren digitaler Konzerne sind nicht zu übersehen.

Auf welche Weise schlugen sich nun diese bahnbrechenden Ereignisse im Zeitalter des Feudalismus und Kolonialismus in der Führung von Menschen nieder? Bedenkt man, dass sich 1776 die britischen Kolonialisten vom Königshaus lossagten und die Vereinigten Staaten von Amerika gründeten, dass sie sich in ihrer weltweit ausstrahlenden Verfassung den Menschenrechten, der Gewaltenteilung und einer demokratischen Regierungsform verpflichteten und den Glanz ihrer guten Absichten besonders im Satz „Alle Menschen sind von Natur aus gleich geboren“ hell strahlen ließen, wundert man sich heute, wie autoritär und rigoros im alten Europa damals Menschen geführt wurden und es in der neuen Welt noch Sklaven gab. Trotz der starken Einflüsse der Aufklärung herrschte ein reiner Befehls- und Weisungscharakter vor, dessen Leitbegriffe sich in Ein- und Unterordnung, in einer straffen Führung, in einem eng definierten Handlungsspielraum und in einer wohl vorwiegend grantigen Befehlsausgabe auf einen kurzen Nenner bringen lässt. Ein Führungsverständnis mit einer Anspruchshaltung, die uns schaudern lässt, weil sie Menschen wie Schachfiguren herumschob, weil die Willkür der Führenden Leerlauf, Misswirtschaft und Motivationsverlust der Geführten mit sich brachte und die besten Leute und Talente fernhielt. Doch kaum jemand kann heute leugnen, dass eben dieser – in der historischen Rumpelkammer – geglaubte Führungsstil nicht nur in der Politik eine unerwartete Rückkehr, geradezu eine Wiedergeburt feiert. Dabei wird vergessen, dass viele kleinere und mittlere Betriebe in ganz Europa bis heute so geführt wurden und eher früher als später in den Sand gesetzt werden. Warum? Vereinfacht gesagt: Weil Menschen nun einmal gerne nach Macht streben und nicht wissen, welchen Kräften sie damit unterliegen.

Es beginnt – wie vieles andere auch im Leben – eigentlich recht verheißungsvoll. Jedenfalls sehr verständlich, wenn man bedenkt, dass engagierte, zur Selbstständigkeit neigende Menschen sich vorzugsweise auf ihre Begabung und Befähigung verlassen. Hinzu kommt, dass speziell Jungunternehmer die alleinige Kontrolle über alle Finanzangelegenheiten für unentbehrlich halten. Weil außerdem geeignete Mitarbeiter entsprechend hohe Löhne verlangen, aber dennoch geführt, bisweilen auch weitergebildet werden müssen, scheint es für viele weit vorteilhafter, gleich alles selber zu machen. Eine Kette von Begründungen, die sich gewiss leicht nachvollziehen lässt. Und dennoch – heute mehr denn je – zum Scheitern verurteilt ist. Selbst Kleinunternehmen lassen sich durch ein Team sorgfältig ausgesuchter Mitarbeiter weit effizienter und profitabler führen. Verpasst man jedoch den Moment der Teambildung und kommt in eine konjunkturbedingte Aufwärtsspirale, werden oft ohne große Prüfung Leute angestellt, ohne die bisherigen Organisations- und Kompetenzstruktur zu verändern. „Wird sich schon irgendwie ergeben." Tut es aber nicht. Die Unfähigkeit, ein Team zu bilden, hat – kaum verwunderlich – eben auch noch tiefere Gründe und findet sich nicht selten in einer übertriebenen Selbstbewunderung. Wenn diese narzisstische Selbstliebe jedoch Kränkungen ausgesetzt ist, brechen schnell alle Dämme bisheriger Zurückhaltung und bringen erste Verstimmungen zum Vorschein, die sich ohne nennenswerte Anstrengung zu einer Empörung und alsbald in einen Wutausbruch steigern kann. Dann ist es nur noch ein kleiner Schritt bis zu unkontrollierten Taten, womit das Geschehen schnell außer Kontrolle gerät.

Dass diese Art der Führung, wo das Ich die Arbeitszeit in einer unergründlichen Art der Abwesenheit verbringt, in einer Übergangszeit der großen Ungewissheiten funktionierte, lässt sich nachvollziehen. Schwieriger wird es jedoch, Verständnis dafür aufzubringen, dass in unserer Gegenwart, in einer Zeit, wo zumindest in der westlichen Welt die allermeisten Menschen Freiheit als höchsten Wert und als etwas Unteilbares erfahren, den Verlockungen autoritärer Führerschaft nicht widerstehen können. Egal, ob diese im wirtschaftlichen, politischen, sozialen oder religiösen Bereich zum Ausdruck kommt. Was darauf hinausläuft, dass alles, was Menschen einzigartig macht, verloren geht: Phantasie und Kreativität, Träume und Ambitionen mitsamt den Besonderheiten und vor allem der Gewissenhaftigkeit.

Ist diese Flucht aus der Eigenverantwortlichkeit dem Bedürfnis geschuldet, komplexen Wirklichkeiten und Wahrheiten vorübergehend Ferien zu gönnen? Oder der Verführungskunst skrupelloser, arroganter Machiavelli-Darsteller, die ihre Verachtung normaler, wenig privilegierter Menschen hinter der Maske besorgter Anteilnahme mehr oder weniger schlecht zu verstecken wissen? Immerhin: Ihr Geltungsbedürfnis, ihre zwanghafte Neigung, Grenzen der Wohlanständigkeit als Ausdruck ihrer Überlegenheit zu überschreiten, wie auch die Art, ständig im Belehrungsmodus unterwegs zu sein, Loyalität einzufordern, ohne Dankbarkeit zu äußern, zeigen zur Genüge, dass solche Chefs eigentlich nur ein Ziel verfolgen: Andere Menschen für ihre eigenen Ziele einzuspannen. Zum tiefstmöglichen Preis.

Warum gelingt es solchen Machtmenschen trotz all dieser offensichtlichen Mängel immer wieder von Neuem, Menschen für sich einzunehmen, sie zu ihren je eigenen Gunsten und Bedingungen zu manipulieren? Weil sie ein ausgesprochen gutes Gespür für ihre Unsicherheiten, Schwachstellen, Abhängigkeiten und für ihre Machtlosigkeit haben. Instinktiv nutzen sie diese Schwächen, bringen Menschen aus ihrem labilen Gleichgewicht, um ihnen umgehend die Identifikation mit einer Sache, mit einem Ziel anzubieten, welches vor allem ihnen selbst dienlich ist.

Natürlich ahnen Anhänger die Gefährlichkeit einer solchen Führerschaft, und ebenso können sie kaum auf Dauer die Tatsache verdrängen, dass sie eigentlich anderen Gesetzmäßigkeiten und anderen Maßstäben folgen sollten. Sie vermuten womöglich auch, dass einfache Antworten auf komplexe Fragestellungen in den allermeisten Fällen falsch sind. Aber Menschen mit geringer Persönlichkeit kümmern sich kaum um die Logik der Dinge, neigen viel eher zu Kurzschlüssen. Ihre Bereitschaft nach Aha-Erlebnissen, nach Offenbarungen – worüber auch immer – ist nie an große Beweispflichten gebunden. Dafür ist ihr Verlangen nach Geheimnissen, hinter denen sich die Rettung, ein Durchbruch verbergen könnte, viel zu groß. Machtmenschen wissen darum und hüten sich entsprechend, Geheimnisse zu enthüllen. Bleiben stattdessen immer im vagen, sobald konkrete Fragen gestellt werden. Enthüllte Geheimnisse würden nur zur Enttäuschung führen.

Daneben wissen Sie auch, wie sehr es persönlichkeitsschwache Menschen mögen, die Bedeutung eines Geschehens, eines Sachverhaltes so lange kleinzureden, bis dies in ihrer eigenen Beschränktheit

Raum findet. Was sich deshalb auch immer als Wunsch und Vorstellung in den Köpfen der Anhänger finden mag, ist natürlich individuell verschieden, aber generell ist es wohl häufig nicht viel mehr als ein Gefühl der Zugehörigkeit, verbunden mit der Hoffnung auf sparsame Signale der Aufmerksamkeit seitens des Mächtigen. Wenn es hochkommt mit einer Belohnung in Form eines kleinen hierarchischen Aufstiegs – natürlich ohne wirkliche Entscheidungskompetenz – und ein paar Brosamen materieller Art. Doch selbst diese Abfallprodukte der Würdelosigkeit müssen verdient sein: Durch Bewunderung, durch schöne, schmeichelnde Worte und selbstverständlich durch eine bedingungslose Ergebenheit. Intelligente Reflexionen werden in diesem Kontext als Majestätsbeleidigung aufgefasst, und am Kündigungsschutz einfacher Affekte wird festgehalten. Ebenso am Ideal der Protektion, die auf einer Loyalität ohne Ehrlichkeit, Wertschätzung und Gewissenhaftigkeit beruht. Veränderungen in den Strukturen und Zeithorizonten sind alleinige Sache solcher Machthaber und immer gekoppelt mit der Erwartungshaltung, dafür sofortige Bestätigung zu erhalten und entsprechende Befehle ohne Abwägung, ohne Zaudern zu befolgen.

Kann man heute noch an solche Autokraten glauben? Natürlich nicht. Trotzdem fallen immer mehr Menschen auf solche Vielversprecher herein. Erst auf der Kommandobrücke der Macht angelangt, zeigt sich dann, dass sie keine konkreten Visionen, keine brauchbaren und funktionierende Ideen haben, wie eine Firma oder gar ein Land zu führen wäre. Ihr argwöhnisches Sein, ihre Beratungsresistenz, ihre Abkapselung, verbunden mit ihrer Gereiztheit, ihrem Zorn und Fanatismus, verhindern Einsicht und beschleunigen ihren Niedergang. Leider auch denjenigen der Firma oder gar einer Volkswirtschaft. Weshalb wir wachsam bleiben müssen, denn nur selten bekommen wir die Selbstbestimmung zurück, wenn wir sie einmal verloren haben.

Dieser Führungsstil, wo im praktischen Alltag Vorarbeiter dafür sorgten, dass die eigentlichen Arbeiter nicht aus der Reihe tanzten, erlebte seine radikalste Ausformung und Deformierung unter dem NS-System (1933–1945) und war in Europa wegen langjähriger Dominanz des Militärs bis in die 1950er-Jahre prägend. So schwer es fällt, diesen Führungsstil gegen all die genannten Vorbehalte abzugrenzen, gibt es selbst unter demokratischen Verhältnissen Situationen, wo dieser Stil für kurze Zeit angemessen sein kann. Selbstverständlich unter der Voraussetzung, dass dabei zwischen führenden und geführten Mitarbeitern eine gemeinsame Übereinstimmung in Bezug auf Situation und Zeitspanne geschaffen wird. In Fällen etwa, wo eine Firma unerwartet gravierende Symptome einer Krise zeigt, wo eine schnelle Neuorganisation vonnöten ist, oder in Notfällen aller Art, wo ein präzises, perfekt abgestimmtes Handeln unumgänglich ist. Immer jedoch im Bewusstsein, dass diese Art der Führung keine Resonanz erzeugt.

Wie eine neue Sicht auf unseren Heimatplaneten die Geburt der Wissenschaft und später neue Führungsstile ermöglichte

Um diese Führungsstile in ihrer ganzen Spannbreite erfassen zu können, bedarf es jedoch eines kurzen Rückblicks auf die wissenschaftliche Revolution, die in Europa ihren Anfang nahm. So beflügelnd nämlich die Entdeckung Amerikas auf viele gewirkt hat, so erschütternd war es für den christlichen Glauben, wie die kirchlichen Eliten schon bald merken sollten.

Nichts weniger als Vollständigkeit hatte die „Summa" des Thomas von Aquin für sich beansprucht, und nun tauchte völlig unerwartet ein Doppelkontinent mit zum Teil hochentwickelten Kulturen auf. Dadurch wurde eine verhängnisvolle Unvollständigkeit des Weltbildes in der Alten Welt schlagartig sichtbar. Das wurde von den wachen Menschen dahingehend verstanden, dass Wissen nicht so sehr als ein festes Gut betrachtet werden kann, sondern vielmehr als ein Prozess, der sich das Unbekannte dieser Welt durch neue Fragen, Erfahrungen und Reflexionen anzueignen vermag.

Dadurch treten wir in eine neue Geschichte ein, die ebenso fundamental, aber noch bestimmender, weitreichender, folgenschwerer sein sollte als diejenige früherer Zeiten, und die Entwicklung Europas, nachfolgend die ganze Weltgeschichte in Bahnen lenken sollte, die alles damals Vorstellbare übertreffen musste. Diese Geschichte begann mit neuen Einsichten in die Geheimnisse des Nachthimmels. Doch dieser Blick förderte keine neuen Einsichten in die Transzendenz zutage, ebenso wenig bewirkte sie eine fundamentale Erweiterung der Philosophie, stattdessen führte dieser Blick zur Geburtsstunde der Wissenschaft. Als Galileo Galilei im Jahre 1609 sein erstes, noch vergleichsweise roh geschliffenes Fernrohr auf den Mond richtete, sah er eine Oberfläche, die nichts mit dem zu tun hatte, was die Autoritäten der Theologie als höchste Wahrheit betrachteten. In seiner „Göttlichen Komödie" bezeichnete Dante den Mond noch als Perle, was nicht nur seiner poetischen Gabe als vielmehr auch einer Behauptung von Aristoteles geschuldet war, für den der nächtliche Himmelskörper die Trennlinie zwischen der veränderlichen, unreinen, sterblichen Welt sowie den unveränderlichen, kristallinen Sphären des Übernatürlichen markierte.

Was bisher ein Signum des Göttlichen war, wurde nun durch Galilei ein profaner Forschungsgegenstand. Dabei drang er mit seinem Zauberstab immer tiefer in den kosmischen Raum ein, der sich schon bald als sehr viel größer, Ehrfurcht gebietender aber auch unpersönlicher, anonymer und trotzdem geheimnisvoller als bisher vorgestellt erwies. Nie zuvor hatten Menschen das galaktische Milchstraßensystem anders als mit bloßen Augen gesehen und mehr darin erblickt als ein unergründliches, geradezu mystisches Funkeln und Glimmern. Durch das neue Beobachtungsgerät wurden nun unzählige Sterne erkennbar, und ihr Leuchten zwischen der Dunkelheit erweiterte das Raumgefühl ins Unendliche. Als er dann auch noch die Monde entdeckte, welche um den Jupiter kreisten, wurde für Galilei erstmals vorstellbar, dass dies ebenso für unseren Heimatplaneten gelten könnte. Freilich war die Entdeckung der Jupitermonde noch kein tauglicher Beweis, dass die Planeten um die Sonne kreisten, aber sie verhalfen dem Weltveränderer zur ebenso herausfordernden wie schmerzhaften Einsicht, dass die Erde nicht mehr länger das privilegierte Zentrum war, wie dies Aristoteles behauptete und in der Gravität theologischer Darstellung der mittelalterlichen Scholastik festgeschrieben war.

Galileis forschender Geist nahm bald darauf die Venus ins Visier, und er sah, dass diese – wie unser Mond – Phasen aufweist. Womit endgültig erfassbar wurde, dass zumindest alle erdnahen Planeten um die Sonne kreisten und die beschreibende, logisch-sprachliche Methode der aristotelischen Wissenschaft ihre Gültigkeit verloren hatte. Darüber hinaus wirkten diese himmlischen Perspektiven wie eine Ouvertüre zu weiteren technischen Entwicklungen, um noch tiefer in die Gesetze der Natur einzudringen. In kurzer Zeit wurden Teleskoplinsen, der geometrische Kompass, eine hydrostatische Waage sowie ein erstes Mikroskop entwickelt. Auf solche Weise begann nicht nur die Erforschung des Kosmos, denn diese technischen Hilfsmittel erlaubten auch bisher undurchführbare Untersuchungen und Experimente mit der Gravitation und den Gesetzmäßigkeiten der Bewegungen. Ja, mit diesen Instrumenten sollte die moderne Welt erfunden werden. Gleichzeitig verließ das unabhängige intellektuelle Denken die Religion.

Am Ende seines Lebens stand für Galilei jedenfalls fest, Gott müsse zwei Bücher geschrieben haben: Eines für den Menschen, über seine Herkunft, seine Möglichkeiten, seine Bestimmung, und ein zweites über die Natur und ihre Ordnung. Letzteres konnte nur in der Sprache der Mathematik geschrieben worden sein. Galileis Zeitgenosse, der Astronom und Mathematiker Johannes Kepler, lieferte ein Modell für die Schöpfung: „Wo also Materie ist, da ist auch Geometrie." Und weiter: „Es ist absolut notwendig, dass das Werk eines solchen vollkommenen Schöpfers von größter Schönheit ist."

Die Anwendung mathematischer Methoden in den Naturwissenschaften wurde mit Gestalten wie Kepler und Galilei eingeleitet. Darüber hinaus wurden nun erste Prinzipien der neuen Wissenschaft und Grundlagen der experimentellen Physik entwickelt. Damit standen Menschen jedoch auch vor schwerwiegenden Fragen: Können wir, wenn die Planeten erdähnliche Eigenschaften haben und die Erde selbst ein Planet unter vielen ist, noch an der Unterscheidung zwischen Himmel und Erde festhalten?

Isaac Newton nahm sich dieser Fragen an, sie standen zeitlebens im Zentrum seines Denkens. Das mag überraschen, wo doch viele in Newton nur den Wissenschaftler, den Architekten eines kalten, unpersönlichen und grenzenlosen Universums sehen. Nur, was wir heute als sein wissenschaftliches Vermächtnis betrachten, war für ihn selber Frucht ungeteilter, universaler Weltsicht, eben Philosophie! Newton verwandte nur einen Teil seiner schöpferischen Kräfte auf die Erforschung der Naturordnung. Über 300 Jahre haben seine Biographen und Chronisten Newton als einen idealtypischen Wissenschaftler herausgeputzt und beharrlich verschwiegen, dass er ebenso Magier wie Mathematiker, Alchemist wie Physiker war und sich selbst religiös wie wissenschaftlich verstanden hatte. Newton war in der neuen Zeit der letzte Grenzgänger, der offenbar mühelos und ohne gläserne Zäune wahrnehmend zwischen den Welten verkehren und vermitteln konnte und wollte. So gewann er seine anfängliche Arbeitshypothese einer universellen Gravitationskraft aus der alchemistischen Überzeugung, dass zwischen allen Elementen Kräfte der Sympathie und Antipathie wirken. Dieser Gedanke aus der Welt der Magie brachte ihn auf die richtige Spur, um dann – in eleganten Schritten – einleuchtende, in sich begründete Naturgesetze für die Wissenschaft abzuleiten. Unabweislich bilden diese Gesetze, welche Himmel und Erde verbinden und den ganzen Kosmos beherrschen, eine der großen Leistungen menschlicher Vorstellungskraft.

Dieses gegenseitig bedingte Zusammenwirken von hermetischer Tradition und neuer Wissenschaft finden wir seit der Renaissance bei nahezu allen Geburtshelfern der modernen Zeit. Kopernikus und Kepler begeisterten sich für die pythagoräische Zahlenmystik, Paracelsus öffnete sich der Alchemie, Giordano Bruno und Galilei folgten den Spuren neuplatonischer Mystik. Roger Bacon kannte beides, Astrologie und Alchemie. René Descartes war Mitglied des Rosenkreuzer-Ordens. Es scheint, als seien die großen Pioniere durch dieses Band eines universalen Verständnisses miteinander verbunden gewesen. Newton war der letzte Magier unter den Wissenschaftlern. Nach ihm wurde dieses Band zerrissen. Von seinen eigenen Erkenntnissen.

Als er jene Kraft entdeckte, die sowohl den Apfel vom Baum fallen lässt als auch die Planeten in ihrer Umlaufbahn um die Sonne hält, hatten die Gestirne aufgehört, Symbole einer kosmischen Intelligenz zu sein. Das universale Gesetz der Schwerkraft, welches Newton mit der Erfindung der Differential- und Integralrechnung entwickelte, machte aus den Planeten erdähnliche Körper, die im berechenbaren Zustand eines mechanischen Gleichgewichts ihre Bahnen im Kosmos verfolgten. Das beseelte Himmelszelt wurde zu einem neutralen, materiellen Kosmos, der Mystik und Spiritualität als menschliche Projektion erscheinen ließ. Die Deutungshoheit über den Himmel ging nun von den Priestern auf die Physiker über. Doch genau zu diesem Zeitpunkt erreichte die christliche Musik durch Bach und Händel ihre höchste und ergreifendste Vollendung. Die wissenschaftlichen Pioniere waren zu sehr in ihre wahrhaft revolutionären Entdeckungen verstrickt, um auch noch darüber nachzudenken, was diese neuen, von ihnen selbst geschaffenen Paradigmen für Religion, Kunst und vor allem für den Menschen selbst bedeuteten.

Das dem 17. Jahrhundert folgende Zeitalter sah alte Weltbilder zusammenbrechen, herausragende geistliche und philosophische Autoritäten verstummen und kulturelle Traditionen vergehen, während die unerwarteten Entdeckungen von Kepler, Galilei und Newton die Menschen ebenso faszinierten wie orientierungslos zurückließe. Keiner fühlte dies tiefer und bedrohlicher als René Descartes, ein gläubiger Jesuitenschüler und Zeitgenosse Galileis und Newtons. Ausgehend von der erschreckenden Tatsache, dass die Strukturen des Geistes nicht mehr mit denjenigen der Natur übereinstimmten, machte er sich auf die Suche nach Möglichkeiten sicherer Erkenntnis. Skeptisch und mit der präzisen Logik eines Mathematikers wollte er als Gewissheit nur akzeptieren, was der Verstand klar und frei von inneren Widersprüchen annehmen konnte. Am Ende einer hartnäckigen Gelehrtenarbeit hatte für ihn die Welt aufgehört, als Einheit zu existieren. Im Denken Descartes' war durchaus noch Platz für den Gottesgedanken, doch Gott selbst hatte keinen Platz mehr im modernen, mathematisch geordneten Universum. Einmal eingetaucht in diesen Prozess des Zweifelns, der alles und jedes methodisch infrage stellte, blieb am Ende für Descartes nur eine Tatsache bestehen: Es war die Tatsache des eigenen zweifelnden Ichs.

Diese letzte Wahrheit eines rational denkenden Menschen bereitete der Seele einen für den Menschen erbarmungslosen Riss: Unsere spirituelle Veranlagung mit der neuen, von der Wissenschaft enthüllten Welt war unvereinbar geworden. Gefühl, Empfindung und sinnliche Gewissheit wurden für ein rationales Verstehen der Wahrheit bedeutungslos. Wie der Geist und das Gewissen gehörten sie fortan als subjektive Erfahrung zur menschlichen Innenwelt, während Körper und die als Objekte wahrnehmbare Welt, von den Pflanzen bis zu den Sternen, zur völlig andersartigen Außenwelt gehörten. Wahrheit und Sinn, Ethik und Recht, Körper und Seele, alles Lebendige hatte sich der Macht der Entzweiung zu beugen. Das Ich des neuen, wissenschaftlichen Menschen setzte sich von Anfang an in Widerspruch zu allen damals tradierten Werten, zu allen geistigen und kulturellen Autoritäten. Diese Entzweiung ermöglichte die triumphale Entwicklung der Naturwissenschaften, aber sie bewirkte auch die Tragik des zeitgenössischen Menschen. Er findet sich in einer entzauberten Welt als einsames, abgespaltenes Individuum wieder, welches sich immer schneller neu bestimmen und neu erschaffen muss, um nicht im Strudel der Sinnlosigkeit fortgerissen zu werden.

Daran dachten in dieser Epoche allerdings nur wenige, stattdessen wurde der entfesselte Verstand gefeiert. Wenn dieser nämlich schon fähig war, die der Natur und dem Universum zugrunde liegende Ordnung zu begreifen, könnte es ja möglich sein, sich selbst, ja die ganze Gesellschaft zu selbstständiger Reife zu führen. Die Lektionen der wissenschaftlichen Genies des 17. Jahrhunderts wurden daher dankbar angenommen und im 18. Jahrhundert auf alle menschlichen Aspekte ausgeweitet. Besonders spektakulär und handfest geriet die Umsetzung der Naturwissenschaft in der Technik. Fahrenheit erfand das Quecksilberthermometer. James Watt entwickelte alsbald die Dampfmaschine. 1790 reichte der Engländer Thomas Saint das erste Patent für eine Holznähmaschine ein. Zehn Jahre später konzipierte der italienische Graf und Physiker Alessandro Volta die erste elektrische Batterie. Zwei Jahre danach gelang wiederum einem Engländer – Richard Trevithick – die Konstruktion einer funktionstauglichen Lokomotive, und 1838 ließen dessen Landsleute das erste aus Metall hergestellte Schiff zu Wasser. Im darauffolgenden Jahr arbeiteten zudem bereits zahlreiche Forscher an der Verbesserung des fotografischen Verfahrens mit lichtempfindlichem Papier. Schritte, welche die Menschheit in die Zukunft zu tragen vermochten, vollzogen sich bisher über mehrere Generationen hinweg. Hier aber fand in einem kurzen Moment der Zeit ein völliger Bruch mit der Vergangenheit statt, der den Menschen eine graduelle Umwandlung ihres Bewusstseins von einem kontinuierlich befeuerten Geist zu einer entfesselten Kraft, von einer im Mythos wurzelnden Bildsprache zu einer mathematischen Zeichensprache zumutete.

Was aber hat dies alles mit Führung zu tun? Auch wir erleben immer wieder Tage, wo jedes Kalkül, jede Berechenbarkeit zerrissen wird, uns daran erinnernd, dass das Leben unmöglich in seiner Zeitlichkeit auch nur annähernd zu erfassen ist. Über die Vergangenheit wissen wir zwar Einiges, über die Zukunft allerdings gar nichts. Und die Gegenwart entzieht sich infolge ihrer Dynamik weitgehend unseren Zugangsmöglichkeiten. So werden wir ständig zu einem kleinen Propheten herausgefordert. Zu einem Künder, zu einer Künderin wider Willen. Ohne Berufung, ohne garantierte Aussichten dereinst auch belohnt zu werden. Stattdessen sind wir irritiert und verwundert, durch Risse im eigenen Weltbild herausgefordert. Bis das Neue als Unerwartetes zutage tritt. Das Ungefähre hinter sich lassend. Weil sich das Lebendige zeigt und sich uns verschenken will.

Wie aus der Zeitgeschichte neue Werte entstanden und sich daraus eine innovative Matrix der Führung entwickelte

Was bleibt, ist die Frage, von welchen Wertvorstellungen wir uns zur Führung von Menschen leiten lassen wollen? Im Wissen darum, dass wir unsere Vergangenheit nicht ablegen können. Weil wir von ihr umschlossen sind. Mit allen Gedankenwelten, die wir durch den kulturbedingten Erziehungsprozess übernommen haben. Mit jedem Gefühl, das dadurch wachgerufen wurde, mit jeder Handlung, die daraus erfolgte. Individuell: Ein Leben lang. Gemeinschaftlich: Über Generationen hinweg. Ohne dass all dies jemals vergessen, verdrängt oder weggesperrt werden könnte, bleibt ein Kanon von Werten, die sich in unserer Kultur über weit mehr als zweitausend Jahre herausgebildet hat. Ausgehend vom antiken Griechenland über die Renaissance, zur Aufklärung bis hin zu dem, was wir als offenes Projekt der Moderne bezeichnen und in der Übereinstimmung von Freiheit und Toleranz zusammenfassen können.

Inspiriert von Sokrates, niedergeschrieben von Aristoteles, als individuelle Tugend im Schnittpunkt zwischen den Extremen, durchzieht diese Gesinnung von freier Einzelpersönlichkeit, ihrer Rechte und Würde, die philosophischen Schriften genauso wie die Werke der Kunstschaffenden über alle Epochen hinweg.

Cicero, durch Verhandlungsgeschick und überragende Redekunst in höchste Ämter Roms vorgestoßen, machte sich als Anwalt und Philosoph Gedanken über das Kaiserreich und die Position des Menschen darin. Er war sich zweifelsfrei bewusst, dass Freiheitsräume durch Rolle und Stellung im gesellschaftlichen Gefüge auf die eine oder andere Weise eingeschränkt sind. Doch er beharrte dennoch auf einem, für damalige Zeiten bemerkenswerten kreativ-humanistischen Ansatz: „Jeder hat seiner angeborenen Eigenart treu zu bleiben, soweit diese nicht sittlich schlecht ist." Damit verbunden ist der Auftrag, sich selber als Vorhaben zu erkennen, das sich durch fortlaufendes Beiseitelegen selbstgerechter, uneinsichtiger Denkgewohnheiten auszeichnet. Wie auch durch die Reintegration dessen, was wir als Ideale von uns abgetrennt haben.

Für Christen ergab sich der Eigenwert durch die göttliche Ebenbildlichkeit des Menschen, wodurch er sich als gewünscht und berufen betrachten durfte. Ebenso natürlich auch durch den Geist des Mittelalters und dessen doppelten Einfluss auf das Selbst durch metaphysische Angst und den dadurch erzeugten Wunsch, die Grenzen des Ichs zu überwinden. In dieser Polarität zwischen Angst und Hingabe, Schutz und Befreiung erwachte die Ahnung, das Universum sei von einer Art Gerechtigkeit bestimmt, welche die individuelle Lebensführung berücksichtigt. Selbst dann, wenn diese mitunter schwer durchschaubar ist. Während in Italien der Beginn eines Zeitalters gefeiert wurde, in dem sich die Gegensätze Kunst, Religion und wissenschaftliche Voranschläge befruchteten, versank das nördliche Europa in Endzeitstimmung.

Thomas Morus, der 1510 das Leben von Pico della Mirandola gewürdigt hatte, träumte erstmals in der Geschichte Europas den Traum einer politischen Utopie. Nirgendwo klarer kommt der neue Geist besser zum Ausdruck als in einer Rede über die Würde des Menschen, die der damals gerade einmal 23-jährige Renaissance-Philosoph Pico in Rom verfasste. Darin finden sich frische Thesen des Humanismus, die sich aus jüdischen, griechischen, lateinischen und arabischen Quellen nährten. Nachdem Gott Himmel und Erde, „den heiligen Tempel seiner göttlichen Weisheit", geschaffen habe, erschuf er den Menschen, „als Zeugen, Bewunderer und Liebhaber seines erhabenen Werks". Indessen, alle in der Antike damals gebräuchlichen Archetypen waren bereits vergeben, weshalb Adam von Gott mit folgenden Worten willkommen geheißen wurde: „Du allein bist nirgends beengt und kannst dir nehmen und erwählen, das zu sein, was du nach deinem Willen beschließest zu sein. In die Mitte der Welt habe ich dich gestellt, damit du frei nach allen Seiten Umschau zu halten vermögest und erspähest, wo es dir behage. Nicht himmlisch, nicht irdisch, nicht sterblich und auch nicht unsterblich haben wir dich geschaffen. Denn du selbst sollst, nach deinem Willen und zu deiner Ehre, dein eigener Werkmeister und Bildner sein und dich aus dem Stoffe, der dir zusagt, formen. So steht es dir frei, auf die unterste Stufe der Tierwelt herabzusinken. Doch du kannst dich auch erheben zu den höchsten Spähren der Gottheit."

Personale Menschlichkeit und Religion blieben, weit über die Zeit der Renaissance hinaus, miteinander verbunden. Ändern sollte sich dies erst mit der Aufklärung. Genauer durch den Königsberger Philosophen Immanuel Kant. Dieser bestätigte zwar die Annahme der Naturwissenschaft von einer engen Beziehung zwischen Geist und Natur, doch schränkte er ein, dass wir Menschen die objektive Wirklichkeit nur so weit fassen können, wie sie mit den Strukturen unseres Geistes übereinstimmt. Zu dieser epochalen Erkenntnis gelangte Kant, indem er die Bedingungen unserer sinnlichen Wahrnehmung als ein Ereignis erkannte, welches durch räumliche und zeitliche Relationen strukturiert und vorgeordnet wird. Zeit und Raum sind erste gültige Ordnungsprinzipien unseres Geistes. Sie wiederum strukturieren durch das Gesetz der Kausalität die Kategorien unseres Verstehens. Das Gesetz von Ursache und Wirkung leiten wir also nicht aus unseren Beobachtungen ab, vielmehr werden unsere Beobachtungen durch dieses Gesetz erst zu einer vernünftigen Aussage des Geistes strukturiert. Ohne diesen, dem Geist vorausgehenden Bezugsrahmen würden wir eine unendliche Vielfalt von Dingen wahrnehmen, ohne dass der Geist fähig wäre, auch nur etwas in der Welt zu begreifen. Die Ordnung, die wir in der Natur wahrnehmen, ist demnach nicht die Ordnung der Natur, sondern die Ordnung in unserem Geist.

Wahrscheinlich ist dieser Aspekt der Anlass für die Bemerkung Einsteins, Kant sei der einzige Philosoph, der einem Naturwissenschaftler etwas zu sagen habe. Aber auch uns Suchenden des 21. Jahrhunderts hat diese intellektuelle Leitfigur Wertvolles zu erzählen. Nicht nur, weil er durch seine Erkenntnisse kosmologische und metaphysische Weltsysteme als illusionär verträumte Erzeugnisse unseres Geistes enttarnte, sondern auch, weil Spiritualität in der Struktur unseres eigenen Lebens verankert werden kann: Durch das Nachdenken über die großen Fragen des Lebens samt unserer Fähigkeit zur ethischen Selbstkorrektur. Was unsere diesbezüglichen Erkenntnisse und Erfahrungen zur Grundlage einer universalen Sinngebung macht.

In ihrer Ästhetik wie auch in ihren Prozessen erzeugt Schönes und Erhabenes Bewunderung und Wertschätzung. Zeitlebens versuchen wir daher zu ergründen, was hinter dessen Erscheinungen durchscheint: Schönheit als eine Verschlüsselung von Wahrheit, die wir im Gegensatz zur Mathematik nicht mit dem geistigen, sondern mit dem sinnlichen Auge wahrnehmen. Wissend um die Gegebenheit, dass Unsichtbares im Sichtbaren verborgen ist und nichts unsere Vorstellungskraft so beflügelt wie das Geheimnisvolle. Es lässt uns in den unendlichen Räumen des Nachdenkens nicht nur Unerwartetes finden, sondern auch uns selbst.

Das Bedürfnis nach Erklärung, das Verstehen von Zusammenhängen und Kausalität ist jedem Menschen innewohnend. Unentwegt streben wir danach zu wissen: Warum? Doch dieses von Kant begründete Ökosystem der Werte, also die Zurückweisung bisheriger Denkmuster, verbunden mit einer nachkritischen Neuschöpfung auf den Gegenstand, den zu beanstanden sie vorgibt, war bislang fremd und ist als eine frische Quelle geistiger Vitalität bis heute unerreicht. Damit setzten in Europa umfassende Auf-, Ab- und Umräumungsarbeiten ein. Widersprüchlichkeiten, Meinungsumschwünge, Weiterentwicklungen entsprachen Notwendigkeiten. Probleme begannen dort, wo man nicht mehr suchte, wo man glaubte, bereits alles gefunden zu haben. Festgelegte Betrachtungsweisen wurden zu leblosen Anschauungen. Rechthaber zu Bremsern, zu Verhinderern von Wissen und Weisheit. Immer mehr Menschen lernten durchgehend schneller, neue Informationen zu verarbeiten und diese auf das Wesentliche hinunterzubrechen, wodurch sich frische Implikationen und Möglichkeiten entdecken ließen.

Ein Nachlassen ist nicht vorgesehen, denn stets gab und gibt es am Horizont etwas zu entdecken. Manchmal noch in größerer zeitlicher und räumlicher Distanz. Die Voraussetzung, dass dieser Eigenwert eines freien, selbstkritischen Menschen erhalten und beschützt werden kann, bedingt, dass die dazugehörigen Rechte zum Dreh- und Angelpunkt der Gesellschaftsordnung gemacht werden. Was nur auf eine demokratische Weise geschehen kann. Mit einer Verständigung, die sich aus erwägenden Diskussionen und Streitgesprächen entwickelt. Ironische Obertöne nicht ausschließend. Wachsam ohne Engherzigkeit. Ohne Scheu vor unverfrorenen Kritik. Übertreibungen in Argumentationsketten nicht fürchtend, aber ohne Entwürdigung, ohne Einschüchterung Andersdenkender. Dafür Korrekturen als Zeichen der Stärke anerkennen, nicht als Irrtum anprangern. Kenntnisse über die Vergangenheit erlangen und fördern, weil sie Absolutheitsansprüche der Gegenwart mildern. All dies zeigt, dass wir es sind, welche die täglich erfahrbare Wirklichkeit erzeugen. Durch unsere Wahlmöglichkeiten, zu denen auch Verkennungen und Trugschlüsse gehören. Versuch und Irrtum als Methode. Widersprüche als Proviant.

Was aber, wenn Wesenszüge der Indifferenz, der Gleichgültigkeit überhandnehmen? Wenn unbedarfte Heilsgewissheiten, zynische Abgebrühtheit als Erfolgswege angepriesen werden, wenn Demagogen das bedrohen, was wir als Alltäglichkeit empfinden? Wenn uns unvorbereitet bewusst wird, dass uns diese Normalität in dem Maß wertvoller erscheint, wie wir sie verlieren könnten? Weil uns dadurch auch klar wird, dass uns mitunter entfallen ist, wofür es sich zu leben lohnt. Doch aufscheinende Auswegslosigkeiten sind immer auch Wendepunkte. Wenn wir lernen, solche Notstände zu akzeptieren, können – wie wir im Folgenden sehen werden – auch Abenteuerwege zu erreichbaren Zielen werden.

NEUE FÜHRUNGSSTILE IM WANDEL DER ZEIT

Die Art und Weise, wie grundlegend sich die europäischen Gesellschaftsideale samt ihren Vorstellungen über den Menschen wie auch das Verhältnis zur Technik und Natur im 18. und 19. Jahrhundert verändert haben, ist einzigartig. Ebenso das Bekenntnis zu Wertvorstellungen, welches in einem neuen Führungsstil zum Ausdruck kommt und demokratisch liberale Vorstellungen mit den Idealen der

Aufklärung verbindet. All dies wurde bereits im 19. Jahrhundert ausformuliert, konnte sich jedoch erst in der zweiten Hälfte des 20. Jahrhunderts – nach dem Zusammenbruch der autoritär-diktatorischen Systeme – durchsetzen. Dieses neue Verständnis von Führung hat im Kern damit zu tun, dass zunehmende Produktionssteigerungen nur mit entsprechenden mitarbeiterorientierten Aufwertungen zu erreichen sind. Der Modellcharakter dieses Stils findet sich im Mannschaftssport, wo es neben der individuellen Förderung auch immer darum geht, ein Team zu coachen. Gelebt und belebt wird diese Führungskunst durch fachliche und beziehungsmäßige Betreuung, durch eine wohlwollende, aber zuweilen auch fordernde Kommunikation, eine allseitige Leistungsbereitschaft, deren Motivation nicht durch materielle oder prestigemäßige Anreize, sondern durch die Bedeutung der übertragenen Aufgaben sichergestellt wird. Wie auch durch eine klare Zielsetzung.

Das Menschenbild dieses Stils, dessen Pfeiler auf dem Finden der richtigen Mitarbeiter und ihrer Förderung beruht, geht davon aus, dass diese weitgehend tatkräftig sein wollen und die dazugehörige Leistungsbereitschaft mitbringen sowie die Fähigkeit, Verantwortung im Bereich ihres Engagements zu übernehmen. Zentral für diese Zielsetzung ist eine offene Beziehungskultur nicht nur innerhalb des Teams, sondern auch nach oben und unten in der Unternehmenshierarchie, wie auch nach außen, zu den Kunden und zu den Entscheidungsträgern der Zuliefererkette. All dies beruht auf einem sinnvollen und erkennbaren Ganzen, mit einer realistischen Vorgabe für alle Beteiligten, die Ziele zu erreichen. Die Kunst dieser Führung besteht im Wesentlichen darin, die Arbeitsprozesse im gemeinsamen Beziehungsnetz zu beobachten und bei Abweichungen die notwendigen Impulse zu vermitteln oder rechtzeitig entsprechende Korrekturen einzuleiten.

Kreativ zu führen bedeutet, aus eigener, vorausschauender Strategie heraus wegweisende Absichten, Vorhaben und Entschlüsse zu treffen. Kadenzen der Kreativität müssen für einen selber wie auch für Mitarbeitende stimmungsvoll, kreisförmig und mitreißend sein. Das erfordert ein ebenso klares wie vielschichtiges Denken. Insbesondere in Zeiten der Unsicherheit und Übergänge gilt es, deutliche Landkarten ins Bewusstsein aller Beteiligten zu zeichnen, um damit in den Improvisationskern der Kreativität zu gelangen, wo Vorfälle in Eingebungen, Grenzerfahrungen in neue Auskünfte verwandelt werden können. Um zukünftige Strategien aus dem Horizont der Zufälligkeit zu befreien.

Klingt überschaubar. Eigentlich. Aber schauen Sie sich um, wie mangelhaft und fatal zahlreiche Firmen geführt werden, wie viele Start-ups schon nach wenigen Jahren Konkurs anmelden müssen. Um die Elemente dieses sportlichen Führungsstils erfolgreich im praktischen Firmenalltag anzuwenden, müssen wir uns deshalb der äußeren Einflüsse bewusst werden, müssen uns von den Zwängen unseres eigenen Denkens befreien, um danach vorsichtig und gründlich auf das Feld unserer Verantwortung einzuwirken.

Es bedeutet außerdem, zu erkennen, dass sich unser Denken noch aus ganz anderen Quellen speist als aus den Ideen, die wir als unsere eigenen Gedanken bezeichnen würden. Wir haben zu prüfen, in welchem Maß unsere Positionen von Medien geprägt sind, denen wir vertrauen. Wir sollten auch hin und wieder die Einflüsse unseres Lebensraumes in der Freizeit untersuchen. Tun wir es nicht, identifizieren wir uns kritik- und fraglos mit all den Vorstellungen, die uns in langen Tagen und kurzen Nächten in den Sinn kommen, und merken gar nicht, welch entscheidenden Einfluss solche Geschichten auf unser Denken und Handeln haben, die uns über das politische, wirtschaftliche und soziale Stadt- und Weltgeschehen aufklären wollen.

Wenn wir also die Strukturen, welche bisher unseren Geist prägten, verändern wollen, indem wir nach neuen Horizonten und lebenswichtigen Prioritäten Ausschau halten, geht es auch darum, welche Erzählungen unsere Mitarbeiter benötigen, um sich auf die Herausforderungen der Zukunft fokussieren zu können. Erzählungen darüber, wie wir auf die Beschleunigung und Verdichtung der Arbeitsprozesse, auf die Zergliederung der Arbeitsabläufe, auf die komplexen Anforderungen an unsere Konzentrationsfähigkeit reagieren sollen, und welche Freiheiten sich aus dieser Komplexität noch erkämpfen lassen.

Damit Menschen ein Gefühl für Engagement und Verantwortung aufbauen und erhalten können, das stark genug ist, um Folgezeiten denk- und planbar zu machen, sind aussichtsreiche Perspektiven unerlässlich. Perspektiven zu Potenzialen der Zustimmung, des Wohlwollens, dass ich hier wertvoll und notwendig bin, dass mir meine Arbeit ein Gefühl von Achtung und Zugehörigkeit vermittelt und ich durch die Entfaltung meiner kreativen Entwicklungsmöglichkeiten nicht nur eine Kompetenzerweiterung, sondern auch Begegnungen mit mir selbst erleben darf.

Alle diese Resonanzerfahrungen fördern eine anregende Erwartungshaltung, Imperative des Werdens wie auch utopische Projektionen, die tragfähig genug sind, um gegebenenfalls auch über schwierige Zeiten hinwegzuhelfen. Daraus lässt sich nachvollziehbar schließen, dass wir komplexe Herausforderungen keineswegs zu fürchten haben, dass die damit verbundene Konzentration und Anspannung sogar für unseren lebenslangen Entwicklungsprozess förderlich sein können, dass Stress nicht in jedem Fall unserer Gesundheit abträglich sein muss. Entscheidend sind nämlich nicht die zu überwindenden Schwierigkeiten, als vielmehr unsere Motivation, eine neue Geschichte über unsere Fähigkeiten erzählen zu können. Wir sind vorwiegend Menschen mit einem großen Verlangen, Ziele zu erreichen, die wir in Momenten des Aufbruchs noch gar nicht kennen. Um an Orte zu gelangen, die wir noch nie gesehen haben.

Gleichzeitig und gleichwertig: Wie wir sich widersprechende Herausforderungen beachten und lösen

Weil Menschen Wesen sind, für die gesprochene Worte gleichsam zum Lebensatem gehören, fördert kaum etwas unsere Motivation stärker als Worte der Zustimmung, der Würdigung, der Aufmerksamkeit und Berücksichtigung. Unsere Wahrnehmungen sind in ihrer Feinheit und Vollkommenheit darauf ausgerichtet, Beziehungsformen aufzuspüren, die über das Gewohnte hinausgehen. Seele und Geist erschaffen sich durch ein aufkeimendes Interesse an einem bisher kaum bekannten Menschen eine geladene Stille. Aus der steigen dann Ahnungen aus dem Grunde des Seins auf, geraten ins Schwingen und bringen durch nährende Dialogformen unbekannte Potenziale des Werdens zum Vorschein.

Echte Anerkennung spielt sich direkt in der Werkstatt der Kreativität ab. Obwohl wir spüren, dass dies seine Richtigkeit hat, ist es unmöglich, es auch zu beweisen. Aber wir können durch das Erwachen umfassender Motivationen mühelos Leerformeln und geistlose Schulterklopferei davon abgrenzen. Wahre Anerkennung geht weit über Belobigung hinaus, findet einen Zugang zum Kern der Integrität eines anderen Menschen und bricht im Wechselspiel von Vertrauen und Verletzlichkeit bisher Unbekanntes auf. In dieser Verschmelzung von Verantwortung und Reaktion erreicht die Kunst der Mitarbeiterführung ihre höchste Ausdrucksform.

Es gilt also, die oder den anderen wiederzuentdecken und was sie oder er auch noch sein könnten: Eine Sehnsucht, ein Anliegen, ein Anspruch, ein Geheimnis. Dadurch nehmen wir nicht nur Kenntnis vom Willen des anderen, sondern eröffnen die Möglichkeit, durch echte Begegnungen zu neuen Erkenntnissen zu gelangen. Ebenso können sich bloße Informationen in Wissen, Follower in richtige

Freunde verwandeln. Kurz und effektvoll: Wir verabschieden uns aus der Anhäufung des immer Gleichen, der beharrlich Gleichgesinnten, und erweitern dadurch unseren Wissens- und Erfahrungshorizont. Ebenso bemerkenswert ist auch der Umstand, dass Informationen, die allen zugänglich sind, keinen Vorsprung mehr versprechen. Wissen dagegen ist ein ständig sich entwickelnder Prozess, dessen Zeitlichkeit einen größtenteils unsichtbaren Prozess der Reifung einschließt. Genau das gibt uns heute den so notwendigen Vorsprung zur Konkurrenz. Nun mögen manche einräumen, dass solche Prozesse nie ohne Konflikte zu haben sind, was unsere Leistungskultur aus Zeitgründen gerne vermeiden möchte. Doch diese eindimensional gerichtete Dialektik des Profitabler-Tätig-Seins verkennt die Tatsache, dass Konflikte nicht nur zerstörerisch und hinterhältig sein können, sondern in diesem Zusammenhang auch öfters eine konstruktive, umwälzende Seite aufweisen, die uns wachsen und die Projekte reifen lässt. Echte menschliche Begegnungen lassen uns innehalten. Vor einem Rätsel, das uns aufmerksam hält. Notwendig deshalb, weil es keine vorgezeichneten Wege zu echten Innovationen gibt, weil wir uns, unsere Wege und Erzeugnisse immer wieder neu finden und erfinden müssen.

Dies hat seine Bedenklichkeit, verlangt es doch, zwei sich widersprechende Angelegenheiten und Themenbereiche gleichzeitig und gleichwertig zu behandeln: Uns als Menschen zu verstehen, die durch ihre Herkunft und Bildungschancen, ihre geistige und körperliche Verfassung und ihre unbekannte Lebenserwartung eingeschränkt sind, aber dennoch ihre Pläne und Vorhaben mit einer kaum zu erschütternden Zuversicht so verfolgen sollen, als gelten die genannten Einschränkungen nur für andere Menschen. Tun sie aber nicht. Weshalb gute Mitarbeiterführung mehr verlangt, als diesen Gegensatz mit Heiterkeit, Dynamik und Gutherzigkeit zu überspielen. Im Zeitalter narzisstischer Vereinzelung, bedingt durch den Konkurrenzkampf sowie durch die Instrumentalisierung von Menschen, braucht es stattdessen ein kluges Stressmanagement, welches anerkennt, dass wir unser Selbstwertgefühl nicht allein hervorbringen können. Wir sind vielmehr auf andere – als Resonanzgeber unserer Verdienste – angewiesen. Wenn die anderen meine Vorgesetzten sind, sollte ich darauf vertrauen können, dass sie eine Ahnung davon haben, welche Art Stress einen Souveränitätsgewinn oder einen Gesundheitsverlust hervorbringt.

Der Begriff Stress wird heute beinahe für alles verwendet, was uns aus der Komfortzone herausreißt. Zu Unrecht, verkennen doch viele, wie nährend Herausforderungen in jedem Alter für unser Selbstwertgefühl sein können. Allerdings nur dann, wenn sich ein Gelingen abzeichnet, wenn wir eine gewisse Zuversicht spüren, der Komplexität einer Problemstellung gewachsen zu sein. Die Kraft dazu erhalten wir aus dem Wissen, dass jede gelöste Aufgabe uns Würde, Sicherheit und ein gewachsenes Selbstvertrauen schenkt. Wie auch die Anerkennung unserer Mitmenschen.

Wenn uns jedoch die Wege von der Ungewissheit zur Gewissheit verschlossen bleiben, wenn Ziele im Nebel des Ungefähren verborgen liegen, wenn wir im Modus der Unruhe gefangen sind, ohne die Energie zielorientiert einsetzen zu können, drohen Zweifel und Angst. Langsam hören wir auf, freie Akteure der Zukunft zu sein, und geraten in eine gesundheitliche Abwärtsspirale, deren Symptome sich als Schwäche, Antriebslosigkeit und Erschöpfung zeigen. Auf solche Zustände sollten wir ohne Zögern reagieren, indem wir uns zuerst einmal entspannen – sei es durch Yoga oder Meditation – und auf leichte, gesunde Kost umstellen sowie uns ausreichend bewegen. So gelingt es, negativen Stress wirkungsvoll zu reduzieren und uns neu zu orientieren. Weigern wir uns dagegen, den Alarmsymptomen unseres Körpers Aufmerksamkeit zu schenken, finden wir uns alsbald in der Arztpraxis wieder und müssen dann mit der Diagnose klarkommen, dass unsere Blutdruck- wie auch die Fettwerte zu hoch und als Folge davon Herzerkrankungen zu fürchten sind. Burn-out und Depression zeigen sich zudem nur allzu oft als psychische Zugaben.

An diesem Punkt angelangt, ist Besonnenheit angebracht. Es gilt, Werte und Lebensideen, von denen wir uns bisher leiten ließen, abzuwägen. Uns mit dem Gedanken vertraut zu machen, dass die Zukunft denen gehört, welche die Überraschung der Sicherheit vorziehen. Warum? Weil wir die rationale Fähigkeit zum Perspektivenwechsel unser Eigen nennen dürfen, weil auch Erfüllung jenseits der bisherigen Ichvorstellung zu finden ist, weil wir alle Rollen, die wir im laufenden Leben spielten, uns auch in ihrer gegenteiligen Ausrichtung vorstellen und aneignen können. Diese Fähigkeit, sich auch in der Führungspsychologie immer wieder an neuen Horizonten zu orientieren, ist deshalb so wichtig, weil die strukturelle Stabilität durch ein Bündnis epochaler Kräfte wie Digitalisierung, stark beschleunigter technologischer Innovationen und einer zunehmenden Urbanisierung immer mehr ins Wanken gerät. Identität und Sinnzusammenhang werden damit durch immer häufigere Jobwechsel für viele Menschen in der Schwebe gehalten, so dass berufliche Loyalitäten und persönliche Bindungen schwerfallen. Auch was die Arbeit als solche betrifft, mangelt es nicht an tiefgreifenden Veränderungen. Die Beschleunigung hat sich infolge zunehmender Segmentierung der Arbeitsabläufe nochmals erhöht, ganz zu schweigen von den Anforderungen, welche die elektronische Kommunikation an uns stellt und dazu führt, dass wir unsere Aufmerksamkeit auf immer mehr Aspekte aufteilen müssen und so Gefahr laufen, in einem Meer der Oberflächlichkeiten zu ertrinken. Als Konsequenz davon lassen sich persönliche Beziehungen am Arbeitsplatz kaum mehr vertiefen, und bei der ständigen Ablenkung durch Multitasking fällt uns der gesundheitliche Raubbau oftmals erst auf, wenn es für vorbeugende Maßnahmen bereits zu spät ist. So kommt uns der Lebensmut abhanden und mit ihm Ideale, Visionen und gute Geschichten der Selbstaufrichtung.

Nur allzu leicht ließe sich sagen, dass die Welt eben so ist, wie sie sich uns darstellt, und wir dies zu akzeptieren haben. Man vergisst jedoch dabei, dass die Welt eben auch so sein könnte, wie wir sie entwickeln, aufbauen und arrangieren. Vor allem auch so, wie wir uns selber zwischen der beruflichen und persönlichen Identität im Gleichgewicht halten. Selbstverständlich erfordert jeder Beruf eine gewissen Anpassung, aber wenn wir unsere Begeisterung, Großzügigkeit und unsere Vorstellungen über die Qualität zwischenmenschlicher Beziehungen unserem Job opfern müssen, ist weder uns noch der Firma geholfen. Wir schaffen nun einmal die besten Dinge aus einem Überfluss des Herzens. Ohne diese engagierte Zuwendung, die pflegt, fördert und stärkt, bleiben wir im Mittelmaß stecken.

Aufschlussreich ist zudem die Gegebenheit, dass wir Neues und Geborgenheit im gleichen Maße suchen, weshalb es kaum überraschen kann, dass nicht unser intellektuelles Wissen, sondern unsere ethischen Überzeugungen, unser Welt- und Menschenbild, unser Denken und somit unser Entscheiden formen und bestimmen. Aus Sicht der Forschung wäre hinzufügen, dass unser Gehirn, so beeinflusst, unsere Auffassungen – im guten wie schlechten Sinne – für die Zukunft prägt. Bezüglich unsere Führungsansprüche bedeutet dies, dass herausragende Leistungen nur in einem nährenden, wertschätzenden Umfeld zu verwirklichen sind, wo Vorgesetzte die Kollegialität genau so fördern wie die Gruppenintelligenz.

Unser Leben – und dies gilt auch für unsere Arbeit – ist eben kein selbstgenügender, sondern immer auch ein Erfahrung, Kenntnis, und Gewissheit fördernder Entfaltungsprozess. Wenn sich ein Unternehmen weiterentwickeln will, müssen dessen Führungspersönlichkeiten auch ihre eigene Beziehungsfähigkeit reflektieren. Hier liegen große brachliegende Potenziale, weil sie die Motivationssysteme der Mitarbeiter unmittelbar betreffen und besonders stark beeinflussen. Erhöhte Leistungsbereitschaft, die Entfaltung des mitdenkenden, kreativen

Mitarbeiters, ist nur möglich durch die Überwindung individueller Ängste, und die wiederum lassen sich nur durch ein wechselseitiges Vertrauensverhältnis auflösen. Nun fallen uns Loyalität und Bindungen auch jenseits von Markt und Wettbewerb schon schwer genug, und trotzdem bilden diese beiden Elemente die Keimzellen für eine erfolgreiche Firmenkultur. Es ist doch einleuchtend: Wenn Vorgesetzte authentisch, souverän, offen, verlässlich, achtsam und dankbar sind, haben Mitarbeiter wenig Grund, immer wieder „Krankheitstage“ einzuziehen. Dagegen wächst die Bindung, was nicht nur das innerbetriebliche Klima verbessert, sondern auch die Beziehung zu den Kunden. Das mag für viele Abteilungsleiter und Chefs wie ein Präludium in eine neue Welt klingen. Aber keine Sorge, bedeutet dies doch keineswegs, dass Sie nun aufgefordert sind, auf Kuschelkurs zu Ihren Mitarbeitern zu gehen oder Arbeitspausen dazu nutzen sollen, persönliche Vertraulichkeiten auszutauschen. Es bedeutet nur, in einen fortwährenden persönlichen und respektvollen Kontakt mit den Ihnen anvertrauten Menschen zu treten. Um mit der Zeit Dinge aus ihnen herauszukitzeln, von denen sie keine Ahnung hatten, dass sie in ihnen schlummern.

Wie Sie die richtigen Mitarbeiter finden, fördern und selber in Resonanz bleiben

Jede Firma, jede Organisation ist eine Stätte der Feuertaufe, der Herausforderung, der Bewährung. Jede Firma hat ihr eigenes Gravitationszentrum, besitzt ihre je eigenen Bezugspunkte. Intelligenz, Fleiß und Motivation stehen täglich auf dem Prüfstand. Ob ich die richtige Firma gefunden habe und das Unternehmen in mir die richtige Person, ist für beide Parteien von hoher Bedeutung. Dabei ist das persönliche Profil genauso wichtig wie das Profil der Aufgabe. Beides muss eingehend mit allen Beteiligten besprochen, definiert und immer wieder überprüft werden. Ungenügend qualifizierte Menschen am falschen Ort sind zeit-, nerven- und kostenraubend. Weshalb immer mehr Firmen diese Suche nach Mitarbeitern mit dem erwünschten Profil und günstigen psychischen Dispositionen auslagern. So hat sich eine eigentliche Assessment-Kultur entwickelt, welche zwar die Suche nach geeigneten Kandidaten übernimmt, Ihnen aber nicht die Verantwortung für die einmal getroffene Wahl abnehmen kann. Also ist es angezeigt, sich auch diesbezüglich angemessene Kompetenzen fortlaufend anzueignen. In jedem Fall und auf jeder Ebene geht es stets um zweierlei: Fachliche Kompetenz und Ausformung der Persönlichkeit. Von einem möglichen Mitarbeiter wollen wir wissen, wie es um sein Selbstbewusstsein, seine Motivation steht, aber auch, ob und wie sie oder er sich in die bestehende Firmenhierarchie einzuordnen weiß. Auf welche Empathiewerte man hoffen kann, und wie sie oder er sich allenfalls verhält, wenn der Stresspegel in der Firma aufsteigende Signale zeigt.

Wenn bei dieser ersten Sichtung die Resonanzachsen nicht ins Schwingen geraten, können Sie sich von diesem Bewerber freundlich verabschieden. Beruhend auf dem Wissen und der Erfahrung, dass sich Kernkompetenzen eines erwachsenen Menschen nur sehr schwer verändern lassen. Eine Aufgabe, die sicher nicht von einem Abteilungsleiter zu leisten noch zu verlangen ist. Wenn Sie jedoch spüren, dass da jemand vor ihnen steht, der ein Engagement in ihrem Unternehmen als eine verlockende Möglichkeit, gar als eine erregende Herausforderung sieht, dann lohnen sich weitere Fragen. Fragen über die Ausprägung von Eigenschaften: Wie energiegeladen, unternehmungslustig, bestimmend, aufgeschlossen und gemeinschaftlich sie oder er tatsächlich ist. Oder ob diese bei all dem inneren Feuer vielleicht dazu neigen, unerwartet impulsiv zu reagieren? Womit wir die Verträglichkeit des Kandidaten in unserem Umfeld zu klären haben und Eigenschaften zu prüfen sind, wie zuversichtlich und beherzt, wie übereinstimmend, zuvor- und entgegenkommend, wie taktvoll, empathisch und wertschätzend der oder die zu Prüfende sich zu geben weiß.

Aus umgekehrter, also abträglicher Perspektive möchten wir bei der ersten Fragestellung wissen, wie distanziert, unterkühlt, wortkarg, gehemmt, vielleicht sogar beschämt jemand sein kann. Wie polemisch, provokativ, diskriminierend, erbarmungslos, beleidigend und ungerecht in schwierigen Situationen sie oder er sich zeigen wird?

Die großen Unterschiede zwischen den Menschen ergeben sich nicht zuletzt aus dem Umstand, dass sich viele vom Leben beschirmt, von sicheren Händen getragen fühlen. Andere dagegen glauben, sie seien in die Welt gestoßen worden, was fragen lässt, wie furchtsam, angsterfüllt, gehetzt, zerbrechlich, sprunghaft, nachtragend und unbeständig jemand sein kann. Oder andersherum: Wie es um ihre oder seine Beständigkeit, Zuverlässigkeit, ums Wohlbefinden, um die allgemeine Zufriedenheit mit sich selbst stehen könnte? Und mit dem, was uns gegeben ist: Dem Leben, der Zeit, der Gesundheit, den Geisteskräften sowie der Offenheit all diesen unvergleichlichen Gaben gegenüber. Wie reagiert sie oder er darauf? Mit Vorstellungskraft, Intelligenz, mit Geist, Weisheit und Tiefsinn? Fragen, die auch deshalb entscheidend sind, weil sie uns dazu führen, auch Wichtiges über die Belastbarkeit eines Menschen zu erfahren. Darum, wie es um seine Solidaritätsbekundung, um das Verständnis für seine Mitmenschen, um die Vertrauensfähigkeit, Toleranz und Herzlichkeit steht. In welchem Maß Mitarbeiter auf Anerkennung hoffen dürfen; oder ob da Unnachgiebigkeit, übertriebene Härte und Strenge, Polemik, gar Verächtlichkeit zu befürchten sind.

Wenn wir nun all diese Fäden zu einem sozial-psychologischen Gewebe verknüpfen, bekommen wir ein recht genaues Bild über die Anlagen eines Menschen, über das Interesse, die Teilnahme und Achtung, welche dieser anderen Menschen gewähren könnte. Wie auch darüber, ob die Zusammenarbeit zu einer Quelle der Inspiration, der Freude und des Wohlergehens wird, oder ob Entscheidendes fehlt: Bedeutung, Substanz, Präsenz.

Wir Menschen zeichnen uns immer auch durch unsere Fragen aus. Weil das Gewünschte eben nur selten da ist, wo es nach unseren Vorstellungen sein sollte. Diese nie nachlassenden Fragen erschließen uns unzählige Erkenntnisse und Tatsachen über unsere Umgebung. Bezüglich des Findens der richtigen Mitarbeiter können wir die Suche zu einem guten Ende führen, wenn wir jemanden gefunden haben, der zwar bereit ist, Wagnisse einzugehen, jedoch auch eine Sensibilität für Gefahren kennt und sich nicht auf Hasardspiele einlässt: Jemand, dessen Persönlichkeit sich durch Stabilität und Widerstandskraft auszeichnet, die auch in Zeiten der Ungewissheit stark genug ist, um mit sich im Gleichgewicht zu bleiben und nicht gleich mit Drohungen, Verboten und Ausgrenzung gegenüber andersdenkenden Menschen reagiert. Jemand, dessen Ziel- und Erfolgsorientierung langfristig genug ist, um sich nicht von zwischenzeitlichen Versuchungen und scheinbaren Abkürzungen ablenken zu lassen, welche die Wechselwirkung solider Bindungen unterbricht und ein Klima des Misstrauens erzeugt, wo entscheidende Erkenntnisse und Informationen zurückgehalten werden. Jemand, dessen Autorität natürlich genug ist, um sich im Machtgefüge eines Unternehmens ohne Über-Ich-Bindung, ohne von außen gelenkt zu werden, ohne auf fortwährender Richtigkeit seiner Urteile zu bestehen, einbringt. Jemand, der gefestigt genug ist, die Interessen der Firma nicht aus dem Blickfeld zu verlieren. Jemand also, der gefunden wird, weil er seine Selbstfindung so weit entwickelt hat, dass sein Verständnis, sein Einfühlungs- und Empfindungsvermögen für andere ihn jederzeit für neue Erfahrungen zugänglich gemacht haben.

Hier gilt es noch, sich von einer nicht gerade seltenen Vorstellung zu befreien, dass wir Menschen weitgehend identische Ziele hätten. Dem ist keineswegs so. Was sich als aufschlussreich erweist, sobald Sie sich die Mühe machen, das Verhalten der Mitmenschen auf ihre eigentlichen Ursachen zurückzuführen. So dringen Sie schnell und umstandslos zum Kern der Lebensstrategien vor und entdecken, dass es nicht so sehr die Freiheit des Begehrens ist, welche die großen Unterschiede ausmacht, sondern der übergeordnete Horizont der Ziele, die als erstrebenswert empfunden werden. Was mit unseren Motiven zusammenhängt, die uns einen je eigenen Blick auf die Weltbilder der Menschen erlauben. Wir leben eben nicht nur in der Welt, sondern ebenso sehr in der Sprache, in der Musik und in den Bildern, mit denen wir die Wirklichkeit zu erfassen versuchen. Wir sind in der Wirklichkeit unserer Berufswelt ebenso ansäßig wie im Bestand unserer inneren Vorstellungen, weshalb es schon einen Unterschied macht, ob Ursachen und Beweggründe unserer Handlungen uns bewusst sind oder ob wir von Motiven gesteuert werden, die ausschließlich in den Tiefen unseres Unterbewusstseins schlummern.

Wenn wir jedoch vermuten, dass wir selbst das Risiko sein könnten, von dem wir uns nur allzu oft fernhalten, wenn wir uns also fragen, ob unsere Motive in geistigen Idealen oder materiellen Bedürfnissen ihren Ausgangspunkt haben, wenn wir uns eingestehen, dass uns das Gelingen bedeutungsvoller als der Erfolg ist, Anerkennung erstrebenswerter als Macht, persönliche Nähe dringender als Glanz und Geltung, Fülle ausschlaggebender als Besitztümer, wenn uns das Erreichen von Zielen nicht einfach etwas ist, wofür wir einen Preis zu bezahlen haben, sondern etwas, dass seine eigene Würde hat. Wenn wir all dies bedenken, werden wir uns tiefgreifender Unterschiede bewusst und auch, womit Mitarbeitende am nachhaltigsten zu motivieren sind.

Das Wissen um diese Unterschiede ist deshalb wichtig, weil es uns entscheidende Hinweise darauf liefert, ob wir für eine bestimmte Aufgabe den richtigen Menschen gefunden haben. Was dann der Fall ist, wenn wir in der Selbstwirksamkeit eines potenziellen Mitarbeiters eine Übereinstimmung von Motiven und Zielen gefunden haben. Wenn wir sehen, dass da jemand ein hohes Maß an Eigenkontrolle aufweist, welches ihr oder ihm einen gekonnten Einsatz von Wucht und Sensitivität, Härte und Nuancierung, von Energie und Rücksicht ermöglicht. In die Dynamik einer solchen Darbietung können wir deshalb vertrauen, weil dem Träger dessen Kräfte bewusst sind, wie auch die Fähigkeit, durch die Eigensteuerung ein Werk vollenden zu können, welches nur darum möglich ist, wenn große oder kleine Herausforderungen freiwillig angenommen werden. Mit solchen Mitarbeitern wird das Mögliche nicht zu einer verträumten Gegenwelt der Wirklichkeit, sondern zu einer Realitätsorientierung, die mit wissendem, intelligentem Können und einem langen Atem bis zur bestmöglichen Vollendung angegangen wird. Aus der Erfahrung heraus, dass jeder einzelne Schritt, jede Überwindung von Schwierigkeiten im komplexen Geschehen konstanter Veränderungsprozesse den Lohn in sich selber trägt. Als Optimismus der eigenen Gestaltungskraft. Als überzeugende Idee in der Kausalität der eigenen Lebensgeschichte.

Speziell für kreative Arbeiten sind Persönlichkeiten zu finden, die sich nicht ständig den Strömungen und Unterströmungen von Meinungen und Urteilen ausliefern. Menschen, die ihre Neugier, das Staunen, noch nicht verloren haben. Menschen, die als Entdecker, Begründer und Erschaffer immer wieder Wege finden, ihrer Lebensfreude Ausdruck zu verleihen. Kreative Ideen entladen sich nicht wie Vulkanausbrüche alle hundert Jahre. Vielmehr sind es fortwährende Wahrscheinlichkeiten, die sich aus der Bereitwilligkeit ergeben, Fragestellungen und Ungewissheiten in der Schwebe zu halten, um weitere Sichtweisen zu gewinnen, um eine zunehmende Komplexität im Denken auszulösen, um Kühnheit zu fördern, um die Übereinstimmung vorherrschender Ansichten zu durchbrechen.

Zu suchen sind Menschen, deren Denken Vielfalt und Gegenentwürfe zulässt, weil wir nie wissen können, welche Kombinations- und Gestaltungsideen zukunftsfähig sind. Dies wiederum setzt eine Aufgabenbegeisterung für das eigene Tun voraus und findet sich bei denjenigen, die auf eine in sich selber begründete Motivation zurückgreifen können. Menschen mit Hingabe und Leidenschaft lösen über das Vorzügliche hinaus auch einen Gefühlsüberschwang bei ihren Mitarbeitern aus und bewirken Eindrucksvolles bei deren Potenzialentfaltung. Sie verhindern gleichzeitig Entgegnungen folgenschwerer und langanhaltender Herabsetzungen und Anschuldigungen.

Kreative Menschen kennen auch den Wert von Verletzlichkeit und Wertschätzung. Sie wissen, wie wichtig Rückgriffe auf kindlich erscheinende Vorurteilslosigkeit sein können. Weil sich in Fragen auch immer Befreiungen zeigen. Sollte über all das hinaus auch noch ein Sinn für Schönheit aufscheinen, wäre die Zuversicht, den richtigen Menschen gefunden zu haben, unermesslich, denn auf der schlanken Anhöhe der Ästhetik lässt es sich auf eine bezaubernde Art unstetig sein: Zwischen denken und zweifeln, erinnern und vergessen, suchen und finden, ausschlagen und annehmen.

Wie so vieles im alltäglichen Leben liegt zwischen dem Idealen und Realen nur eine Kleinigkeit. Ein winziges zeitliches Quantum. Doch genau dies entscheidet, ob wir eine Kultur der kreativen Veränderung anregen können oder eben nicht. Es hängt entscheidend davon ab, ob wir willens sind, Beurteilungen selbst dann zu überprüfen, wenn sie der eigenen Weltsicht entsprechen, fähig sind, der Versuchung zu widerstehen, jede zufällige Wechselbeziehung in einen kausalen Zusammenhang zu bringen und eigenes Wissen zu überschätzen. Objektivität verlangt eben auch ein Bewusstsein für die eigene Subjektivität. Dabei geht es nicht um Irrtümer, ohne die sowieso keine neuen Erkenntnisse möglich sind. Nein, hier geht es um den blinden Fleck in unserem Wahrnehmungsvermögen. Darum, dass wir uns nicht ausschließlich von Gedanken, Vorstellungen und Weltbildern leiten lassen sollten, denn diese können auch in Sackgassen führen, wenn wir sie mit der Wirklichkeit des Lebens verwechseln. Wenn wir uns nur der kognitiven Betrachtungsweise hingeben, wenn wir uns die Dinge auf Distanz halten, uns von ihnen trennen und vergessen, dass wir einander definieren und voneinander abhängen. Weil zu allem, was ist, auch das gehört, was Sie sind.

Eine Firma ist heute erst dann einwandfrei positioniert und gegen Unwägbarkeiten zukünftiger Entwicklungen einigermaßen gerüstet, wenn sie sich, trotz Schwankungen von Märkten, Preisen, Aktienkursen und Zinssätzen innerhalb kurzer Zeitspannen dynamisch zu stabilisieren weiß. Damit dieser Zustand mitsamt einer technischen Steigerungsperspektive aufrechterhalten werden kann, braucht es heute – im Zeitalter verstärkter Organisationsentwicklung – integre Persönlichkeiten, welche psychologische, soziale und technische Prozesse vorbereiten, auslösen, organisieren und perfektionieren können. Hohe Ansprüche also. Trotzdem ist hier nicht die Rede von Menschen, die alles wissen und beherrschen, sondern von Persönlichkeiten, welche im Wechselspiel zwischen dem, was sie beruflich und privat erworben haben, und dem, was es noch zu erwerben gilt, auf dem Weg sind. Dieser Weg – der auch eine Grenzlinie ist – zeichnet sich durch Eigenverantwortlichkeit und Selbstbestimmung, durch Geschmeidigkeit in der Wahrnehmung, von Veränderungsprozessen im gesellschaftlichen und kulturellen Umfeld, durch ein Bewusstsein der eigenen Stärken und Schwächen, durch eine konstruktive und lösungsorientierte Kommunikationsfreudigkeit, durch die Fähigkeit, Konflikte zu moderieren, und durch die Gestaltung eines Umfeldes aus, worin sich Mitarbeiter wohlfühlen und zu Wachstumsprozessen angeregt werden. Der Lernprozess eines solch anspruchsvollen Führungsverhaltens geschieht durch die unaufhörliche Beobachtung und Auseinandersetzung mit sich selbst, mit den Mitarbeitern und durch die jeweiligen Herausforderungen im alltäglichen Arbeitsprozess. Witz, Frische und Charisma sind dabei hilfreich. Noch wichtiger ist jedoch die Einsicht, dass man sich zuerst einmal selber zu führen lernt, bevor die Führung von anderen überzeugend gelingen kann.

Verborgene Narrative: Geschichten aus unserer Kindheit und wie sie unseren Führungsstil beeinflussen

Um sich selbst zu führen, ist es notwendig, den Weg seiner eigenen Entwicklung nochmals zurückzugehen. Sich die Zeiträume, die Entwicklungsschritte in Erinnerung zu rufen, die einem zu dem gemacht haben, der oder die wir heute sind. Nur wenn Sie den Mut haben, wenn Sie auch Wertschätzung zu sich selbst aufbringen, wenn Sie ein Gefühl für Ihre Ganzheit entwickeln lernen und sich auch nicht davor fürchten, Ängste, Zweifel und Sorgen zu benennen, könnte es gelingen, das Ideengebilde zu finden, aus dem heraus Sie Ihre Planungs- und Handlungsweisen organisieren. Durch solche Reflexionen enthüllt sich allmählich Ihre innere Landkarte, welche Sie sich im Laufe Ihres Entwicklungsprozesses durch Ihre Wahrnehmungen, Bewertungen und Handlungen geschaffen haben. Dieser Bezugsrahmen bestimmt außerdem darüber, wie viel vom ursprünglichen inneren Feuer noch an die Oberfläche Ihres Wirkens dringt und Ihre Antriebskraft und Antriebsmomente bestimmt. Bekamen wir in der Kindheit die Ermächtigung, unsere Welt aufzuspüren, zu erforschen und zu erproben, um so allmählich unseren Platz zu finden, wo wir uns entfalten konnten, so bleiben wir auch als Erwachsene offen für neue Einsichten, Wachstumsprozesse und Weisheiten. Erlangen dadurch zunehmende Eigenständigkeit und Willensfreiheit. Bleiben Hüter des inneren Feuers. Wir qualifizieren uns, andere Menschen zu führen und zu coachen.

Wenn jedoch Eltern unfähig waren, eine Beziehung zu sich selbst, ihren Gefühlen, ihrem Körper zu pflegen, waren sie auch nur sehr begrenzt fähig, sich ihrem Kind hinzugeben. Was dessen frühe Jahre in einem Klima der Kälte erleben ließ. Ohne einheitliches Bewusstsein, ohne die Erfahrung, wie der Sehende und Gesehene, der Liebende und Geliebte eins werden. Ohne diese Liebe fehlt das Wissen, dass Menschen nur eine unterschiedliche Charakterisierung aufweisen, aber in ihrem tiefsten Wesen gleichwertig sind. Ohne Liebe werden die Dimensionen der Erfahrungen kleingehalten und bringen Erwachsene hervor, die von ihren Mitmenschen als eingegrenzt, befangen, verschlossen, unauffällig, anspruchslos und unbeweglich wahrgenommen werden, aber sich subjektiv selber nicht so fühlen. Auch solche Menschen sind von ihrer Bedeutsamkeit, ihrer Betrachtungsweise überzeugt, doch ohne Vitalität und Geschmeidigkeit, ohne Weichheit und Durchlässigkeit. Stur halten sie an ihren Ansichten und Bewertungen fest, weichen so gut wie nie von ihren Leitbildern und Vorgehensweisen, ihrem schematischen Denken ab und verschließen sich dadurch neuen Einsichten und Erfahrungen.

Es dürfte den meisten Lesern nicht schwerfallen, sich in beiden Grundeinstellungen wiederzufinden. Dies, weil wir in unserer Kindheit ein vielgestaltiges Angenommensein genauso erlebt haben wie auch Phasen der Ohnmacht, Aussichtslosigkeit und Verdrossenheit. Doch trotz großer Bandbreite vergangener Erlebnisse sind wir meistens fähig, übergreifende Grundmuster und Einstellungen zu erkennen. Besonders in Zeiten der Bedrängnis werden sie deutlich sichtbar. Nur, weshalb halten wir an diesen – auch und gerade den negativen – Grundpositionen fest? Weil sie uns vertraut sind; und alles Vertraute gibt uns Sicherheit im Lebensvollzug.

Coaching fordert alle Beteiligten heraus. Es ist wirklich keine einfache Sache, sich auf einen anderen, vielfach sogar noch weitgehend unbekannten Menschen einzulassen und ihn so wahrzunehmen, wie er tatsächlich ist. Ebenso schwierig kann es für den Gecoachten sein, wenn sein Vorgesetzter viel fordert, noch mehr sachliche Kritik beisteuert, aber es an Unterstützung fehlen lässt; oder seinen Mitarbeitern mit willkommenem Lob und freundschaftlichen Empfehlungen beisteht, aber niemandem die Möglichkeit gibt, eine ansprechende Aufgabe selbstständig zu übernehmen und auszuführen. Wenn uns diese Konstellationen vertraut vorkommen, hat das damit zu tun, dass wir alle Teil einer Evolution sind, welche das Logische philosophisch ebenso zu würdigen weiß wie die Individualität. Mehrheitlich steuern wir ja unseren Prozess der Individuation durch unseren Verstand, was zwar ebenso aufregend wie erfolgreich sein kann, aber durch diese Ausschließlichkeit des kognitiven Denkens laufen wir auch Gefahr, unsere Mitmenschen nur noch eindimensional wahrzunehmen. Im Rhythmus des Arbeitsprozesses fehlt dann die Melodie, die Anteilnahme, das Herz. Weshalb gutes Coaching bei der Begleitung und Reflexion individueller Veränderungsarbeit ansetzt, um dadurch auch die Tonfolgen der Gefühle und Empfindungen zum Klingen zu bringen. Dies kann sich als zusätzlicher Multiplikator der Motivation erweisen.

Mitarbeitende, die ein Sensorium für ihre Zukunft haben sowie auch ein Bewusstsein für ihren emotionalen Zustand, ihr Leistungsvermögen und ihr intellektuelles Potenzial, ziehen großen Nutzen aus dem Einzelcoaching. Dabei kann es um eine Standortbestimmung in der Lebens- und Berufsbiographie mitsamt einer persönlichen Sinnorientierung gehen, aber auch darum, wie Sie sie als Coach in dazugehörigen Veränderungsprozessen achtungsvoll begleiten. Selbstverständlich gehören dazu auch kurzfristig gefasste Arbeitsziele und Gefolgschaft in Krisensituationen, welche etwa durch Gefühlsäußerungen wie Angst, Ärger, Schmerz und Trauer zum Ausdruck kommen. Auch wenn es immer noch Menschen gibt, die davon überzeugt sind, dass Gefühle nicht zum Arbeitsplatz gehören, sollte heute jeder gute Vorgesetzte zur Kenntnis nehmen, dass der Ausdruck sowie die Artikulation von Gefühlen zu den menschlichen Grundbedürfnissen gehören. Unterdrücken wir diese, führt dies zu allerlei somatischen Erkrankungen, die sich durch mangelnde Lebensfreude und Antriebskraft ankündigen. Kluge Chefs erkennen in den Gefühlsäußerungen ihrer Mitarbeiter psycho-physiologische Änderungen der Haltung und Befindlichkeit, und sie reagieren mit einem Gesprächsangebot darauf.

Warum die Wahrnehmung von Angst nichts mit Feigheit zu tun hat

Die Angst ist wohl das heikelste, undurchdringlichste Gefühl. Geprägt durch eine schier unergründliche Unklarheit, worauf sie sich eigentlich bezieht. Sehr oft ist kein Umstand, keine Gestalt für ihr Vorhandensein auszumachen. Bloß eine Ahnung, sich dem Ende einer vormals vielversprechenden Möglichkeit zu nähern.

Angenommen Sie spüren, dass in Ihrer Firma Dinge in Bewegung geraten, die nicht kommuniziert werden. Es gelingt Ihnen auch beim Durchspielen der wahrscheinlichen Hintergründe nicht, negative in positive Feststellungen zu verwandeln. Wenn sich etwas ereignet, kriegen Sie es mit der Furcht zu tun. Erkennend, dass sich da etwas Gefährliches zusammenbraut, denn die Furcht ist immer auch eine Eingebung für Kommendes. Als Warnung vor ungesicherten Pfaden. Weil sich unser Bedürfnis nach Kontrolle und Sicherheit nicht so einfach beiseiteschieben lässt, weil wir außerdem Greifbares benötigen, um mit der Zugehörigkeit in Berührung zu kommen, richten wir aufkommende Fragen an unsere Vorgesetzten. Als Akt der Eigenverantwortung. Wenn wir dabei jedoch mit einer Rhetorik allgemein gehaltener Bekundungen hingehalten werden, wenn wir spüren, dass niemand von der Betriebsführung gewillt ist, über zukünftige Ausrichtungen der Firma zu sprechen, weckt das etwas Tieferes in uns, nämlich Angst. Wir mögen zwar nicht alle Aufseher oder Gebieter sein, aber wir alle haben das Vorrecht, uns selber zu führen. Diese Gabe ist selten wichtiger als hier, geht es doch darum zu verhindern, Gefangener der Angst zu werden. Also müssen wir frühzeitig aus der Ohnmacht heraustreten und lernen, Macht für uns selber zu beanspruchen.

Als potenzielle Führungskraft sollte man es freilich vermeiden, Ängste zu zeigen, denn das ist das Gegenteil einer gefragten forschen Denk- und Handlungsweise. Nur sollte man nie vergessen, dass Ängste Reaktionen unseres Einfühlungsvermögens, also Ausdruck unserer gegenseitigen Verbundenheit sind. Diese Einschätzung betrifft nicht nur Sie als Einzelperson, sondern auch die Gemeinschaft Ihrer Mitmenschen. In und auch außerhalb der Firma. Weil es um Loyalitäten geht: Meiner Familie wie auch der Firma gegenüber; und wem ich diese in Zeiten der Unsicherheit gewähren soll.

Das Wahrnehmen der Angst ist daher nicht mit Feigheit zu verwechseln, sondern mit einem überaus wertvollen Schutzverhalten. Wenn wir aufkommende Ängste als Anstoß zur Vorbeugung anerkennen, verhindern wir damit ihren Aufstieg zum Befehlshaber unseres Lebens. Im Gegensatz zum Ärger, dessen Zeitachse die Gegenwart ist, richtet sich die Angst auf das, was uns in Zukunft womöglich erwarten könnte. Es geht um Vorbeugung, um Souveränität. Eine Sache des Verstandes, wie auch eine Herzensangelegenheit. Angst nimmt uns nie etwas weg, sie ist vielmehr ein Angebot, unseres Lebensprozesses gegenwärtig zu werden. Angst will uns zu mehr Offenheit anregen, uns erweiterte Planungs- und Handlungsspielräume schenken. Angst ist also nur dann fatal, wenn wir ihr ausweichen, sie unterdrücken oder nicht zu würdigen wissen.

Die Spur, die zurückbleibt: Von der Melancholie des Abschieds

Auch Trauer ist eines jener Gefühle, das wir nicht finden, sondern von ihm gefunden werden. Dabei soll hier nicht von der Trauer die Rede sein, wenn ein geliebter Mensch für immer von uns geht, wenn es unvorbereitet kein Nachher mehr gibt, sondern von der Trauer, die wir im betrieblichen Alltag ebenso wenig zulassen wie die Angst. Wir sind mittlerweile gewohnt, dass Veränderungen zunehmend personeller Art sind, beharren dafür umso mehr auf der strukturellen Unveränderbarkeit der Dinge. Was vorwiegend damit zu tun hat, dass jedes herausragende Engagement mit einer höherer Rangfolge belohnt wird. In einer Welt des erbarmungslos stürmischen Wandels haben Gedanken über persönliche Verluste – bedingt durch Veränderungen in Platz und Rang des Unternehmens – nichts mehr zu suchen. Denken wohl viele. Nur verlieren wir bei jeder Genugtuung über eine berufliche Beförderung eben auch Arbeitskollegen, Freunde – und wenn wir gar den Ort wechseln, reißen wir die ganze Familie aus ihrem vertrauten Umfeld. Nicht weil wir einander überdrüßig geworden sind oder uns nichts mehr zu sagen haben, auch nicht aus Zorn, sondern ausschließlich des Erfolges wegen, verlieren wir so immer schneller, was für uns Menschen zum Wertvollsten gehört: Freundschaften. Nur die Trauer lässt uns fühlen, was diese uns wirklich bedeuteten, wie nahe wir diese Menschen an uns herangelassen haben, wie bedeutungsvoll und unentbehrlich – nicht nur für unser Selbstwertgefühl – sie uns geworden sind.

Wenn wir jedoch glauben, dass es zum Bild einer starken Persönlichkeit gehört, ständig nur unternehmerisch zu denken, nach vorne orientiert zu handeln, jede Etappe ihres Berufslebens als ein Spektakel zu betrachten, dessen Schlagworte wie Echos in den Bürogängen fortleben, müssen wir uns nicht wundern, wenn am neuen Ort – nach ein paar aufregenden Anfangswochen – eine Geistesträgheit, eine körperliche Schlaffheit, eine Indifferenz und Empfindungslosigkeit in uns Raum gewinnt. Wir kennen uns zunehmend selbst nicht wieder, haben kaum mehr Lust, die Gefieder des stolzen Adlers, als der wir uns einmal fühlten, zu erneuern, weil wir nicht wissen, wohin die uns bisher so selbstverständliche Tatkraft verschwunden ist. Das kann einem Furcht einflößen oder – weil die Erinnerungen an bessere Tage noch frisch genug sind – zu Überheblichkeit verleiten. Doch als Ratgeber taugen beide nichts, vielmehr ist jetzt zur Heilung ein stimmiger Ausdruck der Empfindsamkeit angezeigt.

Dabei geht es um die innere Erlaubnis, wie viel man bei den unterschiedlichsten Menschen von seinen Gefühlen zeigen will. Sich selber mit Gefühlen der Wertschätzung zu verstecken, macht ja genauso wenig Sinn, wie die halbe Abteilung mit inflationären Tränen des Verlustes zu überschütten. Trauer ist ein intimes Erleben, wo es ums Loslassen geht.

Über eine lange Zeit vertraut Wahrgenommenes und Angenommenes muss verabschiedet werden, und so kommt es einmal mehr darauf an, wie man mit Menschen redet: Durch Resonanz, durch die Evokation von gemeinsamen Erinnerungen, durch eine emanzipierte Abstimmung gegenseitiger Bedeutung. Es ist eine Zeit, wo in Vorgängen von Klein zu Groß, vom Abstrakten zum Konkreten, Umcodierungen aller Art vonstatten gehen können, wo wir unsere Freunde und Kollegen wissen lassen, wie sehr wir sie schätzen und wohl schon bald vermissen werden. In solch seltenen Phasen der Übertragung von Vertrauen legen wir jede Form des Narzissmus für einmal beiseite und schaffen Raum für Herzenswärme und Würdigung. Wie auch ein nicht geringes Staunen bei Ihren Mitarbeiter darüber, wenn sie fühlen und erleben, dass ein beförderter Mensch traurig wird, wenn er sich von ihnen verabschieden muss.

Wie Sie verhindern, dass die Tanzböden ihrer Betriebskultur einbrechen

Wenn wir anderen Menschen Dankbarkeit, Toleranz, Geduld und Vergebung schenken, nehmen wir an bedeutungsvollen Ereignissen des Lebens teil. Doch manchmal begegnen wir unseren Mitmenschen nur oberflächlich, nehmen sie auf eine einseitige Weise wahr, verletzen dadurch mit unbedachten Äußerungen ihr Selbstwertgefühl, vielleicht gar ihre Würde. Der dabei entstehende Schmerz ist dann deshalb so schwierig aufzulösen, weil die verletzende Botschaft vom Sender gar nicht als solche wahrgenommen wurde, wie sie jetzt vom Gegenüber empfunden wird. Empathie ist eben keine einmal erworbene Kenntnis, keine Folgerung und schon gar keine Routine, die man irgendwann als Nebenprodukt der allgemeinen Lebenserfahrung gewinnt. Vielmehr ist sie eine geistreiche, teilnehmende, ehrerbietige wie auch diskrete Erkundung dessen, was sich hinter den Erscheinungsbildern unserer Mitmenschen befindet.

Während sich die äußeren Landschaften durch Jahreszeiten und Wetterlagen in ständiger Veränderung befinden, geschieht dasselbe in unseren inneren Landschaften durch das fortwährende Finden eines widerstandsfähigen Gleichgewichts. Dieser Prozess hilft uns zusätzlich, vorgefasste Meinungen zugunsten tieferer Erkenntnisse aufzugeben. Wir sind dann bestrebt, ehrlicher, freimütiger und vorurteilsfreier auf neue Beziehungsangebote zu reagieren. Das macht es aber auch für unsere Mitmenschen schwieriger, uns einzuschätzen und angemessen mit uns in Resonanz zu kommen. Insofern wird deutlich, dass die Zufügung von Schmerz vergleichsweise selten mit böser Absicht geschieht. Was die Notwendigkeit aufzeigt, diesen Schmerz nicht nur zu zeigen, sondern auch zu benennen. Mit der anfänglich kaum für möglich gehaltenen Folge, dass dadurch ein entwicklungsfähiges inneres Wachstum in unseren Beziehungen ausgelöst werden kann.

Auch hier liegt es an uns, welche Lebensmuster wir uns aussuchen, welches psychische und geistige Erbe wir dereinst hinterlassen werden. Wenn wir die uns zugefügten Verletzungen hinnehmen, wenn wir uns schämen oder aus anderen Gründen nicht darüber sprechen wollen, kommt es irgendwann zu einem kaum mehr zu kontrollierenden Ausbruch oder zu psychosomatischen Erkrankungen. Außerdem lösen wir uns stillschweigend aus Beziehungen. Das Klima in unserer Abteilung wird dadurch zunehmend kälter, und die Tore zu Intrigen, Arglistigkeiten und Manipulationen aller Art werden geöffnet. Die Tanzböden der bisherigen Betriebskultur brechen ein und müssen neu verlegt werden.

Eng verbunden mit einem neuen Maßnehmen ist die heute selten angewandte Tugend, um Verzeihung zu bitten. Viel lieber suchen Menschen nach einem Schuldigen und merken nicht, dass sie genau dadurch die Schuld erhalten. Abbitte zu leisten, fällt deshalb so schwer, weil dies nicht dem Bild eines starken Menschen entspricht, weil man Fehleinschätzungen gestehen müsste und dadurch seine Machtposition gefährdet sieht. Dabei aber negiert, dass diese absehbar verloren geht. Weshalb? Weil Verhaltensmuster, die zu Denkfehlern und Trugschlüssen führen, eben nur dadurch aufgehoben werden, indem man sich dem Problem stellt und eine Antwort darauf findet, die allen zur Ehre gereicht oder zumindest niemanden in seiner Würde verletzt. Verweigern wir uns dem, erhalten, ja verstärken wir sogar die Muster, welche uns in diese Situation geführt haben. Erstaunlich, dass so viele Menschen trotzdem an Ablenkungsversuchen, an unproduktiven Tätigkeiten festhalten. Nicht merkend, dass sie dadurch ihre Unzufriedenheit erhalten. Nicht gewahr werdend, dass sich ihr Ego-Bewusstsein immer dann auflöst, wenn alles seine guten Wege geht. Es sind tatsächlich die angeschlagenen Ich-Fragmente, die uns daran hindern, durch eine aufrichtige Entschuldigung Dinge, die durchgängig der Vergangenheit angehören, hinter uns zu lassen. So ungewohnt es auch für viele Ohren heute klingen mag, aber die Hand zur Versöhnung darzubieten, ist tatsächlich eine verblüffende Möglichkeit, um die Türen zum Hier und Jetzt wieder zu öffnen. Zum einzigen Ort, wo Glück, Erfolg und neue Erfahrungen möglich sind.

Wie Sie Ihre Mitarbeiter spüren lassen, dass sie wertvoll sind

Wenn es so etwas wie einen Leitstern für das Coaching gäbe, so wäre es Empathie und Vertrauen. Auf diesen Pfeiler lässt sich ein offener Raum der Möglichkeiten aufbauen. Das bedeutet, dass Gespräche zwar frei wählbar sind, aber im Wesentlichen in die Lücke zwischen dem Bekannten und Verweigerten vorstoßen sollten. Dorthin, wo sich die intellektuelle sowie die emotionale Energie am offensichtlichsten manifestieren. Zeitrahmen und ein vertrauter Ort, wo sich Hoffnungen inmitten des Fraglichen ausbilden können, geben dem Coaching die notwendige Struktur und dem Coach den Hinweis, dass er hier nicht als Rechthaber oder Alleswisser aufzutreten hat, sondern als Gefährte, als Verbündeter, der auch Stille auszuhalten weiß.

Wenn wir unaufhörlich mit sich verändernden Umständen zurechtkommen müssen, wenn Entscheidungen um Angelegenheiten zu fällen sind, die sich jenseits des Überschaubaren befinden, dann sollten wir die Wegweiser für unsere Mitarbeitenden für einmal ohne Scheu so ausrichten, dass sie in die Mitte eines bedeutsamen Schweigens zeigen. Um vorübergehend aufzuhören, noch mehr Wissen anzuhäufen. Um herauszufinden, wo Veränderungsbereitschaft zu finden wäre oder wie uns Improvisationen helfen könnten, mit Mängeln zurechtzukommen, um durch Neugierde und Vertrauen Unsicherheiten zu überwinden.

Zu lernen haben im Coaching alle Schlüsselfiguren. Der Coach darf sich nicht durch vergangene Erfolge, durch Anmaßungen verführen lassen, und der zu Coachende muss wissen, dass er für jeden Lernprozess einen Preis zu bezahlen hat. Für Erkenntnisse neuer Realitäten gilt es Wunschvorstellungen und Selbsttäuschungen in Zahlung zu geben, und manchmal sind sogar schmerzhafte Erfahrungen im Tausch gegen neues Wissen erforderlich.

Zwar verbinden wir den Glauben immer noch mit Religion, doch auch in den Chefsesseln von Wirtschaftsunternehmen sitzen viele Gläubige. Weshalb der Coach schon im Vorfeld klarmachen muss, dass er nicht ein Jünger der Unternehmenskultur ist, dass er unabhängig ist, dass kein Ausgang des Gesprächs gegen den Willen des Mitarbeiters angestrebt wird, dass es einzig und allein darum geht, den leuchtenden Dreh- und Angelpunkt der eigenen Motivation freizulegen. Mit einem Gesprächston, der treffen, aber auch erschüttern kann, der übergangslos tröstet und im besten Moment verzaubert. Der Coach steht immer allein der Vorsehung des Gecoachten gegenüber. Alles, was er zu tun vermag, ist, das innere Licht, das manchmal wegen überreichlich Asche zu verlöschen droht, wieder zum Brennen zu bringen. Indem der Mitarbeiter lernt, Ziele, Erwartungen, Spielräume und Spielregeln abzuwägen und zukunftstaugliche Entscheidungen zu treffen. Wahrhaftigkeiten können nicht gelehrt werden. Sie können nur hervorgelockt werden. Weil sich Menschen vorwiegend auf die eigene Stimme verlassen und auf sie hören. Weil wir ahnen, dass allein Selbstreflexion wahre Stärke verleiht.

Förderlich für das Gelingen des Coachings ist auch das Zusammenhalten von Urteilsfähigkeit und Energie, denn diese Kombination erhellt Fragen, die sich im Umgang mit Veränderungen stellen. Individuelle Weltsichten und Devisen wie: „Wenn ich reich wäre, könnte ich eine zusätzliche Ausbildung beginnen"; „wenn ich älter, jünger, ein Mann, eine Frau wäre, hätte ich bessere Chancen"; „wenn ich nicht an eine Familie gebunden wäre, könnte ich einen Ortswechsel sehr wohl in Erwägung ziehen", erstellen wir bekanntlich immer in Zeiten, wenn sich Veränderungen abzeichnen. Doch sobald Sie durch gutes Coaching Fragen an sich heranlassen, was denn tatsächlich anders wäre, wenn Sie älter oder reicher wären, verwandeln sich solche Losungen und Leitgedanken in Seifenblasen. Bei näherer Betrachtung erschließen Einschränkungen – öfter als wir annehmen – ungeahnte Quellebenen der Kreativität. Führen zu taufrischen, originellen Selbstdefinitionen, welche Sie innere und äußere Grenzen überschreiten lassen und auf Fähigkeiten aufmerksam machen, über die Sie zwar verfügen, die sie aber bisher nie zur Anwendung brachten.

Es gibt freilich nichts, was Entscheidungsträger weniger mögen als Unberechenbarkeit und Uneindeutigkeit. Gleichzeitig aber auch nur Weniges, was Improvisation und Kreativität mehr fördert. Im unterschiedlichen Erleben, in der Widersprüchlichkeit finden sich Ressourcen für bevorstehende Zeiten. Methodische, ordnungsgemäße Abläufe führen zwar zu einer aufgeräumten Bilanz, erzeugen hingegen keine bedeutungsvolle Geschichte, wo das Außerplanmäßige, Zufällige neue Möglichkeiten eröffnet. Lebendigkeit und Lebensfreude sind nicht vorstellbar ohne die Zulassung von Offenheit und Ungewissheit in unserer Lebensführung. Hüten wir uns – und unser Unternehmen – davor, uns ausschließlich in die falsche Richtung zu optimieren. Zahlen allein zeigen nie die ganze Wirklichkeit. Auch wirtschaftliche Tätigkeiten müssen heute für Mitarbeitende Sinn ergeben. Sinn braucht Bezüglichkeit und Empfehlung. Darauf, dass unsere Arbeit den entscheidenden Unterschied ausmacht, als eine nicht zu unterschätzende Zustandsveränderung. Als Vorschein einer anderen menschlichen, ökologischen und ökonomischen Wirklichkeit.

Angst und Sorge prägen vielfach unsere existenzielle Grundgestimmtheit, dennoch sollten wir nie vergessen, dass unsere Überzeugungen entscheidend dafür sind, was wir uns im Leben zutrauen. Wir sind nicht statisch, in uns selbst verschlossen. Vielmehr sind wir energiegeladen, umtriebig, in einer andauernden Bestrebung zur Selbstwerdung, die sich ihrem Wesen nach unbegrenzt und offen präsentiert.

Wie aber stärken wir die Kräfte unseres Selbst in Zeiten, wo ermutigende Aufträge nur stockend hereinkommen, wo Umsätze im Sinken begriffen sind, wo sicher geglaubte Arbeitsplätze infrage gestellt werden, wo Gefühle der Ohnmacht mehr Energie aufsaugen, als zur Verfügung gestellt werden? Für das Coaching ist relevant, dass Sie in solchen Situationen den Mitarbeitenden die Gewissheit vermitteln können, dass wir immer eine Wahl haben, dass es von ihrer Absicht, ihrem Willen, ihren bewussten Entscheidungen abhängt, ob sie in dieser Firma eine Zukunft haben werden. Um frische Leistungsreserven zu aktivieren, braucht es nutzbringende, lohnende Ziele, welche durch unterschiedliche Pläne und Strategien auf unterschiedlichen

Ebenen zu erreichen sind. Dazu müssen Sie die Neugier der Mitarbeiter wecken. Nicht durch eine gönnerhafte Gutmütigkeit, sondern durch Gedanken, von denen man nicht genau sagen kann, ob sie ein Versprechen oder schon Wirklichkeit sind.

In Zeiten der Veränderung sind wir Suchende. Suchend nach einer neuen Zielrichtung, und fragend, auf wen sich die Veränderungsarbeit bezieht. Auf einzelne Mitarbeiter, auf eine oder mehrere Abteilungen oder gleich auf die gesamte Organisation? Damit wir bei solch schwierigen Prozessen nicht über unerwartete Rückkoppelungen stolpern, ist auch zu fragen, wer die Nutznießer der Neugestaltungen sind, und wer sich wie und in welchem Maß verändern muss? Ebenso, wer oder welche Abteilung die Nachteile am meisten zu spüren bekommt? Erste Antworten geben uns dann Aufschlüsse darüber, wie die Umwandlung tatsächlich greifen muss, um die Zielsetzungen zu erreichen, und welche Probleme sich hinter den bisher erkannten Schwierigkeiten noch verstecken könnten. Jetzt erst wird wahrnehmbar, ob der geplante Prozess überhaupt noch in die bisherige Organisationsstruktur passt oder ob auch dies infrage gestellt werden muss. Sollte sich die Struktur als überholt erweisen, muss sie nach Maßgabe erneuert werden, bevor inhaltliche Veränderungen diskutiert und implementiert werden können.

Coaches haben sich dabei bewusst zu werden, dass strukturelle Veränderungen bei den Mitarbeitern immer auch Ängste auslösen. Darüber, dass sie in Zeiten wirbelnder Strömungen nicht nur ihre, sondern auch die Identität mit der Firma verlieren. Um einer leistungshemmenden Ratlosigkeit vorzubeugen, gilt es in dieser Phase des Übergangs, den Prozess in eine plausible Geschichte zu kleiden, deren Essenz in den notwendigen Einzelheiten darüber Auskunft gibt, was denkbar wäre, wenn sich nichts verändert hätte, und was dagegen durch die angestrebten Neugestaltungen ausgelöst wird. Dabei ist der Weg, sein Anfang, seine Mitte und sein zeitliches Ende, klar zu bestimmen. Ebenso die Wertschätzung, der Einsatz und die Solidarität, welche Mitarbeitende als Vertrauensvorschuss gegenüber der Firmenleitung zu leisten haben.

Warum es notwendig ist, dem Gegenüber Aufmerksamkeit zu schenken

Wenn es um Einsparungen oder um ein Outsourcing geht, löst dies bei den Mitarbeitenden immer eine Nichtübereinstimmung von Erwartungen mit einer noch weitgehend unzugänglichen Realität aus. Handlungsgewohnheiten passen auf einmal nicht mehr, Vorstellungen über die eigene Stellung in der Organisation geraten aus dem Gleichgewicht, hinter sicher geglaubten Kompetenzen zeigen sich unvermutet Fragezeichen. Nur allzu leicht sehen sich Betroffene als Opfer der Umstände, was ihr Selbstwertgefühl zunehmend sinken lässt, falls Vorgesetzte nicht mit einer erhöhten Zuwendung in Form von Feedback-Gesprächen darauf reagieren, als wegweisende Begleitung durch einen Prozess, der durchaus seine Tücken haben kann.

Unabhängig davon, wie groß der erste Schrecken über die vorgesehene strukturelle Umgestaltung empfunden wurde, übernehmen Mitarbeitende schon bald darauf wieder ihr altes Weltbild, das vielfach nach einfachen, linearen Regeln aufgebaut ist, und reden sich ein, dass sich eigentlich kaum etwas verändert habe. Das lässt zwar das angeschlagene Tauglichkeitsgefühl beinahe wieder auf die gewohnte Stufe ansteigen, verhindert jedoch, sich der neuen Realität anzupassen. Statt auf die neue Situationen angemessen zu reagieren, wird die Herausforderung ignoriert oder unterschätzt, wird geglaubt, dass alles nicht so schlimm kommen werde, dass die eigene Firma, die doch schon so viele Stürme überlebt hat, nicht unter die Wölfe fallen wird, weil man ja mit den bisherigen Methoden immer ganz gut gefahren sei. In diesem Stadium haben Mitarbeitende kein Ohr für fein differenzierte Argumente. Sie wollen einfach ihren Instinkten, ihren Wunschvorstellungen folgen – und genau dagegen muss ein guter Coach kämpfen. Es ist ein Kampf um Gestalt und Charakter der zukünftigen Firma, die sich in einer international ausgerichteten Konkurrenzsituation zu behaupten hat. Leben, Denken und Arbeiten in Konjunktiven muss der Coach als Gefahr, als Verlust des Wirklichkeitssinns den Mitarbeitenden bewusst machen. Wie auch die Notwendigkeit, dass, wenn sich alles verändert, auch sie sich verändern müssen: Nicht nur ihre Einstellungen, sondern auch ihre Vorstellungen über wirtschaftlich erfolgreiche Szenarien künftiger Wirtschaftswelten.

Mit Prozessübersicht, getragen von Kenner- und Könnerschaft, haben Sie nun die Möglichkeit, Ihre Mitarbeiter auf die Notwendigkeit der Überarbeitung bisheriger Betriebsstrukturen hinzuweisen. Allzu viel Optimismus sollte hier noch vermieden werden, weil in diesem Entwicklungsabschnitt die Wahrnehmung immer noch auf schnelle, spontane Lösungen im Sachbereich ausgerichtet ist. Noch weisen Mitarbeitende Prozesse der Wandlung, welche sie selber betreffen, weit von sich. Immer noch im Vergangenheitsmodus unterwegs, suchen sie Veränderungen im Kleinen, die manchmal zwar einen Aufschub der Problemlage bewirken, aber sicher nie einen Durchbruch, eine Befreiung in neue Handlungsfelder.

In solchen Denkschemata gefangen, wird es unumgänglich, die Feedback-Gespräche auf eine persönliche Ebene zu bringen. Beginnend mit einer Selbsterklärung über die eigene Befindlichkeit, über die Verantwortung, die Firma in die Zukunft zu führen, und auch darüber, in welchem Spannungsverhältnis sie selber die Beziehungen zu den Mitarbeitenden in der eigenen Abteilung sowie zu den übrigen Teilbereichen des Unternehmens sehen. Derart vorbereitet, können Sie nun Ihren Gesprächspartner mit dem notwendigen Einfühlungsvermögen wissen lassen, was Sie über ihn, seine Situation und seine Aussichten denken. Worte sind hier abzuwägen, nicht zu verschwenden, geht es doch darum, dass der Mitarbeiter eine emotionale Verbindung zu seiner persönlichen und beruflichen Situation bekommt. Seien Sie hier auf Tränen vorbereitet, Tränen des Schmerzes, die sich nicht in Trauer, eher in Verbitterung spiegeln, die aber manchmal notwendig sind als Voraussetzung zur Versöhnung mit den Umständen, als Abschied vom erstarrten Denken, und um den Willen zur Wende, zur Neuordnung des beruflichen Lebens zu beflügeln.

Sobald die anregende Erwartungshaltung im beruflichen Werdegang durchbrochen wird, stehen wir alle vor einem schwierigen Prozess. Utopische Projektionen sind jetzt – vorübergehend – nicht mehr möglich. Die Quelle unserer Identifikation droht auszutrocknen, was die Annahme fälliger Reformen schwierig macht. Zwar wissen wir nur allzu gut, dass technische Innovationen stets und immer schneller vorwärtsschreiten. Ebenso gegeben ist die Einsicht, dass dies Veränderungen auf nahezu allen Ebenen zur Folge hat. Vorzugsweise jedoch nicht bei uns selber. Um also von Veränderungen betroffene Mitarbeiter emotional zu erreichen, sollten sich Coaches in einem Wechselspiel von Vertrauen und Verletzlichkeit bewegen können. Verletzlichkeit, weil jetzt das Meinungsbild und die Bewertung der eigenen Befähigung beim Mitarbeiter die Talsohle erreicht hat. Sicher, er hat die entsprechende Information schon lange vorher erhalten, aber die Annahme im empathischen Sinn ist eben ein Prozess, der sich nur zögernd und schrittweise vollzieht. So kommt dem Coach die Verantwortung für ein spezielles Vertrauensverhältnis zu, indem er Verstimmungen, Unsicherheiten, Befürchtungen und Gefährdungen mit Mitarbeitenden durchspielen muss.

Erwartungsgemäß wird es nicht ausbleiben, dass auch die Schuldfrage aufgeworfen wird. Mitsamt der bereits angesprochenen Vorstellung, dass immer andere schuldig sind. Das mag zuweilen sogar richtig sein. Nur hilft es uns nicht weiter. Allein die Selbstbestimmung – einer der wichtigsten Werte unserer Persönlichkeit – vermag dies. Besonders in Phasen wie diesen, wo dem Mitarbeiter wenig zu den eigenen Bedingungen gegeben, aber vieles genommen wird, ist es für Coaches unumgänglich, auf die Kraft der Selbstbestimmung hinzuweisen. Dazu braucht es Zeit, denn bevor Mitarbeitende fähig sind, solchen Rat anzunehmen, beginnt sich das Karussell der Erinnerungen zu drehen.

Stets ist es notwendig, dem Gegenüber die volle Aufmerksamkeit zu schenken, auf vorgetragene Argumente genau hinzuhören und diese ohne sofortige Einwendungen wahrzunehmen. Sonst läuft dieser sensible Prozess schief, höchstwahrscheinlich sogar geräuschvoll. Weil Menschen merken, wenn sie nicht ernst genommen werden. Folglich muss der Coach auf die Aufnahmefähigkeit des Gegenübers achten, sich auf seine Kernaussagen konzentrieren, im Zweifelsfalle nachfragen, um sicher zu sein, dass er die Denklinien auch sicher verstanden hat. Hier kann der Coach sich weitgehend in der „Passivitätskompetenz" üben, bis ein Mitarbeiter Veränderungen in seiner Einstellung zu den neuen Erfordernissen der Firma und seiner zukünftigen Arbeit spürt, eine neue Offenheit aufkeimen sieht, Vorschläge annehmen kann und erneut Zugang zum Grundstock seiner Fähigkeiten findet.

Erfolgserlebnisse für Coach und Mitarbeiter sind nur deshalb möglich, weil – wie wir bei Martin Buber gesehen haben – unser Selbst uneingeschränkt mit einem Du verbunden ist. Unser Selbst ist daher nie eine alleinige Ich- als vielmehr eine Wir-Konstruktion. Begünstigt in unserer Kindheit durch fürsorglich zugewandte Eltern und im Erwachsenenleben durch Mentoren, die uns gelegentlich zeigen, was es zu integrieren gilt und was wir als unbedeutend, als ungebräuchlich vernachlässigen können. Aber, weder das Du noch das Wir entbindet uns von der Eigenverantwortung und von der Wahl, durch welche Mächte wir unser Leben bestimmen lassen. Unsere Identität bleibt Zeit unseres Lebens ein höchst zerbrechliches Gut, denn immer wieder haben wir Entscheidungen zu treffen, was sich mit unserem Selbst als übereinstimmend erweist, also integriert werden kann, und was wir, um uns selber zu schützen, besser abweisen sollten. Ein weiser Umgang mit sich selbst erfordert ein beständiges Wagnis, das eine Durchlässigkeit für Inspirationen zulassen sollte, ohne gleichzeitig Bewertungen, Einschätzungen und Auffassungen anzunehmen, die nicht mit unseren Idealen übereinstimmen. So schwanken wir zwischen unserer Sehnsucht nach Eigenständigkeit und Souveränität und dem Umstand, für unsere Weiterentwicklung stets von einem Du abhängig zu sein. Diese Waage im Gleichgewicht zu halten, ist nur dank eines sowohl geistigen als auch psychischen Prozesses der Reifung möglich, der uns fortdauernd an die Größe unserer Lebensaufgabe erinnert.

Das Selbst steht für die Einmaligkeit des Menschen, dessen Reichtum vorwiegend darin begründet ist, was uns in unseren Kindheits- und Jugendjahren als Geschenke überreicht wurde, und deren Armut darauf hinweist, was uns verweigert wurde. Bewegungsfreiheit und Bewegungsräume unserer Kreativität ergeben sich aus der Summe früherer Wahrnehmungen, die erfasst, verglichen, eingeordnet und beurteilt wurden. Was wiederum mitprägt, wie wir als Erwachsene auf zugetragene Vorschläge reagieren. Ob wir die sich daraus ergebenden Möglichkeiten ausprobieren, mit ihnen spielen und sie entschlüsseln. Diese psychische Ausgangssituation entscheidet aber nicht darüber, in welchem Ausmaß wir in unserem Leben als Statist, Mitwirkender oder als Gestalter tätig sein werden, denn die Spur, welche zur Erfüllung unseres Daseins führt, legen wir auch immer in der jeweiligen Gegenwart, indem wir dem nächsten Du Entwürfe des Ein- oder Ergreifens und des Handelns entrichten. Wer das Selbst eines anderen so berührt, erschafft zugleich auch Momente seiner eigenen Kreativität. Indem wir unsere Mitarbeiter mit Handlungs-, Reaktions- und Zukunftsmöglichkeiten inspirieren, bereichern wir letztlich auch uns selber und verhindern die Leere des eigenen Selbst.

Die wahren Abgründe finden wir deshalb nicht so sehr bei unseren Mitmenschen, sondern im eigenen, von sich selbst eingenommenen Ego, das nichts Unbekanntes, nichts Fremdes annimmt. Dagegen übertragen sich die Achtung und Bestätigung des anderen auf uns selbst und vollenden dadurch einen Kreis der Wirksamkeit, der sich zwischen unserer Gestaltungskraft, dem sozialen Nachhall, der Anerkennung sowie der psychischen und körperlichen Gesundheit ergibt. Vermissen wir jedoch die Bedeutsamkeit in unserer Arbeit und fühlen uns auch sozial nicht integriert, bleibt der Kreis offen. Statt Selbstverwirklichung droht Entfremdung mitsamt dem Verlust der inneren Welt. Ambivalenz und Unbestimmtheit erzeugen dann eine zunehmende Unbehaustheit. Bis plötzlich Kräfte in unser Selbst einziehen, die aus den vielen Welten, die einst in uns wohnten, nur noch eine zulässt. Die aber gehört nicht uns. Als freie Menschen geboren, verlieren wir dadurch zunehmend unseren Selbstwert und werden zu einem fremdgesteuerten Wesen.

Möglichkeitsräume können nicht erfunden werden, sie müssen hervorgerufen, entwickelt, erschaffen und kultiviert werden: Durch Geschichten und Wertvorstellungen, durch eine Wahl, die vieles ausschließt und wenigem Wichtigkeit gibt.

Um uns und unsere Mitarbeiter also vor Erschöpfungszuständen, von einem Widerwillen gegen die Herausforderung der Arbeitswelt und gegen den Verlust der Arbeitswelt zu bewahren, brauchen wir Werte und gute Gründe. Um unsere Mitmenschlichkeit zu schützen und um nicht einem narzisstischen Anspruch zu verfallen. In Zeiten, wo in vielen Betrieben gezielt Ängste geweckt werden, um den Konkurrenzkampf zwischen den Angestellten auszuweiten, braucht es tatsächlich neue Geschichten darüber, was die Mitarbeitenden für die Geschäftsleitung eigentlich bedeuten und wie ihr Vermögen, ihr Wissen, ihre Fertigkeiten, Einsichten und Erkenntnisse zu heben und zu stärken sind. Es braucht wieder Verantwortliche, die als Vermittler und Initiatoren auftreten, die fähig sind, echte Beziehungen zu allen Beteiligten des Arbeitsprozesses aufzubauen. Dabei können Begutachtungen auch einmal in Beanstandungen übergleiten, die aber stets hilfreich, unbeeinflusst und leidenschaftslos vorgetragen werden sollten. Wenn Sie dabei Ihr Anliegen in eine Erzählung kleiden, wo Sie das zu Kritisierende dem gegenüberstellen, was ausgezeichnet gemacht wurde; wenn das, was Sie ansprechen, auf Tatsachen im Arbeits- und Fertigungsprozess oder im Benehmen und Auftreten beruht, und Sie dies so tun, dass Würde und Wertschätzung gewahrt bleiben, haben sie gute Erfolgsaussichten auf nachhaltige Veränderungen. Selbst dann, wenn Sie in besonderen Situationen auch Ihrer Verstimmung, Ihrer Erregung Ausdruck verleihen. Wichtig ist nur, dass Sie klar artikulieren, was Sie wie, wodurch und womit verändert haben wollen, und welche Auswirkungen zu erwarten sind, wenn die betreffenden Mängel und Diskrepanzen nicht behoben oder beseitigt werden. Nicht irgendwann, sondern zu einem gegenseitig vereinbarten Zeitpunkt.

Mitarbeitende, die neben ihrer Pflichterfüllung auch noch das Neue suchen und gelegentlich sogar finden, können das allerdings nur, wenn Motivation und Identifikation von der Unternehmensleitung auch wahrgenommen und gefördert werden. Dies geschieht jedoch nicht durch eine ständige Forderung nach mehr Leistung, auch nicht durch Druckerzeugung mit dem Hinweis auf die nie nachlassende Konkurrenz oder durch Andeutungen, die Bereitschaft zum lebenslangen Lernen nicht zu vernachlässigen, sondern mehrheitlich durch innere Überzeugung, durch ein Menschenbild, welches von der Firmenleitung vermittelt und vorgelebt wird. Partizipation an den Entscheidungsprozessen ist ein weiteres Zauberwort zur Aktivierung des neuronalen Motivationssystems. Doch eine solche demokratische Mitbestimmung muss von der Leitung ausdrücklich gewollt und vorgelebt werden. Führungskompetenz erkennt in den Mitarbeitenden nicht nur ein Produktionsmittel, sondern auch Potenziale, ein Sich-Einbringen in laufende Prozesse des Lernens. Engagiertes Arbeiten ist immer viel mehr als nur ein beanspruchender, ernährender und zufriedenstellender Prozess. In der Arbeit können wir erleben, wie authentisch wir sein können: Durch unsere Aufnahmebereitschaft und

Empfänglichkeit, durch unser Verantwortungsgefühl, durch unsere Wachsamkeit und Gründlichkeit.

Wie wir im nächsten Kapitel sehen werden, warten auf uns in mancherlei Hinsicht nie zuvor gekannte Herausforderungen. Diese benötigen nicht nur differenzierte, fein abgestimmte Führungskonzepte, sondern auch die Annahme unserer noch ungeklärten, vieldeutigen, mitunter rätselhaften Selbst-Anteile. Keine leichte, aber eine notwendige Aufgabe, um uns selbst als zukunftsfähig begrüßen zu dürfen. Um die Suche nach dem eigenen Selbst in den Mustern von in Teilen noch unübersichtlichen, unartikulierten Geschehnissen aufzuspüren. Um Bedeutungen zu finden, wo sich Aus- und Abschnitte unseres Wissens und Könnens aus der Vergangenheit mit Vorahnungen aus der Zukunft zu etwas Unerwartetem verbinden, wo Präsenz und Potenzialität zusammenfallen und zur Signatur einer zukünftigen Gegenwart werden können.

FÜHRUNG ZWISCHEN TRADIERTEN UND INNOVATIVEN KRÄFTEN, ZWISCHEN LOKALEN UND GLOBALEN KONTEXTEN

Die Entdeckung der globalen Welt begann mit sehnsuchtsvollen Blicken über den Ozean und verlief über Jahrhunderte dermaßen unaufschiebbar, dass die Menschen kaum noch folgen konnten und mochten. Die Globalisierung forderte jedoch von allem Anfang an ihren Preis. Sie machte die Welt zwar kleiner, entzweite die Menschen aber in Gewinner und Verlierer. Während viele Völker zu reinen Lieferanten von Rohstoffen herabgestuft wurden, verloren die vermeintlichen Gewinner während der nachfolgenden wissenschaftlichen Revolution nach und nach ihren spirituellen Idealismus und fanden sich mit einem Riss in der Seele allein einem Universum gegenüber, welches Rufe nach Unterstützung, Rat und Befreiung ohne jedes Echo in unendlichen Räumen verklingen ließ.

Die radikalsten Veränderungen samt einer atemberaubenden Beschleunigung der ursprünglich christlichen und danach kapitalistischen Globalisierung erfolgte jedoch ab dem Jahr 1989. Zum einen durch den damals unvermuteten plötzlichen Zusammenbruch der Sowjetunion sowie – ein halbes Jahr später – durch Betriebssysteme wie Windows 3.0 von Microsoft, womit grafische Benutzeroberflächen zur Regel wurden. Diese Ereignisketten förderten ein völlig neues Weltverständnis zutage, lösten überkommene Strukturen auf und ermöglichten die Begründung eines eigenständigen Transaktionsmarktes für globale Lösungen in nahezu allen Bereichen der Wirtschaft. Allein diese Anpassung und Erweiterung gemeinsamer Übereinkünfte hätte zu einer merklichen Beschleunigung des Welthandels ausgereicht, doch ab Windows 3.0 konnte nicht nur jeder Unternehmer, sondern auch jedes Individuum seine eigene Ausdrucksweise in digitaler Form erarbeiten und zugänglich machen. Die Entwicklung und Etablierung des Internets im letzten Jahrzehnt des 20. Jahrhunderts veränderte dann vollends bisherige Lebensweisen auf eine so umfassende Weise, dass sich nicht wenige Menschen zuerst einmal überfordert zeigten. Kein Wunder, umfasst die Globalisierung in einer denkbar kurzen Zeit nicht nur eine weltweite ökonomische Integration durch einen unbegrenzten Verkehr von Informationen, Kapital und Technik, sondern auch eine Zusammenfügung von sozialen und kulturellen Mustern des Fortschritts über Grenzen hinweg. Wurzeln in heimatlichen Gefilden – so schien es – wurden nahezu bedeutungslos, die Poetik identitätsstiftender Örtlichkeiten verlor sich in den Ausdehnungen des globalen Raumes.

Rund um den Globus löste all dies tiefgreifende Veränderungen verschiedenster Art aus, die sich im Dossier der Geschichte nachhaltig eingeschrieben haben. Am 11. September 2001 erfolgte der Anschlag auf das World Trade Center in New York, den wir heute als Ausgangspunkt des weltweiten islamistischen Terrors wahrnehmen und dessen Auswirkungen unsere Betrachtungsweise zu Migration und Multikulturalismus entscheidend verändern sollte. Nur drei Monate später, am 11. Dezember, trat China der Welthandelsorganisation WTO bei und wurde bald zum Symbol einer Ambivalenz, deren Pole ständig zwischen vielerlei Möglichkeiten und ebenso vielen Bedrohungen pendelt. So wurden Wege geebnet, die zuvor undenkbar waren. In schlechter Erinnerung geblieben ist zudem die Kombination von weltweit agierenden Banken, neuen Informationstechnologien und der grenzenlosen Gier ihrer Akteure, welche 2008 zu gigantischen Interventionen der Notenbanken führte, um das Finanzsystem vor einem Kreislaufzusammenbruch zu bewahren. Für jeden einzelnen Bürger wurde immer klarer, dass sich Entwicklungen und Ereignisse, die sich auf anderen Kontinenten abspielten, nicht mehr vom wohlvertrauten kommunalen Alltag trennen ließen. Hinzu kommt, dass der damit einhergehende Turbokapitalismus existenzgefährdende Umweltschäden verursachte und damit unsere Vorgehensweise der wirtschaftlichen Enthemmung infrage stellte. Taten lassen sich jetzt von niemanden mehr auf eine unpersönliche Ebene verschieben. Bedenken und Beschränkungen sollten gegenüber aggressiven Herausforderungen wieder bevorzugt werden.

So stehen immer mehr Menschen der Globalisierung kritisch gegenüber. Nicht verwunderlich, dass sich deshalb auch allerlei nationalistisch geprägte Glaubensnarrative großer Beliebtheit erfreuen. Die Wirtschaftspolitik greift zu protektionistischen Interventionen, ohne dabei etwas an der Beschleunigung von Wissenschaft und Technik und dem komplexen Wechselspiel zwischen den Weltmächten verändern zu können. Wohlverstanden: Es geht hier nicht darum, die Schwächen der Globalisierung zu leugnen, sie für bisher nicht eingelöste Versprechen anzuprangern, darüber hinwegzusehen, dass sie bisher schon sehr reiche Minderheiten noch reicher, große Konzerne noch mächtiger werden ließ. Alles richtig. Aber: Es gibt keine Vergangenheit, in die wir zurückkehren könnten. Das zeigt allein schon die Entwicklung der Weltbevölkerung: Diese betrug im Jahre Null 300

Millionen Menschen. 1.900 Jahre später waren es schon 1,65 Milliarden und heute leben fast acht Milliarden Menschen auf unserem Planeten. Ohne Globalisierung hätte sich das Ungleichgewicht zwischen Industrie-, Schwellen- und Armutsländern nicht verändert, stattdessen zu einer Dauerkatastrophe entwickelt.

Im gleichen Maß wie die Bevölkerung wuchs auch unser Wissen: Zu einer dezentralen Komplexität, die nur durch weltumspannende Netzwerke festgehalten werden kann. Hochtechnologische Produkte, mit denen wir heute unsere Arbeit bewältigen, sind nur noch durch ein System herzustellen, das weit umfassender als seine einzelnen Komponenten sind. Als Fluchtpunkt taugt die Vergangenheit aus all diesen Gründen nicht mehr. Sie kann nur noch losgelassen werden. Um dem Lernen über die Konsequenzen Raum zu geben, wie durch internationale Abkommen die Auswüchse auf Menschen und ihre Lebenswelten in gewünschte Bahnen gelenkt werden kann.

Einerseits wurden Millionen von Menschen rund um den Globus in ihrer Arbeitsweise schneller, digitaler und beweglicher, aber auch verletzlicher. Außerdem gibt die Zeit, wo die Globalisierung weitgehend durch überschaubare Tauschgeschäfte definiert wurde, kaum noch wieder, was heute geschieht. Natürlich werden Produkte immer noch dort hergestellt, wo tiefste Kosten zu kalkulieren sind, weil eine internationale Arbeitsteilung die weltweite Produktivität insgesamt erhöht und die Verkaufspreise tief hält. Doch je komplexer diese Produkte und Dienstleistungen werden, desto wertvoller werden auch die damit verbundenen Datenflüsse und die Macht der wenigen Konzerne, welche die Informationsinfrastruktur dank eines ausgeklügelten Geschäftsmodelles zu einem guten Teil scheinbar kostenlos zur Verfügung stellen: Für Daten, die Macht bedeuten und grundlegende Werte wie Menschen- und Freiheitsrechte unterlaufen. Durch soziale Netzwerke, welche Gesellschaften in ihre Einzelteile spalten, um sie zielgerichtet verführen zu können und partizipative Ansätze im Keim zu ersticken. Wenn dann noch staatliche Autoritäten Zugriff auf diese Daten verlangen, ist der Baukasten für totalitäre Systeme auf beklemmende Weise perfekt.

Um unser Recht an der Gestaltung der Zukunft nicht zu verlieren, ist es für jeden Einzelnen angezeigt, kühner, kreativer, erprobender, beurteilender und entschlossener zu werden. Das sollte eigentlich nicht allzu schwerfallen, weil es unsere Spannkraft fördert, unsere Selbstbehauptung stärkt und Big Data, der Massenüberwachung, eine Grenze zuweist und dafür nach dezentralen und verteilten Lösungen sucht. Es geht darum, Netzwerke für bestimmte Momente und Projekte zu erzeugen, weil dies das kreative Potenzial nicht von wenigen, sondern von vielen fördert. Dadurch bleibt die Hoffnung am Glühen, dass durch Offenheit und Solidarität ein neues Narrativ für einen Gesellschaftsvertrag geschaffen wird.

Die Art und Weise, wie wir bisher Politik und Ökonomie belebt, gelebt und betrieben haben, muss partizipativen Innovationen weichen. Um auch in der Zukunft zurechtzukommen, reichen nämlich sporadische Anpassungen nicht mehr aus. All die Modelle, welche während der Industriellen Revolution und in der Zeit des Kalten Krieges entwickelt wurden, funktionieren schon lange nicht mehr. Das Links-Rechts-Denken ist genauso überholt wie die meisten Lehrinhalte und Lernziele der ökonomischen Literatur. Wenn heute junge Menschen in Heerscharen auf die Straße gehen, können wir davon ausgehen, dass es ihnen nicht nur um ein besseres Klima, sondern auch um eine Renaissance des geistig-spirituellen Lebensraumes geht. Ihre Ängste betreffen nicht nur die fragile Zukunft unseres Planenten, sie betreffen auch die Leere im metaphysischen Raum. Weshalb die Zeit gekommen ist, diese Kluft durch Einfallsreichtum, Originalität und durch das Vermögen neuer Anschauungen zu schließen.

Gewöhnlich fallen uns neue Anfänge nie leicht. Sie benötigen Kühnheit und Rückgrat, weil sie die Wahrnehmung der Zeit verändern.

Wenn wir uns zu neuen Zielen antreiben, öffnet sich auch die Zeit, weil die Zukunft neuer Attraktionen gesättigter ist als die Anziehungskraft vergangener Tage. Wenn wir also nicht in einer Aussichtslosigkeit versinken wollen, müssen wir uns aufmachen, um eine Neugestaltung der Nachhaltigkeitswerte auf den Weg zu bringen. Wenn immer mehr Menschen im Wohlstand leben wollen, gilt es, besonders Produkte des Alltags mit weniger Energie und weit weniger Schadstoffen zu produzieren. Das wiederum führt unmittelbar zu einer Neuausrichtung gesellschaftlicher Übereinkünfte, zu noch unerprobten Koproduktionen und Konföderationen, welche die Gemeinschaft stärkt und den bedeutungslosen Konsum einschränkt.

Dieser Erwartungshorizont, der durch neue Möglichkeiten in der Anwendung Künstlicher Intelligenz, Nanotechnologie, Robotik-Systeme und Biologie-Informationen zusätzlich aufgeladen wird, bietet zwar verlockende Erfolgsaussichten, bringt aber auch ethische und politische Herausforderungen mit sich, die kein Land alleine tragen kann. Bezüglich der in kommenden Zeiten gefragten Führungsqualitäten bedeutet diese Sicht auf die wesentlichen Aspekte, dass wir unsere genügend reflektierten Ansichten ohne den Eifer des Besserwissers, aber nicht weniger eindringlich präsentieren müssen. Mit Witz und Freude, aber mit einer Rhetorik der Ausgewogenheit gilt es, ein taktisch ausgefeiltes Programm ohne Töne der Erlösung vorzuschlagen. Dabei können wir sehr wohl die Künstliche Intelligenz zu unserem Bündnispartner machen, sollten aber nicht vergessen, dass Maschinen immer nur einem Programm folgen, was man bestimmt nicht als intelligent bezeichnen kann. Außerdem fehlt es der KI an Ahnung und Instinkt, an Herz und Bedenken, an Verstand und einem Empfinden darüber, was gerecht und fair ist. Sie lässt sich für beinahe alles gebrauchen. Und missbrauchen. Indem sie jedem dienlich ist, der sie zu programmieren weiß. Gleichzeitig kann KI aber auch helfen, dass der lebenslange Lernprozess schneller gelingen und die beruflich notwendigen Qualifikationen wesentlich billiger erworben werden können.

Hier haben wir also die verschiedenen Fäden, bestehend aus den Geweben der sozialen wie auch der beruflichen Qualifikationen miteinander zu verknüpfen. Sozial, weil Maß und Intensität der menschlichen Kontakte wieder zunehmen werden. Auch persönliche Dienstleistungen werden wachsen, zeremonielle Höflichkeit könnte, von den asiatischen Ländern ausgehend, die Welt erobern und sich mit der Würde und individuellen Anerkennung der westlichen Aufklärung vermischen und das Gefühl der Entfremdung begrenzen. Gleichzeitig besteht aber auch die Notwendigkeit, sich von eindimensionalen Sachkennern in mehrdimensionale Multitalente zu verwandeln. Reine Techniker wie auch reine Dienstleister gehen schwierigen Zeiten entgegen, während Menschen, die beide Elemente kombinieren können, sich einem wohlbegründeten Optimismus hingeben dürfen. Der Schlüssel, um die noch leeren Räume der Zukunft zu öffnen, ist deshalb zum einen in der Vorstellungskraft zu finden: Das Staunen als ein Festakt der Selbstverwandlung. Weil aus unserer Anschauungskraft und unseren Fantasiebildern fortwährend Metamorphosen entstehen. Womit wir zusammenführen, was bisher weder in der Natur noch in der Kultur zusammengefügt wurde. Zum anderen, indem wir unsere kognitiven Fähigkeiten mit dem Rohmaterial unserer bisherigen Erfahrungen verbinden. So entstehen durch Umformungen, Neukombinationen und Synthesen frische, bedarfsorientierte Verflochtenheiten, die uns durch ihr Wechselspiel in bisher unbekannte Möglichkeitsräume führen.

Befreien Sie sich also von allen möglichen Postulaten des Wartens und nutzen Sie stattdessen Ihre Neugier, um herauszufinden, wie Sie Ihre Persönlichkeit weiterentwickeln können. Der Zufluss von Daten schafft neue Variationen. Doch nur die weitere Synchronisation der menschlichen Komplexität bringt neue Welten hervor.

Ein wesentliches Element zukünftiger Führung besteht konsequenterweise darin, den Mitarbeitern die großen Linien bevorstehender Entwicklungen aufzuzeigen, sie rechtzeitig zu bewegen, Veränderungen anzunehmen, ihre Einbildungskraft als ein Vermögen anzuerkennen und sie zu lehren, sich in den Zwischenräumen der Gegensätze zu bewegen, also zwischen Interesse und Klugheit sowie Begeisterung und Urteilsfähigkeit. Diese Zwischenräume sind gerade jetzt so wichtig, weil in der zeitlichen Verzögerung zwischen Ankündigung und Realisierung die Möglichkeit gegeben ist, über Konsequenzen nachzudenken. Ohne Nebenschauplätze. Allein in der Geschlossenheit unseres Geistes. Weil es viel zu gewinnen, aber auch viel zu verlieren gibt. Um Letzteres zu verhindern, müssen wir gelegentlich unser Denken auf seine Anfänge zurückführen, dorthin, wo alles begann: Zur Betrachtung unseres Selbst. Dann können wir feststellen, dass unsere Vernunft nicht einfach nur ein Instrument, sondern etwas viel Wertvolleres, nämlich ein sich selbst immer neu zeugendes, herbeiführendes, gestaltendes Organsystem ist. Genauso wie unser wichtigster Mentor: Die Natur unserer Erde.

Während uns aber die Evolution bezüglich der Seele keine Gewissheit schenkt und alles offen lässt, herrscht bei den Mechanismen der Überlebensfähigkeit große Klarheit. Vorweg das Entscheidende: In der unfassbar langen Entwicklungsgeschichte unseres Planeten gab es nie die Nötigung zum immer Gleichen, das heute so viele Lebensbedingungen und Lebensbereiche umfasst. Überall und in jeder Epoche führte die Natur Versuche durch, durchschritt neue Erfahrungen, begegnete in Millionen von Jahren in kleinen und kleinsten Experimentierfeldern dem anderen und sorgte dafür, dass ihre Erfahrungshorizonte immer größer wurden. Sicher, es war ein langsamer Prozess, dessen Zeitlichkeit unsere Geduld bei Weitem überfordert. Aber gerade durch diese Entwicklung der Ausreifung fand die Evolution die besten Lösungen. Indem sie eine bunte, unvorhersehbare, aber nie beliebige Auswahl schuf, fand die Natur im Zulassen der Vielfalt die überlebensfähigsten Auswege und Schöpfungen. Diversität – so lernen wir – schafft nicht nur eine beglückende Originalität, sondern auch höhere Effizienz, wodurch gleichsam nebenher auch noch eine einzigartige Beständigkeit erreicht wird. Diese Ökosysteme sind die Voraussetzung auch für die menschlichen Netzwerke. Doch im Gegensatz zu unserer modernen Arbeitswelt lässt die Evolution auf ihrem Weg zur Vollendung immer auch einen überraschenden Gestaltwandel zu. Während wir plötzlich aufhören, uns weiterzuentwickeln, kennen natürliche Prozesse keinen Stillstand. Wir alle treffen unsere Entscheidungen ja immer von der Position aus, wo wir uns gerade befinden. Diese Stellung aber ist im Moment unverkennbar in einem Zwischenbereich von tradierten und innovativen, von lokalen und globalen Kontexten, von individuellen und angesagten Lebensführungen. Weshalb ambitionierte Menschen angehalten sind, stets den technologischen Wandel, weltweite politische und wirtschaftliche Entwicklungen sowie ökologische Erfordernisse zu reflektieren.

Obwohl in Zukunftslandschaften keine vorgezeichneten Wege zu finden sind, gereicht es allen Beteiligten zum Vorteil, wenn wir uns Wissen aneignen, wie wir mit menschlicher und kultureller Vielfalt umgehen können: Mit einer gewissen Eleganz, mit Schönheit und Humor. Weiter geht es um ein Verständnis, dass jedes gesunde Unternehmen in ein Netzwerk von Energien eingebunden ist, wo jeder Einzelne Teil der Kraft und jedes Team als Ganzes ein wechselseitiges Energiemuster darstellt, welches verschiedenste Ressourcen bindet, aber auch Energie-Potenziale freisetzt.

Im Weiteren sind wir alle gebeten, erkennbar mehr Verantwortung für die Zukunft zu übernehmen. Was bedeutet, dass vor allem Firmen ihr Ethos verbindlich ausformulieren und kommunizieren müssen. Fakten allein genügen nicht, erst ein Horizont der Werte verleiht ihnen Bedeutung. Die Einstellung zum Wesen unseres Tuns ist ebenso bedeutsam wie unser Tun selbst. Die Fähigkeit, Verantwortung zu übernehmen, eine Ethik der Zukunftsmöglichkeit in jeder Organisation aufzubauen, muss Teil unserer Kultur werden. Genauso wie die

Menschenwürde. Das läuft darauf hinaus, der Frage des Gleichgewichts mehr Raum zu geben. Mit einer anwendungsbezogenen Geisteshaltung ist zwischen der Führung, den Mitarbeitern, den Lieferanten und den Kunden ein hybrides Gleichgewicht zu gestalten, welches unter ökologischen und ökonomischen Sichtweisen stets neu ausbalanciert werden sollte: Kreisläufe, die ebenso sensibel wie verantwortungsvoll gestaltet werden müssen und durch die Firmenleitung nach innen und außen vermittelt werden. Aus einer Haltung der offenen Aufmerksamkeit und auch einer gewissen Gelassenheit heraus geht es darum, unsere wirtschaftlichen Tätigkeiten auf einen höheren Aussichtspunkt zu stellen und die Dinge, die uns wichtig sind, auf einer breiteren Grundlage als bisher nachhaltig aufzubauen. Das berufliche Engagement gilt es auf mehr Zukunftsverantwortung zu stellen.

Aufmerksamkeit: Warum uns nicht die innere Ruhe, sondern die produktive Unruhe zur Ehre gereicht

Brechen wir also auf, um Landschaften zukünftiger Führung zu vermessen und herauszufinden, wie wir uns für die Verantwortlichkeit verantwortlich zeigen können. In der Klugheit, der Gerechtigkeit und dem Mut finden sich Wegweiser zur Wertschätzung. In der Übernahme der Verantwortung finden wir Bescheidenheit und das Entgegenkommen, welches unter Menschen die entscheidende Resonanz erzeugt, uns verbindet und das Vertrauensklima dahingehend verändert, dass sich Kollegen untereinander sicher fühlen und Vorgesetzte verantwortungsbewusst ihre Arbeitsaufgaben erfüllen können. Der Schlüssel ist also das Vertrauen in menschliche Potenziale und die Einsicht der Führenden, den Sinn für die Maßstäbe nicht zu verlieren. Mut kann unerwartet in Anmaßung, ja Verwegenheit kippen. Der Sinn für Gerechtigkeit in Selbstgerechtigkeit münden. Dagegen hilft Wertschätzung nicht nur zu einer aufbauenden Anwendung unserer Maßstäbe, sondern ist auch der ideale Einstieg in ein neues Vertrauensverhältnis. Indem Sie die Ihnen anvertraute Führungsposition nicht missbrauchen, um Macht zu demonstrieren, sondern um herauszufinden, welche Träume und Ambitionen Ihre Kollegen und Mitarbeitenden hegen und pflegen, gewinnen Sie durch die Versicherung, in Ihnen einen Unterstützer derselben zu haben, Vertrauen. Damit bauen Sie von Anfang an emotionales Kapital auf, stärken innerbetriebliche Verbindungen und verhindern, dass in angespannten Zeiten Konflikte ausbrechen, welche Teams spalten und die Organisation in eine ungünstige Richtung treiben.

Verhindern Sie vor allem, sich selbst zu belügen. Der wirkliche Wert eines Menschen hängt nämlich nicht vom Blickpunkt seiner Vorgesetzten ab. Niemals. Kein Mensch hat es verdient, auf ein Mittel zur Zielsetzung einer Firma reduziert zu werden. Wenn wir jedoch unsere Mitarbeitenden in ihrem wahren Wert anerkennen und sie an einen Wendepunkt führen können, wo sie in Teilen Neues erschaffen, wo sie bisher unbekannte Realitäten im Prozess des sich Anbahnenden erkennen und nachvollziehen, wo sie sich als Ursache eines innovativen Vorschlages sehen können, helfen Sie, dass sie ihren wahren Wert erkennen. Indem Sie ein Auge dafür entwickelten, was sie besonders gut können und unter welchen Bedingungen. Diese Erkenntnis ist die einzig beständige Grundlage und die bestmögliche Quelle zur Leistungsfähigkeit von Menschen.

Genauso wie wir unser Augenlicht nicht mit den eigenen Pupillen sehen können, sind wir auf die Erkenntniskraft anderer Menschen angewiesen, um die Qualitäten unseres Selbst wahrzunehmen. Passiert dies, empfinden wir es als das reine Glück. Tatsächlich ist es weit mehr als eine bezaubernde Fügung, weil es sich zu einer Wahlverwandtschaft, zu einer Freundschaft mit der Welt ausweiten kann, und zur Sicherheit, seinen Platz in ihr gefunden zu haben. Lohnenswert wird unser Leben also nicht vorwiegend in der Erfüllung eigener Wünsche, sondern in den Augen der Mitmenschen. Was dazu anleitet, die Architektur unserer zukünftigen Verantwortlichkeit zu überdenken. Dahingehend, dass eine Lebensausrichtung, die allein darauf bedacht ist, innerlich zur Ruhe zu kommen, nicht mehr angebracht ist. Vielleicht gar nie war, weil viele dies mit einer geistigen Vollendung gleichsetzen, die aber schon allein deswegen unmöglich ist, weil es ein eindeutiges Zuviel an Sinnesmöglichkeiten auf unserem herrlichen Planeten gibt. Daraus ergibt sich, dass nicht so sehr die innere Ruhe, als vielmehr die produktive Unruhe uns zur Ehre gereicht. Die darüber hinaus auch deshalb erstrebenswert ist, weil sie auf die Zartheit und Brüchigkeit unseres Lebens verweist, darauf, dass sie weitere Ausblicke als die Ruhe ermöglicht, dass sie uns den Mut zur Gerechtigkeit schenkt und das vorgefundene Dasein nicht zu verändern unterbindet.

Innere Ruhe als Ziel des Lebens lässt dem Unvollendeten keinen Raum, fördert die eigennützige Wahrnehmung und verhindert die Sichtung von Unrecht und Lüge, wie auch viele potenzielle Wachstumsmöglichkeiten. Innere und äußere. Wenn Sie also Ihr Wissen, Ihr Verstehen, Ihre Informationen in Erkenntnisse, Ihre Sachkundigkeit in Erfahrungen verwandeln wollen, ist es förderlich, sich eine pragmatische Sichtweise anzueignen, die auf Eitelkeit und Anmaßung zu verzichten vermag. Unaufdringlichkeit ist dazu ein kluger Ratgeber. Es ist der Weg der Mitte, der Weg der Hingebung und der Freizügigkeit.

Unsere Redlichkeit und der Sinn für Wahrheit und Gerechtigkeit sind weit mehr als nur ein psychologischer Schachzug, um Mitarbeitende von unserer Integrität zu überzeugen. Es ist eine eigentliche Daseinsform, die anerkennt, dass immer nur bedingte Vollendungen möglich sind und eine dieser Bedingungen darin besteht, dass jeder am Prozess Beteiligte sich befleißigt, das zu geben, was nur er oder sie und niemand sonst geben kann. Es ist keine geringe Sache, den Mitarbeitenden eigene Gestaltungsräume oder gar Zeiten in Eigenverantwortung zu überlassen. Doch fortschrittliche Unternehmen tun das mittlerweile im Wissen, dass nur der freie Wille sich unabhängig fühlender Menschen dazu fähig ist, dem bereits Vorhandenen Neues hinzuzufügen. Innovationen entstehen durch Prozesse des Gewährens. Das Echte zeigt sich, wenn die Praxis des Denkens angeregt und gefördert wird. Auch darin, dass sich abzeichnende Möglichkeiten zwar noch keine Wirklichkeiten beanspruchen können, aber immerhin weit mehr als bedeutungslos sind. Wir befinden uns hier im Reich der Rätselhaftigkeit, im Kernschatten der Wahrscheinlichkeit, im Zwielicht des Tagesanbruchs.

Die magische Formel, um daraus einen Spannungsbogen ins Gelingen zu schaffen, lautet: Motivation. Jeder spricht im Wissen darüber, dass sie den Unterschied zwischen gewöhnlichen und außergewöhnlichen Ergebnissen ausmacht. Firmenleitungen sind allgemein davon überzeugt, Motivation durch materielle Anreize zu verstärken. Erliegen damit jedoch einem teuren Irrtum. Motivation wird, wie die Ausrichtung auf ein kreatives Leben, weitgehend durch unbewusste Prozesse angetrieben. Es geht dabei nicht um das Aufbrechen gewohnter Vertraulichkeiten, als vielmehr darum, bisherige Interpretationen und Deutungen zu hinterfragen, sie zu einem Gegenstand der Herausforderung zu machen. Indem wir diese von einer höheren Ebene aus betrachten. Durch zusätzliche Abstraktionen, die uns dann auf abwechslungsreichere Verbindungen hinweisen und dadurch eine Kommunikation über Visionen und Träume ermöglichen. Führen bedeutet eben auch immer den achtungsvollen Umgang mit unterschiedlichen Betrachtungsweisen. Meint: Zuhören und auf neue Vorschläge eingehen. Lernen, sich auf gegensätzliche Standpunkte einzufühlen. Zusammenarbeit fördern. Verflechtungen von Ideen anregen. Inspirationen vermitteln. Auf eine rücksichtsvolle Unternehmenskultur achten. Um die technisch-ästhetische Einfallslosigkeit hinter sich zu lassen. Um die lust- und leblose Mühseligkeit des betrieblichen Alltags zu überwinden. Fragen zulassend, wie zum Beispiel: Mit welchen Utopien lassen sich neue Kräfte mobilisieren? Wo wollen wir eigentlich genau hin? Wie könnten diese Orte, Erzeugnisse und Dienstleistungen aussehen? Wofür wollen wir uns in Zukunft messen lassen? Als Rebellen der Hoffnung.

Achtung und Anerkennung lebt zu einem großen Teil von gegenseitigen Anleihen. Wir nutzen diese wechselseitig. Nicht anders verhält es sich mit der Freiheit. Lassen Vorgesetzte Freiheiten zu, öffnen sich Mitarbeitende, statt nur ihrem Pflichtbewusstsein zu folgen. Tragen der Chef, die Chefin ihre Anliegen in einem wohlwollenden, konzilianten Ton vor, ernten sie Reaktionen, aus denen Tatkraft strömt. Genauso empfangen sie Beherztheit und Unerschrockenheit, Ausdauer und Seelengröße. Großzügigkeit wird mit Würdigung honoriert, Berechtigung mit Interesse und Engagement. Alle diese mit dem Kern des echten Lebens verbundenen Prozesse stellen Richtigkeit fest, anerkennen sie und belohnen Organisationen mit Stabilität. Was als wahr empfunden wird, ist das, was unseren Denk- und Handlungsprozessen förderlich ist. Der Wille von Menschen ist stets eng mit der Selbstachtung verknüpft. Selbstverantwortliche, souveräne Chefs wissen deshalb, dass hörige, demütigende Unterlegenheit möglichst aufzulösen ist. So haben wir stets die Wahl: Als ein Mensch, der seine Potenziale entwickeln kann und damit seinem inneren Reichtum Ausdruck verleiht, oder als bloße Existenz, welche das Leben als eine freudlose Pflichterfüllung auf einem minimalen Anspruchs-Fundament empfindet.

Nun ließe sich sagen, dass diese Art der Führung allzu stark abhängig von Zustimmung und Anerkennung ist. Dass mitunter das Korrektiv fehlt, wenn die Leistung nicht mit der Erwartung übereinstimmt. Was nicht ganz falsch ist. Aber wie zu Beginn erwähnt, ist dies ein Führungsstil für Zeiten, wo die Ampeln des Lebens und Arbeitens allesamt grün aufleuchten. Außerdem hilft dieser nahezu ideale Umgang mit Menschen, eine überkommene Denkweise zu überwinden, die darin besteht, dass wir uns meistens allzu sehr darüber definieren, wie hart wir arbeiten. Ohne darüber nachzudenken, was wir dabei geschaffen haben. Welche Resultate wir erzielten und wie nachhaltig die tatsächlich sind. So ist dieser Führungsstil eben auch die Emanzipation von einem langen Weg, den wir hinter uns lassen sollten, damit mehr Freiheit, Pluralität, Kreativität sowie eine langfristige Stabilität in unsere Organisationen einkehren kann. Führungskräfte mit einer positiven, empathischen Einstellung beeinflussen deshalb ihre Mitarbeiter dahingehend, dass Ihre eigenen Ideale zu Orientierungspunkten der Firmenpolitik werden.

Verursacht die Arbeit dagegen physische und psychische Leiden, sei es, weil ein Vorgesetzter das Gefälle der Macht allzu sehr zu seinen Gunsten ausnutzt oder durch die Starrheit seiner Urteile jede Bejahung der Autonomie seiner Mitarbeiter verhindert, Kompetenzen einschränkt statt erweitert, Eingliederungsprozesse durch widersprüchliche oder gar heimtückische Botschaften verhindert oder durch eine starke, weil ausschließlich befehlende Über-Ich-Bindung die Autoritätsabhängigkeit derart fördert, dass sich die Mitarbeitenden sogar in Selbstunterdrückung üben. Durch all dies wird jede Koordination von Intelligenz im Keime erstickt und jede Findung neuer Wege verhindert. In den Fesseln von Angst und Abhängigkeit ist keine Identitätsbildung, kein Hineinwachsen in neue Ziele möglich. Nur Flucht vor weiteren Erniedrigungen. Menschen brauchen Anerkennung, damit ihr Verhältnis zu Vorgesetzten nicht durch Aufspaltungen, sondern von Übereinstimmungen geprägt wird. Zu erreichen ist dies, indem Chefs zwischenzeitlich ihren Mitarbeitenden als Menschen begegnen. Ihnen ab und zu auch ihre Gedanken und Sehnsüchte, ihre bedrückenden Gefühle offenbaren. Aber auch, wie ihr Erstaunen auch ihn erstaunen lässt, wie ihr Vertrauen auch seine Hoffnung nährt, wie ihre Visionen auch ihn träumen lassen und Gegenwelten erzeugen, die aus trüben Tagen in leuchtende Lebensbereiche verweisen.

Um ernst genommen zu werden, müssen Vorgesetzte vorwiegend ihre harte Schale zeigen. Tägliche Kämpfe gegen die Konkurrenz im äußeren und gegen die Ängste im inneren Bereich erfordern dies. Trotzdem sollten wir uns vor der Dynamik unserer Darbietung nicht blenden und fortreißen lassen und zu unserer sensiblen, aufmerksamen und feinfühligen Seite Sorge tragen und sie auch pflegen. Nur so erkennen wir die Auswirkungen in der Psyche unserer Mitarbeitenden und können ihrem furchtsamen Streben ein Freund sein. Menschen wissen es zu würdigen, wenn man ihnen zuhört. Sie blühen auf, wenn sie Teil der zukünftigen Landkarte einer Firma werden. Das bringt ihre Welt zum Leuchten, zeigt ihnen, dass sie gewissermassen auserwählt sind, weil sie über gefragte Fähigkeiten verfügen. Zusätzlich werden sie angeregt, weitere Gaben und Begabungen, welche in der Tiefe ihres Lebens angelegt sind, zu entschlüsseln. Hier fügt sich zusammen, was vorher getrennt war, hier wählen und sichten wir neue Perspektiven und Wahrscheinlichkeiten, die unseren flüchtigen Tagen Reichhaltigkeit und Verdichtung geben. Hier beginnt der Weg zur Verwirklichung gemeinsamer Träume, zur visionären Partizipation der Aufmerksamkeit.

Um eine Firma, eine Abteilung erfolgreich zu führen, konnten sich über eine sehr lange Zeit die Vorgesetzten auf das maßgebende Vermögen ihres Fachwissens verlassen. Sie konnten mit ihrer Übersicht in die verschiedenen Abläufe der Fertigung, mit ihren Einblicken in die Tücken der Materie sowie mit ihrer reichen Erfahrung praktische Hilfestellung geben, wie Herausforderungen zu meistern sind. Vom Inhalt der Probleme führte in den meisten Fällen ein direkter Weg zum Lösungsprozess. Viel wichtiger als die Qualität der Kommunikation war, ob Vorgesetzte auch fähig und willens waren, die Verantwortung für die Resultate zu übernehmen und entsprechend punktgenau zu liefern.

Aktivitätskompetenz ist im Betriebs-Alltag immer noch die höchst- und bestmögliche Auszeichnung. Allerdings orientieren wir uns dabei an der Vergangenheit. Ganz anders verhält es sich in allen Fragen und Aspekten, die in die Zukunft weisen. Erst recht, wenn es darum geht, neue Visionen für Produkte und Dienstleistungen zu entwickeln. Da stehen wir vorerst einmal vor dem Nichts. Zumindest vor wenig Konkretem. Als Ermutigung mag dienen, dass wir das Wenige immerhin als Geschwister von Möglichkeiten betrachten können. Was uns insofern auf die richtige Spur führt, als wir nur jene Gegebenheiten und Konstellationen kreativ verändern können, die wir mit Bewusstsein durchleuchten. Weshalb unsere Innerlichkeit das eigentliche Fundament, das wertvollste Gut ist. Freilich: Die Substanz müssen wir uns selbst erarbeiten, dafür kann sie uns dann auch niemand wegnehmen, uns davon ausschließen. Die Zauberworte, um die Tore zu diesem Seinsgrund zu öffnen, lauten: Aufmerksamkeit und Achtsamkeit.

Risikointelligenz: Was nicht vollständig erkundet werden kann

Kreativität wird oft als ein geheimes Vermögen bezeichnet, über das nur wenige Auserwählte verfügen würden. Was in überragenden Fällen zweifellos richtig ist. Hier sprechen wir aber nicht davon, dass jeder ein Leonardo da Vinci werden kann, sondern davon, dass jeder ein schöpferisches Potenzial in sich trägt, welches es zu entwickeln gilt. Dabei sind Absicht, Wille und eine bewusste Entscheidung, etwas Spezielles hervorzubringen, die entscheidenden Steuergrößen und Einflussfaktoren. Niemand wird auf nur hinnehmende Weise einzigartig. Genauso wenig wie Freiheit ohne Beschränkung möglich ist. In Eigenverantwortlichkeit Dinge zu planen und und zu errichten, heißt, ohne allseitiges Wissen und Können tätig zu sein. Bedeutet darüber hinaus, dass niemand die Bürgschaft übernehmen kann, dass es keine Gewähr gibt, ob unser Vorhaben gelingen kann und wir dereinst entsprechende Gegenleistungen erhalten. Solche Garantien gibt es deshalb nicht, weil genau diese Ungewissheiten die Voraussetzungen dafür sind, dass wir die dazugehörigen Potenziale haben. Wäre es anders, wären wir Vasallen bloßer mechanischer Abläufe. Willkürliche Diener eines plumpen Systems, das ausschließlich zwischen den Polen Belohnung und Strafe funktioniert. Daraus lässt sich auch entnehmen, wie eng schöpferisches und moralisches Verhalten miteinander verbunden sind, wie wenig wir über die Konsequenzen dieser beiden großen Freiheiten wissen können. Letztlich bestimmen wir nur die Bereitschaft zur guten Absicht. Als Boten der Zukunft, die es zu bewältigen, nicht zu erleiden gilt.

Womit eine neue Form der Klugheit unsere Aufmerksamkeit erreicht, mit der wir noch wenig vertraut sind: Die Kompetenz, auf intelligente Weise mit Risiken umzugehen. Wissend, dass Neuschöpfungen ohne Risiko ein Ding der Unmöglichkeit sind, und gleichzeitig anerkennend: Ohne ein Quantum an Vorsicht würden Unternehmen ziemlich schnell vor Abgründen stehen.

Hinzu kommt, dass wir seit der letzten Finanzkrise wissen, dass sich auch Risikoexperten kolossal irren können, weshalb es an uns selber liegt, eine gewisse Form der Risikointelligenz auszubilden. Ein weiteres Mal geht es darum, eigenverantwortlich zu denken und in der Kommunikation mit anderen Entscheidungsträgern klug abzuwägen, nicht konfrontative Töne anzuschlagen. Zu verhindern, dass die Sorgen nicht allzu sehr an Eigendynamik gewinnen. Lernen, dass die Arithmetik der Sicherheit zwar notwendig ist, aber auch die Psychologie der Ängste und Wünsche nicht zu vernachlässigen ist.

Was Risikointelligenz wesentlich ausmacht, ist ihr Verständnis über die Grenzen dessen, was wir im technisch-rationalen Sinn wissen können. Man kann Wissensgrenzen nicht verwenden wie einen mathematischen Satz, vielmehr bringt sie zum Ausdruck, was nicht vollständig analysiert und erkundet werden kann. Einmal mehr stehen wir vor etwas Unbekanntem. Auf einer persönlichen Ebene geht es darum, ob Sie sich berechtigt und auch geschickt genug fühlen, ohne verlässliche Orientierung Entscheidungen zu fällen, die folgenschwer für die langfristige Entwicklung des Unternehmens sein können. Dies setzt voraus, sich der Ichbezogenheit zu entledigen, um sich für das Ganze zu öffnen. Damit erzeugen wir eine Resonanz, die über das direkt Wahrnehmbare hinausgeht und durch die Intelligenz des Unbewussten, die Intuition sowie durch Neugier und Mut erfasst werden kann. Indem wir diese subjektiven Aspekte mit den Gesetzen der Wahrscheinlichkeit verbinden, kommen wir dem Kern der Risiko-Intelligenz schon recht nahe. Andererseits gilt es festzuhalten, dass wir trotzdem nie abschließend wissen können, ob sich Risiken zu unserem Schaden oder Glück entwickeln, ob wir sie als Bedrohung oder Hoffnung betrachten sollen. Wahrscheinlichkeiten sind eben keine einheitlichen Erscheinungen.

Hinter Wahrscheinlichkeiten verstecken sich stets bestimmte Betrachtungsweisen, und die finden sich mithin auch in der Signatur unserer Persönlichkeit. Ihr Zentrum liegt nicht in der Verborgenheit einer singulären Überzeugung, sondern überall, wo Menschen etwas tun oder auch lassen. Des Weiteren macht uns die Zeugenschaft eines Risikos selber zu einem Teil des Risikos. Dies ahnend, gehorchen wir kontinuierlich dem Wunschdenken und legen uns die Dinge dann so zurecht, als hätten wir keine andere Wahl. Gerade so, als wäre das schwierige Geschäft der Innovation eine Art Lotto, deren Zahlen man nach der Verkündigung passiv und schicksalsergeben hinzunehmen hat. Nicht anders verhält es sich mit voreiligen Diagnosen. Sie verleiten zu Willenlosigkeit sowie dazu, Talente ohne Gewissensnot nicht zu benutzen. Sicher sind Innovationen – um im Bild zu bleiben – auch immer Wetten, aber hier haben wir in jeder Phase des Prozesses die Möglichkeit, mit Verstand und beherztem Handeln deren Ausgang zu steuern. Weshalb wir als Erstes zwischen bekannten und unbekannten, beziehungsweise zwischen gesuchten und unversehens einbrechenden Risiken zu unterscheiden haben. Erstere fordern unser Denken, Letztere erfordern andere Sichtweisen. Also lautet die weiterführende Frage: Woher kriegen wir Erkenntnisse, um Wetten einzuschätzen? Gelangen wir durch die Sichtweise der Kunden dazu?

Immer eine kluge Frage, hilft sie doch zur Zurückstellung unserer eigenen Voreingenommenheit und erzeugt Neugier. Sie fördert die Gabe der Beobachtung und hilft, zwischen Tatsachen, Meinungen und Behauptungen zu unterscheiden.

Am Ende jedoch bleibt die Frage, wie maßgeblich alle diese Informationen tatsächlich sind. Zwar lassen sich zusätzliche Stich- und Belastungsproben sowie ausgeklügelte Feldstudien durchführen, aber irgendwann einmal erreichen wir den Punkt, wo wir uns eingestehen müssen, dass wir mit fragmentarischen Informationen aus der Vergangenheit eine unbestimmte Zukunft gestalten müssen. Womit sich dann die Aufgabe stellt, ob und wie der Kreativitätsprozess weiterentwickelt werden kann. Lösungsansätze finden sich zuerst einmal in Bewertungsfragen darüber, ob die geplante Neuerung zukünftigen Anforderungen überhaupt gerecht würde, wem sie dienlich und förderlich wäre, ob sie sich als eine Überraschung oder bloß als Variation des Gewohnten herausstellen könnte. Die Antworten lassen Gefühl und Verstand nicht unberührt und offenbaren, ob sich ein weiteres, vertieftes Engagement lohnt. Was immer dann der Fall ist, wenn sich zuerst bei Ihnen selbst Horizonte öffnen, wenn Sie spüren, dass aus Ihren Hoffnungen unerwartete Wirklichkeiten werden können. Vergessen Sie also die Vorstellung, dass Sie ohne Zweifel besser dran wären, dass ungetrübte Gewissheit Sie besser schlafen ließe, denn Null-Risiko-Illusionen gibt es nur bei Populisten und Demagogen. Machen Sie sich stattdessen bewusst, dass Ihre Zurückhaltung, Risiken einzugehen, der Furcht geschuldet ist, Fehler zu machen. Systematisches Ausprobieren schickt Sie zwar auf eine Achterbahn der Gefühle, wo Sie Ohnmacht, Unzulänglichkeit, Stillstand, Fehlschläge und Niederlagen erleiden könnten, aber schlussendlich feststellen, dass der Lernprozess ohne Enttäuschungen und Bruchlandungen auch nicht hätte stattfinden können. All dies läuft darauf hinaus, dass wir bezüglich unseres Seins-Modus nicht auf einen bestimmten Aufenthaltsort ausgerichtet sein sollten, weil es verhindert, sich denkend über die bekannten Informationen hinauszubewegen und Annahmen darüber anzustellen, was sonst noch möglich wäre. Fehler, die so geschehen, sind deshalb wertvoll, weil sie sich aus dem Bestreben ergeben, etwas Besseres als das Bestehende hervorzubringen. Dadurch öffnen sich auch Tore zu einer weiteren schöpferischen Kraft, deren Bekanntschaft wir schon machen durften: Dem Zufall.

Die Entdecker der Evolution, wie Darwin und weitere, haben gezeigt, wie die Evolution durch scheinbar wahlloses Experimentieren über Jahrmillionen hinweg immer wieder neue pflanzliche und tierische Lebewesen hervorbrachte. Wie viele dieser Schöpfungen in den vergangenen Zeiträumen wieder verschwanden, können wir nur ansatzweise ahnen, bestreiten hingegen lässt sich nicht, dass dieses Vorgehen höchst erfolgreich war und immer noch ist. Folglich können wir unsere Kreativität sehr wohl nach diesem Vorbild ausrichten. Zumal die Herausforderungen heute überraschend ähnlich sind. Auch wir stehen manchmal vor Situationen, die durch noch so differenzierte Berechnungen nicht zu bewältigen sind. Die Komplexität der Aufgaben schafft machmal so viele Beziehungsebenen, Wahrscheinlichkeiten und Rückbezüglichkeiten, dass selbst Computer keine klare Vorgehensweise anbieten können. Auswege bietet da nur noch das Denken in Alternativen. In diesem Spannungsfeld zwischen sinnlichen Erfahrungen und intellektuellem Erkenntnisvermögen spielen wir das Spiel der Möglichkeiten, bis sich unser Schöpfergeist durch das Erproben und Begutachten verschiedenster Versionen so weit aufhellt, dass wir Wissen darüber erlangen, was wir wie und wo überhaupt tun könnten. Dadurch allein ist aber noch keine Sicherheit gegeben. Dafür müssen wir zur Tat schreiten, die Mut und Entschlusskraft fordert. Worauf es also ankommt, ist die Fähigkeit und Bereitschaft, sich auf Abenteuer, Gefährdungen und ein gewisses Durcheinander einzulassen.

Wenn es um die Annäherung an die Unberechenbarkeit geht, lässt sich unser Geist, der mit historischen, sozialen und kulturellen Codes gesättigt ist, nicht einfach mit kognitiven Analyse-Methoden ersetzen. Fragt man sich nämlich, wie kreative Prozesse zu entwickeln sind, wäre die angemessene Antwort: Durch ein Vorgehen in kleinen, überschaubaren Schritten. Nur sie erlauben eine fortwährende Auswertung und Korrektur. Reflexionen und Korrekturen bieten Gelegenheiten für Lernprozesse im Stadium der Ermöglichung, und sie verhindern Illusionen, durch einen „Geniestreich" sich vermeintlich aller Sorgen entledigen zu wollen. So unwillig wir durch Misslingen lernen, so schwer fällt es uns, durch kleine Schritte ein Ziel zu erreichen. Machen wir uns deshalb bewusst, dass Intelligenz, Kreativität und Innovation auch im Evolutionsprozess ohne Vorgänge im Kleinen nie entstanden wären. Fehler ermöglichen durch Rückkopplungsschleifen, Schritt für Schritt die Voraussetzung für Verbesserungen und letztlich die Vollendung zu erreichen.

Fehler in einen Glücksfall zu verwandeln, setzt jedoch voraus, dass geschicktes Führen diese für den Erneuerungsprozess ausdrücklich erlaubt. Zudem bedingt die Fähigkeit, in Fehlern Gelegenheiten zu erkennen, ein hohes Maß an Respekt und Achtsamkeit. Wie auch eine Änderung der Beobachtungsweise! Üblicherweise überschätzen wir unsere Kenntnisse über all das, was unser Leben unmittelbar betrifft. Wir reagieren allzu oft zu bedächtig, wenn es darum geht, aus Überraschungen taugliche Möglichkeiten abzuleiten. Zu stark sind wir in unsere gewohnten Tagesabläufe eingebunden, gehen mit einem Tunnelblick durch unser Leben und arbeiten uns an der Erfüllung unserer Pflichten ab. Auch hier klärt ein Blick auf die Evolutionsgeschichte, dass die außerordentliche Potenzialentwicklung des Menschen auch deshalb so staunenswert ist, weil unsere Vorfahren mehrheitlich mit unsicheren Lebensbedingungen zurechtkommen mussten. Dabei lernten die Menschen, das für sie Negative abzumildern und das Positive voranzutreiben. Das Ungewisse zu bewältigen, hat fraglos auch zur überwältigenden Komplexität unseres Gehirns beigetragen, was uns die Gewissheit geben kann, mit Zuversicht in Prozesse der Veränderung einzusteigen. Dadurch lässt sich verhindern, dass Ängste zum Maßstab unserer Zukunftspläne werden.

Hohe Anforderungen! Während wir unser Denkvermögen auf eine ferne Zukunft ausrichten, müssen wir gleichzeitig unternehmerisch tätig sein! Präsenz auf den Märkten zeigen, für lange vorher festgelegte Ziele kämpfen – nur allzu leicht löst sich da unser Bezug zur Gegenwart auf und weicht Träumereien einer fernen, unbelasteten Zukunft. So verständlich solch kleine Fluchten in Zeiten großer Belastung sind, so gefährlich sind sie auch. Allzu schnell wiegt man sich in verführerischen Gewissheiten, verliert die Konzentration auf die einzige Realität, nämlich die Gegenwart. Nur noch zielorientiert unterwegs zu sein, verhindert zudem Blicke auf die Bestrebungen der Konkurrenz sowie auf die Notstände der Mitarbeitenden. Konzentrieren Sie sich lieber auf das Hier und Jetzt, üben Sie sich in Bescheidenheit und gehen Sie graduell Schritt für Schritt vor. Weichen Sie den Versuchungen zur Nachlässigkeit aus. Wenn Sie in Situationen geraten, wo alle weiteren Wege gleich karg oder zweifelhaft erscheinen, und wenn Sie glauben, Sie hätten sich von Illusionen verführen lassen und möchten sich am liebsten in Luft auflösen, geben Sie nicht auf! Nichts wäre unpassender. Jetzt zeigt sich, wer Sie wirklich sind, denn genau hier und jetzt können Sie über sich hinauswachsen. Dies gelingt Ihnen, indem Sie sich stets vergegenwärtigen, dass Sie weit mehr wissen, als Sie im Moment aussprechen und denken können.

Tatsächlich ist unsere Fähigkeit zu denken eine kaum zu überbietende Ausnahmeerscheinung in der natürlichen Welt. Es kann einer reflektierenden Rundschau ebenso dienen wie als Bindeglied zu anderen Überzeugungen oder als Sprosse zu einem erweiterten Bewusstsein. Manchmal genügt ein einziger Gedanke, um unsere Urteilsfähigkeit aufzuhellen, um eine Kettenreaktion weiterführender Ideen auszulösen, um Wirkung zu entfalten. Handlungen allein, ohne Denkschritte, könnten dies niemals bewirken. In Gedanken residieren viele

Menschen in uns, deren inspirierende Kraft als lebendige Erinnerung Impulse auslösen kann. In seltenen Momenten können uns Spaziergänge zu einer Weihestätte in der Natur führen, wo sich in andächtiger Stille vertraute Gedanken mit dem Feuer einer frischen Eingebung zu einem Bündnis neuer Möglichkeiten vereinigen können. Mithilfe unserer Vorstellungskraft kann es auch gelingen, in die Tiefen unseres geistigen Erbes vorzustoßen. Nur für einen kurzen Moment, durch Augenblicksideen, durch ein Bauchgefühl, eine innere Stimme. Je reicher unsere Erfahrungen, desto mehr Vertrauen dürfen wir diesen Funken aus dem Labyrinth früherer Horizonte schenken.

So ansprechend sich das alles anhören mag, es dürfte kaum Unternehmen geben, die Entscheidungen, welche auf nicht nachprüfbaren Datenanalysen aufgebaut sind, billigen würden. Aus vielerlei Gründen: Fehlendes Vertrauen in Gefühle, blinde Angst, Aussichten auf Fehlschläge, Befürchtungen, dass große Schritte ohne präzise Daten nicht zu bewältigen sind. Weshalb ein Mehr an Fakten alleweil besser ist. Die Kehrseite: Man einigt sich vorsichtshalber gerne auf den kleinsten gemeinsamen Nenner. Man will eben auf der sicheren Seite stehen, also müssen Entscheidungen rational begründbar sein. Echte Innovationen gibt es nur durch die Bereitschaft, über die verfügbaren Informationen hinauszugehen. Um dieses Dilemma zu umgehen, treffen viele Firmen defensive Entscheidungen, indem sie Produkte und Dienstleistungen auf den Markt bringen, die zwar in der Werbung als revolutionär angepriesen werden, tatsächlich aber nur Variationen des Bekannten sind. Das mag eine Zeit lang gut gehen, doch diese Mutlosigkeit erzeugt weder bei den Mitarbeitenden noch bei den Kunden eine nachhaltige Resonanz. Auf mittlere Sicht wird so die Identifikation mit dem Unternehmen als wichtigster Erfolgsfaktor verloren gehen und damit auch das Verlangen der Kunden nach diesem Angebot, denn gefragt ist immer die Differenz und nicht die Ähnlichkeit.

Hier endet das Goldene Zeitalter der Eindeutigkeit. Es gibt aber Wege frei, uns als Widerspruchskünstler in den weitgehend noch unbekannten Landschaften der Mehrdeutigkeit neu zu erfinden. Um als Brückenbauer zwischen den Sachlogiken verschiedener Abteilungen und der betriebsinternen Hierarchie zu vermitteln. Um Mitarbeitende vom Anpassungsdruck zu befreien, ob innovative Freiheiten höher zu bewerten seien als die gegenwärtige betriebsökonomische Sicherheit der Firma. Ob es jetzt darum geht, zu agieren wie ein Start-up, oder ob wir es uns noch leisten können, bewährtes Wissen und Können wie bisher – nur ein bisschen effizienter – zu nutzen. Wie auch, mit welcher Dringlichkeit und mit welchen Ressourcen die endgültige Verabschiedung analoger Produktionstechniken zu orchestrieren wäre. Solche Herausforderungen verlangen nicht mehr nach Auftragserfüllung, Management und Aufsicht. Jetzt, im gegenüberliegenden Bereich aller bisherigen Berufserfahrung und Gewissheiten angekommen, ist echte Führung gefragt. Führung, die mit mehrdeutigen Situationen und widersprüchlichen Handlungsweisen umzugehen weiß. Mit Persönlichkeiten, die aufgeschlossen und geschmeidig genug sind, die Dinge aus vielen unterschiedlichen Perspektiven zu betrachten, und fähig, auf Spannungsfelder kreativ einzuwirken, Freiräume zu eröffnen und sich dadurch die Anerkennung zu sichern.
Der Rest ist: Ein neuer Anfang.

Wie Zukunftsfähigkeit durch Bildung von Spannungsgemeinschaften und partizipativer Führung zu gewinnen ist

Wie aber sind neue Anfänge zu moderieren? Auf partizipative Weise, das heißt, von „unten“ herauf und gleichzeitig entgegenkommend „von oben“, mit Blick auf das Ganze. Weil dieser Führungsstil – wie der coachende, gefühlsorientierte und visionäre – auf Resonanz aufgebaut ist. Durch die Mitwirkung an Entscheidungsprozessen erfahren alle Beteiligten, dass sie in der Organisation Geltung genießen, dort, wo sie sind und wirken, und diese Anerkennung bewirkt die Verwandlung vom Beruf zur Berufung. Diese vertiefte Art der Verbundenheit ist mit dem Erkennen des eigenen Platzes in der Firma verflochten, und die wiederum mit der Fähigkeit der Führung, nicht bloß im Modus des Verkündens aufzutreten, sondern weit mehr mit der Bereitschaft zuzuhören. Als Vorgesetzter, der weiß, dass seine Vorbildlichkeit insofern bedingt ist, als sie darauf angewiesen ist, dass jeder Mitarbeiter sein Bestes geben muss. Garantiert ist allein damit noch wenig, aber durch die Teilhabe, durch die Gelegenheit, an einem Abenteuer mitzuwirken, wo aufrichtig und gemeinschaftlich gearbeitet wird, besteht auf der Grundlage des gegenseitigen Vertrauens die Aussicht, selbst größere Risiken zu wagen. Dazu braucht es Menschen, die integer, verlässlich und charakterstark sind. Also prüfen Sie schon bei der Einstellung genau, ob potenzielle Mitarbeiter auch sind, was sie zu sein vorgeben. Obwohl unsichtbar, sind Aufrichtigkeit und das Wesen des Menschen die wichtigsten, weil äußerst schwer zu verändernden Eigenschaften. Ohne diese Vertrauensgrundlage, ohne die Erfüllung dessen, was zu Beginn eines Arbeitsverhältnisses nur ein Versprechen war, gibt es keine erfolgreiche Zusammenarbeit, wo freimütig Ideen ausgetauscht werden.

Partizipative Führung ist ein vielschichtiger Prozess, nicht nur, weil hauptsächlich im Team gearbeitet wird und Informationen an unterschiedliche Menschen weitergeben werden, sondern auch, weil Führungskräfte fähig sein müssen, bei ihren Mitarbeitenden Informationen abzuholen. Die Herausforderung besteht darin, in jeder Situation eine angemessene Kommunikationsform zu finden, weil in jedem einzelnen Menschen eine Vielzahl von Verhaltensmöglichkeiten angelegt ist. Sie können es mit griesgrämigen, ungeduldigen, einnehmenden, aufgeräumten, kultivierten, scheuen, ungeschickten, undurchschaubaren oder entschlussunfähigen Menschen zu tun haben. Die womöglich nur in Gesten antworten, indem sie bloß ihren Mund verziehen oder ihre Augenbrauen heben. Sie können aber auch gereizt, abwegig oder lachend, offen und warmherzig auf Ihre Fragen reagieren. Jede einzelne Form des Auftretens ruft je nach eigener Stimmung eine andere Reaktion bei Ihnen und allen anderen Teammitgliedern hervor. Freilich setzen nur die wenigsten Menschen Verhaltensweisen bewusst und differenziert ein. Viele beschränken sich auf einen relativ kleinen Satz von Reaktionsweisen, von denen sie glauben, dass sie ihrem Wesen entsprechen. Diese meist vorschnelle Selbstdefinition erleichtert zwar die alltägliche Kommunikation, verhindert jedoch die Erkenntnis, dass es gar keine naturgemäße Kommunikation gibt, sondern dass es im betrieblichen Alltag vor allem darauf ankommt, welche Ergebnisse und Konsequenzen sie erzeugen.

Bei partizipativer Führung stellt sich die Sinnfrage – im Gegensatz zu autoritären Führungsstilen – nicht am Ende des Prozesses, sondern in jeder Phase des Unterwegsseins. Gefragt sind nicht fügsame, sondern selbstsichere und selbstbewusste Mitarbeitende, welche ihre Tätigkeit nicht als Bürde, viel eher als etwas Lohnendes, als ein herausforderndes Engagement empfinden. Was jedoch ohne Vertrauen in die Entwicklungsmöglichkeiten der Mitarbeiter kaum denkbar ist. Dieser Optimismus des Wollens lässt sich durch Aufmerksamkeit, durch die Begrüßung jedes Kompetenzzuwachses, durch Ermutigung – auch und gerade bei einem zwischenzeitlichen Scheitern – erreichen. Wie auch dadurch, dass gemachte Fehler nicht gerügt, sondern hinterfragt werden. Auch daraufhin, ob nicht auch Anweisungen der Führung mit ursächlich waren. Vertrauen wird dadurch in Leistungskraft umgesetzt, weil nicht nach Sündenböcken gesucht wird, sondern nach intelligenten, weiterführenden Fragen. Fragen darüber, ob Rückgriffe auf früher gemachte Erfahrungen auch andere Lösungsmöglichkeiten zulassen würden, denn manchmal kann es wertvoll sein, in die Besonderheiten gemachter Erfahrungen einzutauchen, um zu entdecken, dass Sie schon einmal ein vergleichbares Problem, eine nahe verwandte Herausforderung gemeistert haben.

Geführt von der Überzeugung, dass jeder Mitarbeiter die notwendige Begabung, die Bereitschaft und Motivation besitzt, um Widerstände zu überwinden, tritt ein Mensch, der Vorbild sein will, nicht als Besserwisser auf. Vielmehr wird er fragen, welche Fingerzeige Mitarbeitende vielleicht schon selber entdeckt haben, welche Voraussetzungen gegeben sein sollten, um das gewünschte Ergebnis zu erzielen. Eine solche Haltung ist keine idealisierte Sicht. Viele Mitarbeitende verfügen auf ihrem jeweiligen Fachgebiet über weit mehr Wissen und Erfahrung als eine leitende Person selber hat. Als ein willkommener Nebeneffekt tauschen Sie auch die Fixierung auf die Problemlage gegen eine freie Sicht auf Lösungswege.

Womit sich zeigt, dass die Kommunikation das Kernelement des partizipativen Führungsstils ist. Durch Kommunikation nehmen wir direkten Einfluss auf die Prozesse der Gestaltung, doch die Einwirkungen können gewissenhaft oder sorglos, ehrlich oder tadelnswert, zuverlässig oder unverantwortlich sein. Gleichgültig, in welchem Maß wir uns im Team engagieren, unser Verhalten bleibt nie ohne Einfluss. Führungskräfte, die auf Resonanz Wert legen, achten darauf, auf welche Art und Weise sie Einfluss auf das Binnenklima ausüben, und scheuen sich nicht, bei fortgesetzt abträglichem Verhalten auch manchmal einen fordernden, befehlenden Stil einzusetzen. Diese Härte ist zuweilen deshalb angebracht, weil letztlich jeder einzelne Mitarbeiter unstreitig für die Qualität des Findungsprozesses sowie für dessen Ergebnis mitverantwortlich ist. In jedem liegt Ursache und Wirkung zugleich, und genau das macht ein guter Coach allen Teammitgliedern klar, um zu einer erhellenden Kommunikationsform zu finden und gleichzeitig zu verhindern, dass jeder das Warum für Mittelmäßigkeit und Gewöhnlichkeit im anderen sieht. Solange das so bleibt, will keiner sich über Gebühr engagieren, sich verändern und neue Wege gehen, um Produkte oder Dienstleistungen zu verbessern oder weiterzuentwickeln.

In solchen Situationen gefangen, können Sie sich darüber beklagen, dass ihre Mitarbeitenden die Dynamik des Erwachsenwerdens noch nicht wirklich verstanden haben, dass sie noch nicht bereit sind, die volle Verantwortung zu übernehmen, dass sie immer noch mehrheitlich auf Anweisungen warten, statt ihren Handlungsspielraum zu nutzen. Das Maß an Selbstbestimmung, basierend auf Vernunft, Wissen, Autonomie und Integrität, ist noch nicht so weit entwickelt wie erhofft. Das mag alles so sein, aber es hilft nicht weiter, die Mitarbeitenden deshalb anzuklagen, ihnen gar mangelnde Kreativität vorzuwerfen, weil es unweigerlich auf Sie selber zurückfallen würde. Verhaltens- und Handlungsweisen Ihrer Mitarbeitenden sind immer auch Spiegelbilder für das eigene Tun und Benehmen. Wenn Sie aber auf Stillstände Ihrer Mitarbeiter nicht destruktiv, sondern beweglich, frisch und einfallsreich reagieren, verhindern Sie, dass sich Künftiges nicht vorzeitig verschließt und in Ihrer Firma ein Stimmungstief aufzieht, das sich nur schwer vertreiben lässt. Eine andauernde Provokationsfolklore hilft nämlich genauso wenig weiter wie Gesten der Missbilligung oder gar Beleidigung. Wenn Ihre Mitarbeiter jedoch feststellen, dass auch ihre Entscheidungsträger bereit sind, aus Stagnation und Abwärtsentwicklungen zu lernen, statt verbittert aufzugeben, erfassen sie, dass ein freier Wille immer auch Neuerung bedeuten kann. Wenn wir selber fähig sind, das eine auch immer vom anderen her zu denken.

Wie Teams aufblühen, wenn deren Leiter erkennt, dass er den blinden Fleck in der internen Hierarchie darstellt

Weil es so leicht vergessen wird: Der eigentliche Kern jeder Organisation ist die Zusammenarbeit. Was nie ohne Konflikte vonstatten geht. Tatsächlich werden wir alle erst im ausgeglichenen Gespräch für andere in unseren Beweggründen, Leitgedanken und Zielsetzungen erkenntlich. Nicht virtuell, nur in der direkten Begegnung können Mitarbeitende nachvollziehen, was uns bewegt, ob sie uns auch dann noch vertrauen wollen und können, wenn sich die Sonne optimistischer Gesinnung hinter stürmischen Wolken verstecken sollte. Unschwer kann daraus geschlossen werden, dass die Beziehungsebene stets über der Sachebene steht und darüber bestimmt, ob es sich für alle Beteiligten auf Dauer lohnt, Arbeitsverhältnisse fortzuführen. Um den Eintritt in die Schattentäler der Zerrissenheit zu vermeiden, reicht die löbliche Einsicht, dass sich Achtung vor den Mitarbeitenden in den meisten Fällen vor der Verachtung durchsetzt. In allen Menschen finden sich Gegensatzpaare von aushöhlenden und aufbauenden, beherrschenden und dienenden, sinnlosen und sinnstiftenden Kräften. Licht und Schatten tragen wir alle in uns. Als Dauerkonflikt. Als Möglichkeit, Schuld und weitere nicht genehme Einsichten auf andere Menschen zu projizieren. Um sich nicht einzugestehen, der blinde Fleck in der Hierarchie der Abteilung zu sein. Weil wir uns nicht Klarheit darüber verschaffen wollen, ob unser Verhalten von der hellen oder dunklen Seite bestimmt wird. Dieser blinde Fleck verleitet dazu, Unschlüssigkeiten, Bedenken und Entgegnungen der Teammitglieder als Problem und nicht als Chance zu betrachten. Ohne Verständnis, dass zielorientierte Teams stets von spiegelverkehrten Gefühlen angetrieben werden. Wenn Teamleitende jedoch davon ausgehen, dass alle die Dinge so wahrzunehmen haben wie sie selber, werden sie bald feststellen, dass sich einst vielversprechende Beziehungen aufzulösen beginnen. Weil Mitarbeitende sich verkannt, weil Gruppenleitende sich erkannt fühlen, da beide noch nicht wirklich bei sich angekommen sind. Nicht erfassend, wie schwer es ist, in Zeiten verwickelter beruflicher Veränderungen das als normal zu betrachten, was verunsichert. Weil sich darin die Zukunft ankündigt.

Sobald wir unsere persönliche Situation in einen größeren Kontext stellen, können wir unabhängiger und aufnahmebereiter vorgehen, beenden das Stochern im Ungefähren, überwinden das krampfhafte Festhalten an verbrauchten Mustern. Geben dafür Raum zu einer kritischen Selbstprüfung, zu einer rationalen Analyse über bisherige

Entscheidungen. Diese bestimmen unser Leben mehr als alles andere zusammen. Dazu gehört auch – zu Ihrer Erleichterung – dass wir danach mit Veränderungen, die wir selbst bewirken, wunderbar zurechtkommen. Ganz im Gegensatz zu denen, die uns aufgebürdet werden.

Dies alles im Bewusstsein darüber, dass eine Vielzahl der Gespräche über begehrte Möglichkeiten in Teams stattfinden. Es ist lohnenswert, sich deswegen ein paar weitere Gedanken über unsere innere Situation zu machen, bevor solche Diskurse beginnen. Dies tun wir zugegebenermaßen immer, nur meistens instinktiv. Mit ein paar Fakten und einer PowerPoint-Präsentation fühlen wir uns sicher und schenken den sprunghaften Gedanken, Emotionen, Bildern und inneren Monologen, die vorher noch durch unseren Kopf gegangen sind, keine große Aufmerksamkeit. Das sollten wir aber, denn hier entscheidet sich nicht selten bereits unser Zielzustand. In solchen Stresssituationen bilden sich verborgene Narrative, und diese lösen körperliche Reaktionen aus. Sie binden Energie und bewirken Anspannung, die sich dummerweise in unpassenden Momenten zu entladen pflegt. Um dies zu verhindern, ist es angezeigt, sich bereits vor den Zusammenkünften eine Vorstellung über das bestmögliche Ergebnis zu machen. Zur Erreichung einer optimalen Zielbefindlichkeit ist es notwendig, sich über die teilnehmenden Menschen und deren herausragende Charaktereigenschaften kundig zu machen. Auch darüber, wie ihnen in kritischen Momenten zu begegnen wäre.

Wie Sie dies im Einzelnen zustande bringen wollen, müssen Sie nicht im Voraus festlegen. Wichtig ist nur, dass Sie sich nicht vorzeitig auf Schuldige für eine mögliche Ablehnung Ihrer Ideen festlegen, denn dadurch geben Sie der Schuld Autorität und Kontrolle, wodurch Ihr weiteres Vorgehen bestimmt wird. Nicht zu Ihrem Besten. Angebracht ist vielmehr die Wertschätzung aller Anwesenden, denn dadurch werden auch Sie gewürdigt. Diese gegenseitige Stärkung des Selbstwertgefühls hilft allen, unvermittelt auftauchende dissonante Gefühle zu überwinden. Dies hält eine natürliche Dynamik aufrecht, die es erlaubt, andere Auffassungen und Blickwinkel entgegenkommend zu behandeln, ohne die eigene Verbindlichkeit zu verlieren. Überdies schafft diese innere Gelassenheit Räume, um in Gedanken laufende Abwandlungen auf ihre Möglichkeiten durchzuspielen und nicht bedachte Konsequenzen rechtzeitig zu entdecken oder auf Verstimmungen bestimmter Teilnehmer nicht gleichwertig, sondern findig und elegant zu reagieren. Auch und gerade in Situationen, wo Ihr Gegenüber außer sich gerät, seine Gereiztheit offen zeigt und auf Schwachpunkte in Ihrer Argumentation hinweist. Dann ist es wichtig, der Kritik Raum zu geben. So kann der eine seinen Unmut überwinden und der andere anerkennen, Wichtiges übersehen zu haben. Die Wolken der Empörung lösen sich bei Ersterem auf, und die Redlichkeit des Letzteren bleibt erhalten. Das gemeinsame Ziel wird nicht aus den Augen verloren und das Miteinander nicht vom Gegeneinander verdrängt. Gewollte Opposition ist immer zu begrüßen, dient sie doch der Präzisierung der Zielsetzung. Gleichzeitig ist es auch notwendig, darauf zu achten, dass die Pole nicht auseinandergerissen werden, dass die Aussicht auf Verständnis gewährleistet bleibt. In Firmen hat es verheerende Folgen, wenn am Ende von Entscheidungsprozessen Teile der Belegschaft als Verlierer den Sitzungsraum verlassen. Die werden sich nicht mehr auf Ihrer Seite engagieren. Nur Gewinner tun dies.

Verhandlungen sind immer auch Prozesse des Abwägens zwischen einer Ausgangssituation und einem vielversprechenden Ziel. Dazwischen liegen eine umsichtige Strategie und feingliedrige Taktik. Weshalb wir alles einsetzen müssen, um die offensiven Leidenschaften der Beteiligten zu erhalten. Indem wir zu verhindern suchen, dass sich Teile des Teams wie zweibeinige Fragezeichen fühlen, weil sie in unkontrollierten Affektäußerungen ihrer Vorgesetzten weder Sinn noch Rat entdecken können. Geschuldet ist solches dem Umstand, dass wohl nirgendwo Rivalitäten größer sind als im Berufsleben. Wir alle wissen darüber hinaus, dass der Erfolg nicht allein vom Wissen und Können abhängig ist, sondern ebenso von der Fähigkeit, kompetent und zielorientiert zu wirken. Eine auf Eindruck dramatisierte Erwiderung kann ohne allzu großen Aufwand durch inhaltslose Wortakrobatik erreicht werden, notfalls durch Schlagwörter aus berufsspezifischen Feldern angereichert. Jeder Beruf hat seine eigene Sprache, womit hochfahrend Landschaften aufgebaut werden können. Wenn jedoch Mitarbeiter die Dürftigkeit oder auch Gemeinheit dieser Sprache und Wolkentürme durchschauen, wächst Misstrauen. Dies verringert die Qualität des Schaffensprozesses entscheidend.

In einem Team sind wir dann am wertvollsten, wenn wir uns als gleichwertigen Teil betrachten, der sich stets auf das Ganze bezieht, und bedenken, dass es dem Ganzen bezüglich seiner Zielsetzung ziemlich egal ist, wonach jeder Einzelne strebt. Warum? Weil wir in solchen Situationen eine Art Bürgschaft, ein Unterpfand des Horizontes sind. In dieser Stellung, wo sich unsere Ambitionen als gläserne Träume zeigen, wo in Besprechungen jede Äußerung ebenso überzeugend wie bildwirksam sein sollte, ist es unerlässlich, stets ein hellwacher Zeuge des Geschehens zu sein. Dadurch sind wir uns selber stets nahe und verhindern, dass sich zwischen Augenblick und Auftrag Räume öffnen, die so weit sind, dass Ängste, Unrast und Zweifel uns zu beherrschen beginnen und wir uns zu Aussagen und Kommentaren hinreißen lassen, die wir schon im nächsten Moment bedauern, aber nicht mehr zurücknehmen können. In solchen Momenten, wo wir ganz allein gegen emotionale Versuchungen stehen, hilft uns nur noch ein letzter Funken Licht, der uns den Weg zum Panoramablick zeigt. Hier gewinnen wir den nötigen Abstand zum Prozessgeschehen und die Sicht zur Reflexion, wie die Hitze der Anwesenden soweit hinuntergekühlt werden kann, dass wieder Dialoge möglich werden. Wobei wir die richtigen Fragen immer dann finden, wenn wir unsere Denk- und Urteilsfähigkeit durch unsere Energie zusammenhalten.

Ein achtungsvoller Umgang miteinander, gegenseitiger Beistand sowie Aufgeschlossenheit gegenüber Ideen zu Vorgehensweisen, die man nicht selber vorgeschlagen hat, bilden Voraussetzungen für vortreffliche Teamarbeit. Diese ist indessen selten zu haben, weil altruistisches Verhalten unter hohen Konkurrenzbedingungen keine Glückshormone freisetzt. Weshalb viele danach trachten, jeden noch so kleinen Fortschritt für sich allein zu beanspruchen. Das Binnenklima wird dadurch rauer, beginnt sich mitunter zu vergiften. Einzelne reagieren zunehmend manisch, andere handeln panisch, und Menschen, die als Nonkonformisten vorzügliche Arbeit leisteten, fühlen sich verwirrt und verunsichert. Um solch Unproduktives in Teams zu verhindern, gilt es von allem Anfang an, Prozesse und Interaktionen mit großer, nie nachlassender Aufmerksamkeit zu begleiten. Nicht nur was gesagt wird, ist zu beobachten, sondern auch, mit welchen Ausdrücken Vorschläge gemacht werden. In welchem Tonfall, und welche Entscheidungen daraus abgeleitet werden. Auch um wahrzunehmen, was nicht gesagt wird.

Wie aber bewirken wir Veränderungen bei einzelnen Teammitgliedern, wenn wir auf deren Gesichtern kaum mehr als eine zerstreute Ratlosigkeit entdecken? Einfühlungsvermögen zu entwickeln, um deren persönliche Situation zu erfassen, um die richtigen Worte zur richtigen Zeit zu finden, ist immer geraten. Doch der eigentliche Schlüssel zum Erfolg liegt in der Kunst des Zuhörens. Wer sich da auf den Moment fokussiert, die Vorschläge anderer achtet, wird das Ganze genau dadurch verändern: Als Folge der Einheit von Denken und Handeln, durch ein präzises Verständnis der eigentlichen Herausforderung, durch eine vertiefte Wahrnehmung der gegebenen und noch zu entwickelnden Ressourcen. Indem wir darauf verzichten, wichtigtuerisch herumzuschwätzen und stattdessen dem Mitarbeiter zeigen, dass er den Blick jetzt vorwiegend auf das ausrichtet, was er nach bestem Ermessen machen kann. Das ist förderlicher und erfordert weniger Ressourcen als die Fokussierung auf das, was fehlerhaft oder nicht korrekt gemacht wurde.

Ein anderer, kaum beachteter Umstand ist, dass sich in Zeiten säkularer Lebensführung viele Menschen ihre Existenz nach relativen Werten gestalten, diesen aber nahezu unermessliche Bedeutung geben. Das mag die Frage nach dem Lebenssinn vorübergehend entschärfen, führt jedoch dazu, dass wir unser Leben – privat und beruflich – auf nahezu unüberbietbare Ziele ausrichten. Dabei wird vergessen, dass wir nicht nur mit anderen Menschen verbunden sind und von ihnen gehalten werden, sondern auch, ob die Ziele unter diesen Umständen realistisch und im erwünschten Zeitrahmen zu erfüllen sind. Stets ist ja zu bedenken, dass wir in Prozessen, wo es um die Annäherung an die Zukunft geht, Einzelnes klärend erkennen können. Im Gegensatz zum Ganzen, das uns über eine lange Zeit weitgehend verschlossen bleibt. Wir können es deuten, wodurch es Bedeutung erhält, und eben deshalb sollten wir uns an Minimalzielen orientieren, diese aber nie unterschreiten, weil es ein Erkennungszeichen wäre, dass wir unsere Suche nach der bestmöglichen Lösung vorzeitig abgebrochen haben. Dies in der Annahme, alle Fragen seien geklärt und wir im Besitz dessen, was uns wieder zur Avantgarde innovativer Unternehmen macht. Nichts könnte verführerischer sein und nichts gefährlicher. Weil dies die Erkenntnis verhindert, dass wir noch zu wenig wissen. Zukunft bleibt immer mit offenen Fragen verbunden, und solange wir diese zulassen, kommen wir zu neuem Wissen und damit zu dem, was uns im Handeln weiterbringt. Höchstmögliche Ziele verleiten uns zur Überschätzung. Minimalziele verhindern, dass wir zu Versagern werden.

Warum wir durch die Magie der Fragen in Verhandlungen neue Freiheiten gewinnen und klüger werden

Ob wir wollen oder gewollt werden, hängt entscheidend davon ab, wie gut vorbereitet wir in Verhandlungen gehen. Die Bäume der Hoffnung werden im Vorfeld gepflanzt, und hier entscheidet sich auch weitgehend, ob diese später einmal Früchte tragen werden. Natürlich ist es notwendig, durch die Aufarbeitung aller Einzelheiten ein Gefühl der Sicherheit zu erlangen. Fakten sind wichtig, sehr wichtig, doch sollten wir sie nicht vor uns hertragen. Klammern wir uns daran, besteht die Gefahr, dass wir uns von Daten allzu sehr treiben lassen, ohne zu erkennen, wie viel durch eine überraschende Änderung unseres Gegenspielers diese an Relevanz verlieren können. Gewolltes ist immer auch Gewünschtes, doch was diesen Treibfedern unserer Ambitionen Grenzen setzt, ist nicht die Wirklichkeit aus Fakten, eher was wir über sie zu wissen glauben. So kann es in Verhandlungen auch zu ganz anderen Umbrüchen kommen. Manchmal bedingt durch einen nachlassenden Einsatz unsererseits, manchmal durch ein unerwartetes Erwachen unseres Gegenübers. Im Nachhinein können wir die Sequenzen, wo Verhandlungen zu unseren Ungunsten kippen, zwar mühelos festmachen, doch im gegebenen Moment ist das mitunter schwierig zu erfassen. Sicher ist nur: Limitierende Faktoren lassen sich nur schwer im Voraus erkennen, weshalb es ratsam ist, wichtige Verhandlungen vorher mit einem Arbeitskollegen „strategisch" durchzuspielen. Um über die ganze Dauer der Verhandlungen ein Niveau halten zu können, das den Ansprüchen standhält.

Je mehr unerwartete Fragen ihr Trainingspartner stellt, desto besser, denn Fragen sind nicht nur Abkömmlinge der Freiheit, sie reichern auch die Sammlung von Argumenten an, welche die eigenen Positionen tiefer verankern können. Fragen sollten immer mit Bedacht gestellt werden. Sobald Ihr Verhandlungspartner das Gefühl bekäme, dass ihr Neurokompass nur um sich selber kreist oder sie als unerfahren oder gar als harmlos einschätzt, würde das Bestreben, sich zu ergänzen, der offenen Konfrontation weichen. Geschäftspartner, die eine Selbstumsegelung ihres Egos betreiben, haben selten hochwertige Ergebnisse erzielt, weil keiner allein gute Geschäfte bewerkstelligen, geschweige denn tragen kann. Gute Geschäfte gedeihen vorzugsweise in einem Ineinandergreifen von wechselseitiger Verantwortung und auf der Grundlage eines Dialogs. Dadurch gewinnen alle Beteiligten wertvolle Informationen und können mit Vertrauen auf das Kommende zusteuern.

So wie Interessen begeistern können, machen Fragen klug, denn sie verlangen nach einer Erklärung dafür, wozu man sich begeistert. Darüber hinaus fördern Fragen unsere Vorstellungskraft und die wiederum die Fähigkeit, nach dem wirklich Bedeutsamen, Ausschlaggebenden zu suchen. Fragen tragen zur Vertiefung der zwischenmenschlichen Beziehung bei. Erkundungen zu persönlichen Interessen bilden eine Atmosphäre, welche Öffnung bewirkt. Sie laden zum Eintritt in ein schöpferisches Verhältnis ein, wo das Alltägliche überwunden werden kann. Fragen lassen uns herausfinden, welche Ziele unser Gegenüber tatsächlich verfolgt, was uns nicht zuletzt dazu veranlassen kann, sich den eigenen Motiven zu stellen. Das kann sogar weh tun, bedeutet es doch gelegentlich, das Ego hintanzustellen und eigene Fehlschlüsse anzuerkennen. Nur allzu leicht verführen Rivalitäten und Konkurrenzdruck dazu, dass wir uns etwas vormachen. Weil es so einfach ist. Weil es keine unmittelbare Sanktion nach sich zieht. Außer vielleicht der, dass man sich im Wiederholungsfall plötzlich selbst nicht mehr erkennt. Wenn der Vertragspartner spürt, dass wir durch Fragen auf ihn zugehen, dass wir damit versuchen, ein aussichtsreiches Klima zu schaffen, geht er auch auf uns zu. Dadurch können Fragen, wenn sie tief und elementar sind, uns auf wundersame Weise den Pfad zu Zielen weisen, die wir gar nicht gewagt hätten, so konkret zu formulieren.

Sicher haben Sie schon selbst erkannt, dass Veränderungen meistens immer erst im Nachhinein durch die Vernunft begründet werden. Ausgelöst werden sie vorwiegend durch das, war wir uns erträumen, begehren, vermissen oder befürchten. Die treibende Kraft hinter Veränderungen sind die Emotionen. Daraus folgt, ob Sie Entscheidungsfragen stellen, um Ihr Zielbewusstsein zu unterstreichen; Suggestivfragen, um das Gespräch in gewünschte Bahnen zu lenken; Prüfungsfragen, um sicherzugehen, dass Sie Ihr Gegenüber auch in

Ihrem Sinne verstanden hat; Impulsfragen, um offene Spielräume anzubieten. Achten Sie in all diesen Situationen nicht nur auf sprachlichen Stil, sondern ebenso darauf, durch welche Emotionen Sie Ihre Botschaften übermitteln. Geben Sie sich nie allwissend, denn Ihre Verhandlungspartner zeigen ihre Bereitschaft zu lernen immer dann von ihrer schönsten Seite, wenn sie spüren, dass Sie selbst auch lernen wollen.

Anteilnahme als Bestandteil unerbittlich harter Verhandlungen? Ja – nicht nur, weil es eine unterschätzte Tugend ist, sondern auch deshalb, weil uns das Wissen um die Ziele des Gegenübers hilft, eine realistische Abstimmung vorzunehmen. Eine, die auch in stürmischen Zeiten standhält, die auf gegenseitiger Anerkennung aufgebaut ist, die uns entschlossener und konsequenter handeln lässt und letztlich unserer Karriere dienlicher ist als eine Hinterlassenschaft von Gesprächspartnern, die nichts mehr mit uns zu tun haben wollen. So hat Anteilnahme im Geschäftsleben nichts mit Ergebenheit oder gar mit Unterwürfigkeit zu tun, vielmehr dient sie dazu, hohe Belastungen – was Verhandlungen immer sind – kontrollierbar zu machen. Dadurch können Unsicherheiten in Herausforderungen, Ängste in Erwartungen, Unzulänglichkeiten in einen unbedingten Willen zur Gestaltung einer wünschenswerten Zukunft verwandelt werden.

Wie sich Rückschläge in Teams in Vorschläge für kommende Zeiten verwandeln lassen

Selbst in gut geführten Teams, welche in partizipativer Entscheidungsfindung geübt sind, kann es zu Rückschlägen kommen. Längst nicht alle erweisen sich als Vorschläge, die für bevorstehende Zeiten geeignet wären. Wenn es um die zukünftige Ausrichtung einer Organisation geht, ist eigentlich jedem Betroffenen klar, dass er nicht länger in einer Zuschauerrolle verharren kann. Doch dieses Wissen, dass nichts so sehr ein Nachdenken und Finden von neuen Leitmotiven verdiente wie die

Zukunft, kann auch lähmend wirken. Jeder ist aufgerufen, keiner will die Initiative übernehmen. Die Herausforderung wird bewundert, die Lösung auf andere abgeschoben oder von denen erwartet, die eine Gehaltsstufe höher stehen. Solange von „oben" keine Impulse kommen, werden sich auch die Untergebenen in falscher Bescheidenheit üben. Keiner wagt, aus der eigenen Geschichte herauszutreten, keiner will der stillen Aufforderung folgen und neue Ideen, neue Lösungsansätze aufzeigen. Lieber geben wir uns falschen Hoffnungen hin und tun nichts. Aus Angst, verspottet zu werden, weil neue Ideen nie fertige Ideen und deshalb besonders leicht angreifbar sind. Damit verhindern wir die Befreiung von einer psychischen Last sowie die Gewinnung von neuen Energien, die eben immer nur durch ein frisches Engagement als Geschenk entgegengenommen werden können.

Partizipative Führung ermöglicht Einbindung, bewirkt die Ausschöpfung vielfältiger Potenziale und kann Erwartungen ins Außergewöhnliche treiben. Jedoch ebenso schnell zu Entfremdung und Desillusionierung führen.

Um solches Abgleiten in die Niederungen der Handlungsarmut zu vermeiden, sollte der Teamleiter, die Teamleiterin um eine Wetterbesserung besorgt sein, indem er oder sie allen Beteiligten bewusst macht, was jeder vom anderen erwartet. Wenn die Teammitglieder ihre Kompetenz zeigen, Verantwortung übernehmen, sich zu einem motivierenden Ziel bekennen, heißt dies jedoch nie einfach nur, dass ihnen gesagt wird, was zu tun ist. Vielmehr zeigen Leitende ihren Mitarbeitern, wie einzelne Arbeitsschritte ins Gelingen überführt werden können. In feinfühliger Tonlage und durchwegs Raum für selbstständige Entscheidungen gebend. Mit der Hoffnung verbunden, dass man nie wissen kann, wie Menschen durch das Vermittelte berührt werden; und wie dies unter besten Umständen zu einer fortgesetzten Diversifizierung führen kann. Entscheidend ist auch, was sich Mitarbeitende über die neuen Möglichkeiten und deren

Erfolgsaussichten untereinander erzählen. Psychologische Faktoren sind in Entwicklungsprozessen höchst einflussreich. Je besser dieses Narrativ bedient wird, desto engagierter werden sich die Beteiligten ins Zeug legen.

In Teams können eben nicht nur neue Vorstellungswelten zum Glühen kommen, sondern auch eine Zerteilung der Verantwortung, die nur jemand aufzubrechen vermag, der gewillt ist, dieses Bündnis der Unterlassung zu zerschlagen. Wenn niemand den Mut aufbringt, sich zum Vorbild zu machen, entwickelt sich in der Firma ein spätherbstliches Klima. Es wird zunehmend kälter, und schon bald fühlen die besten Mitarbeiter, dass die Dinge im Vergehen begriffen sind. Sie schauen sich nach einem neuen Arbeitgeber um.

Somit gilt es umso mehr, den Weg zu den eigenen Träumen wiederzufinden. Zuerst als eine Aneignung, später als eine Verkörperung der Zukunft. Wenn diese Entschlossenheit zum Möglichen das ganze Team erfasst, wenn sich jeder Einzelne zu fragen beginnt, was sein Arbeitskreis braucht, und jeder die Antwort geben kann: Menschen, welche bereit sind, Verantwortung zu übernehmen. Darüber, dass die Kommunikation nicht entscheidend von den Denklinien der gestellten Aufgabe abweicht, dass der Kompass individueller Absichten vorwiegend auf die gemeinsame Zielrichtung ausgerichtet bleibt und die Selbstwahrnehmung der Gruppe so aufmerksam ist, dass sie jederzeit selbst entscheiden kann, in welche Richtung das funkelnde, unbedingte Wollen zu steuern ist. Wenn solche Leitideen zu den wenigen Konstanten eines zeitgemäßen Arbeitsbildes und Selbstmanagements werden, können die Teams mit größeren Variablen innerhalb ihrer Zielvorstellung arbeiten und nebenbei eine Empathie entwickeln, die auch andere Teams in der Gesamtorganisation miteinbezieht. Sie können selbst dann noch als Team funktionieren, wenn einzelne Mitglieder im globalen Einsatz stehen und der Zusammenhalt vorwiegend ein virtueller ist.

Haben wir etwas vergessen? Ja, die Wertvorstellungen eines Teams und die Vertrauenswürdigkeit einer Firma. Dabei geht es nicht vorwiegend darum, sich stets gut zu fühlen, als vielmehr um die Fähigkeit, auch dann die Leitideen und das Ethos eines Teams hochzuhalten, wenn sich die Ausrichtung einer Organisation im Wandel befindet. Sich in einer Firma gut aufgehoben zu wissen und auf einem bedeutsamen Niveau innovativ zu sein, hat weit mehr als nur mit Gefühlen zu tun. Diesbezügliche Wurzeln finden sich in der Verbundenheit mit den Mitarbeitern, in der Glaubwürdigkeit der Firma und der Gewissheit, dass mein Platz einer verdienten Wertschätzung zu verdanken ist.

Wenn jedoch die Geschwindigkeit technischer Fortschritte nicht mehr linear, sondern exponentiell zunimmt, wenn spürbar wird, dass die Herausforderungen nicht mehr in Teilbereichen, sondern im Ganzen liegen, dann muss die Führung dem Team Zeit gewähren, die notwendigen Veränderungen im Bereich der Werte selber zu erkennen. Äußere Zwänge schüren nur Ängste, die dazu führen, dass Teammitglieder sich wichtige Schritte nicht mehr selber zutrauen, dass sie von externen Meinungen abhängig werden und nicht mehr wagen zu zeigen, was tatsächlich in ihnen steckt.

In Zeiten der Unbestimmtheit ist es förderlich, sich daran zu erinnern, dass auch das Unbewusste etwas zu den notwendigen und weiterführenden Erkenntnissen beitragen kann. Innehalten, sich klar werden, dass unsere Kultur schon immer die kritisch-rationale, begreifen-wollende mit der emotional-seelischen, der Ganzheit suchenden Seite, verbinden wollte und es – in ihren besten Momenten – auch konnte. In unserem Selbst sind nicht nur beide Wege angelegt, es hat auch genügend Raum, um über bisheriges Nachdenken hinauszugehen, um sich zukunftsweisendes Können anzueignen. Grundsätzlich einbeziehend, dass der eine Gesichtspunkt stets den Ansatz- und Kristallisationspunkt des anderen in sich trägt. Entscheidend ist hier, die Spannung nicht sofort aufzulösen, indem man jeden Gedanken unmittelbar zur

Sprache bringt oder gar veröffentlicht, weil ideale Lösungswege sich immer erst nach einer gewissen Zeit und dann überraschend zeigen, sowie von Einflüssen abhängen, die weitab unserer direkten Einwirkung liegen. Es sind nicht selten Schenkungen ohne Absender. Es sind Geheimnisse, die sich aus unbewussten Wirklichkeiten genauso herauslösen wie eine Skulptur aus einem Marmorblock.

Dabei sollten wir jedoch nicht die Augen vor der Tatsache verschließen, dass Menschen zwar neue Produkte, Erfahrungen und Zustände gerne willkommen heißen, zugleich aber auch Angst vor Veränderungen verspüren und daher allerlei Beharrungskräfte gegen sie zu mobilisieren wissen. Weil letztlich unser Verhältnis zu Neuem ein ambivalentes ist, braucht es in einer Organisation das Mitschwingen des gesamten Teams, um Veränderungen zu bewirken und umzusetzen. Dabei haben Sie als Führungspersönlichkeit nicht nur die Kärrnerarbeit von Analyse, Findung, Aufklärung und einer verständlichen Darstellung aller Herausforderungen zu leisten. Sie haben sich auch zusätzlich gegen Besserwisser zu behaupten, die sich heute auf sozialen Plattformen als Scharfrichter auf eine Art und Weise äußern, die keine Widersprüche duldet. Die Fäden des sozialen Gewebes werden da manchmal durch Argumentationsketten zerrissen, die nicht mehr sachlich, sondern nur noch hochmütig daherkommen. Gegenargumente finden sich selten. Selbsterhöhung anstelle von Selbstbeobachtung scheint einer Norm zu entsprechen. Nur Sie vertreten das Wohl des ganzen Unternehmens, alle anderen bloß partikulare Interessen. Deshalb ist es so wichtig, die Emotionen aller Mitarbeitenden im Blickfeld zu haben. Dem Imperativ des Rechthabens, welche Heckenschützen auf Twitter als Heilsbotschaft verkünden, können Sie nur dann eine anregende Erwartungshaltung erfolgreich entgegensetzen, wenn Sie die Wege in die Zukunft so formulieren, dass sich alle Teammitglieder persönlich und emotional darin gespiegelt sehen. Erkennend, dass die Übernahme von Verantwortung nicht nur unsere Freiheit erweitert, sondern auch den Nährboden von Selbstwert und Selbstvertrauen bildet.

Von Problemlagen in Teams, die sowohl kreativitätsfördernd als auch kreativitätsfordernd sind

Fakten allein sind nie das Ende einer Botschaft. Sie werden es nie sein. Weil wir alle Wesen eines großen Hungers sind, erwartungsvoll darauf angelegt, in Regionen hineinzuwachsen, die wir nie zuvor betreten haben. Angetrieben von Emotionen und Fragen, die sich ja nie an unsere Einsamkeit richten, sondern an Menschen, mit denen wir eine Gemeinschaft bilden, mit denen wir unseren Lebensatem, unsere Träume, Erzählungen und Erinnerungen teilen. Hier findet und ereignet sich jene besondere Anspannung bezüglich potenzieller Möglichkeiten von Durchführungen und Verwirklichungen, die über das Vertraute hinausgehen. Hier, in einen kurzen Moment der aufgeladenen Stille, nehmen wir das erste Leuchten beginnender Ausgestaltungen und Dispositionen wahr. Nicht intellektuell, eher emotional, häufig auch als Metapher. Wenn Sie also – egal auf welcher Ebene Ihrer Firma – Ideen zum Durchbruch verhelfen wollen, müssen Sie die Menschen ebenso gefühlsmäßig ansprechen, wie Sie selbst angesprochen wurden. Sachargumente und Zahlen sind in vorangehenden Sitzungen genügend vorgetragen worden, deshalb sind Emotionen genau das, was jetzt Menschen in Bewegung bringt sowie kurze, für alle verständliche Botschaften, welche die engagierte Verwirklichung der Innovationen fördern. Sorgen Sie außerdem schon im Vorfeld durch Einzelgespräche für Unterstützer. Sie helfen mit, die zur Durchsetzung ihrer Ziele notwendige Resonanz im Team zu erzeugen und fördern die Überzeugung aller, an einer brillanten Sache mitzumachen.

Im Idealfall können sich in Teams die inneren Stimmen, welche Sprachbegabte hören, sowie Spannungen ungelöster Kompetenz- und Einflussbereiche von technischen und mathematischen Talenten so vermischen und zum Bewusstsein streben, dass unerwartete Dinge entstehen können. Weil jedoch in Teams immer auch Menschen mit unterschiedlichen Werten und Persönlichkeitsstrukturen zusammentreffen, kann es auch zu einem geladenen Schweigen kommen, aus dem zuweilen nur noch ein Minimalkonsens herausführt. Nicht wenige haben wohl schon die Erfahrung gemacht, dass man in Teams vielerlei Kenntnisse erwirbt, ohne zu einer Erkenntnis zu finden; Informationen anhäuft, ohne weiterführendes Wissen zu erwerben; sich vernetzt, ohne echte Begegnungen mit anderen zu erreichen. All dies läuft darauf hinaus, Gleiches und Gleichgesinnte zu finden, um der Verantwortung auszuweichen, um riskante Entscheidungen zu umgehen, um die eigene Energie- und Interesselosigkeit zu verschleiern.

Berücksichtigt werden muss auch der Umstand, dass der Erwerb von ausdrucksstarkem Wissen eine andere Zeitlichkeit aufweist als die bloße Beschaffung von Informationen. Zudem gerät nur allzu schnell in Vergessenheit, dass die Jagd nach immer neuen Daten unser Improvisationstalent sowie unsere Experimentierfreudigkeit verkümmern lassen kann – und den Zufall ausschließt. Wissen erfordert immer auch eine Reifezeit, die heute kaum mehr gegeben wird. Trotzdem, wenn es um die Entwicklung neuer Produkte und Dienstleistungen geht, um die Beschaffung und Bündelung von Expertenwissen, um die Entwicklung verschiedener Lösungswege sowie um Motivationssteigerung durch Partizipation, kommt man um eine sorgfältige Teambildung nicht herum. Vorgezeichnete Wege zu guter Teamführung sind dennoch nicht angezeigt, denn Teams sind so individuell wie die darin involvierten Menschen, deshalb müssen Sie diese Wege fortlaufend neu finden und erfinden. Ohne Entschuldigung sind Sie als Führungskraft dafür verantwortlich. Zudem müssen Sie das Verlangen, vorgenommene Ziele zu erreichen, zuerst einmal selber zeigen und vorleben. Daher sind Entscheidungen stets von aktuellen Brennpunkten aus zu treffen. Weil es im richtigen Leben kaum Anordnungen gibt, die absolut richtig oder falsch sind, gilt es, auf die kleinen, flüchtigen Dinge zu achten. Empathie und kritischer Verstand sind notwendig, um verborgene Ziele einzelner Teammitglieder zu entdecken, um strukturkonservative Abstimmungen zu verhindern, um Machtspiele innerhalb des Teams rechtzeitig zu bekämpfen, um fehlende Verantwortung oder ein beschränktes Engagement zur Sprache zu bringen. Indem wir also stets die Relevanz der Zusammenarbeit sowie das Denkvermögen und die Weitsichtigkeit des Teams vor Augen haben, können wir die Qualität des Projekts mehr steigern als durch die Ausweitung von Zeit- und Geldressourcen.

Beachtenswert ist außerdem, dass wir alle an eine gewisse Ambivalenz gebunden sind, indem wir zwei nachgerade sich ausschließende Dinge gleichzeitig bewältigen müssen: Immer so zu tun, als hätten wir alles selbst in der Hand, aber genau wissend, dass wir durch Arbeits- und Marktverhältnisse mitunter stark eingeschränkt sind. Dennoch sollten wir so tun und erscheinen, als hätten wir keine Schwierigkeiten, von der alltäglichen Ungewissheit zur Gewissheit der Zielerfüllung zu gelangen. Doch als Vorgesetzter muss man sich immer gut überlegen, mit welcher Art von Sein wir vor die Mitarbeitenden treten wollen. Doch bevor Sie sich darauf eine Antwort geben, lohnt sich ein Blick hinter die offensichtliche Szenerie eines Teams.

Betrachten wir ein Team als ein System, lässt sich nach kurzer Beobachtung feststellen, dass die potenziell möglichen Kontakte selten mit den wirklichen Wechselbeziehungen identisch sind. Gespräche wie auch Unstimmigkeiten und Streitereien finden vielfach nur mit wenigen statt. Daraus lässt sich schon erkennen, wer sich Geltung verschaffen will, wer sich seiner Aufgabe gewachsen fühlt oder zumindest so tut, als wäre er es, und wer sich zutraut, dem Lösungsprozess eine Richtung zu geben. Gute Teams sind, wie vielseitig begabte und engagierte Menschen, fähig, zahlreiche verschiedene Positionen einzunehmen. Dadurch verändert sich auch das Gleichgewicht innerhalb des Teams ständig. Falls dem aber nicht so ist, falls die Interaktionen immer nur zwischen den gleichen Personen stattfinden und andere vom Entscheidungsprozess ausgeschlossen sind oder werden, stellen sich Fragen. Fragen darüber, wer sich verantwortlich zeigt, nicht nur für den eigenen Bereich, sondern auch für das Ganze, indem er oder sie andere Teammitglieder anerkennt, schützt und wertschätzt.

Mitarbeitende sind also dann speziell zu fördern, wenn sie das Selbstwertgefühl aller erhöhen, statt sie für ihre eigenen Zwecke zu instrumentalisieren. Wenn der gegenseitig anerkennende Blick verschwindet, wird ein Team schnell dysfunktional, was in der Frühphase daran zu erkennen ist, wie sich unversehens einzelne Mitglieder auf Kosten anderer zu profilieren versuchen, nur noch die eigene Perspektive wahrnehmen, auf neue Vorschläge kaum oder höchst dürftig reagieren. Da gilt es schnellstmöglich ausfindig zu machen, wer mit wem einen meist gut verdeckten Konflikt austrägt oder gar gegen Mitarbeiter intrigriert. Solche Problemfälle behindern die Weiterentwicklung eines Teams nachhaltig, denn zur Aufrechterhaltung eines stabilen Selbstwertgefühls sind wir alle darauf angewiesen, dass wir für andere bedeutend und förderlich sind, weshalb jeder Teamleiter, jede Teamleiterin gut daran tut, diejenigen zu unterstützen, welche sich durch Eröffnung neuer Inhalte profilieren, sich gut mit anderen verstehen und dadurch auch der narzisstischen Vereinzelung widerstehen.

Warum ein scheinbares Mindestmaß an Herausforderung bei Teams ein Höchstmaß an Empathie und Engagement erfordert

Nach wie vor braucht jedes Team zur Entwicklung einer Dynamik, mittels derer es über sich hinauswachsen kann, eine Orientierung an Werten. Weshalb Werte und Ideen, von denen wir uns bewegen lassen, von verschiedenen Seiten her zu betrachten und auf ihre Nachhaltigkeit hin zu prüfen sind. Ebenso entscheidend ist auch die Vorbildfunktion, denn die Zukunft gehört nie denen, welche die sicheren Wege anpeilen, sondern denen, welche sich dem Wagnis, der Verwunderung, dem Wirbel der Überraschungen zuwenden. Was Vertrauen voraussetzt, welches sich aus einer Mischung aus Offenheit, Ehrlichkeit, Engagement, Anerkennung und einem weisen Umgang mit allen Beteiligten ergibt. Daneben muss ein Coach natürlich auch die verschiedenen Wege der Forschungs- und Arbeitsfelder so strukturieren, dass am Ende des Prozesses das Erhoffte Wirklichkeit wird.

Die Herausforderungen eines Teamleiters sind enorm, und zuweilen mag es scheinen, dass außerhalb dieser Aufgabe kaum weitere Lasten zuträglich sind. Zumal es ja auch den Arbeitsrahmen auszuhandeln und nicht zu vergessen gilt: Der Teamprozess sollte auch noch mit der Arbeit anderer Abteilungen synchronisiert werden. Als wäre das alles nicht schon genug, müsste noch geklärt werden, welche Mitarbeitenden sich neue Fähigkeiten aneignen sollten, um den Erfordernissen neuer Technologien und Kundenwünsche gerecht zu werden. Obendrein tun sich gerade technisch begabte Menschen öfters schwer damit, sich sprachlich allgemein verständlich auszudrücken. So gilt es für den Coach, Übersetzungsarbeit zu leisten, zusammenhängend verschiedene Ideen aufzuzeigen und sie in den Kontext zu stellen, so dass sich daraus essenzielle Fragen zur Weiterentwicklung des Projekts ergeben. Zwischenzeitlich müssen selbstredend auch noch Spannungen ausgeglichen, Zerwürfnisse geschlichtet und in Fällen von starken Verletzungen der Gefühle einzelner Teammitglieder Hilfe geleistet werden. Solche Prozesse verlangen eine durchgehende Erweiterung des Horizontes, eine nie nachlassende Bereicherung des Wissens, eine kontinuierliche Vervollständigung des Könnens. Dies läuft darauf hinaus, dass der Team-Verantwortliche all dies nur leisten kann, wenn er eine gewissen Distanz sowohl zu den Inhalten als auch zu den darin verwickelten Menschen zu wahren weiß.

In Anbetracht so vieler anspruchsvoller Faktoren zeitgenössischer Führungsarbeit ist es nach Klärungsphasen absolut notwendig, den einzelnen Mitarbeitenden Verantwortung für klar formulierte Ziele zu geben und in kurzen Abständen Rechenschaft über Fortschritte einzufordern. Dadurch wird jedes einzelne Teammitglied zum Prüfstein seiner Potenziale. Was Ihnen als Teamleiter die Gelegenheit verschafft, ihre Wahrnehmungsfilter überhaupt oder besser kennenzulernen. Besonders in Situationen, wo Mitarbeitende an ihre Grenze stoßen, wo ihnen unerwartet klar wird, dass sie ihre Fähigkeiten überbewerteten, dies aber nicht anerkennen wollen und stattdessen auf die „Umstände" oder gar Arbeitskollegen verweisen, um von eigenen Fehleinschätzungen abzulenken. Nur allzu leicht gerät dabei die Gesamtsituation aus dem Blickfeld, die selektive Wahrnehmung nimmt überhand, das Reiz-Reaktionsschema bleibt unbeachtet, wodurch sich die Situation emotional und kommunikativ zum Desaster entwickeln kann.

Wir alle reagieren auf starke Emotionen nahezu gleichartig emotional, wohl wissend, dass wir dabei nicht besonders souverän wirken. Gelassener können wir da nur reagieren, wenn wir auf Querschläge und Ausbrüche unserer Kollegen zuerst einmal innehalten. Schweigen. Dabei Zeit und Abstand gewinnen, was uns hilft, unserem Denkvermögen zu seinem Recht zu verhelfen.

Damit Emotionen sich entflammen können, mussten sie zuvor genährt werden. Doch genau das gilt es zu vermeiden! Weshalb Ihre Reaktion, ohne das dies zu bedenken war, zuweilen auch etwas hölzern, gar amateurhaft ausfallen kann. Wer aber vermeintliche Schwächen in Glaubwürdigkeit zu verwandeln vermag, versteht die Kunst der Kommunikation. So entzieht man den kleinen Vulkanen den Sauerstoff, reduziert weitere Eskalation und erhält gleichzeitig die Verbundenheit aufrecht, um sich die Frage zu stellen, was denn ganz genau sich ereignet hat? Indem der kurz vorher noch Erhitzte über eine schlüssige Antwort nachdenken muss, beginnt er sich abzukühlen, wird sich seines Platzes im Team erneut bewusst und bereinigt das Feld, auf dem wieder eine nützliche, unvoreingenommene Diskussion möglich wird.

Um kommunizieren zu können, sind wir auf unser Denk- und Erkenntnisvermögen angewiesen. Weshalb eine weitere Frage wie die, was der Mitarbeitende von seinem Vorgesetzten in einer solchen Situation erwartet, diesen mit der Kraft der Einzigartigkeit treffen wird, ihn unweigerlich damit konfrontiert, was er eigentlich selber genau will. Damit wird auch klar, dass das Zutreffende in unserem Denken immer auch das Aufbauende, Zuträgliche und Gewinnbringende ist, genauso wie das Präzise immer auch das Wirksame in der Chronologie unserer Tätigkeiten ist.

Allgemein ausgedrückt, kommunizieren wir dann am wirkungsvollsten, wenn wir entspannt sind. In den Fesseln der Wut gehören wir nur bedingt uns selbst. Das ist sicher nicht zu unserem Vorteil, denn die Gefühlslage können wir zur Not durch eine bewusste Kontrolle unserer Körpersprache noch mehr oder weniger gut verstecken, jedoch nicht durch unsere Stimme. Wenn wir mit uns selbst im Reinen sind, wenn wir unsere Arbeit in Übereinstimmung mit unseren Idealen, also mit Freude ausüben, dann wird das durch unsere Sprachmelodie für alle hörbar. Dann schwanken wir nicht mehr zwischen Anlehnungen an Vorgaben und Ablehnung bestimmter Menschen. Auch müssen wir uns keine Gedanken mehr über unsere Wirkung machen und können uns voll darauf konzentrieren, welche Auffassung, welche Vorschläge wir übermitteln wollen. Damit verzichten wir auf alles überflüssige Beiwerk und Gerede und finden Worte, die sich mit der bereits bestehenden Vorgehensweise und der Konzeption verbinden lassen.

Wenn Sie dies als suchende Hinführung präsentieren, mitfühlend und mitdenkend auf ihr Team zugehen, durch überraschende Fragen die Wissbegierde animieren, in sprachlich-melodischen Aufwärts- und Abwärtsbewegungen vortragen, haben Sie wirklich gute Aussichten, dass sich das Engagement ihrer Mitarbeiter erhöht.

Diese idealen, weil Resonanz erzeugenden Führungsstile sind Beiträge, um Kommunikation, Wertmaßstäbe, Aufmerksamkeit, Verantwortung, Innovationsfreude und Produktivität zu steigern. Je mehr Sie sich dafür verbürgen, je stärker Sie dies selbst verfechten, desto mehr werden aus theoretischen Möglichkeiten lebendige Potenziale, die selbst unter belastenden Bedingungen funktionieren. Worauf begründet sich diese Zuversicht? Darauf, dass unsere Ideale immer durch unsere Absichten, durch unser Denken und Handeln verwirklicht werden und wir ihnen dann am meisten vertrauen können, wenn es darum geht, den letzten Schritt zur Vollendung zu unternehmen.

Als inzwischen sensibler Beobachter sollte es Ihnen anhand der empfangenen Zeichen, Symptome und Vorschläge nicht allzu schwerfallen, den für eine bestimmte Situation angemessenen Stil zu bestimmen. Stehen Sie als Vorgesetzter vor einem Team, dass weder eine Einheit ausstrahlt noch auf ein klares Ziel ausgerichtet ist, das nichts Ultimatives vorzuweisen hat, kein Erstes und kein Letztes, geht es zuerst einmal durch persönliche Gespräche darum, herauszufinden, welche Kräfte das Team in seine Einzelteile zerlegt haben, warum es sein Selbstvertrauen, seinen Kampfgeist verloren hat? Wenn Sie Glück haben, ist das schlechte Klima auf die hinterlassenen Schatten ihres Vorgängers zurückzuführen. Dies ist durch ein überzeugendes Auftreten Ihrerseits schnell ausgeräumt. Was aber, wenn Sie am Ende feststellen, dass den Teammitgliedern bewusst geworden ist, dass sie selber die Gefährdungen darstellen, dass sie in Zeiten stecken geblieben sind, wo naives Denken noch geholfen hat und jetzt mit ihren Zweifeln, ihrer gelegentlichen Unzuverlässigkeit, ihrer dauernden Unschlüssigkeit eigentlich ganz gut zu ersetzen wären? Diese Kennzeichen des gnadenlosen Wirtschaftslebens, diese Zerbrechlichkeit der Persönlichkeitsstrukturen, welche mit dem Verlust einhergehen, nicht mehr alleiniger Architekt der beruflichen Biographie zu sein, ist dagegen weit schwieriger zu lösen.

Ins Gelingen kommen wir hier nicht durch Demut, sondern nur mit Mut. Indem wir uns durch Handeln selbst neue Räume verschaffen und manchmal durchaus mit ein bisschen Unvernunft in Lücken wagen, die uns bisher als begehbare Wege zu abenteuerlich erschienen. Sichere Ebenen der Erkenntnis sind heute meistens nur noch vorübergehend zu finden, deshalb sollten wir unsere Lebensgeister nicht für nachträgliches Ärgern verschwenden, dass wir die verbliebenen Möglichkeiten nicht genutzt oder zu wenig Druck auf die Mitarbeiter aufgebaut haben. Auch dürfen wir uns keineswegs auf die Rolle des Zuschauers beschränken, wenn wir im Rückspiegel die Konkurrenz aufschließen sehen. Vielmehr gilt es zu lernen, nicht immer nur der Wahrnehmung, sondern hin und wieder auch der Vorstellungskraft zu vertrauen. Ziele – mögen sie noch so hochgesteckt sein – sind nie eine Gefahr, sehr wohl aber die Schlüsse, die man daraus ziehen kann.

Damit ist auch angedeutet, dass die Zukunft uns nicht erwartet, wohl aber wir sie. Auf Grund dessen sind wir dazu aufgefordert, auf sie zuzugehen, obwohl die Komplexität des heutigen Wirtschaftslebens keine zuverlässigen Schlüsse mehr zulässt, in welche Richtung sie sich entwickeln wird. Deshalb können wir auch nur dann Erfolge erwarten, wenn wir nicht nur strategisch, sondern bezüglich der Führungsstile äußerst differenziert agieren, indem wir unterschiedliche Stile auf unterschiedlichen Ebenen anwenden. Als Präludium mag zum Einstieg bei den Begabtesten der visionäre Stil angemessen sein, wie der partizipative bei den Abteilungsleitern und der coachende bei deren Stellvertretern. Wenn die Dinge in Bewegung kommen, kann sogar der fordernde – auf eine Frist oder Fälligkeit ausgerichtete Führungsstil – passend sein. Selbst den befehlenden Stil dürfen wir nicht ausschließen, wobei dieser wegen fehlender Würdigung nur in Ausnahmefällen und mit gebotener Selbstbeherrschung anzuwenden ist. So wie das Leben selbst, wird auch ein modernes Unternehmen von der Dynamik der Gegensätze bei den Führungsstilen im Wachstum gehalten. Stets geht es darum, ganz unterschiedliche Stile zu beherrschen, sie aber auch in ihren Überschneidungen erkennbar und plausibel zu halten. Immer jedoch muss die Erfahrung mit ihrem Resonanzvermögen im Mittelpunkt stehen, denn Führung ist keine Wissenschaft, eher eine Kunst. Weshalb sie immer wieder neue Methoden, neue Ansätze erforderlich macht.

Jetzt wollen wir uns zum Abschluss noch kurz dem letzten unserer Ursprungsgefühle zuwenden: Der Freude. Diese setzt einen Prozess, eine Geschichte voraus, deren einzelne Kapitel durch Unsicherheiten, Missverständnisse, Fehler und Verletzungen geschrieben werden. Kreative Prozesse sind kaum anders zu haben. Natürlich könnte man Streitigkeiten durch Kompromisse abschwächen. Nur fühlen sich diese in der Nachbetrachtung nie sinnvoll, schon gar nicht ideal an. Besser wir nutzen den Druck. Im Wissen, dass dadurch im Inneren unserer Erde Kohle in Diamanten verwandelt werden. Dergestalt finden auch wir ideale Lösungen, und sobald sich diese zeigen, sobald wir das notwendige Wissen haben, um erfolgreich durchzustarten, sobald wir an einem Zeitpunkt bestimmter Erwartungen angekommen sind, gilt es, der Freude Ausdruck zu verleihen. Die gerade zur glanzvollen Vergangenheit zusammengekommene Gegenwart muss gefeiert werden. Kleine Feste sind im betrieblichen Alltag immer noch Ausnahmen, obwohl sie lohnend wären. Als Multiplikator unserer Kraftquellen ebenso wie als Begründer und Spender von Gemeinschaft. Freude entwickelt sich aus erfolgreich durchgestandenen Prozessen in der Vergangenheit, äußert sich im Hier und Jetzt der Gegenwart und lässt die Zukunft – so offen und unbestimmt sie auch sein mag – als ein Versprechen erscheinen. Freude ist die emotionale Belohnung für gelungene und zielführende Handlungen sowie eine attraktive Anziehungskraft, diese fortzuführen. Freude zeigt uns den energetischen Zustand unserer Befindlichkeit, den Wert unserer Kompetenzen und wie erfolgreich wir mit den Gegebenheiten der Wirklichkeit umzugehen wissen. Freude ist die reinste Quelle unserer Motivation, eine der Ursachen unserer Kreativität und Auslöser von Werten, die unser

Leben tragen und ins Gelingen führen. Feste sind deshalb Nullpunkte in der Geschichte von Unternehmen, wo sich die Zeitebenen integrieren lassen. Sie benötigen keine Feuerwerke, die uns bloß in der Dunkelheit zurücklassen, sondern vielmehr eine Geschichte, die uns in Bewegung bringt. Eine Geschichte, die Herz, Hand und Kopf berührt und ein Fest verdient, welches im Werden einer zukunftsorientierten Gemeinschaft leuchtet.

Teil V

HERVORBRINGEN

VON DER KUNST, AKTUALITÄT UND POTENZIALITÄT IN ÜBEREINSTIMMUNG ZU BRINGEN

Inspirierende Sichtweisen zur Erweckung Ihres kreativen Potenzials

Kreative Mitarbeiter? Bekommt nicht jeder! Beansprucht nicht jeder! Lieber allein herausragend sein! Nur: Das gelingt meistens bloß kurzfristig. Weil wir für weiteres Wachstum immer mehr Grenzen überschreiten müssen. Ingenieure suchen Informatiker, Chemiker benötigen Biologen, Wirtschaftswissenschaftler verlangen nach Soziologen und Psychologen, Architekten und Bauunternehmer sind auf Menschen angewiesen, die sich mit Modellsoftware auskennen. Finanzplaner ohne Mathematiker überleben ebenso schwer wie Künstler, die sich weigern, ihr kreatives Potenzial mit dem Geist des Unternehmers zu verbinden. Es wird wohl zukünftig darum gehen, Wendigkeit, Phantasie, Intuition und Virtuosität des Künstlers mit dem linearen, logischen und analytischen Denken des zielorientierten Unternehmers zu verbinden. Empfindungsfähigkeit und Vorstellungskraft werden dadurch mit dem Ideal der Vernunft verbunden und durch die Annahme von weitsichtigen Zielen der Nachhaltigkeit ergänzt. All dies ist notwendig, um ein Wachstum zu ermöglichen, das sich der begrenzten Rohstoffe bewusst ist, das nicht noch mehr CO_2 Emissionen erzeugt und sich davon befreit, dass sich der sich selbst optimierte Mensch durch Hinzufügung von zusätzlichen Genen bei ungeborenen Kinder oder durch eine Hirn-Computer-Schnittstelle bei Erwachsenen als vermeintlich gottgleicher Schöpfer versteht.

Um welche Gene es sich dabei handelt, ist angesichts der Tatsache, dass vererbte Talente und Fähigkeiten auf Tausende von Genen aufgeteilt sind, schwer, vielleicht sogar unmöglich festzustellen. Mit welchen Nebenwirkungen solche Eingriffe verbunden wären, wagen wir uns lieber gar nicht erst vorzustellen. Ebenso hochkomplex sind die Verbindungs- und Verträglichkeitsmuster in unserem Gehirn. Wenn auch große Fortschritte in der Forschung zu vermelden sind, Eingriffe in diese Netzwerke mit ihren Milliarden von Neuronen wären ebenso riskant wie unberechenbar in ihren Auswirkungen.

Wir alle sind in biologische und psychologische Strukturen eingebunden. Wir werden durch Naturgesetze sowie durch unsere Umgebung geprägt. In diesen Großreichen des Gegebenen lassen sich Freiheiten nur an kleinen Orten finden. Was sie umso wertvoller, aber auch zu einer Herausforderung macht, sie zu finden. Nur das Zusammenspiel von Kreativität und Freiheit lässt uns Landschaften betreten, die zuvor noch von niemandem besucht wurden.

Woraus sich mit guten Gründen schließen lässt, dass wir klugerweise die Arbeit an unserem freien Selbst – wie wir in den Essays über die Potenzialentwicklung der Seele gesehen haben – weiterführen. Nicht als einseitige Vorstellung, wie sie noch Jean-Jacques Rousseau präsentierte, indem er glaubte, dass wir uns nur von den Ketten, die uns der gesellschaftliche Erziehungsprozess auferlegte, zu befreien hätten. Auch müssen wir uns von den ebenso verführerischen wie irreführenden Verheißungen vieler Berater verabschieden, dass eine kurze Therapie ausreicht, um eine Freiheitskonzeption zu erreichen, die alles ermöglicht, was wir zu träumen vermögen. Das leicht zu verwirklichende Paradies der Möglichkeiten ist nicht zu haben, so wenig wie eine rein rationale Psychologie. Unsere Vorstellungen von dem, was gut und möglich ist, gründen nicht allein auf Tatsachen, sondern auch auf Idealen. Was wir sind, wer wir hoffend sein könnten, müssen wir uns letztlich selbst erarbeiten. In einem lebenslangen Prozess. Jenseits aller Einflüsterungen, dass dies ebenso leicht erworben werden könne wie ein beliebiges Konsumgut.

Wie es gelingen kann, im schmalen Grenzgebiet zwischen Selbstbewusstsein und Selbstsicherheit die Pforte zur Inspiration zu finden

Die poesielose Tatsache unserer alltäglichen Erfahrungswelt besteht darin, dass wir einer Willenslenkung unterliegen, welche in ihrer Kausalität das Wechselverhältnis von Ursache und Wirkung reflektiert. Wo also lässt sich in diesem fortwährenden Wirkungsbereich Freiheit finden, ohne die es keine Selbstbestimmung gibt? Wie Wege finden, die unsere Einbildungskräfte ebenso beflügeln wie vorantreiben? Solche gegensätzlichen Reize, getarnt als Sehnsucht, Anmut, Versuchung und Zauber, erzeugen starke Gefühle, die auf den Landkarten unserer Erfahrungen Wege entstehen lassen, die bisher noch nicht eingezeichnet sind. Was wir aussuchen oder was uns aufsucht, schafft Erwartungen, die sich durch eine in uns angelegte Antriebsstruktur in ein Wollen verwandelt, welches unser Selbst zur Entfaltung bringt. Sobald wir annehmen können, dass wir eingeladen sind, uns selbst zu verwandeln, beginnen wir eine Lebenskunst zu entwickeln, die uns von der gleichsam nackten Selbstsorge zum Erdichten der eigenen Welt führt. Als gleitende Logistiker unserer Wahrnehmung werden wir dadurch zum Erfinder und Baukünstler unserer eigenen Welt.

Dabei ist es keine geringe Leistung, täglich zu unterscheiden, welche Impulse und Triebkräfte verheißungsvoll und welche über kurz oder lang in die Beliebigkeit oder letztlich gar in die Unfreiheit führen. Wenn wir dennoch für das, was sich zu wollen lohnt, auch bereit sind, entsprechende Gewissenhaftigkeit zu entwickeln, wird unsere Eigenständigkeit zunehmen. Das passiert jedoch nie auf eine ausgewogene, einträchtige Weise. Auch da irrte Rousseau, denn stets werden wir in der Verwirklichung unserer Freiheiten von anderen behindert, begrenzt oder zurückgebunden. Wie wir damit umgehen wollen, steht uns allerdings frei. Wir können auf das Gewünschte verzichten und nur das begehren, was wir auch bekommen können. Dies würde jedoch auf einen geistigen Rückzug hinauslaufen, wo wir uns in einer innerlichen Verteidigungsanlage selber einschließen würden. Wir wären bald am Ende aller Freiheiten angelangt. Da wir jedoch die Wahl haben, wie wir mit unseren Freiheiten umgehen wollen, können wir uns auch eingestehen, dass es nicht ausreicht, nur den leichten Kräften der Rationalität zu vertrauen. In den Tiefen des Unbewussten gibt es auch irrationale Antriebe, die uns manchmal auf die notwendigen Schritte verweisen und Kräfte freimachen, die unsere Sinnorientierung in neue Bahnen lenken.

Vortreffliche Künstler wissen darum. Sie haben die Erfahrung gemacht, dass die Hervorbringung einzigartiger Werke maßgeblich ein Spiegelbild ihres Unbewussten ist. Wie jedoch kann es gelingen, im schmalen Grenzland zwischen Selbstbewusstsein und Selbstsicherheit die Pforte zu finden, welche uns den Zugang zur Inspiration, zum genialen Schaffen ermöglicht? In einer Zeit, wo wir weitgehend verlernt haben, die Zeichen, welche Orientierung geben könnten, zu deuten. Nun, dieses geheimnisvolle, lebenskräftige und widerstandsfähige Selbst hat seine je eigene Ausstrahlung. Es lockt durch seine Aufforderung, uns auf die Suche zu machen nach dem, was unserem Leben Bedeutung zu geben vermag. Wenn wir uns nach Zielen sehnen, die unser Leben zu tragen vermögen, die es ausfüllend und sinnreich machen, die es uns gestatten, das zu berühren, was nur in uns selbst zu finden ist, dann verdanken wir das unserem innersten Sein; denn es bedeutet, dass all die Erfahrungen im realen Leben immer auch Echos von dem sind, was uns zur Selbstverwirklichung drängt. Unsicherheiten, Beeinträchtigungen, gelegentliche Notstände sind immer auch Manifestationen von widersprüchlichen Energien unseres innersten Wesens. Sobald wir beginnen, diese als Hinweise auf das zu betrachten, was auch noch in der Tiefe unseres Kerns angelegt ist, verwandeln sich diese Ärgernisse in Notwendigkeiten zur Entschlüsselung und Erweckung unserer Gaben und Begabungen.

Vornehmlich Künstler haben uns seit jeher gezeigt, dass wir Menschen fähig und dazu berufen sind, das ins Leben zu rufen, was uns gegeben ist. Das Spüren einer solch tiefen Zugehörigkeit zu unserem Potenzial ist ein außergewöhnlicher Moment, der von uns wirklichen Mut und kluge Entschlossenheit erfordert. Uns allen werden im Laufe des Lebens solch einzigartige Momente geschenkt. Momente, wo sich am Himmelsgewölbe des Daseins unser Glücksstern zeigt. Wo es gilt, jede Verzagtheit, jede Zurückhaltung abzulegen und sich stattdessen mit unbedingter Hingabe dem zuzuwenden, was sich als Einmündung in einen unabwendbaren Auftrag zeigt. Solche Momente lassen sich nicht erzwingen, aber man kann sich darauf vorbereiten, indem man sich diese Möglichkeit bewusst macht. Mitsamt jenem Kompass, der die Hingabe mit dem ethisch Gebotenen versieht. Durch den Kreis der Würde, der unsere tiefste Natur, unser Leben umschließt. Wenn es gelingt, in diesen Kreis einzutreten, werden wir zum Empfänger von Zuversicht und Leidenschaft. Doch die Stimme, diesem Ruf zu folgen, ist nur für kurze Zeit hören. Verpassen, verschwenden wir sie, löst sich die Magie des Lebens in Desillusion, manchmal sogar in Resignation auf.

Ohnehin zeigen sich all die Einladungen zu neuen Aufbrüchen, zu einer kreativen Lebensführung vielfach in einer poetischen Sprache, in hauchzarten Tönen, deren Suggestion darin besteht, all dies sei ohne große Anstrengung möglich. Andere glauben, weil Kreativität ihre Faszination aus der Grenzerfahrung zur Transzendenz bezieht, sie könnten die Arbeit des schöpferischen Prozesses allein ihren Ahnungen überlassen. Das ist zwar nicht ganz falsch, denn die Qualität unserer Kreativität hängt entscheidend davon ab, von welchen inneren Quelle aus wir diesen Prozess angehen, doch dieser Ort, dieses Schutzhaus unserer intuitiven Kräfte und Gefühle, liegt oft außerhalb von dem, worauf unsere alltägliche Aufmerksamkeit gerichtet ist. Deshalb können wir neue Realitätserzeugungen nur bewirken, wenn wir den Fokus unserer Wahrnehmungen situations- und befindlichkeitsabhängig verändern. Wenn wir die Heimatlosigkeit des Geistes in unserem gewohnheitsmäßigen Selbst zugunsten eines entwicklungsfähigen Zukunfts-Selbst überwinden.

Doch wer vermittelt die Freude weiterführender Inspiration? Wer hilft, im Wechselspiel zwischen Teilaspekt und Perspektive, zwischen Beschreibung und Inspiration hin und her zu pendeln? Sie mögen glauben, solche Prozesse finden in Ihrem Kopf statt. Dort lassen sie sich zwar lokalisieren, doch die eigentliche Quelle findet sich in der Kunst. In der Freude an der Literatur, der Musik, der Malerei, weil sie einem nicht sagt, wie Sie kreativ werden könnten, sondern wie Sie eine kreative Stimmung wachrufen und sich ihr hingeben, an ihr teilhaben und teilnehmen. Indem Sie sich von den gelesenen Worten, von Rhythmen und Melodien, von gemalten Bilder forttragen lassen. Wenn sich Texte in persönliche Gespräche in Ihrem Herzen verwandeln, wenn Musik Echos in Ihrer Seele erzeugt, wenn sich Bilder als Imaginationen in Ihrem Bewusstsein manifestieren und eine Resonanz aus der Reibung zwischen innigster Nähe und respektvoller Distanz erzeugen. Solche Prozesse lassen auch Sie nicht kalt. Weil Sie dadurch Energie gewinnen, Ihre Aktionspotenziale bewegen und Ihre Sehnsucht zu einer Idee, einer Lösung führen.

Betrachten wir kreative Menschen, kann das Gefühl aufkommen, dass bei ihnen überdurchschnittlich oft die richtigen Einfälle zur richtigen Zeit erscheinen. Nicht durch Zufall, vielmehr als eine Unumgänglichkeit. Sehen wir genauer hin, können wir feststellen, dass solche Menschen einem Pfad folgen, der sie von anfänglich logisch begründbaren Abläufen in ein inneres Land führt, welches ihnen allein gehört. Merkend, dass sie im Modus des Findens neue Freiheiten erlangen, da die Befreiung von einem klar umrissenen Ziel eine Öffnung erzeugt, welche Ressourcen in vor- und unbewussten Bereichen aktivieren wird, um das Problembewusstsein in eine Potenzialentfaltung transformieren zu können.

In dieser Phase geht es darum, sich von alten unfruchtbaren Gedankenverbindungen zu lösen und sich mit der Vorstellung vertraut zu machen, dass Inspirationen niemals nur einer einzigen Quelle entspringen. Ratsam ist es, einen substanziellen Skeptizismus gebenüber bisherigen Vorgehensweisen zu entwickeln und gleichzeitig wieder eine kindliche Seelen-Disposition oder Gutwilligkeit neu zu finden. Möglich, dass wir uns dabei zu Beginn von Wassersuppen verdünnter Konzeptionen ernähren, aber das Loslassen verknöcherter Denkgewohnheiten, das luzide Fortträumen wird belohnt werden. Entscheidend ist, sinnbildlich gesprochen, dass wir uns erlauben, sowohl auf der Insel unseres Denkens als auch auf dem Ozean unserer Intuition und Wachträume zu leben. Durch diese Verschiedenheit der Annäherungen und Methoden bewirken wir zahllose schöpferische Prozesse im Kleinen, ohne die Einheit vom ursprünglichen Beweggrund zu verlieren.

Falls es dennoch zu Stockungen im Entwicklungsprozess kommen sollte, können Sie immer noch in Erwägung ziehen, durch einen Aufbruch in bisher unbedachte Richtungen diese zu überwinden. Ganz in der Gegenwart zu Hause, können Vergangenheit und Zukunft keine Wirklichkeit für sich beanspruchen, weshalb Sie sich selber die Aufforderung zum Tabubruch geben können. Im Modus einer Evokation, nach Resonanz suchend, im fortwährenden Aufbau von Erwartung. Bis das Unerwartete sich im Kreise Ihrer Aufmerksamkeit findet: Spontan oder durch einen Umcodierungs-Vorgang vom Ein- zum Mehrdeutigen, vom Anschaulichen zum Begrifflichen, vom Ideellen zum Materiellen. Bis wir glauben, das Entscheidende gefunden zu haben. Was immer dann der Fall ist, wenn die Dinge in eine grundlegende Beziehung zu uns selbst treten.

Wie alles im Leben, haben auch kreative Prozesse ihre Zeit. Es ist eine eigenartig gedrängte, verdichtete und sehr kostbare Zeit. In ihrer Befristung ein unermessliches Geschenk. Sprache kann hier nur suchen, was Kreativität samt ihrem Tribut an die Endlichkeit bedeutet. Auch Sprachbilder sind nur Bilder, die sich mit der Ausdrucksweise „wie" dem eigentlichen Kern des Prozesses nur annähern können. Bis daraus eine Kraft entsteht, die das bisherige relativiert, wendet und uns sehen, begreifen lässt. Als Wunder der ästhetischen Kommunikation.

Kreativität ist also nicht etwas Gegebenes, sondern vielmehr etwas, das wir bevorzugen. Dadurch verwandelt sie sich in etwas Gewolltes, in etwas, das wir suchen. Gefunden wird es zu etwas, welches auch das ursprünglich Vorgestellte verändert und uns zu Empfängern in noch zu entdeckenden Landschaften der Zukunft macht. Gegen die vermeintliche Sicherheit des Bekannten setzen wir also die Befriedigung der Neugier, gegen die schwarz/weiß Zeichnungen der Ratio die Buntheit unserer Utopien, geben die eherne Einhaltung ästhetischer Gesetze auf.

Dem Strom der Originalität folgen

Notwendig ist dieser persönliche Entwicklungsprozess auch deshalb, weil sich der Strom des Wissens weg von konventionellen, erwartungsgemäßen Erzeugnissen hin zu vielschichtigen, originellen und limitierten Produkten entwickelt. Die Inspirationen zu diesem Wissen finden sich in der Antithese zum Ego-Bewusstsein, in den Wurzeln unserer Kultur. In der Philosophie, Musik und Literatur zeigen sich mannigfaltige Wegleitungen zur Verfeinerung unserer Emotionen, zur Schärfung unserer Urteilskraft, zur Erweiterung unseres Geistes. Alles, was heute nachdrücklicher gebraucht wird als je zuvor und erst Akzeptanz hervorbringt. Unschuldig lässt sich fragen, ob solche Betrachtungen unseres kulturellen Erbes nicht müßig sind? In einer Zeit, wo das Davor dem Danach vorgezogen wird? Ist es nicht. Erinnert sei einmal mehr an die Romantik, wo zur Einzigartigkeit führende Prozesse nicht nur von Künstlern groß gefeiert wurden. Viele der damaligen Poeten, Dramendichter und Kunstschaffenden waren sich sehr wohl bewusst, dass sie schwächer als geglaubt, verletzlicher als vorgestellt, gefährdeter als für denkbar gehalten waren. Damit auch näher am Abgrund als an begehbaren Wegen. Was verständlich macht, dass die irrationalen Anteile ihrer Persönlichkeit ins Zentrum des Bewusstseins rückten. Angesichts dieser Abgründe fragten sich damals viele Künstler, wie es den verschiedenen Kulturvölkern unter Berücksichtigung all der Bedrohungen und Unsicherheiten gelang, das Leben nicht nur auszuhalten, sondern von zersetzenden Einflüssen fernzuhalten? Um dieses kostbare Geschenk nicht nur zu bewahren, sondern es sogar zu steigern: Zu einer universalen Gesamtheit im Kleinen.

Doch im Gegensatz zur Aufklärung suchten die Romantiker neue Erkenntnisse nicht allein durch Vernunft, sondern durch eine zutiefst poetische Lebensweise. Inspiriert und getrieben waren die Romantiker auch durch eine Sehnsucht nach arkadischen Naturlandschaften, welche die Möglichkeit der Transzendenz offenhielt, um mit dem Einzigartigen in Kontakt zu kommen. Ebenso dienten Märchen und Mythen als Quellen, um ursprünglicher und wahrhaftiger zu leben. Sie standen im Zeichen von Narrativen, welche seit Jahrhunderten von kreativen Menschen mitgeschrieben und überliefert wurden. Sie offenbarten, dass es kaum neue Erkenntnisse gibt, die nicht aus der Kommunikation mit anderen Menschen hervorgehen. Weil alle Erkenntnisse eine sprachliche Grundlage haben, somit auf eine soziale Weise herbeigeführt und weitergegeben werden. Doch der Neigung vieler Romantiker zur Irrationalität ist nur anteilig zu folgen: Im kreativen Prozess, gewiss nicht im Denken und schon gar nicht in der Politik. All dies hat bis heute nichts von seiner Gültigkeit verloren, und dass wir uns wieder vermehrt den restaurativen Zyklen und den regenerativen Kräften der Natur zuwenden sollten, um Erneuerung zu ermöglichen, ist heute noch dringender geboten als damals.

Wer sich von der Kommunikation mit Fremden abwendet, entweicht nicht nur der Komplexität unserer Gegenwart, sondern verhindert auch, sich selber zu einem originellen Erneuerer zu machen. Wenn wir uns dagegen immer noch dazu angeregt fühlen, aus Unbekanntem Vertrautes, aus Fiktionen Tatsachen zu machen, greifen wir auf das Erbe der Romantik zurück. Inspirierte Dichter wie William Blake, Edgar Allan Poe, Stendhal, Novalis, William Wordsworth oder Henry David Thoreau geben uns in ihren Werken immer noch gültige Anleitungen, wie durch Kunst ein direkter Zugang zu unserer Individualität, zu unserem kreativen Zentrum zu finden ist. Diese vitalisierende Entwicklung zur Selbstentfaltung flammt seither bei jeder Generation immer wieder neu auf. Ausgeprägt in den Sechzigerjahren des 20. Jahrhunderts durch die Humanistische Psychologie, welche sich gegen das damals vorherrschende Menschenbild wandte, unsere Natur sei durch eine biologische Triebstruktur vorgegeben. Impulsgeber zu diesem neuen Aufbruch waren Erich Fromm, Carl Rogers, Abraham Maslow, Begründer einer Motivationstheorie, die menschliches Handeln durch ein Stufenmodell grundlegender Bedürfnisse erklärt, sowie Fritz Perls, der die Gestalttherapie ausarbeitete, in deren Mittelpunkt die Entwicklung und Verfeinerung von Bewusstheit steht.

Während die Psychoanalyse danach strebte, Verdrängtes und Vergessenes im dunklen Labyrinth der Innenwelt aufzuspüren, um durch Spiegelung und selbstkritische Betrachtung aus einer spannungsgeladenen Gemengelage herauszufinden, leiteten die Pioniere der neuen Bewegung eine Perspektivenerweiterung ein, indem sie der Psyche Substanz und Fähigkeit beimaßen, die Menschen zur Wahrnehmung, Förderung und Steigerung ihres kreativen Potenzials befähigten. Durch eine Transformation von angstvoller Herabsetzung der eigenen Person hin zur Teilhabe einer selbstverwirklichenden Kreativität, die auch begehrliche Komplexität anzunehmen vermag.

Damit verschiebt sich der Interventionsakzent von der Behandlung zur Beratung. Vom Konfliktfeld zur Selbsttransformation. Anerkennend, dass Kreativität und Erfolg Ergebnisse eines Entwicklungsprozesses sind. Einbeziehend, dass die Herausbildung von Veränderungen nie abgeschlossen sein wird. Weil es nicht darum geht, das Vollkommene zu finden, sondern das Weiterführende. Die Zukunft wartet eben nicht auf uns, vielmehr sind wir dazu aufgerufen, sie leise und kraftvoll anzupirschen. Was heute im Zusammenfinden von Bildungs- und Kulturangeboten, digitalen Netzwerktechnologien und individuellen Glaubwürdigkeitsansprüchen zu beobachten ist, bedarf der Reflexion sowie der Entschlusskraft. Als erste Folgen davon sehen wir, wie sich konsumorientierte Unterhaltung in Sinnkonzepte, Verbrauchsgüter in Designobjekte, Funktionales in Künstlerisches, Massenhaftes in Maßgebendes verwandelt. Die Dynamik, deretwegen die wirtschaftliche Entwicklung fortschreitet, ist Teil ihrer Grundbedingung. Weil unser Gehirn indessen dem Vertrauten immer weniger Aufmerksamkeit schenkt, braucht es Überraschungen, um unsere Neugierde frisch zu halten. Nicht ständig, nicht immer überwältigend. Anerkanntes nutzen wir weiterhin gerne, wollen andererseits nicht auf das Erkunden des Andersartigen verzichten. Vorzugsweise in einem wohl temperierten Spannungsverhältnis.

Netzwerke als Vermittlungsagenturen vielversprechender Ahnungen

Was zeichnet nun diese neue Kategorie von Erzeugnissen und Dienstleistungen aus? Sicher zuerst eine sinnstiftende Erzählung, die auch ethische Hintergründe zum Wertschöpfungsprozess umfasst. Gestalterische und technische Hochwertigkeit werden als Selbstverständlichkeit vorausgesetzt. Nicht aber ihre inspirierenden und mobilisierenden Besonderheiten. Damit erhalten Angebote eine emotionale Dimension, welche mit einer hohen Anerkennung einhergehen. Weil sich hier Technik und Kunst umfangen und sich die Zukunft in der Gegenwart spiegelt.

Doch wenn sich Epochen dem Ende nähern, werden letzte Wonnen oft von Gespenstern der Vergangenheit flankiert. Das läuft praktisch darauf hinaus, dass bei zukunftsweisenden Entscheidungen immer auch Menschen bedacht, befragt und verehrt werden wollen, die eigentlich loslassen sollten. Verständlich. Aber so lässt sich das Neue nicht finden. Weil ohne ein Anderswo des betrieblichen Systems dessen Infragestellung nicht denkbar ist. Weil Zukunft nur in der Gleichzeitigkeit verschiedener Dimensionen möglich wird. Weil der Erfolg neu zu definieren ist. Durch das, was wir bisher nicht oder nur unzureichend gemessen haben: Der ökologische Abgrund, der auf eine Distanz zwischen uns und der Natur verweist. Der soziale Abgrund, der auf eine zunehmende Kluft zwischen uns und dem Mitmenschen beruht. Der kulturelle Abgrund, der zwischen unserem gewordenen und dem werdenden Selbst sich auftut. Zwar sind die wirtschaftlichen Kennzeichen weiterhin wichtig, aber ohne die Zufriedenheit unserer Kinder, ohne die seelische und körperliche Gesundheit unserer Mitarbeiter, ohne die soziale Anständigkeit und das Bemühen, das natürliche Gleichgewicht alles Lebendigen zu erhalten, wird Zukunft trügerisch. Das gewohnheitsmäßige Ich ist aufgefordert, auf eine höhere Ebene der gesellschaftlichen und wirtschaftlichen Realitätserzeugung aufzusteigen, um dort das Zukunfts-Selbst zu entdecken.

Möglich ist diese kreative Ausrichtung durch unser Gehirn. Dabei gelingt uns der Entwurf zukünftiger Herausbildungen nicht nur infolge 100 Milliarden Hirnzellen, sondern auch dadurch, dass jede einzelne Zelle – als Stern am Firmament unserer Fantasie – fähig ist, sich mit tausend anderen in Beziehung zu setzen. Was insgesamt 100 Billionen Nervenverbindungen ermöglicht. Darüber hinaus sind diese neuronalen Schaltkreise nicht festgelegt, sondern wandelbar, sich anpassend an den Gebrauch, den wir von ihnen machen. Mit diesem wohl genialsten Netzwerk formen wir unseren Lebens- und Einflussbereich. Werden indessen auch von diesem beeinflusst, gesteuert und geprägt. Wie auch von Netzwerken, die wir selber erzeugt und ausgesucht haben. Weshalb diese stets zu prüfen sind. Darauf, ob und wo sich unsere Einbildungskraft auf ein freies Spiel einlassen kann. Bis sich ein Gefühl von Schönheit und Anmut entwickelt, als eine Bereinigung von Begehren und Freiheit.

Knotenpunkt eines Netzwerkes zu sein, hilft uns durch ein Gleichgewicht von Vertrautem und Fremdem, lebendig und in Bewegung zu bleiben. Obwohl Netzwerke uns unaufhörlich mit Informationen versorgen können, sind sie jedoch weder wissend noch verständig, aber wir werden um- und weitsichtiger durch unsere Blicke auf sie. Durch das Ausschließen und Erkennen, was für uns von Bedeutung sein könnte. Werte, Ziele, Gründe: Wir müssen wissen, welche Bausteine zur Vollendung wir schon haben oder welche uns noch fehlen, denn sonst gelangen wir nie über die Spielarten des bereits Bekannten hinaus. Um dieser Falle der fortgesetzten Wiederholung zu entkommen, braucht es das Aufbrechen blinder Gewohnheiten, die Unterbrechung funktionierender Verfahren, die Trübung bisheriger Erfolgsversprechen. Durch weites Öffnen der Wahrnehmung und enge Konzentration auf die Aufgabe sind möglichst viele Optionen, Variationen und Modulationen auszuarbeiten.

Auf diese Weise wird deutlich, dass sich hinter jeder Idee Netzwerke verstecken. Manchmal als utopische Projektionen, die auf das Nächstmögliche aufmerksam machen. Zuweilen als Anstoß, lose Beziehungen auszubauen, um mit- und aneinander zu wachsen, sowie kreatives Potenzial gemeinsam durch wechselseitige Vertrauensvorschüsse auszuschöpfen. Erste Eingebungen herauszustellen, weil sie eine innere Bereitschaft fördern, Wandlungsprozesse anzunehmen, um damit eine Stimmung aufzubauen, die es zulässt, von weiteren Ideen oder Zufällen gefunden zu werden. Was umso wahrscheinlicher ist, weil wir die Fähigkeit haben, Anschließendes vorausschauend und vorausdenkend zu erkennen, durch unsere Neugier, die bei einigen aus dem Herzen, bei anderen aus dem Kopf erwächst. Durch unsere Flexibilität, welche Um- und Neugestaltungen erlaubt, wie auch durch Angleichung an sich laufend verändernde Wirklichkeiten. Durch unser Vermögen, zu abstrahieren und zu generalisieren. Dienlich zur besseren Orientierung wie auch zur Bildung von Strukturmustern, welche sich aus den bisherigen Erfahrungen ergeben. Systematisierungen, Vereinfachungen, die uns Zeichen lesen lassen und zu Gleichnissen zum besseren sprachlichen Erfassen des Künftigen anregen. Dadurch werden Vorstellungen in der rechten Gehirnhälfte geweckt, dort, wo Interaktion, Inspiration und Imagination angesiedelt sind. Danach gilt es, die seherisch vorausschauende Eingebung in der linken Gehirnhälfte als Ansatzpunkt in die Präzisierung einer erläuternden Sprache zu bringen.

Wohl ist der durch vielerlei Gründe und Begründungen argumentierende Mensch zur Festlegung von Strukturen, Zuständigkeiten und Zielen für eine verantwortungsvolle Betriebsführung unerlässlich; aber es sind nicht jene Qualitäten, die neue Symbolkombinationen hervorbringen. Ungefragte Einfälle, unerwartete Augenblicksideen mögen vorkommen, sind indessen Ausnahmeerscheinungen, ohne jede Verlässlichkeit. Zuverlässiger sind dagegen Ahnungen. Freilich benötigen sie bis zu ihrer Konkretisierung etwas Kostbares: Zeit. Weil sie in ihrer ersten Manifestation kaum mehr sind als eine Gemütsbewegung. Feinfühlige Menschen nehmen da Witterung auf, die sie in ihrer Bibliothek der Erfahrungen nach Vergleichen und Verwandtschaften suchen lässt, um erste zarte Vorgefühle in Worte der Annäherung zu kleiden. Solch lange Findungs- und Erfindungszeiten sollten deshalb in all ihren noch so kleinen Schritten festgehalten werden. Dies ist mit Mühe verbunden. Aber gedeihlich und später als

Entwicklungsprozess erzählenswert. Weil daraus neue Welten entstehen könnten, in denen wir nicht nur unerwartete Erkenntnisse, sondern auch uns selber finden können. Wenn diesem gefälligen Werden ebenso gelassen wie wachsam durch Gespräche im Netzwerk ihrer Freunde und Geschäftspartner Nahrung gegeben wird, werden diese Ahnungen im Geist sesshaft. Sie können erstmalige Verbindungen anregen, die durch eine gewisse Entwicklungszeit Konzepte und Vorhaben hervorbringen, welche so noch niemand vorher ausgearbeitet hat.

Warum der Erfolg die Wahrnehmung liebt

Vergangenem nachsinnen, Gegenwärtiges denken und bedenken, Zukünftiges abschätzen – so lässt sich einiges voraussagen. Vieles aber nicht, jedenfalls nicht genau. Weshalb? Weil wir allzu oft einseitig auf Sacherneuerungen ausgerichtet sind und noch keine Bereitschaft entwickelt haben, Veränderungen, die von innen, aus eigenem Antrieb aufkeimen, anzunehmen. Als meditativer Prozess des Loslassens, der uns aus der Rolle des Getriebenen, aus dem luftleeren Raum der Ideenlosigkeit befreit, wo nichts mehr gesunden und aufblühen kann. In diesem Innenraum, mit seiner eigenen Tiefe, geht es zuerst einmal darum, sich auf das einzulassen, was ohne unser bewusstes Tun entstehen will. Befreit von Anliegen, Plänen und Absichten. Reines Gewahrsein im Zustand offener Annahme. Bis sich für einen zeitlosen Moment eine Gestimmtheit der Unanfechtbarkeit einstellt und wir mit dem in Kontakt kommen, was den Kern unserer Identität ausmacht. Auf Grund dessen sich unsere spielerische Lebendigkeit in schöpferische Leitmotive verwandeln kann. Weil hier ein Lebensgefühl ohne Widerstand und Missbilligung möglich ist. Frei von Unstimmigkeitszuständen werden wir durchlässig zur Einsicht in das Wesen des Seins, was uns ein Sehen der Dinge ermöglicht, wie sie tatsächlich sind, ohne die Widerstände, die wir ihrer Fremdartigkeit wegen allzu oft zu unserem Schutz erzeugen. Versuchen Sie es! Etwa beim Zuhören: Indem Sie Ihre Reaktionen herausnehmen und voreilige Einwendungen verstummen lassen. Bis sich ein Tor zur gemeinsamen Zukunft öffnet. Kreativität beginnt nicht nur mit der Konzentration auf neue Projekte, sondern auch mit der Veränderung unseres Wahrnehmungszustandes.

Wo ist die Idee, bevor sie im Bewusstsein eines Menschen auftaucht? Können wir nie genau sagen, sie wird wohl vom Leben selbst erzeugt. Nur daran ist Kreativität gebunden, weshalb überall Zugänge zu ihr gefunden werden können. Wenn wir von der Kreativität umarmt werden, fühlen wir uns unmittelbar überrascht. Was bisher war, ist ohne Verzug nicht mehr. Überraschung ist ein Zeichen von Kreativität. Kreativität kommt, indem sie uns zuvorkommt. Um zu verhindern, in Gefahren abzugleiten. Sehen wir also genau hin, was Kreativität in Aussicht stellt, und achten auf ihre Zeichen. Entscheidend ist: Kreativität braucht Leere. Um schwingen zu können, um ein Echo zu erzeugen. Einmal zum Schwingen gebracht, werden auch wir zum Schwingen angeregt. In unserer je eigenen Frequenz. Wo aber komme ich mit der Kreativität in Resonanz? Im Klangraum des Herzens, in der Seele. Zuweilen auch in der Spannung, im Wechselspiel mit dem Unverfügbaren. Das bringt uns in Hochspannung, die es auszuhalten gilt. Das kreative Ich unterwirft sich niemals dem Mittelmaß, dem Konformismus. Weil es das Bisherige herausfordert. Dieser Antrieb drängt kreative Menschen deshalb zeitweilig in die Rolle des Außenseiters, als ein sich selbst formender Geist, eine sich selbst schreibende Geschichte. Kreativität entwickelt sich in einer zunehmenden Verfeinerung unserer Wahrnehmung, in einer Anspannung auf Ankünfte neuer Beziehungen und durch Fragen.

Wenn wir uns vorstellen können, wie und wo mögliche Antworten zu finden sind. Jenseits aller Suchdienste im Internet mögen Fragen empirisch, induktiv, durch Beobachtungen und Experimente, oder deduktiv, durch Logik und Berechnungen, beantwortet werden. Zuweilen helfen auch Auseinandersetzungen zur Anregung intellektueller und kreativer Neugier. Doch ab und zu kommt uns bei solchen Verfahren die Selbstsicherheit abhanden, und wir finden uns ohne Erkenntlichkeit, ohne Anerkennung als ein zweifelndes, suchendes, rätselhaftes Wesen. Dann ist die Erinnerung hilfreich, dass der Kern unserer Persönlichkeit keineswegs etwas Statisches, vielmehr etwas Fließendes ist. Fähig, neue Ideen anzunehmen, ohne ihren Ursprung zu kennen. Als Bilder mögen sie zuerst in unseren Geist kommen. Durch unsere Aufmerksamkeit erlösen wir sie aus ihrer Einsamkeit, verbinden sie mit komplexen inneren und äußeren Formen und erreichen dadurch, vielleicht angereichert mit einer Prise Abenteuergeist, Objekte und Dienstleistungen mit hoher Wertschätzung.

Am Anfang des Kommenden steht die Konzentration, denn das Neue gibt sich selten deutlich zu erkennen. Es muss erkannt werden. Was zumeist nie direkt, vielmehr stets auf Umwegen geschieht. Weil das Bewährte in neue Formen gebracht werden muss. Auf eine Art und Weise, dass es zuerst einmal für uns selber eine Überraschung darstellt. Kreativität beschränkt sich nie nur auf künstlerisches Hervorbringen. Es ist immer auch eine Strategie zur Gestaltung neuer Leistungen, Lösungen und Diagnosemöglichkeiten. Kreativität ist Teil unseres Intelligenz und steht mit ihr in stetiger Wechselbeziehung. Sie ist eine gegebene, schon vorhandene Energie, eine Entwicklungsmöglichkeit. Damit gehört sie zu unserer Natur, muss aber erweckt werden: Durch eine wissbegierige, vorwitzige, forschende, gelegentlich auch durch eine kecke, leichtsinnige, anmaßende, sogar faustische Geisteshaltung. Kreativität erschließt uns Wahlmöglichkeiten, indem wir bisherige Gedankenfelder ausweiten oder sie zugunsten des Unerwarteten gänzlich verlassen. Kreativität ist ein anhaltendes, sich stets veränderndes Werden. Weshalb die Zugänge zu dieser ebenso einzigartigen wie rätselhaften Schöpferkraft auch nur individuell gefunden werden können.

Vielschichtigkeit und Mehrdeutigkeit: Vom Mysterium unseres Geistes

Im Mysterium unseres Geistes, der es scheinbar mühelos schafft, dass wir selbst mitten in einem Gedankengang noch ganz andere Ideen entwickeln können, vermögen wir sogar intuitiv Kausalitäten zu erkennen. Täglich schwingen wir uns von schwer lesbaren Bildern unserer Traumwelt bis zu den Gipfeln des reinen Denkens empor. Das fortwährende Spannungsfeld zwischen Dynamik und Bequemlichkeit, Interesse und Zerstreutheit, Bindung und Lösung bestimmt nicht nur die Rhythmen unseres Alltags, sondern auch, wo unserer persönlicher Zugang zur Kreativität zu finden ist. Bekräftigen lässt sich dabei, dass alle Formen schöpferischer Phantasie, seien es nun angestrebte Verbesserungen, Weiterentwicklungen oder Neugestaltungen, einen frischen, erregenden, selbstbewussten Geistes- und Körperzustand erfordern. Förderlich ist außerdem ein dynamisches Denken, weil unsere Welt – so stabil sie in guten Zeiten aussehen mag – nie etwas anderes im Sinne hatte, als sich zu verändern. Selbst etwas grundlegend Seiendes wie die Seele können wir nur als ein dauerndes Werden verstehen. Dadurch wird diese Dynamik zu einem Bild und Abbild unserer Lebensbiographie. Jedoch nur, wenn wir uns selber als deren Zeuge wahrnehmen, in Augenblicken schwingender Gegenwart, ohne Gedanken an die Zukunft, ohne Verhaftungen an die Vergangenheit.

Womit sich jetzt die Frage stellt, wie und wo in der täglichen Reise zwischen den Träumen und dem Denken Tore zu neuen Erkenntnissen zu finden sind. Wenn wir die herausragenden Werke der Malerei und Literatur näher untersuchen, lässt sich wiederkehrend feststellen, dass bedeutungsvolle Inspirationen oft auf archetypische Bilder, auf antike, ja gar archaische Narrative zurückweisen, bevor diese durch rationale Bewusstseinsinhalte zu einem zeitgenössisch annehmbaren Bild umgedeutet oder zu einer entsprechenden Geschichte verfasst wurden. Die eigentliche Initiativbewegung erfolgt in unserem Geist, dessen vornehmste Tätigkeit im Suchen und Finden neuer Interpretationsmöglichkeiten besteht. Das lässt uns ans morgendliche Aufwachen denken, wo erste Impulse des Wachbewusstseins stark von unseren Sinnen und Emotionen geprägt werden. Sobald wir uns später den beruflichen Herausforderungen stellen, treten diese deutlich zugunsten des reflektierenden Denkens in den Hintergrund. Nicht vergessend, dass die Welt der Träume, wie auch diejenige des Denkens, stets lösungsorientiert sind. Erstere durch Geschichten, Letztere durch Abstraktionen. So bewegt sich unser Geist täglich durch die Gegensätze des Feuers und des Wassers, der Deutungen, der Initiative und der Erholung, der Konzentration und der Beschaulichkeit. Täglich sind wir Manager des schnellen Lebens und Stoiker der Gelassenheit. Sobald wir uns dessen bewusst sind, sobald wir beide Aspekte unseres Lebens gleichwertig annehmen, zeigen sich erste Wegweiser, auf welcher Ebene der Variationsbreite unseres Geistes wir Zugänge zur Kreativität finden.

Die Erkundung der Spannweite unseres Bewusstseins – inspirierend gezeichnet im Buch von David Gelernter „Gezeiten des Geistes“ – ist eine Aufgabe, die uns gestellt ist und wohl ein ganzes Leben in Anspruch nimmt. Was nicht zuletzt der Erhabenheit unserer Gefühle geschuldet sein dürfte. Gefühle sind Oasen unserer Innenwelten. In ihnen fassen sich komplexe Erinnerungen zusammen: Szenen des Gelingens und Scheiterns, der Erneuerung und der Rückschläge, des Ankommens und Festsitzens. Solche Ereignisse aktivieren unser Denken, steuern unseren Geist durch Optimismus und Begeisterung, Kummer und Entsetzen, Befürchtungen und Mutlosigkeit, durch Ablehnung, Eifersucht, Wut und Neid. In all diesen Gefühlen zeigen sich Wirklichkeiten unserer Persönlichkeit. Wir kennen sie weitgehend, aber es fällt uns schwer, sie auch als Teile unseres Selbst anzuerkennen. Tun wir es, beginnen wir den Übergangsstellen unseres Geistes Beachtung zu schenken. Dort, wo die Pracht der reinen Farben in die Reichhaltigkeit der Mischungen übergeht. Wo auch Schatten sichtbar werden: Im Morgengrauen des Tagesanbruchs, in der Dämmerung der Abendstunde. Wo unsere Aufmerksamkeit noch nicht scharf umrissen ist, wo sich die Dinge verschleiert darbieten. Es sind Orte, wo unsere Aufnahmebereitschaft, unser Verstehen, unsere Präferenzen noch nicht dazu gekommen sind, Bollwerke der Abwehr aufzurichten.

Wie unser Bewusstsein zu einer Bibliothek der Kreativität wird

Es scheint, dass der Kreativität eine gewisse Heimatlosigkeit eigen ist. Jedenfalls finden Menschen auf völlig verschiedene Art und Weise zu ihr. Manche werden von wegweisenden Ideen genau dann verführt, wenn ihre Aufmerksamkeit verschwommen umherstreift, wenn sie sich mit ihren Überlegungen auf ganz anderen Pfaden befinden, wenn sie von Stimmungen heimgesucht werden, die sie selber nicht klar definieren können. Gemeinsam haben diese unterschiedlichen Zugänge zum Einfallsreichtum, dass sie sich näher der Entspannung als der Anspannung oder der Wachsamkeit befinden. Ein Hinweis, dass Absicht und Kreativität einander weitgehend ausschließen. Dies ist jedoch kein Grund zur Resignation, kennen doch viele Menschen Momente in ihrem Leben, wo innere und äußere Umstände so zusammentreffen, dass ein fantasievolles Schaffen vermeintlich von alleine geschieht. Insofern geht es darum, sich zu erinnern, wie Sie diese konstruktiv gehaltvollen Momente erreichten, welche Umstände dazu förderlich waren und wie der erste Funke zur Entzündung des späteren Ideen-Feuerwerks zustande kam. Dienlich ist außerdem, wenn Sie auf Ihrem Arbeitsplatz einen Ankerplatz anlegen, wo Sie Skizzen und Modelle, die Ihren Zielvorstellungen nahekommen, aufbauen können. Wenn Sie sich täglich etwas vornehmen, das Sie ermutigt und beglückt, steigert das nicht nur Ihre Vitalität und Lebensfreude, sondern auch die Zuversicht zu finden, was Sie weiterführt.

Für sich genommen, mögen alle diese Annäherungen geringfügig sein, aber sie veranlassen uns zur Würdigung, dass wir Menschen auf eine ebenso geheimnisvolle wie herausragende Weise Glieder eines unüberbietbaren und geistreichen Geschehens sind, dass sich nun schon seit über 13,8 Milliarden Jahren abspielt. Indem wir nach dessen Gelingen und seiner Sinndeutung suchen, werden wir selber zu einem schöpferischen Wesen. Eben deshalb dürfte die Einbildungskraft eine der wichtigsten Gaben sein, die uns geschenkt wurde. Durch diese erhalten wir die Fähigkeit, im Endlichen das Unendliche, im Vergangenen das Zukünftige zu erkennen. Zudem erlaubt es unser Vorstellungsvermögen, uns zwischen den Gegensätzen Geist und Materie, Anschauung und Benennung, Gedanke und Erfahrung frei zu bewegen. So beginnt Kreativität wie die Schöpfung aus dem Nichts. Aber dieses Nichts ist nicht einfach eine absolute Leere, nein, es ist eine Potenzialität, die durch ein allmähliches Werden Gestalt annehmen kann. Zu Beginn des Prozesses mögen es bloße Wahrscheinlichkeiten sein. Sobald wir jedoch das Ziel benennen können und gleichzeitig alle Nebenschauplätze ausschließen, kann es glücken, bei uns und unseren Mitarbeitern die größtmögliche Vielfalt an Ideen zu erwecken. Vielfalt schafft Differenz, und diese lässt uns Brücken bauen: Zwischen der Welt und der Stellung des Menschen in ihr, zwischen dem Ursprung und ihrer Entwicklung, zwischen dem Teilnehmen und Teilhaben, zwischen den Disziplinen in Kunst und Wissenschaft.

Kreativität ist ein ebenso seltenes wie kostbares Gut, weshalb es geboten ist, den Geist steuernden Gefühlen ebenso Raum zu geben wie dem strategischen Denken. Kreativität lässt sich nicht lernen wie eine Fremdsprache. Mit Befehlen erreicht man nur Denkblockaden. Aber sie lässt sich staunend verstehen und bei Mitarbeitern erwecken, indem wir sie auf die Übergänge zu den Saumpfaden der konzentrationsarmen Lebensbereiche aufmerksam machen. In diesen Zwischenwelten sind wir in gleicher Weise Zuschauer und Mitspieler, weil es nur so möglich ist, neue Analogien, Verwandtschaften und Entsprechungen herzustellen.

Nahrungsquellen der Kreativität finden sich in der Neugier, dem Begehren, in nichtmateriellen Formen der Unzufriedenheit, in einem Mangel an Selbstverwirklichung und zuweilen auch in den Verwirrungen des Herzens. All dies bewirkt, dass der unbewusste Geist uns in Bereiche des Seins führt, die wir noch nie oder höchst selten betreten haben. Weg vom Eindeutigen, weg von der Logik des Offensichtlichen, hin zum Funken, hin zur Inspiration nahe den Traumwelten, wo es ein Leichtes ist, Dinge miteinander in Verbindung zu bringen, die uns bisher nur im grenzenlosen Land der Fantasie als möglich erschienen. Träume sind sehr oft Türöffner, bilden eine für die Kreativität durchlässige Sprache und ermöglichen dadurch neue Erzählungen. In solchen Momenten sind wir ganz bei uns und gleichzeitig ganz außer uns. So als würde der Traum uns von Neuem identifizieren, fügen und tragen. Damit uns niemand in Abhängigkeit, in Unmündigkeit halten kann. Zumindest nicht auf Dauer.

Über die Leuchtkraft der Erinnerung

Neue Ideen zeigen sich öfters in der Schutzhütte einer inneren Stimme, die uns Empfindungen vermittelt, die nahe an direkte Inhalte und Bedeutungen herankommen. Solch zarte Botschaften aus den Innenwelten können sich zuweilen als ein Medium der Übermittlung zu bisher ungebrauchten Parabeln erweisen. Da gilt es, sich vom bevorzugten Bezugsrahmen des abstrakten Denkens zu lösen, andersartige Formen der Erkundung auszuprobieren und emotionale Anteile nicht zu verdrängen. Kommunikation auf allen Frequenzbereichen mit unseren Mitarbeitern ist dann das Gebot der Stunde. Was nicht heißen will, dass wir dabei unsere Positionen, seien dies nun ethische oder unternehmerische, aufgeben dürfen. Es bedeutet nur, dass wir unseren Gefühlen erlauben sollten, weitere Kreise zu ziehen.

Möglich, dass Ihnen dann die Leuchtkraft der Erinnerung eine Geschichte zuträgt, die Ihnen den Weg zu entscheidenden Impulsen weist. Wahrscheinlich, dass es gelingt, Abstandhaltern, wie dem Sarkasmus allem „Weichen" und „Femininen" gegenüber, eine Pause zu gönnen. Realistisch, dass Sie den Eindruck, etwas nicht zu Ende gedacht zu haben, ernst nehmen, um die Angst vor dem Kontrollverlust zu überwinden und ihre Facebook-Identität zu vergessen. Stattdessen finden Sie einen Kompass, der Ihnen im Meer des Wandels die Richtung zeigt.

Wir sind auch immer spirituelle Wesen, die durch ein unantastbares Band mit allen Menschen verbunden sind. Allerdings wird uns das Spirituelle nicht wie der Körper geschenkt, vielmehr sind wir dazu aufgerufen, diese Werte immer wieder neu zu umschließen, als Akte der Zuneigung, Wertschätzung, Hingabe und Liebe. Hier zeigt sich, wie in unserem Leben das Öffentliche immer auch zutiefst privat ist. Je tiefgründiger sich unser Innenleben gestaltet, desto reichhaltiger wird unsere intellektuelle, emotionale und kreative Kraft.

Immer wenn Sie Ihre Aufmerksamkeit auf eine einzige Sache richten, werden Sie die beglückende Erfahrung machen, auf eine umfassende Weise in ihr aufzugehen. Sie hören auf, daran zu denken, was Sie verhindern wollen, und beginnen als Entgegnung, sich darauf zu konzentrieren, was Sie hervorbringen möchten. Diese Passion führt gleichsam in eine Zeitlosigkeit und am Ende in neue Verhältnisse hinein: Zum Mitmenschen, zu sich selbst, zum gemeinsamen Horizont.

Zu Beginn eines solchen Prozesses geht es somit nicht darum, was Sie benötigen, denn das würde eine bedeutsame Unsicherheit erzeugen. Verheißungsvoller: Ein geläutertes Sein zu erleben, ganz im Wunder eines Moments aufzugehen. Es findet sich nämlich immer etwas, worin wir aufblühen können. Wer das noch nie erlebt hat, kann sich darauf freuen, etwas ganz Entscheidendes noch vor sich zu haben.

Obwohl eigene Potenziale oftmals in Projektionen und Phantasien unscharf verhüllt sind, zeigen sich hier erste Kennzeichen der inneren Substanz. Sie müssen wir erwecken, um die Dinge so zu sehen, wie sie tatsächlich sind. Oder einmal sein könnten. Dabei finden wir im Denken einen rationalen und in der Stille einen transrationalen Zugang. Die Fähigkeit zum logischen Denken ist Teil unserer philosophischen Evolution und verbindet uns mit der Entwicklungsgeschichte der Individuation. So reifen wir zu einer erfolgreichen Persönlichkeit heran, laufen aber Gefahr, durch die Vernachlässigung der Gefühle innerlich auszutrocknen. Menschen, die nur ihre eigenen Interessen im Kopf haben, denken bloß daran, wie sie sich selber festigen und absichern können. Das mag in Zeiten wechselhafter Bedrohungen eine verständliche Selbsterhaltungsstrategie sein, unterbindet jedoch, sich gegenüber den reichhaltigen Rhythmen des Lebens zu öffnen. Denken, Fühlen und Wollen bleiben ohne Melodie, ohne Klänge der Freude. Zukunftsmöglichkeiten bedingen aber ein Bewusstsein unserer gegenseitigen Verbundenheit mitsamt einer Spiegelung darüber, welche Auswirkungen unsere Entscheidungen auf nachfolgende Generationen haben. Deshalb ist die Vergegenwärtigung unseres Lern- und Lebensprozesses so entscheidend. Wenn wir unseren Denkprozessen gelegentlich eine Pause gönnen, dem Willen ein Loslassen zubilligen, um der Seele zu lauschen, was in ihr noch ungelesen ist, eröffnen sich zusätzliche Wahrscheinlichkeiten, das Neue zu finden.

Wie die Kreativität dem Unsichtbaren einen Ort gibt

Nicht zu unterschätzen sind die Widerstände, die jede Suche nach Innovationen begleiten. In diesem Prozess dürfen wir nie nachlassen, müssen uns selbst sowie den Mitarbeitern immer wieder Mut machen, alte Muster zu durchbrechen und Zweifel zu überwinden. Weil sie das uneingeschränkte und empfängliche Denken anhalten! Ebenso wichtig: Sich hämischen Haltungsweisen entgegenzustellen, weil sie die

Spontanität und Offenheit der Gefühle zum Erliegen bringen; und gegen Ängste kämpfen, weil sie den freien Willen unterbinden.

Die Suche nach neuen Ideen verwickelt uns unweigerlich auch in paradoxe Prozesse. Einerseits müssen wir uns darum bemühen, andererseits können wir das Neue nicht erzwingen. Da es auf dem Weg von der Absicht zur Findung eine Schwelle zu überschreiten gilt. Dieses Hindernis ergibt sich aus einer Kombination aus Angst, Ungewissheit und mangelnder Selbstachtung. Im Schnittpunkt findet sich hier eine der großen Grundfragen: „Wer bin ich und worin besteht meine Aufgabe." Diese stellt sich mit Intensität immer dann, wenn außerordentliche Schritte des äußeren Wachstums und des inneren Gedeihens gefordert sind. Wenn wir jeweils davon überzeugt sind, kurz vor dem Ziel zu stehen, gibt uns das Leben eine weitere Lektion, eine neue Gelegenheit, noch mehr Vertrauen in das Unbekannte zu entwickeln. Um herauszufinden, wo genau sich das noch nie Dagewesene zuerst offenbaren könnte. Die Erfahrung zeigt, dass sich durch intellektuelle Analysen zwar überaus deutlich Probleme erkennen lassen, aber nur selten Lösungen sichtbar werden. Nicht Vertrautes zeigt sich eher in unseren Empfindungen. Spürbar zunächst, wie und wo sich etwas seinem Ende nähert. Welche Wege zu beschreiten wären, um das Andersartige zu entdecken. Es gibt jedoch auch Menschen, die kreative Schübe in ihren Händen finden. Wenn solche Hände auf einen aufnahmebereiten Geist treffen – oder auch umgekehrt – hätten wir die ideale Kombination. Bedauerlicherweise wird unsere Zeit allzu sehr vom Wetterleuchten großer Egos dominiert, und Gebrauchsanleitungen, dieses isolierte Ich zu popularisieren, finden sich allerorten. Als Folge davon sehen wir Gesprächslandschaften, wo unfruchtbare Monologe sowohl neue Beziehungen als auch Dialoge verhindern. Das Staunen über andere Sichtweisen, die Freude, unbekannte Seinsgründe zu entdecken, und der Gebrauch der Vernunft, dies auch zu verstehen und ins eigene Weltbild zu integrieren, geht verloren. Damit einhergehend auch die Qualität der Beziehungen mitsamt inspirierender Annäherungen an bevorstehende Lösungen. Aber so wie das Wissen entspringt auch die Inspiration niemals nur einer Quelle. Erst Wechselwirkungen und richtungsweisende Einflüsse unterschiedlicher Menschen ermöglichen Zuflüsse und Zuschüsse, die Innovatives ermöglichen. Notwendig dazu sind geschützte Räume, wo auf die Qualität sozialer Verhältnisse ebenso geachtet wird wie auf die eigentliche Zielsetzung des Unternehmens. Nur glückliche Mitarbeiter geben ihr Bestes. Die Freudlosen dagegen halten an ihren Gewohnheiten fest und verlieren die Magie des Fragens, die Wertschätzung fremder Denkprozesse. Entwicklungsprozesse münden dann schnell in ein Delta, wo der Fluss des Werdens seine Kraft verliert und auf verschlungenen Wegen ins große Meer des Mittelmaßes findet. Merkmale der Alleinstellung gehen verloren, werden nur noch durch die gnädige Glut der Erinnerung am Leben erhalten.

Hier angelangt, wirkt sich jede Verdrängung weitreichend aus und kann zum Stillstand der beruflichen Lebensgestaltung führen. Geschäftsführer, die auf ein Ego verhaftet sind, das alles erklären kann, was es glaubt, und alles glaubt, was es erklären kann, verkennen die Konsequenzen aus der Tatsache, dass heute große Teile der Wirtschaft zwar lokal verankert, jedoch durch Zulieferketten weltweit verbunden sind. Deutlich zeigt sich ein weiterer Bruch mit der Vergangenheit und die Notwendigkeit, aus dem bisherigen Ego-Denken auszubrechen, hin zu einem vernetzten Bewusstsein, welches die Gesamtheit der unterschiedlichsten ineinandergreifenden Systeme zu erfassen vermag. Ebenso findet sich hier eine nicht geringe Herausforderung für all jene, die in verantwortlichen Führungspositionen stehen, denn jetzt geht es nicht mehr allein darum, Gewohnheiten, sondern vielmehr das Bewusstsein zu ändern.

Was darüber hinaus bei Menschen mit weitreichenden Entscheidungsbefugnissen Erneuerungen erschwert, ist die Vorstellung, durch zusätzliche materielle Belohnungen Innovationsschübe auszulösen.

Diese Sicht wurde durch eine Zweiteilung begünstigt, die davon ausging, dass die technisch-wissenschaftliche Forschung durch Rationalität, diejenige der bildenden Künste durch Intuition und Triebkräfte vorangetrieben wird. Tatsächlich gibt es eine Verschiedenheit der Ziele, aber eine Einheit der Motivation, Denkart und Grundeinstellung. Hinzu kommt, dass die Trennung von Logik und Intuition nicht das Ergebnis einer wie auch immer gelagerten Auseinandersetzung ist, als vielmehr eine Auseinanderentwicklung unserer Navigationswerkzeuge. Kreativität beginnt mit dem Ahnen von etwas, das noch jenseits des Unmittelbaren liegt, aber zugleich darauf wartet, entdeckt und verwirklicht zu werden.

Wie wir Räume schaffen, wo sich die Ichbezogenheit für eine gewisse Zeit verflüchtigen kann

Physiker zeigen uns, dass die Wellen der Materie in ihrem Innersten „immaterielle Wahrscheinlichkeiten" sind. Nicht anders verhält es sich mit den Wellen des Geistes, die unsere Gedanken, Emotionen und Ahnungen bewegen. Dieses kontinuierliche Pulsieren des Geistigen mit dem Materiellen, des Körperlichen mit dem Psychischen, ist jedem Kunstschaffenden vertraut. Doch genau dieses Fließen und Schwingen zwischen den Gegensätzen wird häufig durch den Missbrauch alleiniger Machtstellung verhindert. Solche autoritären Führungskräfte verstehen es sehr gut, große Erwartungen aufzubauen. Reden gerne im Ton der Aufforderung, sind nicht selten Meister der Beschwörung. Allerdings tragen sie öfters Sporen, ohne selbst reiten zu können – ohne selbst kreativ zu sein. Ihre Fürsorge gilt stattdessen dem Machterhalt, ihr Glühen vorwiegend sich selber, aber selten dem, worauf es bei der Förderung eines Unternehmens ankommt: Auf die Schaffung von Strukturen, die es allen Mitarbeitern gestatten würden, am Entstehungsprozess ideenreicher Produkte und Dienstleistungen mitzuwirken. An Räumen, die der generativen Kunst gewidmet sind, wo Augenblicke eines erwachenden Bewusstseins möglich sind, wo sich für eine gewisse Zeitspanne die Ichbezogenheit verflüchtigen könnte, wo die Erforschung dessen, was sich bisher unter der Oberfläche bisheriger Bemühungen befand, möglich wird. Mitten im Sturm befindet sich ein windstilles Zentrum, und wer das zu betreten weiß, findet zum genialen Tun. Die Zeiten einsamer Genies sind durch die Komplexität der Dinge ohnehin vorbei. Es braucht heute ein gemeinsames, sich überlappendes Wahrnehmen und Erkennen zukünftiger Wirklichkeiten.

Wenn vergleichsweise wenige Menschen Teile ihrer Macht abgeben, werden ungemein viele ihren Einflussbereich erweitern können. Was gut und notwendig ist, denn Führung wird in Zukunft immer mehr zu einem kollektiven Ereignis. Lebens- und Handlungsmuster dazu sind bisher erst ansatzweise gefunden, weshalb wir aufgerufen sind, danach zu suchen und uns auf Gebiete vorzuwagen, die noch nie betreten wurden. Um dereinst ein Erbe zu hinterlassen, worauf künftige Generationen aufbauen können. Wenn man die ganze Sache so verdichten will, wie man es eigentlich bei der Entstehung neuer Welten tun sollte, ließe sich sagen, dass schöpferisches Gestalten nicht so sehr durch Zureden, als vielmehr durch Zuhören ermöglicht wird. Was wir bevorzugen, wollen wir auch. In diesem Wollen zeigt sich, was wir suchen. Wenn wir es gefunden haben, wissen wir um unser Begehren sowie darum, ob es auf ein fernes Ziel oder bloß auf eine fehlgeleitete Selbsttäuschung angelegt ist.

Warum der Weg zu einer schöpferischen Lebensführung zugleich der Weg zu unserem wahren Selbst ist

Zuhören braucht Mut. Weil man auf Unerwartetes stoßen kann. Nicht nur durch das, was gesagt wird, manchmal noch mehr durch das, was unerwähnt bleibt. Da finden sich Räume, in die vorzudringen mit Risiken verbunden ist, die zugleich aber unseren Spielbetrieb anregen. Spielen heißt Teilnehmen, wodurch wir angeregt werden, Fingerspitzengefühl zu entwickeln. Was wiederum die Weisheit der Bescheidenheit fördert, weil wir die Resultate ohne Manipulationsmöglichkeiten hinnehmen müssen. Womit anschaulich wird, dass Mut eine der wichtigsten Bedingungen für Kreativität ist. Tatsächlich braucht es Mut, bisherige Einschätzungen, Darstellungs- und Denkweisen zu überwinden und in Bereiche vorzustoßen, wo nicht schnelle Antworten zu erwarten sind. Wo es vielmehr darauf ankommt, die richtigen Fragen zu stellen. Genährt durch die Neugier, kann das gelingen und führt zuerst einmal zum Loslassen alter Vorstellungen, bevor ein neuer Aufbruch zu einer frischen Einschätzung und Anschauung dessen möglich ist, was bisher als eine festgelegte Wirklichkeit betrachtet wurde. Neugier provoziert Antworten, Angst bloß Reaktionen. Deshalb müssen wir den alten Denkgewohnheiten zuerst auf die Spur kommen, sie uns bewusst machen, weil wir sonst nur die Deutungen, nicht aber die Sichtweisen verändern. Zu entwickeln gilt es anschließend die Fähigkeit, Zweifel, Undurchsichtigkeit, ja sogar gewisse Gefährdungen auszuhalten; ohne vorschnell auf bekannte Sachverhalte zurückzugreifen; ohne Ängste vor dem Nichts aufkommen zu lassen. Vielmehr mit dem Bewusstsein, dass Ihr Leben durch den Zusammenhalt dieser schwierigen Fragen ein Licht erzeugt, welches die noch offenen Fragen zu erhellen vermag.

Insgesamt drängt dies zur Einsicht, dass der Weg zu einer kreativen Lebensführung zugleich der Weg zu unserem wahren Selbst ist. Wir befinden uns dadurch in einer fortlaufenden Neuordnung, und diese ist ihrem Wesen nach auf einen Horizont ausgerichtet, der nie endgültig definiert werden sollte. Indem wir in uns hineinhorchen, spüren und prüfen, welche Aktionsstrategien sich in uns am ausgeprägtesten zeigen, berühren wir auch unser eigenes Wesen und befähigen uns zu mehr Selbstständigkeit. Wir bauen dadurch ein neues Selbstverständnis auf, welches bedeutsame Bausteine für unser künftiges Leitmotiv liefert. Wir alle tragen ja zu unserer Selbstverwirklichung die Qualitäten des Denkens, Handelns und Träumens in uns. Wenn wir aber nicht gerade von außen gestützt oder gefordert werden, geraten diese Anteile, statt sich zu ergänzen, in Widerstreit. Während der Visionär in uns bei jeder noch so kleinen Idee allzu schnell das Anziehende, Beeindruckende und Befeuernde wahrnimmt, kann der Denker ebenso schnell zum Kritiker werden, der in neuen Ideen vorwiegend bloß Risiken zu sehen vermag. Wohingegen der Handelnde, ohne die Gabe der Reflexion, in einen blinden Aktionismus verfällt. Klar ersichtlich, dass diese drei Qualitäten im Kreis wirken: Tagträume bewegen das Denken, indem sie idealistisch erhöhte und dennoch notwendige Impulse verleihen. Das Denken trifft die fälligen oder nie gefällten Entscheidungen, und Handeln setzt Anfänge in neue Wirklichkeit um. Wir tun gut daran, alle drei Eigenschaften in unsere Persönlichkeit zu integrieren, selbst wenn wir um die unterschiedlichen Ausprägungen in uns wissen.

Träume sind nicht nur der Nährboden für eine kreative Ausrichtung unseres Lebens, sondern auch das Unbekannte, mit dem wir verbunden sind. Erkennen und Erkanntes lassen sich so wenig trennen wie Denken und Gedachtes. Beides geht als Lebenstraum und Lebensbedingung stets mit uns. Zusätzlich: Träume offenbaren auch immer versteckte Wünsche, zeigen, dass wir Mängelwesen sind. Woraus Kraft und Motivation zu schöpfen ist, herkömmliche Vorgehensarten hinter sich zu lassen, um nach neuen Wegen und Zielen Ausschau zu halten. Damit be- und verzaubern wir uns selber und die Welt um uns herum gleich mit. Träume verbinden uns mit der Tiefe unserer Sehnsucht. Diese ist an keine Bedingungen gebunden, weil das damit zusammenhängende Bewusstsein aus der natürlichen Welt herausragt, sie übersteigt und uns ermöglicht, Reisende in die Zukunft zu werden. Wäre da nur nicht die Angst, mit Innovationen am Markt zu scheitern. Darf das heute, im 21. Jahrhundert, überhaupt noch vorkommen? Nein, darf es nicht. Tut es aber dennoch. Weswegen man nie kopflos Bewährtes aufgeben sollte, nur um bei der Konkurrenz und den Kunden als fortschrittlich zu gelten. Es braucht konzeptionell und intellektuell sehr gut vorbereitete Alternativen, was bedeutet, dass Sie sich und Ihren Mitarbeitern genügend Zeit zur Entfaltung geben sollten. Finden Sie heraus, welche Denkstile bei Ihren Mitmenschen am ausgeprägtesten vorhanden sind, und fördern Sie die Einsicht, dass auch die weniger entwickelten Gaben in der Gesamtschau bedeutend sind. Zeigen Sie, dass diesem Prozess der Logik eine ebenso große Bedeutung zukommt wie der Intuition, dass im Kreislauf von Träumen, Denken und Handeln jeder Beitrag seine Wichtigkeit in sich trägt und deshalb gleichwertig ist. Nehmen Sie als Vorgesetzter die Position des Beobachters ein. Es braucht jemanden, der auf eine lange Vorzeit achtet, der eine Vielfalt von Ideen fördert, indem er die Suche danach in den Tagesablauf aller engagierten Mitarbeiter integriert, indem er sie zur Forschungszeit erklärt, wo mit spielerischem Ernst und ernsthafter Spielerei ein visionärer Geist entzündet wird. Hin und wieder führen Sie dann eine Ideen-Konferenz durch, wo alle – selbst die extravagantesten Vorschläge – festgehalten werden. Um danach eine zweite Suche anzustoßen. Das gibt dem Prozess eine zusätzliche Tiefe und Bestimmtheit sowie die notwendige Dringlichkeit.

Über den Unterschied zwischen Schöpfungen und Erfindungen

Warum bezeichnen wir Künstler und Schriftsteller als „Schöpfer", Wissenschaftler und Ingenieure dagegen als „Erfinder."? Wie kommt es zu dieser Unterscheidung? Worin liegt der Unterschied?

Schöpfungen sind Anfänge neuer Welten und Geschichten. Sie stiften Aussichten und Erwartungen. Bringen Menschen zusammen, die dadurch Zusammenhänge mit dem Besonderen formen und gestalten. Spurloses Schweigen wird überwunden, Offenbarungen über die Zusammenhänge des Lebens kommen zur Sprache und vertiefen den Zusammenhalt mit anderen Menschen. Dabei versöhnen wir uns auch mit bisher wenig vertrauten Lebensentwürfen und verlassen die Bremswege der Beschränktheit.

Es gibt kein Volk, keine über Generationen verbundene Gemeinschaft von Menschen, die ohne eine Poetik der Schöpfung, ohne ein Narrativ, wie Sein und Sollen zusammenfinden, auskommen. Wie sie aus dem Labyrinth des frühen Horizontes einen Weg finden, der über ihre bisherige Geschichte hinausweist.

Der hinreißende Zauber der Mythen, ihre Universalität, ihre bis heute anhaltende Anerkennung zeigen, dass Sinnbilder weit älter als unsere Vernunft sind. Nicht historische Wahrheiten wollen da vermittelt werden, sondern Inspirationen. Menschen, allein auf ihre Rationalität reduziert, bleiben von Intuition und Illumination, von Schönheit, von der Magie des Ursprünglichen unberührt. Gewiss haben wir das Rätsel unseres Daseins nicht zu verantworten, dennoch müssen wir eine Lösung finden. Die jedoch keiner Logik folgt, ungeachtet wie drastisch geistige und psychische Motive dazu drängen mögen. Hier geht es nicht um Ansprüche des Egos, sondern darum, was wir der Summe bisherigen Lebens hinzufügen können, als eigenständiger Beitrag. Solche Schöpfungsakte entspringen allein der Potenzialität, welche – auf der Ebene des reinen Seins – uns innewohnen. Menschsein heißt demnach, die Unumgänglichkeit der Selbstentfaltung anzunehmen. Nicht länger in der Leere des Ungeschaffenen zu verharren. Danach fragend, wovon das eigene Selbst bisher beglückt, aber auch beherrscht wurde? In den Antworten, genauer in deren Wesen, finden wir Präzisierungen über die eigenen Begabungen. Als Bestimmung des eigentlichen Selbst.

Vor jeder Erfindung zeigen sich viele Modulationen und wenige Konstanten. Suchende nach Inspirationen sind wir auch hier. Diesmal jedoch nicht auf dem Grunde des Seins, sondern auf der Grundlage von Wissen. Dieses wird durch Lernen erworben, und beides zusammen lässt sich als ein evolutionärer Prozess verstehen. Ebenso als intelligente Annäherung des Suchenden an die Natur als Gegenstand der Findung.

Im Gegensatz zu Schöpfungen werden im Vorfeld von wissenschaftlichen Durchbrüchen und Erfindungen immer auch andere vom gleichen Rätsel wachgehalten, durch die Wirkungsweise des Anschließenden. Bis heute sind über 150 Fälle dokumentiert, wie unabhängig voneinander arbeitende Wissenschaftler zu nahezu identischen Erfindungen gelangten. Es scheint, dass Entdeckungen heraufdämmern, ihre Schatten vorauswerfen, gleichsam einer Notwendigkeit, einer inneren Logik folgend. Verbindend wirkt – einmal mehr – der Zufall: Bei der Erfindung bestimmt dieses Skandalon den Menschen, bei menschlichen Schöpfungen das Werk, beziehungsweise dessen Hervorbringung. Es hätte ja auch nicht geschaffen werden können. Das ist die Logik der Freiheit.

Wenn wir ins Innere der Kreativität eintreten, begegnen wir zuerst einmal einem Nichts. Das kann Angst bereiten, doch wenn wir uns von der damit einhergehenden Anspannung lösen und uns ins Bewusstsein rufen, dass genau diese Leere den notwendigen Spielraum für das Unberührte, Unentdeckte, Namenlose schafft, verliert die Angst ihre Übermacht und wird vom Denken abgelöst. Ohne jedoch an dieser Stelle zielführend zu sein. Denkprozesse in diesem frühen Stadium des Werdens binden uns zurück an das, was wir ohnehin schon kennen und wissen, und verhindern damit ein fortschreitendes Geschehen, eine neue Geschichte. Denken schützt uns hier vor der Erfahrung. Es würde uns an die kleine Welt des Egos fesseln, verhindern, dass wir zu unserem Selbst vorstoßen. Denken ist vorwiegend an ein Gliederungsprinzip, ein Lehrgebäude gebunden. Das Durchscheinen einer neuen Essenz dagegen ist zuerst einmal ein Akt der Sinne, nicht der Begriffe. Annäherungsweise zeigt sich so das Unbekannte dem sprachlich Begabten in poetischer Form, bei musikalischen Talenten in der Improvisation und bei visuell veranlagten Menschen eher im Aquarell als in der Präzision einer Fotografie. Nur in der Rückschau erscheinen uns Vorgänge und Objekte als etwas Erdachtes. Doch im Prozess des Werdens erscheinen sie uns zuerst einmal als etwas, das wir nur nebenbei, am Rande, bemerken.

Doch genauso wie Träume durch besondere Erfahrungen in uns selbst gesteuert werden und konvergierende Bilder erzeugen, besteht auch eine der edelsten Tätigkeiten unseres Selbst darin, im Suchen und Sehen jene Grundbestandteile zu finden, die unserer Weltbildung dienlich sind. Übertragen auf die künstliche Intelligenz könnte es bedeuten, dass schon bald ausgeklügelte Algorithmen anhand unserer Suchanfragen und anderen Spuren, die wir im Netz hinterlassen, erkennen, worin unsere Zielvorstellungen bestehen, und uns dann eine Anzahl Antworten liefern, bevor wir überhaupt die entsprechenden Fragen dazu gefunden haben. Träume, Zufälle, unser Selbst oder eben Algorithmen haben gemeinsam, dass sie in uns eine Resonanzbereitschaft auslösen. Dieses Gefühl macht uns nicht nur zu Trägern von potenziellen Handlungen, sondern gibt denen auch eine Struktur und uns selber die Kraft, das Kommende auch anzunehmen. Zukünftigkeit indessen ist – wie wir alle schon erfahren haben – grenzenlos und kann uns deshalb ohne Beteiligung des Herzens in die Heimatlosigkeit des Geistes führen. Um diese Verwirrung zu verhindern, ist es angebracht, dem Weg mehr Beachtung als dem Ziel zu schenken. Links und rechts des Weges finden wir nachweislich das, was nicht schon systemimmanent ist. Dort findet sich auch die Aufgabe, die nur für uns allein gestellt ist. In jedem von uns gibt es eine Instanz, die genau weiß, wann wir diese Aufgabe, die uns durch das Leben tragen kann, gefunden haben.

Warum Sie das Ungefähre vermeiden sollten

Angebracht ist an dieser Stelle der Fingerzeig, dass die Welt voll ist von Menschen, die zu früh aufgegeben, keine weiteren Anläufe mehr gewagt haben. Aus welchen Gründen auch immer, verloren sie das Vertrauen, dass in ihnen die Fähigkeit zur Wandlung und Verwandlung angelegt ist, dass sie Aufhellungen erleben können, die sichtbar machen, was vorher noch nie jemand gesehen hat, und deshalb voreilig zur Überzeugung gelangen, dass das Zentrum ihres eigenen Lebens – wo sich Stille und Ergriffenheit kreuzen – etwas ist, zu dem ihnen der Zugang verwehrt bleibt. Klar, unsere Ansprüche, unsere Vorhaben werden durch unseren Willen getrieben, der sich wesentlich aus unserer Lebensfreude und aus unserem Beharrungsvermögen ergibt. Letzteres ist oftmals entscheidend, weil wir es durch unsere Entschlossenheit vorantreiben können. Weil es uns, selbst wenn wir gelegentlich in Sackgassen geraten, bewusster und abgeklärter macht. Durch Meinungsaustausch, durch die Anregung von Denkprozessen, durch das Fließen von neuen Energien entsteht so auch ein Gefäß für den Zufall: Als Helfershelfer unerwarteter Konkretisierungen, als Antithese erster Absichten, als Ausgangspunkt unseres Glücks. Nichts davon ist auszuschließen. Schon gar nicht die Möglichkeit, dass unser nach Kausalitäten suchender Verstand fündig wird.

Im Rückgriff auf den Essay über James Joyce und Thomas Mann haben wir gesehen, wie sich das Leben ihrer Protagonisten bildungssprachlich verwandelte, indem sie ihre Anliegen in mythischer Form darstellten. Was ihrer Geschichte nicht nur eine höhere Wahrhaftigkeit verlieh, sondern sie selber mit dem Erfahrungsbereich vieler anderer schöpferischen Menschen in Raum und Zeit verband. Wie also fördern wir den Prozess, der uns ein kreatives Leben ermöglicht? Indem wir das Unvollendete als eine Einladung in den Tempel der Phantasie betrachten. Gut möglich, dass sie beim Eintritt zuerst einmal vor einem leeren Spiegel – leicht befremdet von ihrem eigenen Erscheinungsbild – zum Stillstand kommen. In diesem Kreuzungspunkt mit sich selber lernen Sie, dass Ihr Spiegelbild nicht Ihr bestmögliches Erscheinungsbild darstellt, aber auf das verweist, was dahinter zum Durchlass drängt. Es mag sich zuerst wie eine Selbstvergewisserung anfühlen, doch schon bald werden Sie sich als eine erzählbare Individualität entdecken, die auf ihrem langen Weg in die Gegenwart das längst Verlorene wiederfindet: In Imaginationen und Inspirationen.

Um an Essenzen des Lebendigen zu kommen, reicht es nicht aus, bloß den Imperativ des Pop-Künstler-Individualismus zu bemühen: „Man hätte sich soeben neu erfunden." Womöglich allein durch eine Veränderung der modischen Ausstattung. In der Naherwartung bedeutender Veränderungen, wenn wir also spüren, dass wir den Kräften der Inspiration nahekommen, gilt es zu verstehen, dass dies mit dem Bewusstsein zu tun hat. Mit etwas, das nicht in unserem Kopf steckt, obwohl wir meinen, es dort wahrzunehmen. Bewusstsein ist das Signum einer frischen, lebendigen, dynamischen Welt. Bewusstsein ist Energie. Sie ist überall: In der Annäherung wie im Zerwürfnis, in der Konzentration wie in der Zerstreuung, in der Mitwirkung wie in der Missgunst, im Lob wie in der Verachtung, in der Herzlichkeit wie in der Arglist. Mein Ich könnte noch immer im Schatten der Möglichkeiten liegen, weil es immer noch allzu empfänglich ist für jene Energien, die uns verschließen, statt zu öffnen, die uns kleinhalten, statt die in uns innewohnende schöpferische Persönlichkeit zu erwecken, und damit die Ankunft im Selbst verhindern. Sobald wir jedoch bereit sind, uns den Ängsten, welche die Befreiung verhindern, zu stellen, haben wir das entscheidende Gegengift, den Sensor für die Wege der Veränderung gefunden. Dies muss natürlicherweise erarbeitet werden, denn vor der Inspiration steht die Information, was bedeutet: Sich in die angesagte Thematik hineinzuarbeiten. Analysen und Bücher zu studieren. Ein Netzwerk von Informanten aufzubauen. In gewissen Abständen bereits bestehenden Fragen durch taufrische zu ergänzen und diese immer präziser den Herausforderungen anzupassen. Beachten Sie dabei vorwiegend, was Sie nährt, heiter stimmt und beflügelt. Bis Ihnen die Ängste nicht mehr zu folgen vermögen, bis Sie sich selber so stark inspiriert und stimuliert haben, dass Sie andere motivieren und mitreißen können. Wenn sich dies aus dem Raum der Ruhe und Stille entwickelt, wissen Sie, dass Sie jetzt nicht mehr dem nachzueifern haben, was vorgegeben ist, sondern dem, was Sie als schöpferischer Mensch selber vorgeben. Diesen bisher unbewohnten Ort der Erwartung inmitten des Offensichtlichen finden Sie jedoch –

was den letzten Abschnitt anbelangt – nur allein. Im Begehen werden Sie dann unerwartet feststellen, dass es der Weg selbst ist, der einem zur eigenen Seele, zum höheren Selbst führt. Wo es um Dinge geht, die nicht ausschließlich aus bisherigen Erfahrungen abzuleiten sind. Wo wir nicht mehr von Wünschen getrieben werden und deshalb unser Denken und unser Bewusstsein auch auf das ausrichten können, was unseren persönlichen Reifungsprozess fördert.

Es kann sich anfühlen, als würde sich ihr prosaisches in ein lyrisches Ich verwandeln, bevor das noch unbekannte Du in ihrem Selbst angesprochen wird. Erfüllt von Unbekümmertheit, wie auch von einem Kontrast, der sich musikalisch von einem spannungsgeladenen Abstieg harter Rhythmen in eine ausdrucksstarke weiche Melodieführung ergibt, und so Ihre Gedanken mit Knospen einer blühenden Phantasie bereichern kann. Schwebende Zeitlosigkeit. Teilweise geschoben vom Ich, ausschnittweise gezogen vom Selbst, beginnt zwischen diesen Polen unserer Persönlichkeit eine geheimnisvolle Energie zu pulsieren. Kaum etwas Starkes ist am Anfang zu entdecken, jedoch viel Potenzielles und in persönlicher Hinsicht Charakteristisches. Energien geraten ins Schwingen. Unberührt und ungetrübt, immer deutlicher vernehmbar, schlussendlich verlangend, gar fordernd. Erste Wurzeln entstehen in diesem Prozess durch das Einlassen auf ein Projekt, in eine Geschichte außerhalb der bisherigen Erfahrungswelt. Anfänglich mögen die Quellen der Neugier noch etwas schemenhaft sein, doch wenn in den Umständen auch Möglichkeiten des Wachstums zu finden sind, sei es durch Verzweigungen, die zu Synergien führen oder zur Herstellung von Beziehungen, die sich vervielfältigen, dann wissen wir, dass wir das Tor zu einem neuen Lernen durchschritten haben. Unsere Entdeckungen können jetzt auch zu Entdeckungen für andere werden. Eine Zuvorkommenheit, die der Erinnerung würdig ist.

Im Teilen mit anderen finden wir wahrscheinlich den tiefsten Grund, warum wir so viel Wert darauf legen, sinnlich wahrnehmbare Gegenstände unserer Vorstellungskraft zu erzeugen. Unabhängig davon, ob diese Verdinglichung der Phantasie schlussendlich zu einem Kunstwerk, einem handwerklichen Meisterstück oder einem Produkt des alltäglichen Gebrauchs führt, stets findet sich dahinter ein Gliederungsprinzip, ein Netzwerk sowie eine Gesellschaftsordnung, welche einzelne Imaginationen mit kollektivem Wissen und Können verbindet: Um einer Verheißung Gestalt zu geben.

Ausgangspunkt ist jeweils ein Ich, ausgestattet mit Verstand, Gedächtnis und einem Begehren, um gemachte Erfahrungen zu beurteilen und sie zu objektivieren. Ohne diese Fähigkeiten wären unsere Erkenntnisse inhaftiert, würden keine Früchte tragen und nichts zur weiteren Informationsgewinnung beitragen. Während wir also im Ich-Zustand mit unseren übrigen Persönlichkeitsanteilen sowie mit unserer Außenwelt kommunizieren, findet in unserem Selbst der eigentliche Verwandlungsprozess statt. Unser Ich-Bewusstsein gründet sich auf Sprache, die ein langes Lernen – eingebunden in einen kulturell-historischen Einflussbereich – erfordert. Weshalb das Ich – bei all seiner äußeren Unterschiedlichkeit – immer auch Charakterzüge trägt, die durch das Allgemeine, das Traditionelle einer Kultur geformt wird.

Unser Selbst dagegen hat als Träger von Psyche und Persönlichkeit etwas genuin Eigenständiges, Ursprüngliches, Weisungsfreies, das nicht von etwas anderem abgeleitet werden kann. In ihrer Gesamtheit bleiben dessen Dimensionen letztlich undurchschaubar, nie ganz in Begriffen zu klären. Sie stellen deshalb den innigsten, tiefgründigsten Teil jedes menschlichen Wesens dar. Nichts gehört so rein und lebendig zu uns wie das seelisch-psychische Selbst. In ihm findet sich die Ankündigung unserer Besonderheit und Eigenständigkeit, weshalb sich sagen ließe, dass das Selbst nicht im Körper zu finden ist, als vielmehr der Körper im Selbst. Weil es alle Aspekte unseres Seins durchdringt.

Sicher, unser Denken kann all dies mehr oder weniger vernachlässigen, aber unsere wertvollste Gabe – die Vorstellungskraft – kann es nicht, ohne vom großen Strom des Lebens, ohne von der Ausprägung der eigenen Identität, ohne von der Matrix kennzeichnender Erfahrungen abgeschnitten zu werden. Ebenso von unserer Würde wie auch von der Fähigkeit, den Informationen, die wir täglich in so reichem Maß erhalten, eine spezifische Bedeutung beizumessen. Weil all das, was schon geschaffen wurde, durch Anweisungen, Ratschläge, Erkenntnisse, Bewertungen und Resonanz entstanden ist und deshalb eine Ordnung verkörpert, die nur mit großem Aufwand herzustellen ist.

Wie die Wiederherstellung von Ungleichgewichten Ihren strategischen Positionen Zukünftigkeit verleiht

Die Fähigkeit, Informationen zu verarbeiten, ist nicht auf uns Menschen beschränkt. Selbst einfachste Gräser reagieren auf Jahreszeiten, können ein Immunsystem zur Abwehr von Parasiten anregen und ihre Halme nach dem Sonnenlicht ausrichten. Informationen beschaffen sich Pflanzen, indem sie stets danach trachten, im Gleichgewicht mit den Kräften ihrer Umgebung zu sein. Je feiner sie auf Ungleichgewichte zu reagieren lernen, desto komplexer gestaltet sich das Innenleben ihrer Proteine. Ohne das in den Pflanzen angelegte Vermögen, biochemische Prozesse umzuformen, sich in Notfällen einzuschränken, sich nicht nur auf die vier Jahreszeiten zu verlassen, sondern diese vorauszusetzen, wäre die Evolution nicht denkbar. Hier zeigt sich, dass die Fähigkeit, Umstände und Möglichkeiten zu beurteilen, nicht nur eine Bravourleistung unseres Gehirns, sondern überall in der lebendigen Natur anzutreffen ist und damit auch dem Ursprung von uns Menschen vorausgeht. Natürlich unter Umständen, die gegeben waren. Meistens sehr langsam, manchmal auch stockend, gegen den Vorwärtsdrang der Evolution. Aber umgekehrt auch vorstoßend in Gründe, die noch nicht abzusehen waren, doch später Lebensräume für andere ermöglichten.

Diese eindrucksvolle Fähigkeit der Natur, auf Ungleichgewichte zu reagieren, könnte uns Modernen zeigen, wie wir Wachstum bewirken könnten, ohne unsere Umwelt noch mehr zu beschädigen. Notwendig dazu ist vordringlich die Wiederherstellung eines Gleichgewichts zwischen dem Verstand und den Emotionen. Unanfechtbar hat uns die Konzentration auf unsere intellektuellen Potenziale seit der Aufklärung eine zuvor kaum für möglich gehaltene Entwicklung auf nahezu allen Ebenen menschlicher Entfaltungsmöglichkeiten gebracht. Gleichzeitig können wir heute die Gefährdung unserer natürlichen Lebensgrundlagen nicht mehr länger ignorieren. Mit der damit verbundenen Überschätzung des Verstandes ging eine achsensymmetrische Fehlinterpretation des Emotionalen einher, denn neue Realitäten zeigen sich in ihren Anfängen höchst selten in Prozessen des Verstandes. Vielmehr im Schweigen der Worte, in den Kombinationen von Unsicherheit und Überraschung, in Spielereien mit Erwartungen. Wenn wir folglich das Heranreifen von Imaginationen bei uns und unseren Mitarbeitern fördern wollen, geht das nicht ohne eine kluge Einschätzung unserer Emotionen. Schöpferisch tätig können wir vor allem dann werden, wenn wir uns selber als ein vielversprechendes Wesen erkennen, wenn wir unsere Identität sowie diejenige unseres Unternehmens als authentisch, glaubwürdig, nützlich und hoffnungsvoll wahrnehmen. All das sind emotionale Qualitäten, die allemal motivierender sind als bloß unverhüllte materielle Bedürfnisse, welche Ökonomen als ausreichend für ein Arbeitsverhältnis betrachten.

Noch etwas, worauf ich Ihre Gedanken lenken möchte: In Zeiten hoher Ambitionen, anregender Kreativität, erstmaliger Kooperationen, erleben wir unsere Vitalität so erhebend wie niemals sonst. Solch vielversprechende Phasen des aufblühendes Erfindergeistes lassen niemanden kalt. Hoffnung ist allgegenwärtig. Befürchtet wird nichts. Das indessen ist ein Fehler. Weil die Zukunft schneller als erwartet kommt – und die will geplant sein. Verständlich, dass die Planung in Zeiten der Euphorie vernachlässigt wird. Doch kaum verzeihlich, weil ohne strategische Konzeption keine abgeklärten, überzeugenden und zuverlässigen Organisationen entstehen.

Warum wir ohne Gefährdungen, die wir selbst suchen, unser Leben gefährden

So wie wir etwas aus der gegebenen Zeit machen, so macht die Zeit etwas aus uns. Abgeleitet aus frühen Erfahrungen des familiären Zusammenlebens, entwickeln wir auch später im Berufsleben dort eine positive Identität, wo wir Annahme und Bestätigung im Sein, Bekräftigung im Werden finden. Je mehr diese grundlegenden Bedürfnisse erfüllt werden, je mehr wir uns willkommen und sicher fühlen, desto weniger materielle Anreize benötigen wir, um Gelegenheiten der Entfaltung wahrzunehmen. Vorurteilslose Toleranz und grenzenlose Kontaktfreudigkeit sind in einer spätmodernen Welt anerkennenswerte Tugenden. Doch sie benötigen als Grundlage den Nährboden der Wertschätzung, denn nur dort, wo Menschen Zugehörigkeit erfahren, entwickeln sie den Mut, etwas mit sich anzufangen. In solchen Momenten beginnt sich die Zeit zu verflüssigen. Sie fließt, weil unsere Kreativität ins Fließen kommt. Sie beginnt sich zu modifizieren, weil wir uns selbst modulieren. Sie wird zu einem Tor, weil die Verführungskräfte einer Zukunft als kreativer Mensch stärker sind als die Zugkraft eines gewesenen Trittbrettfahrers. So verbinden sich Welt-, Zeit- und Selbstbewusstsein zu einer Brücke über all die Ungewissheiten zwischen Aufbruch und Ankunft.

Ebenso bedeutsam für Wachstum und Zukunftsfähigkeit ist die Findung eines Gleichgewichts zwischen Arbeit und dem Bedürfnis, ein gemeinschaftliches Leben führen zu können. Weil jedoch ein solches Leben nie selbstlos sein kann, bringt es immer wieder Konflikte mit sich, die in einer Kultur der Leistungsoptimierung natürlich nie gern gesehen werden. Sie kosten Zeit, und die gehört nur noch bedingt uns selber. Dabei wird vergessen, dass Konflikte immer auch gedeihliche, nutzbringende Aspekte haben, denn nur aus konstruktiv überstandenen Auseinandersetzungen entstehen ausgereifte, fest gefügte Beziehungen sowie Identifikationen mit dem Team und dem Unternehmen. Wir gedeihen und potenzieren uns mit erfolgreichen Lösungen in Konfliktsituationen. Kluges Nachdenken ist dabei allemal wichtiger, als zu glauben, dass wir das Maß aller Dinge sind. Es ist fortwährend eine Schwäche, dies zu glauben, denn damit stellen wir uns selber, nicht die Wahrhaftigkeit in den Vordergrund. Machen uns daneben auch noch unglücklich, denn Heiterkeit stellt sich immer dann ein, wenn wir fähig bleiben, auf das, was jenseits unserer Ich-Bezogenheit gegeben ist, mit Verwunderung zu reagieren. Dieses an- und aufregende Vermögen zeichnet die Magie unserer Kindheit aus, und sie zu bewahren, schirmt uns davon ab, ein langes Erwachsenenleben als engherziger, rechthaberischer, nicht von sich selbst bewohnter Mensch zu führen.

Des Weiteren bauen wir auch deshalb gemeinschaftliche Strukturen wie Teams und Netzwerke auf, um unser individuelles – wie auch immer begrenztes Wissen und Können – aufzuheben. Hier nehmen wir uns Zeit für das, was für Unternehmen wirklich wichtig ist. Idealerweise signalisieren wir in diesem Zusammenkommen, dass wir gerne hier sind, dass uns das Wohlbefinden der anderen wichtig ist, dass uns interessiert, was andere bewegt und zu welchen Ansichten und Schlussfolgerungen sie gekommen sind. Es wäre das ideale Einvernehmen einer humanen und intelligenten Gemeinschaft. Wir können jedoch schon zufrieden sein, wenn sich der Narzissmus einzelner Mitarbeiter in Grenzen hält, wenn die Mehrheit der Teammitglieder Ideen einbringt und sich mit den Zielen identifizieren kann. Wenn wir uns zudem vergegenwärtigen, dass jedes zu kreierende Produkt, jede zu entwickelnde Dienstleistung eine Verknüpfung von Informationen und dem Vorstellungsvermögen möglichst vieler Menschen darstellt, wird auch einsehbar, dass der Einzelne zwar wertvoll, aber das Zusammenspiel eines Teams für die ganz großen Erfolge weit bedeutungsvoller ist. In einem zunehmend komplexer werdenden Arbeitsumfeld sind wir immer mehr Teil eines Ganzen.

Daneben geht es auch immer um Widersprüche, die in der Schwebe verharren und die Frage aufwerfen: Wofür haben wir Zeit und wofür haben wir sie nicht? Denken wir dabei an die Organe, die uns helfen, das im Kopf Entwickelte praktisch umzusetzen, lässt sich sagen, dass wir mit den Fingern Dinge festhalten, aber auch loslassen können, dass wir unsere Hände verschließen, sie aber auch zum Geben öffnen können, so wie wir auch Arme zum Umschließen oder zum Zuweisen und Preisgeben haben. Woraus anschaulich wird, dass sich im Öffnen, im Geben und im Teilen die Richtung unserer Absichten ändern lässt. Zur Stärke, zur Leidenschaft, zur Teilnahme an Energie und Inspiration anderer Menschen. Zum Charakter werdend, der sich bei Widerständen nicht grollend in sich zurückzieht, sondern selbstbewusst in der Gemeinschaft eines Teams wächst. Beinahe unmöglich, dass solchen Menschen der strategische Weitblick abhanden kommt, weil sie wissen, dass Kooperationen Unternehmen zum Blühen bringen.

Will freilich nicht heißen, dass wir dann gänzlich von Ängsten und Zweifeln befreit sind, denn Freiheit und Sicherheit sind niemals zusammen erhältlich. Was man keineswegs bedauern, eher willkommen heißen sollte. Paradox, aber wahr, denn auch unser Immunsystem findet immer dann die bestmöglichen Abwehr- und Lösungswege, wenn es Irritationen ausgesetzt ist, die Belastungen erzeugen. So wie angemessene Reaktionen uns gesundheitlich widerstandsfähiger machen, erzeugen sie in wirtschaftlicher Hinsicht Fortschritte. Obgleich wir uns mehrheitlich nach einem inneren Gleichgewicht sehnen, sind es doch verschiedenartige Ungleichgewichte, die uns antreiben und frische Energie freisetzen, und dadurch immer auch ein gewisses Maß an Unordnung erzeugen. Darin besteht ein weiteres Risiko. Wer dies nicht auf sich nehmen will, wer glaubt, er könne ein Leben ohne Wagnisse, ohne Abenteuer bestehen, erlaubt sich keine Freiheiten und verunmöglicht damit auch, jemals neue Erfahrungen zu machen. Ohne Gefährdungen, die wir selbst suchen, gefährden wir unser Leben. Ohne experimentelle Unsicherheiten in der Entwicklung neuer Ideen gefährden wir die Beständigkeit unseres Unternehmens.

Wie also lässt sich eine gesunde Dynamik erhalten? Wie kann es gelingen, uns und unsere Mitarbeiter von Nachlässigkeiten in der Wahrnehmung der Zukunftsfähigkeit zu bewahren und stattdessen Mut und Verantwortung zu fördern? Indem wir lernen, nicht nur bestehende Produkte und Dienstleistungen zu perfektionieren, sondern auch neue Räume der Möglichkeiten erschließen, um so Bilder der Zukunft verkaufen zu können. Als Kunst der Gestaltung wie auch der Versuchung. Nachfolgende Fragen mögen dies verdeutlichen und Ihnen zudem eine Ahnung vermitteln, wo überall noch Ungleichgewichte und damit Wachstumspotenziale vorhanden sind.

Fragen an das gute Leben, um Bilder der Zukunft zu schaffen

Mit welchem Gefühl taste ich mich am Morgen an die Arbeit heran? Welche Emotionalität fordert mir meine Firma ab? Was löst dies in mir aus?

Welches Zukunftsbild habe ich für mein Leben? Worin besteht die unternehmerische Vision der Firma, in der ich Teile meines Lebens verbringe?

Welche Rolle verkörpere ich durch mein berufliches Engagement für meine Freunde, Familie und Kinder?

Wie geht mein Unternehmen mit den Faktoren Stress, Sicherheit, Gesundheit und Ökologie um?

Welche Regeln setzte ich mir selber, und wie gehe ich normalerweise mit Kontrolle und Feedback um? Wer hat oder wer beansprucht die Macht im Unternehmen? Wer erklärt Struktur und Organigramm? Und im Team: Wer stellt dar und wer wird dargestellt? Wer handelt und wer wird behandelt? Welches sind die geschriebenen und die ungeschriebenen Gesetze?

Worin besteht die Philosophie Ihres Lebensentwurfes? Die Vorsätze und Absichten Ihrer Lebensführung? Wie halten Sie sich selber im Gleichgewicht?

Wie sieht das Unternehmensleitbild aus? Aus welchen Inhalten besteht es? Falls es keines gibt: Wie könnte dies anhand Ihrer Erfahrungen in dieser Organisation aussehen?

Wie kommuniziere ich mit meinen Mitarbeitern? Wie steht es um mein Bewusstsein für die Teilaspekte meiner Sprache: Wortwahl, Sprechweise, Tonfall? Wie gehe ich mit Minderheiten, mit Menschen aus anderen Kulturkreisen um? Sprache schafft und verschafft Einfluss. Wie gehe ich mit der entsprechenden Verantwortung um? Und wie könnte ich von anderen verstanden werden?

Was für ein Marketing, welche Public Relations, welches Image-Lobbying betreibt mein Unternehmen? Wie gut ist der Verkauf?

Aus welcher Kultur stamme ich? Worin besteht der Kern der Religion, der Kunst, der Staatsform? Welches Verhältnis besteht zwischen den Geschlechtern? Welche Verhaltensnormen und Ideen werden gefördert? Wie beeinflusst all dies meine Wahrnehmung auf die Welt? Und auf mein Denken?

Wie steht es um die Unternehmenskultur? Welchen Stil pflegt das Unternehmen nach innen und außen? Worin besteht der historische, gesellschaftliche, politische und kulturelle Horizont, den die Firma auszeichnet?

Wie veränderte sich im Laufe meiner bisherigen Tätigkeit das Bild, welches ich von meinen Mitarbeitern habe? Wie könnte sich das Bild verändern, welches andere von mir haben? Wie könnte es gelingen, um mit den Arbeitskollegen über diese Fragen zu sprechen?

Wie pflegt das Unternehmen die Aus- und Weiterbildung seiner Angestellten? Wird das Potenzial der Mitarbeiter gefördert? Falls ja, wo: Innerhalb oder außerhalb der Firma?

Im Kontext dieser Fragen erscheinen ökonomische Tätigkeiten nicht mehr als bloße Organisation von Ressourcen, sondern als die Anwendung praktischer Fähigkeiten wie Überzeugungskraft, kooperations- und situationsbedingte Anpassungsbereitschaft, emotionale Intelligenz und Kreativität. Kennzeichen, die dazu befähigen, eigenständige Lösungsideen zu objektivieren, diese allen Arbeitskollegen schnell und gründlich begreifbar zu machen, Kooperationen mit anderen Abteilungen herzustellen und Fortbildungskurse anzubieten, um zusätzlich notwendige Ausdrucksformen und Fähigkeiten zu erwerben. Wissen, Können und soziale Kompetenz sind heute die entscheidenden Begriffe zur Tiefensensibilität eines Teams. Doch die geforderte Vielseitigkeit hängt ganz entscheidend vom individuellen Wissen und der geistigen Variabilität der einzelnen Teammitglieder ab. Womit wir einer weiteren Doppeldeutigkeit begegnen, denn je bedeutender unser Wissen und Können ist, desto mehr begreifen und erfahren wir uns als Menschen, die eine ungebundene und selbstbestimmte Leistung zum Gelingen eines Projektes beitragen. Gleichzeitig müssen wir uns ehrlicherweise auch eingestehen, dass infolge einer immer stärker zunehmenden Ausdifferenzierung der Produkte und Dienstleistungen unser Beitrag nur in Kombination mit vielen anderen Beiträgen überhaupt sinnvoll, außergewöhnlich und damit auch für die Firma gewinnbringend ist.

Woraus sich konsequenterweise ableiten lässt, dass je stärker wir in ein Netzwerk begabter, engagierter Menschen eingebunden sind, desto mehr müssen wir unsere intellektuelle Kompetenz, unsere handwerkliche Tüchtigkeit als komplementäre Fähigkeiten weiterentwickeln. Das sorgt für Bewunderung. Verwunderung hingegen entsteht heute durch die Herstellung von Vertrauen, denn dies ist der eigentliche Rohstoff, der Netzwerke entstehen lässt, sie nährt und bewirkt, unser Wissen und Können zu teilen und zu erweitern. Dies gelingt umso besser, wenn wir ohne Befangenheit und Bedauern in die Vergangenheit, voll Zutrauen in die Gegenwart und mit der Aussicht auf Gelegenheiten in die Zukunft schauen können. Das Mögliche hört dann auf, eine abwehrende Gegenwelt zu sein, entwickelt sich stattdessen in ein Arbeits- und Lebenspotenzial, aus dem das Schöpferische immer wieder neu wie Quellwasser heraussprudelt. Indem wir uns daran erinnern, welche Bedeutung unser Bewusstsein im Verhältnis zur konkreten Wirklichkeit hat, verschaffen wir uns nicht nur ein fortwährendes inneres und äußeres Wachstum, sondern bewirken auch, dass unsere kreativen Gedanken der Zeit ihre Einschränkung, dem Raum seine Ferne nehmen.

Teil VI

VOLLENDEN

WIE SIE FLUCHTPUNKTE AM HORIZONT ZUM LEUCHTEN BRINGEN

Können wir uns jetzt sicher fühlen, aus dem Schatten der Vergangenheit herausgetreten zu sein, um unser eigenes Sonnensystem aufzubauen? Keineswegs. Dies ist ein lebenslanger Prozess. Werden wir in Zukunft immer das Richtige tun? Wahrscheinlich nicht: Weil wir fehleranfällige Menschen sind. Werden wir trotz Beherrschung der wichtigsten Sozialkompetenzen auf zwischenmenschliche Probleme stoßen? Eindeutig.

Können wir davon ausgehen, dass unser Vertrauen zurückerstattet wird? Kaum denkbar.

Mitarbeiter wechseln. Unser Persönlichkeitskern nicht. Doch die gute Nachricht ist: Wir verfügen über eine Freiheit, die uns mehrere Wahlmöglichkeiten schenkt. Letztlich geht es also auch immer darum, wie beherzt wir an die Dinge herangehen. Ebenso entscheidend ist die Frage nach unserer Bestimmung, die nie abschließend beantwortet werden kann. Aber genau deshalb eröffnet dieses Rätsel immer wieder weite Horizonte zur Erneuerung unserer Kreativität. Wie können wir jedoch heute, wo so viele durch ihr digitales Profil in einem Spiegelkabinett gefangen sind, die virtuelle Identität aufbrechen, ohne die Kreativität nicht zu verwirklichen ist? Um dieser Selbstverfehlung zu entgehen, sollten wir all das, was nicht lebenstragend ist, nur sehr maßvoll pflegen: Materielle Ausrichtung, Gewohnheiten, Kalenderweisheiten, Bekanntschaften ohne Erkenntnis fördernde Gespräche.

Stattdessen unsere Aufmerksamkeit darauf ausrichten, dass das Logische und Paradoxe, das Kognitive und Intuitive, das Abgeklärte und Spontane, das Heranwachsende und Gefestigte, das Begründbare und das Geheimnisvolle gleichzeitig ins uns leben und wirken kann.

Den Preis, den wir für die unendlichen Verknüpfungsmöglichkeiten des Internets zu bezahlen haben, besteht bei entsprechender Unvorsichtigkeit darin, dass wir unsere Privatheit verlieren. Wir selber machen uns mithilfe von ausgeklügelten Algorithmen zu einer Ressource – nicht etwa für uns bekannte Personen oder Firmen – sondern für Mächte, die wir weder personalisieren noch verorten können. Klingt nicht gerade nach einer Liebesgeschichte an die Zukunft, weshalb es sich lohnt, etwas genauer als bisher über unsere Zurschaustellung auf digitalen Plattformen nachzudenken. Darüber, welche Persönlichkeitsstrukturen wir zu erkennen geben, weil es immer auch darum geht, welche Art von Aufmerksamkeit Sie bewirken, welche Atmosphäre Sie um sich herum komponieren wollen, damit Sie von gewünschten Menschen gefunden, angesprochen, gewürdigt werden. Als jemand, der nicht zulässt, dass sich um seine Seele Ruß von verbrannten Hoffnungen ansammelt und der sich nicht im Gefängnis einer polarisierten Diskurskultur einsperren lassen will. Vielmehr als ein Mensch, der klug und zurückhaltend beobachtet, wo offene Räume der Vieldeutigkeit und Widersprüchlichkeit zu finden sind. Solche Sichtweisen bedingen jedoch eine gewisse Abstinenz: Von den täglichen Wellen medialer Empörung, vom Geschwätz und der Unruhe in uns selbst. Neue Beobachtungsweisen finden sich deshalb auch nicht im gelegentlichen Schweigen, weil dies allzu oft nur eine Genugtuung von verletzten Seelen bedeutet. Neue Anschauungen und Einsichten gelingen dagegen vortrefflich auf stillen Pfaden, welche uns in die eine gute Balance führen. Pfade, wo wir uns nicht mehr selber aus dem Weg gehen wollen. Pfade, die uns, um es in einem Bild auszudrücken, etwa entlang eines Baches führen, dessen Ufer von Pappeln gesäumt sind, die schon vielerlei Stürmen ausgesetzt waren und gelegentliche Leerstellen hinterließen, die uns daran erinnern, dass sich unser Schicksal auch ganz anders hätte entwickeln können. Bisweilen lassen uns solche Zwischenräume verdeckte Horizonte spüren, hinter denen sich das scheinbare Gegenteil von Effizienz, nämlich eine gefühlte Idee der Transzendenz, eröffnen könnte, die uns seit unseren Kindertagen entschwunden ist. Wenn wir uns nach einem Horizont des Glücks sehnen, schwingt immer auch Verlorenes mit. Weil wir Menschen sind, weil es Dinge gibt, die uns kein Verlangen zurückbringt: Das jugendliche Ich, die verlorenen Ideale, die unwiederbringliche Zeit. Doch ein Horizont findet sich immer: Im Morgen, in der Zukunft, die sich dank unserer spielerischen Lebendigkeit öffnen will. Als eine Erweiterung des Geistes. Als eine Entspannung der Sinne. Als eine ernsthafte Neuausrichtung des Herzens. Uns daran erinnernd, bestmögliche Ansprüche an uns zu stellen, indem wir das in uns bewahren und schützen, was wir als einmalig erkennen, was uns in besonderem Maße auszeichnet.

Dies alles kann ich nie allein erhalten, dazu braucht es den anderen, der mich annimmt, befürwortet und auszeichnet. Wenn wir jedoch die uns nahestehenden Menschen für unsere Zwecke bloß instrumentalisieren und uns – als Konsequenz davon – in einer narzisstischen Vereinzelung verlieren, verschwinden die Blicke, die uns beglaubigen und die Botschaft vermitteln, dass ich für andere unerlässlich und bedeutsam bin.

Genauso wie ich auch nicht derjenige bin, der sich die entscheidenden Fragen stellt. Um es nochmals im Sinnbild der Natur zu sagen: Im Unterwegssein, im Betrachten des perlendes Wassers, der Gewächse, der Feldblumen, der Bäume kommt zunehmend deutlicher zum Ausdruck, dass die großen Fragen eigentlich mir gestellt werden, so wie auch die Ideen, die zu schöpferischer Tätigkeit führen, mich finden werden. Die wahrgenommene Schönheit der uns umgebenden Natur macht uns zum Zeugen von Sinn und Wertvorstellungen und lässt auf diese Weise unser Dasein zu einer Antwort werden. Aus dem Schatten der Vergangenheit heraustretend, genügt oft nur ein Blick in das Licht des grenzenlosen Himmels, um die Empfindung wachzurufen, dass unsere Kreativität ein Echo, eine Gegengabe auf die geheimnisvolle Schönheit in der Welt ist.

Erfassen wir Fülle, Wandlung und Erhabenheit der Natur, sehen wir auch – vor dem schier unermesslichen Hintergrund der Jahrmillionen – wie einmalig die Gelegenheit unseres Lebens ist und weshalb diese für uns Menschen Schönheit, Demut und Glück bedeuten kann. Nie dürfen wir deshalb auch die kleinen Gelegenheiten ungenutzt lassen, und sobald wir fühlen, dass sich da ein Gedanke, ein Bild in uns festmachen will, sobald Äußeres ins Innere eindringen will, sollten wir achtsam dessen Botschaft wahrnehmen. Im Äußeren vielleicht das Wurzelwerk eines jahrhundertealten Baumes, im Inneren die Potenzialität eines höheren Selbst, dass sich danach sehnt, das Leben zu ergreifen. Außen erspüren und erkunden wir das Unbekannte, im Inneren folgt eine Zuwendung, die nicht nur auf intellektuelles Verstehen abzielt, sondern auch unser Herz zum Sprechen bringt. Intuitiv erahnen wir, worin eines der Geheimnisse der Kreativität liegen könnte: In Geschichten, die es uns erlauben, in die Tiefe des eigenen Wesens hinabzusteigen, um das unterbrochene Verhältnis zu unserer Schöpferkraft wiederherzustellen. Um den eigenen Lebensweg und den Lebenssinn zunehmend klarer zu erkennen, um die inneren und äußeren Kräfte wieder zusammenzuführen, um die Abgründe von Angst, Einsamkeit und Verletzungen zu überwinden, um die Nähe zum Nächsten wiederzuerkennen. Und so das Leben schätzen zu lernen.

Mustern wir jetzt den Baum als Ganzes, seine Höhe, Kraft und Einsamkeit, erkennen wir in seiner poetischen Erscheinung die Frage, wo wir selber in Raum und Zeit stehen. Streben wir danach, durch Selbstvertrauen, Kreativität und Humanität in die Höhe einer planetarischen Kultur emporzuwachsen? Oder bloß danach, unser Versagen auf andere abzuschieben? Erkennen wir im Blick, im Lächeln, in freundschaftlichen Worten ein Spiegelbild des eigenen Selbst, welches dadurch die Kraft bekommt, über sich hinauszugelangen? Möglichkeiten bietend, unser kleines Ich in das weit umfassendere Selbst zu transzendieren? Oder begnügen wir uns damit, auf nichts mehr zu hoffen? Schweigend wie ausgetrocknete Äste darauf wartend, in die Niederungen des Pessimismus zu fallen? All das, was unsere Würde, Einzigartigkeit und Begabungen ausmacht, zu verlieren?

Hüten wir uns davor, ein Nichts zur Signatur unseres Lebens zu machen! Halten wir vielmehr unser Begehren wach, welches unser Innerstes berührt und rührt, uns zu mehr Menschlichkeit herausfordert! Unser Geist bedarf der Nahrung und Ergänzung, die uns befähigen, unsere Träume zu erfassen, zu bearbeiten, zu hegen und zu pflegen, indem wir all unser Originäres zu einem Bündnis vereinigen, welches die Kräfte der Gegenwart bestmöglich zum Ausdruck bringt.

Die unserem Geist zugrunde liegende Wirklichkeit finden wir in unserem Selbst und im Ich-Du-Gespräch. Alle Hintergründe, Weiten und Spielräume lassen sich nie vollständig enträtseln, weil die Benennung all ihrer Geheimnisse nicht mit den Mitteln der Sprache allein zu meistern ist. Die Tatsache, dass wir nie alles zu fassen kriegen, hat auch damit zu tun, dass wir Satzungen und Paradigmen unseres Selbst nicht immer kennen, ja nicht einmal sicher sein können, ob es überhaupt Grundprinzipien unterworfen ist. Gut möglich, dass diese Wesenheit gerade wegen ihrer nicht einschätzbaren Eigenheiten die größte, nicht messbare, aber manchmal alles entscheidende Kraft in uns ist. Uns dazu anregt, aus jeder Situation das Bestmögliche zu machen, indem wir die Verbundenheit mit der Welt nachhaltig stärken. Hierüber können wir spätmodernen Menschen immerhin noch selber entscheiden. Zuweilen können wir dies in Stille geschehen lassen, doch ebenso braucht es bewusste Abwägungen zwischen dem gewohnheitsmäßig orientierten

Ich und dem entstehenden Zukunfts-Selbst. Dieses ist jedoch nie nur daran interessiert, sich allein zum Blühen zu bringen, denn solche Entwicklungsprozesse schaffen Räume, die groß genug sind, nicht nur das Eigene, sondern auch die Potenziale der anderen zu fördern. Es geht in ein Engagement über, dass auch den Mitmenschen die Täler der Verheißungen zugänglich macht.

Wir lassen nun das Flachland – die Freude am anfänglichen Gelingen – hinter uns und beginnen mit dem Aufstieg in voralpine Regionen. Sinnbildlich genießen wir in diesen Metaphern die aufsteigenden Kumuluswolken, weil sie uns etwas Kühlung bringen und gleichzeitig an die Leidenschaft erinnern, mit der wir unseren beruflichen Weg begannen. Doch allmählich ändert sich der farbliche Widerschein des Himmels, wird dunkler und immer massivere Wolken rollen in der Richtung unseres Ziels an die Gestaden eines Sees. Ihre Bedachtsamkeit wird in diesem Bild nur wenig beeinträchtigt, der rauen Schönheit dieser Wegstrecke tut es nicht den geringsten Abbruch. Eher im Gegenteil, der aufkommende Wetterumbruch verwandelt die schroffen Felsen in Wegweiser zur lichtvollen Einsicht, dass da immer noch eine unerledigte Aufgabe auf uns wartet. Als wir dem Gewässer nahekommen, dessen beunruhigendes Rauschen warnend vernehmen, erschließt sich die Erkenntnis in diesem Sinnbild: Wo Wellen und Wogen sich erheben, wo Not und Gefährdung, Inneres und Äußeres oft unentwirrbar ineinandergreifen und uns wie ein bemühtes Atemholen erscheinen, beginnen wir zu verstehen, dass wir durch die Hochgefühle, die uns der erfolgreiche Start verschafft hat, die Verbindung zu unserem innersten Kern auch verlieren können. Weil wir den Aufschwung, den Durchbruch allein unserem denkenden Ich zugeschrieben haben, unterschätzten wir die Anteile unserer psychischen Tiefe, die es uns ermöglichten, sich so herausragend und glücklich zu entwickeln. Wenn aber stürmische Winde nicht nur die Standfestigkeit der Bäume, sondern auch die Ihrige prüfen, wenn düstere Wolken Wärme, Licht und Strahlen der Sonne verbergen, wenn das Dröhnen des Donners ihren Nachhall im inneren Furor findet, ist die Zeit gekommen, um sich wieder auf auf jene grundlegenden Einheit zu besinnen, die uns Würde, Wert und Kreativität verleiht. Die uns trägt, mittendurch, an Orte der Sehnsucht.

Genauso ist diese Einheit auch der Nährboden unserer Menschlichkeit! Hier lernen wir von Neuem Aufmerksamkeit, Sensibilität, Einfühlungsvermögen und Zuwendung. Die alleinige Ausrichtung auf unsere intellektuelle Befähigung zeitigt zwar überaus Erstaunliches, doch die Wirk- und Werkräume des Seins vermögen sie – wie die Geschichte immer wieder gezeigt hat – nur unzureichend zu schützen. Menschlichkeit ist nie etwas Vollendetes, diesbezügliches Wachstum immer notwendig. Dies ist jedoch nur dann möglich, wenn nicht vergessen wird, dass deren Ausgangspunkt die Anerkennung der Würde ist, die wiederum ihre Quelle im Selbst, in der Seele hat. Zudem lebt die Würde, wie auch alle Formen der Innigkeit und Hingabe, zu einem guten Teil von gegenseitigen Anleihen. Wir nutzen unsere besten Eigenschaften als Prozesse zustimmender Berechtigungen und Bevollmächtigungen. Dadurch werden gelebte Überzeugungen im Prozess unseres Denkens im gleichen Maße sinnvoll wie das Bestreben nach dem Ausgereiften im Prozess des Handelns. In stürmischen Zeiten, wo sich unsere Wege zum Horizont oft in dunklen Wolken verlieren, ist deshalb die Frage vonnöten, wie sinn- und wertvoll, wie aufbauend und für die Gemeinschaft zweckmäßig meine Beiträge tatsächlich sind. Zu überprüfen an eigenen Motiven: Bringen mich meine Tätigkeiten in eine aussichtsreiche Zukunft oder lassen sie mich auf der Stelle treten? Im Beiklang enthalten ist hier auch die Botschaft, dass nur eine klare Unterscheidung dieser verschiedenen Positionen die Bedeutung und Konsequenzen klarmacht.

Ideale der Menschlichkeit im harten Alltag einer gnadenlosen Konkurrenzgesellschaft? Ja, als lebendige Möglichkeit, Räume in der Fülle der Zeit zu schaffen, wo besondere Energien inspirierende Dialoge ermöglichen, Wahrnehmungen gestatten, die wir überprüfen können, sowie Vorstellungen begünstigen und uns in Erfahrungen eintauchen lassen, die uns ansprechende Verbindungen auf vielerlei Ebenen erlauben. Zu überwinden ist dazu ein lineares Weltbild, dass sich immer noch an eindimensionale Regeln hält und sich weigert, sich den besten Ein- und Aussichten über uns und unsere Welt zuzuwenden. Offenes Werden ist nicht ein Wissen, dass sich formelhaft anwenden lässt, sondern vielmehr eine Wahrnehmung dessen, was noch nicht sondiert, ergründet, enthüllt und entschlüsselt ist. Was vorerst noch immateriell ist, wo das Fehlen verlässlicher Orientierungshilfen uns davor bewahrt, übereilte Lösungen zu verkünden, ohne ihre Nachhaltigkeit zu überprüfen. Pfade neuer Entwicklungsprozesse sind heute so verschlungen und verdeckt wie die unterirdischen Zuflüsse zum See, an dessen Ufer wir einen Unterschlupf zum Schutz vor der dunklen Kraft des Sturms finden, der über uns hinwegfegt.

Wenn die auffrischenden Winde der Veränderung zur Ruhe kommen, wenn ein Leuchten in der Luft liegt, die Blätter der Bäume strahlender, die Farbtöne der Landschaft geheimnisvoller erscheinen, wenn Tränen und Regen versiegen und versickern, wenn sich für einen Moment die Stille zwischen Gegenwart und Zukunft legt, gewinnen wir auch neue Kräfte, die es erlauben, uns von den Fesseln der Angst zu befreien. Wir lernen, die Welt und unsere Perspektiven darin auf eine neue Weise zu sehen. So kann es geschehen, dass das, was bisher unverhältnismäßig erschien, unerwartet leichtfertig daherkommt, weil sich in der neuen Sicht Dinge zeigen, die bei der ersten Beurteilung nicht zu erfassen waren. Vielleicht deshalb, weil wir uns in der Zwischenzeit von Mustern, die unsere Vergangenheit prägten, befreit haben. Oder auch, weil wir uns auf einmal von uns selber absetzen können, uns für andere und anderes interessieren, weil wir erkennen, dass wir nichts preisgeben, wenn wir uns Menschen und Lösungsversuchen hingeben. Nichts verlieren, wenn wir uns der Umsicht, der Gelassenheit einer Mußestunde hingeben. Nichts verschenken, wenn wir uns anderen schenken. Hingabe darf nie mit Preisgabe verwechselt werden.

Ergriffen von dieser Stimmung machen wir uns wieder auf den Weg und malen ein weiteres Sinnbild, eine weitere Personifikation der Natur. Wir passieren am Eingang zu einem langgezogenen Hochtal schlanke, imposante Felsen, die wie Stützpfeiler in den gereinigten Himmel aufragen und als stumme Zeugen der Verhältnismäßigkeit die Botschaft zu vermitteln scheinen, stets das Wertvollste von sich zu bewahren. Dazu gehört, dass ein geläutertes Ich für das, was richtig und wichtig erscheint, zu kämpfen bereit ist. Manchmal ist es sogar wichtiger, dass wir mit dem, was uns bisher zugefügt wurde, Frieden schließen, uns mit dem, was als Unrecht erschien, versöhnen können. Weil es beinahe unmöglich ist, so die Erkenntnis, mit einem vergifteten Gefühl zu leben, nicht alles bekommen zu haben, was zu einem gelingenden Leben notwendig ist. Es reicht – wiederkehrend – das Gefühl herauszubilden, dass meine Gaben – auch ohne in jedem Fall außergewöhnlich zu sein – wertvoll und ausreichend sind, um in die Klangräume der Inspiration eintreten zu können. Um dort Entdeckungen zu machen, die uns vom Wegschauen, vom Verdrängen befreien und uns in Kraftfelder führen, wo wir auch fähig sind, etwas aus der Hand zu geben. Weil wir uns jetzt von der Tyrannei des Denkens, das nur um sich selber kreist, befreit haben. Weil wir dadurch Vertrauen gewonnen haben und deshalb sicher sein können, dass das Anvertraute beim anderen gut aufgehoben ist und seine Durchblicke unsere Lichtblicke ergänzen können.

Eine Betrachtungsweise, die uns zum Zeugen macht: Das Ich wird zum Du. Das Du zum Ich, in einem undurchdringlichen Schnittpunkt zwischen Möglichkeit und Wirklichkeit. Dies macht uns bewusst, dass genau in diesem Dazwischen der charakteristischste Teil unseres Seins zu Hause ist. Der Kristallisationspunkt unseres Schicksals, der sich nicht dafür interessiert, wie Alltägliches zu bewältigen ist, als vielmehr dafür, welches Begehren wir unserem Dasein angedeihen lassen, welche Festlegungen in uns angelegt sind, um uns im Einklang mit anderen Menschen verwirklichen zu können. Wie aber nehmen wir Notwendiges wahr? Welche von anderen ausgesandte Zeichen sind bedeutsam? Welche Entscheidungen sind notwendig, um uns zu einer Hingabe zu bewegen, die Unerwartetes hervorbringen könnte? In diesen vorwiegend stillen Anfängen geht es nicht um Kenntnisse im materiellen, sondern um Erkenntnisse im zwischenmenschlichen Sinn. Keine rein sachlichen Anordnungen gehen der Kreativität voraus. Stattdessen ein Verlangen nach einem offenen Ergebnis, einem sich öffnenden Leben, in der Anwesenheit aufgeschlossener Menschen, die nicht auf Anordnungen warten, weil sie selber eine neue Ordnung entdecken wollen. Sichtbar machen, was vorher noch nicht gesehen wurde. Kreativität erscheint so als eine Kunst im Aufspüren des Dazwischens: Von Körper und Geist, Wissen und Unsicherheit, Welle und Teilchen, Ruhe und Dynamik, Raum und Zeit.

Im Dazwischen von Tag und Nacht sind wir indessen an einer Blockhütte angelangt. Eine anregend ausgerichtete Bank lädt zum Verweilen und Nachsinnen ein. Im Zwielicht der Dämmerung nehmen wir letzte Schatten entrückter Welten wahr. Bäume des andächtigen Schweigens lassen uns die kleinen Sorgen das Alltags vergessen, und letzte Wolken, die in der Abendröte über den Gipfeln in die Unbeschränktheit des Himmels ziehen, vermitteln uns ein Mitgefühl mit all den Menschen, mit denen wir unser Leben teilen. Ruhig betrachten wir das immer tiefer werdende Blau im Hinübergleiten zur Nacht. Erste Sterne leuchten traumhaft auf, bevor ein geheimnisvoller Lichtschimmer beim gegenüberliegenden Bergkamm den Aufgang des Mondes ankündigt. Daran erinnernd, dass Geistesstärke, Einfallsreichtum und Originalität immer dann prächtig gedeihen, wenn wir uns an etwas hingeben, das bedeutsamer und erhebender ist als das eigene Ich. Wenn es gelingt, die mit diesem Ego verbundenen Polaritäten zu überwinden und uns gedanklich und betrachtend mit der Unbegrenztheit des Alls zu verbinden, eröffnet sich eine Erfahrung der unvermuteten Weite. Im Hinauswagen in die Unendlichkeit des Himmels und in den Abgrund des Unbewussten eröffnen sich Erlebnisse, welche uns die eigene Begrenztheit für einen Moment aufbrechen lässt, um in einzigartigen Gestaltungen dem Opus der Schöpfung etwas Eigenes hinzuzufügen. Wir alle tragen wesensnotwendig das Verlangen nach einem schöpferischen Leben in uns. Je reifer wir werden, desto sichtbarer wird dieses Bestreben oder deren Unterlassung im körperlichen Erscheinungsbild. Kongruent dazu: Je dunkler die Nacht, desto heller strahlt das weiße Licht des Mondes. Obwohl die Schwärze der Nacht alle Farben verschluckt, obwohl wir nie genau wissen können, in welche Richtung sich Wandlungsprozesse bewegen, erlaubt uns das Zusammenspiel von Wissen, Können und Intuition, was dereinst möglich sein könnte und annähernd geschehen wird. Als ständige Überläufer vom Tag zur Nacht, vom Bekannten zum Unbekannten, sollten wir unserem bald ängstlichen, bald hoffenden Wesen freundschaftlich und treu verbunden bleiben. Wir lassen Zweifel zu, gewähren diesen aber nie die Oberhand, bewahren stattdessen, was uns in hektischen Zeiten schwerfällt: Sich verwundern, bestaunen, was nicht zu fassen ist, was uns sprachlos macht. Um am nächsten Morgen aus allerlei ineinander wirbelnden Wolkenheimen herauszufallen und bei Tageslicht ein Bild zu malen, dass sich aus den schemenhaften Schatten der Nacht herausgeschält hat und nun im Licht der aufgehenden Sonne zu leuchten anfängt.

Das Zeitalter, in dem wir leben, die alles umfassenden Veränderungen, die wir erleben, zeigen deutlich, dass wir auch in Zeiten der Gefahr, der Unsicherheiten und des Wandels uns stets so verhalten sollten, als wäre der jetzige Moment der wichtigste in unserem Leben. Für die menschliche Lebensführung bedeutet dies: Lösungen anbieten, statt Gefühle und Ängste zu verstärken. Durch die Intelligenz haben wir sozusagen ein Kuratorium, das uns Wahrhaftigkeiten und Wegweisendes erkennen lässt. Was zur Überwindung eines schwachen Selbst bedeutet, dass wir bereit sein sollten, einschläfernde Sicherheiten aufzugeben und dafür unsere Freiheit so weit zu nutzen, auch das infrage zu stellen, was uns bisher als flackerndes Licht diente. Um unsere Leidenschaft für erstmalige Wagnisse zu wecken, müssen wir aufhören, auf erregungsheischende und schablonenhafte Ansichten zu hören. Vielmehr wollen wir Selbstständigkeit und freie Zeit gewinnen. Weil wir das Einzigartige und Bewundernswerte nur darum denken können, weil es uns denkt. Weil alle großen Ideale und Lebensziele letztlich ohne Bezug zum eigenen Selbst nicht möglich sind.

Noch sind wir nicht am Gipfel- und Glanzpunkt angelangt, schreiten durch unser Sinnbild nochmals voran, durchqueren mit zielstrebiger Entschlossenheit einen schmalen Pfad durch Gesteinsmassen und erblicken unverhofft auf der gegenüberliegenden Talseite zwei Hirsche, die aus dem Wald in eine offene Bergwiese heraustreten. Uns bewusst machend, dass diese anmutigen Tiere wortlos mit sich selbst einig sind. Was wir nie sind, nie sein können. Diskussionen, Erörterungen, Dialoge: All das lässt uns nicht nur andere erreichen, sondern auch uns selbst. Es gestattet darüber hinaus, in Erscheinung treten zu lassen, was uns über das Notwendige hinaus auch noch beschäftigt. Nicht selten ein narratives Geflecht über Positionen, Bedeutung und Ansehen der eigenen Person und darüber, wer welche Führungsverantwortung innehat, strategische und operative Ziele und Vorgehensweisen festlegt und damit wesentlich über die Komplexität der Machtstrukturen entscheidet. Auch und gerade im Unterwegssein sind wir denkend, teilhabend, aufpassend und aufhorchend, also immer sprachlich, auf dem Weg, auf Anerkennung, Mitschwingung und Nachklang hoffend und angewiesen. Sprache, um die Angst vor Bedeutungslosigkeit zu bannen. In Meetings sind wir in innerzirkulären Streitgesprächen gefangen, um davon abzulenken, dass man einander über das bereits Kommunizierte nichts mehr zu sagen hat.

Empfindungen und Aufmerksamkeit, Sprache und Gesprächsstoff machen uns zu einem erzählenden und sich erinnernden Wesen. Ein Merkmal, das uns auf das Vorhandensein eines kreativen Kerns in unserem Innersten verweist. Es stellt zudem die Frage, was uns letzten Endes zu denken gibt? Betrifft es Wesentliches? Führt deren inhaltliche Spur zu neuen Erkenntnissen? Oder üben wir uns bloß in Tricksereien, um den Erfordernissen von Zeit und Wirklichkeit auszuweichen? Natürlich, unser Einfluss auf den Fortgang des Lebens ist beschränkt, nie wird es gelingen, es ganz nach unseren Wünschen zu lenken. Auch unsere Voraussicht wird trotz aller verfügbaren Daten nie frei von Unsicherheiten sein, ebenso wenig lassen sich alle Konsequenzen unseres Wollens ermessen. Sicher jedoch können wir darüber sein, dass unsere Kreativität wie auch unser Selbst etwas Aufnehmendes sind. Anwachsend, worauf wir unsere Aufmerksamkeit richten. Wir wollen die Rolle des Körpers, des Intellekts, des Geistes bezüglich unserer Kreativität nicht unterschätzen, aber betreffend all dessen, was noch nicht gegeben ist, kommt unserem Sein, das wir so gern als „Selbst" bezeichnen, die vordringlichste, essenzielle Rolle zu. Nichts ist uns mehr zugehörig und tragischerweise fremder.

Weil die vielen bewussten und unbewussten Ebenen im Seelenkosmos unseres Selbst, all die Grundfesten der Zeit, des Raumes, der Liebe, der Schönheit, der Poesie, der Musik, des Sinns, der Ahnung, der Zeichen, der Geheimnisse, der Einzigartigkeit und der Freiheit eher außerhalb als innerhalb der Sprache beheimatet sind. Eher in der Stille und Gelassenheit als im Getöse von Schreien und Reden. Wie aber gelangt man dahin, wenn selbst die Ruhe der Berge nicht zu einem vordringen kann? Indem wir – egal auf welcher Höhe der Wanderung durch das Leben wir glauben angekommen zu sein – nochmals hinabsteigen in die Schluchten der Kränkungen, Ablehnungen, Trennungen, der Furcht und der Leere. Unserem Selbst erlauben, einen ganz eigenen Beitrag auf der dunklen Seite unseres Wesens aus Verdrängungen und Ahnungslosigkeit abzuschließen, um wieder auftauchen zu können.

So dass jenseits der Fühl- und Sichtgrenze des Leidens unerforschte Landschaften aufscheinen und ein neues Leben beginnen kann, das aus mehr besteht, als Hindernissen aus dem Weg zu gehen, sich von Bedrängnissen zu befreien oder alltägliche Herausforderungen zu meistern. Befreit von den Schatten der Vergangenheit können wir den Blick jetzt heben, hinauf zum Scheitelpunkt unseres Ausfluges, hinein in ein Leben mit einer wiedererlangten Unbefangenheit, die auf einer selbsterlangten und selbsterarbeiteten Bewusstheit gründet. Fähig, wie Kinder, mit staunenden, offenen Augen den Dingen auf den Grund zu gehen, dem Leben eine Gesinnung gebend und damit zu deren Schöpfung werdend. Erkennend, dass wir nur findend und formend, mit einer Verheißung, in einem Bund und mit einem Band, mit uns selber zu Ganzheitlichkeit gelangen können.

Im Einklang und im Echo mit all dem, was Gegenwart und Leben erzeugt, streben wir nun dorthin, wo wir das Kommende empfangen können. Wo unser Selbst sich wie ein Adler erheben kann, um seine außergewöhnliche Freiheit zu erkennen. Wo wir hoch über den wogenden Bergen in einer unermesslichen Weite ein Gefühl zulassen können, mitten in einer Morgenröte zu stehen, wo noch alles durchsichtig und durchscheinend im Werden begriffen ist.

Literaturverzeichnis

Teil I

Michel de Montaigne: Essais, Gesamtübersetzung Hans Stilett, Goldmann Verlag, 2002
René Descartes: Abhandlung über die Methode richtig zu denken und die Wahrheit in den Wissenschaften zu suchen, Berlin 2013
René Descartes: Untersuchungen über die Philosophie, in welchem das Dasein Gottes und der Unterschied der menschlichen Seele von ihrem Körper bewiesen wird, Berlin 2014
Rüdiger Safranski: Romantik – Eine deutsche Affäre, Hanser Verlag, 2007
Friedrich Nietzsche: Jenseits von Gut und Böse, Goldmann Verlag, 8/96
Friedrich Nietzsche: Zur Genealogie der Moral, Goldmann Verlag, 2/92
Friedrich Nietzsche: Ecce Homo, Menschliches, Allzumenschliches, Goldmann Verlag, 9/94
Friedrich Nietzsche: Also sprach Zarathustra, Goldmann Verlag, 11/99
Charles Darwin: Der Ursprung der Arten, Klett-Cotta Verlag, 2018
Martin Buber: Ich und Du, Gütersloher Verlagshaus, 1999
Martin Buber: Das dialogische Prinzip, Gütersloher Verlagshaus, 2006
Viktor E. Frankl: Trotzdem Ja zum Leben sagen, Pinguin Verlag, 2018
Viktor E. Frankl: Wer ein Warum zum Leben hat, Beltz Verlag, 2020
Viktor E. Frankl: Der unbewusste Gott, dtv, 2018
Viktor E. Frankl: Über den Sinn des Lebens, Beltz Verlag, 2020
Erich Fromm: Die Seele des Menschen, dtv, 2006
Erich Fromm: Den Menschen verstehen, dtv, 2005
Carl R. Rogers: Entwicklung und Persönlichkeit, Klett Cotta Verlag, 2016
Steven Naifeh und Gregory White Smith: Van Gogh – Sein Leben, S. Fischer Verlag, 2012
Manfred Clemens: Der Mythos Paul Klee, Böhlau Verlag, Köln, 2016
Wassily Kandinsky: Über das Geistige in der Kunst, Benteli Verlag, 2003
Lee Seldes: Das Vermächtnis von Mark Rothko, Parthas Verlag, Berlin, 2008
James Joyce: Ein Porträt des Künstlers als junger Mann, Werkausgabe, Band 2, Edition Suhrkamp Verlag, 1987
Thomas Mann: Der Zauberberg, S. Fischer Verlag, 1998
Hermann Hesse: Die Romane und die großen Erzählungen, Jubiläumsausgabe, Suhrkamp Verlag, 1998
Laotse: Tao Te King, übersetzt von Richard Wilhelm, Diederichs Verlag, 2004
Konfuzius: Gespräche, übersetzt von Richard Wilhelm, Anaconda Verlag, 2018
I Ging, Das Buch der Wandlungen, übersetzt von Richard Wilhelm, dtv, 2013
E.L. Doctorow: City of God, Kiepenhauer & Witsch Verlag, 2013

Teil II

Ludwig Wittgenstein: Werkausgabe in 8 Bänden, Band 8, Vermischte Bemerkungen, Suhrkamp Verlag, 1984
Walter Benjamin: Gesammelte Schriften, Hrsg. Rolf Tiedemann und Hermann Schweppenhäuser, Werkausgabe Edition Suhrkamp, 1980
Joseph Campbell: Die Kraft der Mythen, Patmos Verlag, 1994
Joseph Campbell: Der Heros in tausend Gestalten, Suhrkamp Verlag, 2011
Brüder Grimm: Kinder und Hausmärchen, Hrsg. Heinz Rölleke, Reclam Verlag, 2010
Raymond MacDonald Alden: The Knight with the Silver Shield, in „Why the Chimes Rang and other Stories. Bobbs-Merrill Publishing Company New York, 1924, Seite 10–22
Stanislav Grof: Wir wissen mehr als unser Gehirn, Herder Verlag, 2003

Teil III

Marcus Tullius Cicero: Von den Pflichten, Tradition Classics, Hamburg, 2016
Pico della Mirandola: Über die Würde des Menschen, Felix Meiner Verlag, 1990
Immanuel Kant: Kritik der reinen Vernunft, Felix Meiner Verlag, 1998
Immanuel Kant: Kritik der praktischen Vernunft, Felix Meiner Verlag, 2003
Daniel Goleman: Emotionale Führung, Econ Verlag, 2002
Joachim Bauer: Arbeit, Wilhelm Heyne Verlag, 02/2015

Teil IV

David Gelernter: Gezeiten des Geistes, Ullstein Verlag, 2016
Andreas Reckwitz: Die Gesellschaft der Singularitäten, Suhrkamp, 2017
César Hidalgo: Wachstum geht anders, Hoffmann und Campe, 2016

Dank

Durch die Seminare des Parabola Forums Zürich, welche ich seit 35 Jahren leite, war oder bin ich mit namhaften Natur- und Geisteswissenschaftlern, Schriftstellern und Bewusstseinsforschern verbunden. Ein kaum zu unterschätzendes Privileg. Ihr Rat, ihre Lehren und Einsichten beflügelten meinen Geist, ermöglichten ein stetes Wachstum und nicht zuletzt auch das nun vorliegende Buch. Mein Dank gilt im Besonderen: Prof. Dr. Gerhard Roth, Daniel Goleman, Prof. Dr. Joachim Bauer, Jorge Bucay, Prof. Dr. Jon Kabat Zinn, Prof. Dr. Gerald Hüther, Dr. Gunther Schmidt, Ilja Trojanow, Prof. Dr. Ernst Peter Fischer, John Heider, John O'Donohue und Prof. Dr. Paul Watzlawick.

Eine wichtige Danksagung gilt auch Dr. Heinz Müller und Dr. Andreas Hurst von der Berner Fachhochschule in Biel. Sie ermöglichten mir wertvolle Einblicke, wie kleinere und mittlere Unternehmen geführt und manchmal auch nicht geführt wurden.

Besondere Erwähnung verdient mein Freund Prof. Dr. Jacques Picard für unzählige inspirierende Gespräche und für die wohlwollende Durchsicht des Manuskripts.

Dank auch an meinen Verleger, Dr. Peter Michel, der präzise und fürsorglich Fehler entdeckte, und diese schmerzlos beseitigte.

PARABOLA FORUM ZÜRICH

Unsere Zukunft ist viel zu kostbar, als dass sie nicht ein stetig wiederkehrendes Nachdenken, belebende Erkenntnisse und ein geläutertes Bewusstsein verdiente. Dazu ist die Bereitschaft Veränderungen anzunehmen unerlässlich. Zumal wir in einer Zeit leben, wo wir überkommene Sinn-Narrative kaum noch als nährend empfinden und neue, wegweisende Meta-Erzählungen nicht einmal am Horizont der Erwartungen auszumachen sind.

Getragen vom Strom der Zeit, lernen wir uns deshalb immer besser kennen, indem wir auch Wissen suchen: Erkunden, wer wir sind, was wir wollen. Auf dem schmalen Grat unserer Kreativität Eigenes entwickeln. Zu spüren, dass das, was wir im Kern unserer Persönlichkeit als wahr empfinden, einmalig und neu ist. Nicht nur für uns, sondern auch für die Welt.

So dienen die Seminare des Parabola Forums der Suche nach jener Quelle, in der es Versprechungen, Verheißungen und Horizonte der Wahrheit gibt, die sich uns durch die Intuition ankündigen, ohne je fixiert werden zu können.

Aus diesem tiefgründigen Potential, dem Kern unseres Seins, unseres Selbst, entfaltet sich unsere Kreativität. Hier fallen die frühen Entscheidungen, die uns zum Handeln drängen und damit die Tore zur Zukunft öffnen. Eben deshalb übt selbständiges Handeln eine so einladende, verführerische Kraft auf uns aus. Sie verbindet uns mit dem Ursprung unseres Selbstvertrauens und bringt uns dazu, dem Menschen nahezukommen, der wir auch noch sein könnten.

Von hier aus fächern sich die Seminare zu ihrer Konkretisierung aus und umfassen die Neurowissenschaften genauso wie die Quantenphilosophie, die Persönlichkeitsentwicklung und Führungspsychologie, Heilung und Körperarbeit, Bewusstseinsentwicklung und eine zeitgemäße Spiritualität.

Das aktuelle Programm finden Sie auf www.parabolaforum.com

Würde mich freuen, Sie hier willkommen zu heißen!

Bernhard Schaer
Parabola Forum Zürich

Alles Leben ist eins

B. Alan Wallace
Physik und Bewusstsein
Die Zahl der weitsichtigen Denker und Forscher, die über den Rand ihrer Fachdisziplin hinaus denken, nimmt unaufhaltsam zu. Ihnen allen ist die Überzeugung gemeinsam, dass wir in einer „Übergangszeit“ leben, in der es um eine Erweiterung, eine Transzendierung des bisher bekannten Weltbildes geht.
B. Allan Wallace, ein persönlicher Schüler des Dalai Lama, zeichnet in seinem faszinierenden Buch konkrete Wege auf, wie diese „Bewusstseinserweiterung“ und „Grenzüberschreitung“ aussehen könnte und warum sie mehr ist als nur eine „Bewusstseinsveränderung“. Es geht nicht um eine Verknüpfung bestehender Denk-Strukturen, sondern um den Einbruch einer völlig anderen Wirklichkeit!
Die Beschreibung einer neuen, bereits am Horizont aufscheinenden Bewusstseinskultur. Die Umrisse jener Welt, in welcher die Menschheit in Zukunft leben wird!
ISBN: 978-3-86191-092-3

Renée Weber
Alles Leben ist eins
Renée Weber, Professorin der angesehenen Princeton-Universität, gelingt in ihrem
Werk der Brückenschlag zwischen den nur scheinbar getrennten Reichen durch einen faszinierenden Dialog zwischen großen Mystikern und bedeutenden Physikern und Biologen. Gerade die moderne Quantenphysik und die Biologie haben durch Forscher wie David Bohm oder Rupert Sheldrake die Basis geliefert, auf der diese neue Brücke errichtet werden kann.
So zählen die Gespräche zwischen dem Dalai Lama und Bohm auch zu den Höhepunkten des Buches.
ISBN: 978-3-86191-112-8

Physik und Unendlichkeit

Bernard Haisch
Die verborgene Intelligenz im Universum
Die neuesten Erkenntnisse der Quantenphysik weisen immer überzeugender darauf hin, dass hinter allen Geschehnissen eine verborgene Intelligenz wirken muss, weshalb das Universum keinesfalls eine gigantische Maschine, sondern weit eher eine geistige Wirklichkeit ist.
Bernard Haisch gelangt als renommierter Astrophysiker des 21. Jahrhunderts zu der Einsicht, dass auch die Wissenschaft von einem „Primat des Bewusstseins" ausgehen muss.
Wenn die uralte Weisheit die Auffassung vertrat „Alles Leben ist eins", so belegt heute die moderne Naturwissenschaft die „Verbundenheit alles Existierenden".
Eine brillante Synthese von moderner Physik und Technologie, die anhand neuester wissenschaftlicher Erkenntnisse aufzeigt, warum hinter der Schöpfung ein verborgener SINN liegt!
ISBN: 978-3-86191-061-9

Arthur Zajonc
Physik und Unendlichkeit
Der Dalai Lama im Dialog mit den Vordenkern der Naturwissenschaft
Der Dalai Lama war schon in den Achtzigerjahren des 20. Jahrhunderts am Dialog mit den großen Naturwissenschaftlern interessiert. Seine Gespräche mit David Bohm und Rupert Sheldrake waren legendär, seine Freundschaft mit Carl-Friedrich von Weizsäcker von entscheidender Bedeutung im Hinblick auf den Dialog zwischen Buddhismus und Naturwissenschaft.
Der Dalai Lama hat diesen Dialog mit den Wissenschaftlern nie abreißen lassen. Heute ist es eine neue Generation, die auf der Basis aktuellster Erkenntnisse zu gleichen oder ähnlichen Einsichten gelangt wie die großen Begründer des Gedankenaustausches.
Da beide Seiten sich bemühen, die jeweils andere Position zu erfassen, entfaltet sich ein faszinierender Prozess des Redens und Verstehens, des meditativen Einfühlens in die Geisteswelt des Gesprächspartners. Wenn alle Beteiligten verstehen wollen, entsteht gleichsam ein Kosmos der Erkenntnis.
Ein sprühendes Feuerwerk an Gedankenblitzen und inspirierenden Einsichten. Unverzichtbar für jeden, der den Dialog zwischen Weisen und Wissenschaftlern fortsetzen möchte!
ISBN: 978-3-86191-103-6

Gedanken über die Einheit des Lebens

Carl Friedrich von Weizsäcker
Yoga und die Evolution des Bewusstseins
Die wissenschaftliche Grundlage der spirituellen Erfahrung
Ein bahnbrechendes Buch zum Verständnis des menschlichen Bewusstseins!

Carl Friedrich von Weizsäcker, einer der bedeutendsten Brückenbauer zwischen abendländischer Wissenschaft und östlicher Weisheit, zeigt in seinem Dialog mit dem großen Yoga-Meister neue Perspektiven in der Entwicklung des menschlichen Bewusstseins auf. Noch immer sind weite Bereiche des geistigen Potenzials des Menschen unerschlossen und warten auf ihre Erweckung. Ein Weg dazu ist die Yoga-Praxis. Aufbauend auf einer persönlichen Freundschaft und einem tiefen gegenseitigen Respekt, loten Weizsäcker und Gopi Krishna die Tiefen des menschlichen Bewusstseins aus und nähern sich Grenzen, die eine kommende Menschheit zu überschreiten berufen ist. Dieser Weg ist nicht ungefährlich. Er erfordert großen Mut, vollkommene Aufrichtigkeit und Ernsthaftigkeit sowie die Bereitschaft der Hingabe an ein spirituelles Ideal. Welche Grundlagen dafür maßgebend sind, zeigen der Philosoph und der Yogi in ihrer faszinierenden „Begegnung zweier Geisteswelten" auf einzigartige Weise auf.
Ein Ausblick auf den Menschen der Zukunft!
ISBN: 978-3-86191-004-6

Hans-Peter Dürr
Geist, Kosmos und Physik
Gedanken über die Einheit des Lebens
Kaum ein anderer lebender Naturwissenschaftler besitzt die Fähigkeit, mit solcher Geistesklarheit die tiefsten Einsichten von moderner Quantenphysik mit dem uralten spirituellen Menschheitswissen zu verknüpfen wie – Hans-Peter Dürr!

Es gelingt Dürr scheinbar mühelos, eine Synthese zwischen den meditativen Einsichten der Weisen des Ostens und den aktuellen Erkenntnissen der modernen Naturwissenschaften herzustellen. Dabei verliert er sich niemals in langatmigen akademischen Erläuterungen, sondern hat stets den Menschen und die gesellschaftliche Wirklichkeit des 21. Jahrhunderts im Blick. Ein Brückenschlag zwischen zwei Welten, der vielleicht niemals notwendiger war als zurzeit.
ISBN: 978-3-86191-003-9